Den-A-IX-1-21

Seen in der Bundesrepublik Deutschland

Verw: LD-IV

Titelbild des Buches:

Die Abbildung zeigt Maare in der Eifel: Das Gemündener Maar im Vordergrund, das Weinfelder Maar im Mittelgrund und das Schalkenmehrener Maar im Hintergrund.

An diesen Gewässern führte August THIENEMANN um 1910 seine berühmten limnologischen Untersuchungen durch. Er entwickelte daraus eine Seentypenlehre, die in ihren Grundzügen heute noch gültig ist.

Luftbildaufnahme freigegeben durch Bezirksregierung Rheinhessen unter Nr. 1071-3C17.

Länderarbeitsgemeinschaft Wasser (LAWA) 1985

Seen

in der Bundesrepublik Deutschland

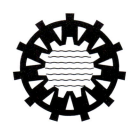

München 1985

Herausgegeben von der Ländergemeinschaft Wasser (LAWA) unter Vorsitz
des Bayerischen Staatsministers des Innern.

© Nachdruck oder Vervielfältigung, auch auszugsweise, nur mit Genehmigung des Herausgebers gestattet.

Gestaltung: Klaus Eihoff, Düsseldorf

Produktion und Vertrieb: Woeste Druck Verlag, Lazarettstr. 34 · 4300 Essen 1 · Tel. (02 01) 22 46 41

Printed in West Germany

ISBN: 3-88754-006-9

Geleitwort

Die Seen in der Bundesrepublik Deutschland sind wertvolle Bestandteile unserer Landschaft und hervorragende Anziehungspunkte für den Fremdenverkehr und für die Naherholung. Neben den traditionellen Nutzungen als Nahrungsquelle, Verkehrsträger oder Wasserspeicher bedeuten die heutigen vielfältigen Freizeitgestaltungen eine zusätzliche Belastung für unsere Seen.

Ein See weist andere physikalische und biologische Merkmale als ein Fließgewässer auf. Vor allem muß der verhältnismäßig austauscharme Wasserkörper mit den eingetragenen Belastungen selbst fertig werden. Mancher See ist durch den gestiegenen Nährstoffeintrag überfordert. Übermäßige menschliche Einwirkungen beschleunigen den natürlichen Alterungsprozeß erheblich.

Bereits in den 50er Jahren wurde deshalb die Reinhaltung der Seen und ihrer Zuflüsse zu einem Schwerpunkt des Gewässerschutzes. Seitdem wurden erhebliche finanzielle Mittel von Bund, Ländern und Kommunen in die Sanierung und Restaurierung der Seen investiert. Die herkömmlichen Verfahren der mechanisch-biologischen Abwasserreinigung reichten allein nicht aus. Es mußten neue Techniken und Verfahren wie z. B. Phosphorelimination, Ringkanalisation, Tiefenwasserbelüftung entwickelt und eingesetzt werden.

Die Länderarbeitsgemeinschaft Wasser stellte in den Gewässergütekarten der Bundesrepublik Deutschland 1975 und 1980 auch die größten Seen nach ihren Trophiestufen dar. Der Bedeutung der Seen, dem durch viele Untersuchungen erweiterten Kenntnisstand und dem gestiegenen Umweltinteresse entsprechend war es geboten, eine umfangreiche Bestandsaufnahme der wichtigsten Seen durchzuführen. Das Ergebnis wird in dieser Schrift vorgestellt.

München, im Mai 1985

Dr. K. Hillermeier
Bayerischer Staatsminister des Innern
Vorsitzender der Länderarbeitsgemeinschaft Wasser

Inhalt

		Seite
1	**Einleitung**	9
2	**Zur Limnologie von Seen**	10
2.1	Definition und Abgrenzung	10
2.2	Geographische Verbreitung und Entstehungsgeschichte	10
2.3	Beckenmorphologie und Schichtung	10
2.4	Stoffhaushalt	11
2.5	Die Schlüsselrolle des Phosphors	12
2.6	Das Trophiesystem	12
2.7	Kriterien zur Bestimmung der Trophiestufen	13
2.8	Eutrophierung	13
3	**Schutz – Sanierung – Restaurierung von Seen**	15
4	**Kriterien für die Auswahl und Beschreibung der Seen**	16
4.1	Farbtafeln	I–VIII
5	**Beschreibung der Seen**	17
5.1	Baden-Württemberg	18
5.2	Bayern	35
5.3	Berlin	66
5.4	Hamburg	72
5.5	Hessen	77
5.6	Niedersachsen	99
5.7	Nordrhein-Westfalen	113
5.8	Rheinland-Pfalz	129
5.9	Schleswig-Holstein	149
6	**Zusammenfassung und Ausblick**	187
7	**Erläuterung der Fachbegriffe**	188

Seen in der Bundesrepublik Deutschland

1 Einleitung

Seen sind besonders stark prägende Bestandteile der Landschaft, mit der sie in enger Wechselwirkung stehen. Dies gilt vor allem für die mannigfaltigen, gewässerabhängigen Lebensräume. Größere Seen beeinflussen auch das Klima, indem sie vor allem auf den Wärme- und Wasserhaushalt der Umgebung ausgleichend wirken.

Von alters her dienen Seen vielfältigen Nutzungen und Ansprüchen wie der Gewinnung von Trink- und Brauchwasser und der Fischerei. Auch Abflußregelung und Energiegewinnung spielen an manchen Seen eine wichtige Rolle. Schließlich sind sie für die Erholung des Menschen schon lange attraktive Ziele. Wassersport, Baden und Freizeitfischerei haben in den letzten Jahrzehnten als Nutzungen der Seen und ihrer unmittelbaren Umgebung erheblich zugenommen.

Der Nährstoffeintrag in die Seen ist gestiegen. Die Intensivierung der Nutzung der Gewässer und ihrer Umländer haben zu einer negativen Beeinflussung der Wasserqualität geführt, die biologische Veränderungen und Störungen in vielen Seen mit sich gebracht hat. Diese als „Eutrophierung" allgemein bekannt gewordenen Erscheinungen haben eine Reihe von Maßnahmen der Wasserwirtschaftsverwaltungen der Länder notwendig gemacht.

Bereits 1976 wurden die größten Seen in der ersten von der Länderarbeitsgemeinschaft Wasser (LAWA) herausgegebenen Gewässergütekarte der Bundesrepublik Deutschland dargestellt. Wegen der von Fließgewässern wesentlich abweichenden Reaktionsweise können Seen nicht nach denselben Kriterien wie Fließgewässer beurteilt werden. Grundlage der Klassifikation waren nicht die Güteklassen sondern Trophiestufen, denen die Dynamik der biologischen und chemischen Prozesse und deren Folgen im See zugrunde liegen. Dabei spielten neben den Belastungen durch Nährstoffeintrag und Gewässernutzungen auch die Gestalt und die Lage des Sees eine erhebliche Rolle.

Hauptaufgabe der Gewässergütekarte ist es, Belastungen von Gewässern allgemein verständlich einer breiten Öffentlichkeit darzulegen, um zu zeigen, wo verstärkte Anstrengungen um die Reinhaltung der Gewässer nötig sind und welche Wirkungen die bisherigen Bemühungen erzielt haben. Das klassische Trophiesystem für Seen reicht aber für diese Aussage nicht aus. Dies gilt vor allem dann, wenn wie im vorliegenden Falle, Seen unterschiedlicher Größe, Tiefe und Lage miteinander verglichen werden müssen. Es besteht daher das dringende Bedürfnis, ein für die Praxis geeignetes, allgemein anwendbares Klassifizierungssystem zu entwickeln.

Bisher waren aus drucktechnischen Gründen in der Gewässergütekarte der Bundesrepublik im Maßstab 1 : 1 000 000 nur sehr wenige, große Seen darstellbar. Unter den nicht in die Karte aufgenommenen Seen befinden sich jedoch viele von regionaler und überregionaler Bedeutung. Für eine ganze Reihe von ihnen sind in den letzten Jahren zur Abwendung nachteiliger Folgen der Eutrophierung und zur Sicherung der bestehenden Nutzungen mit erheblichem finanziellen Aufwand Sanierungs- und Restaurierungsmaßnahmen durchgeführt worden. Es erschien daher geboten, die wichtigsten Seen der einzelnen Länder im Rahmen einer Bestandsaufnahme in einer gesonderten Schrift vorzustellen.

Dabei wird neben einer allgemeinen Charakterisierung ihr Zustand und ihre Bedeutung dargelegt. Um den Text möglichst gut lesbar zu machen, sind alle Seen nach einer allgemein vorgegebenen Gliederung beschrieben und nach Ländern geordnet.

Die dabei verwendeten Fachbegriffe sind in der „Erläuterung der Fachbegriffe" erklärt. Eine Beschränkung auf ausgewählte natürliche Seen und Baggerseen mußte vorgenommen werden, um den Rahmen der vorliegenden Schrift nicht zu sprengen. Stauseen und Talsperren werden zu einem späteren Zeitpunkt in einer gesonderten Schrift dargestellt.

Grundlage der Beschreibungen sind die Ergebnisse der Seenüberwachung in den einzelnen Ländern.

Die Schrift wurde erarbeitet von dem LAWA ad hoc Arbeitskreis „Biologische Kartierung von Seen".

Die Beiträge der Länder wurden erstellt von folgenden Dienststellen:
Anstalt für Hygiene, Umweltbehörde der Freien und Hansestadt Hamburg,
Bayerisches Landesamt für Wasserwirtschaft,
Hessische Landesanstalt für Umweltschutz,
Landesamt für Wasserhaushalt und Küsten Schleswig-Holstein,
Landesamt für Wasser und Abfall Nordrhein-Westfalen,
Landesamt für Wasserwirtschaft Rheinland Pfalz,
Landesanstalt für Umweltschutz Baden-Württemberg,
Niedersächsisches Landesamt für Wasserwirtschaft
Senator für Stadtentwicklung und Umweltschutz Berlin,
Stadtwerke Düsseldorf (Unterbacher See).

2 Zur Limnologie von Seen

2.1 Definition und Abgrenzung[1]

Als Seen bezeichnet man in der Limnologie stehende Gewässer, die so tief sind, daß regelmäßig eine stabile thermische Schichtung auftritt. Der Wasserkörper wird im Sommer geteilt in die sehr unterschiedlichen Lebensbereiche des relativ warmen, teilweise oder ganz durchlichteten Epilimnions und des darunter lagernden kalten und nur in Klarwasserseen teilweise durchlichteten Hypolimnions. Das Pflanzenwachstum ist in der Regel auf Teilbereiche des Wasserkörpers und des Seebodens beschränkt.

Neben dem tiefen See gibt es den Flachsee mit einem einheitlichen Wasserkörper. Er ist nicht oder nur ausnahmsweise oder kurzzeitig thermisch geschichtet. Der gesamte Wasserkörper des Flachsees entspricht dem Epilimnion eines tiefen Sees. Im Gegensatz dazu steht er jedoch in ständigem Kontakt mit dem Sediment.

In der vorliegenden Schrift „Seen in der Bundesrepublik Deutschland" sind Gewässer beider Typen vertreten.

2.2 Geographische Verbreitung und Entstehungsgeschichte

Die Seen sind in der Bundesrepublik Deutschland sehr ungleichmäßig verteilt. Das hängt unmittelbar mit ihrer Entstehungsgeschichte zusammen.

Sehr viele natürliche Seen sind glazialen Ursprungs. Sie sind an erdgeschichtlichen Zeitmaßstäben gemessen sehr junge Erscheinungen. Ihre Entstehung durch die Einwirkungen des Eises auf die Erdoberfläche während der Eiszeiten (in vielen Fällen während der letzten) erklärt die auffällige Häufung natürlicher Seen im Bereich des nördlichen Alpenrandes und in der Moränenlandschaft Schleswig-Holsteins. Ebenfalls glazialen Ursprungs sind die großen Flachseen Niedersachsens. Seen vulkanischen Ursprungs gibt es nur in der Eifel: die auffällig kraterförmigen „Maare".

Schließlich werden zahlreiche künstliche Gewässer beschrieben, deren Alter nur wenige Jahre oder Jahrzehnte beträgt. Dabei handelt es sich um Seen in Gebieten, in denen beim Bodenabbau das Grundwasser freigelegt wurde. Ihre geographische Verteilung ist ungleichmäßig, weil sie an bestimmte geologische Bedingungen geknüpft ist. Teilweise ausgedehnte „Seenplatten" entstanden und entstehen bei der Kies- und Sandgewinnung in den Flußtälern der Mittelgebirge und in den großen Flußauen, sowie in den Revieren des Braunkohletagebaus.

Die ursprüngliche Beckenform der Seen wird und wurde im Laufe ihrer Entwicklungsgeschichte sekundär verändert. Ursachen derartiger Überformungen sind Erosionsprozesse im Einzugsgebiet und die Ablagerung von außen zugeführter (allochthoner) und im See selbst entstandener (autochthoner) Sedimente. Künstliche Veränderungen der Beckenform ergeben sich z. B. aus der Regulierung von Wasserstand und Abfluß.

2.3 Beckenmorphologie und Schichtung

Schichtungs- und Durchmischungsverhalten eines Sees hängen von zahlreichen äußeren Faktoren ab. Dazu gehören morphometrische (Beckenform und Tiefe), geographische (schützende Geländeformen, wie Berge, Inseln, Lage des Beckens zur Hauptwindrichtung) und meteorologische (Windhäufigkeit und -stärke, Sonnenscheindauer) Bedingungen. Die sich aus diesen Randbedingungen ergebenden physikalischen Erscheinungen in Seen haben wesentlichen Einfluß auf deren Stoff- und Energiehaushalt. Die wichtigsten Phasen der Schichtung sollen daher zunächst am Beispiel eines tiefen Sees beschrieben werden.

Im frühen Frühjahr ist das Wasser von der Oberfläche bis zum Grund gleichmäßig temperiert. Der gesamte Wasserkörper kann durch Windeinwirkung vollständig durchmischt werden. Er ist holomiktisch. In diesem Stadium der Vollzirkulation sind die Wasserinhaltsstoffe (Sauerstoff, Nährstoffe) gleichmäßig im gesamten Seevolumen verteilt.

Während der warmen Jahreszeit wird der See von oben her erwärmt. Das oberflächennahe, wärmere Wasser ist spezifisch leichter als das kalte Tiefenwasser. Infolgedessen kann durch Wind nur noch ein Teil des gesamten Wasserkörpers umgewälzt werden. Es bilden sich drei Schichten aus; oben das gleichmäßig warme Epilimnion, unten das bei uns meist etwa 4 bis 6 °C gleichmäßig kalte Hypolimnion. Dazwischen lagert eine Schicht mit starken vertikalen Temperaturgradienten, das Metalimnion. Die Mächtigkeit des Epilimnions hängt ab von den genannten Randbedingungen. Sie liegt zwischen etwa 2 bis 3 m in kleinen windgeschützten Gewässern und 15 bis 20 m in sehr großen Seen.

Mit fortschreitender Abkühlung im Herbst nimmt der Dichteunterschied von epilimnischem und hypolimnischem Wasser ab. Die Durchmischung der

---
[1] Die limnologischen Definitionen stimmen nicht unbedingt überein mit der Bedeutung umgangssprachlicher Bezeichnungen für viele Gewässer.

oberen Schicht erreicht zunehmend größere Tiefen und schließlich den gesamten Wasserkörper. Dieser Zustand der Vollzirkulation wird in kleineren Gewässern im Herbst erreicht, in großen, tiefen Seen erst im Winter. Er sorgt wieder für eine gleichmäßige Verteilung der Inhaltsstoffe im gesamten Wasserkörper.

An die herbstliche Vollzirkulation kann sich im Winter eine Periode der Winterstagnation bei Eisbedeckung anschließen. Dieser Zustand der inversen Schichtung wird bei uns in kleineren, flachen Gewässern regelmäßig erreicht, in großen, tiefen Seen nur ausnahmsweise in extrem kalten Wintern.

Gewässer mit nur einer Zirkulationsphase (im Winter/Frühjahr) nennt man monomiktisch, solche mit zwei Zirkulatiosperioden (Herbst und Frühjahr) dimiktisch.

Die Vollzirkulation kann aus verschiedenen Gründen gelegentlich oder immer ausfallen. Das ist z.B. der Fall, wenn Zeitspanne und Windstärke zwischen sommerlicher Schichtungsperiode und Eisbildung im Winter für eine vollständige Umwälzung nicht ausreichen.

Ein dauernder Ausfall der Vollzirkulation ist zumeist eine Folge temperaturunabhängiger Dichteunterschiede zwischen Oberflächen- und Tiefenwasser. Ursache sind hohe Konzentrationsunterschiede gelöster Substanzen. Diese können autochthon bedingt (vertikaler Stofftransport; s. Abschn. 2.4) oder auf das Einschichten von salzreichem Wasser aus unterseeischen Quellen oder aus Einleitungen zurückzuführen sein.

Derartige, zu keiner Zeit des Jahres vollzirkulierende, ständig geschichtete Seen nennt man meromiktisch. Das von der Zirkulation nicht erfaßte Tiefenwasser ist das Monimolimnion. Es zeichnet sich aus durch völliges Fehlen von Sauerstoff und durch hohe Konzentrationen von Nährstoffen (Phosphor, Stickstoff) und von reduzierten Abbauprodukten (Methan, Ammonium, Schwefelwasserstoff u.a.m.).

Außerdem gibt es zahlreiche Gewässer, in denen wegen ihrer geringen Tiefe nur gelegentlich kurzfristig oder gar keine stabile Schichtung auftritt. Sie können daher häufig zirkulieren. Man spricht von polymiktischen Seen, die als Flachseen bezeichnet werden.

2.4 Stoffhaushalt

Für den Stoffhaushalt und damit für den Zustand und die Entwicklung stehender Gewässer von entscheidender Bedeutung ist die Vegetationsperiode. Sie fällt in tiefen Seen zeitlich etwa mit der Periode der sommerlichen Stagnation zusammen. Vereinfachend läßt sich sagen: Im ständig voll durchmischten Epilimnion überwiegen Produktionsprozesse, im Hypolimnion laufen überwiegend oder ausschließlich Abbauprozesse ab. Produzenten sind die grünen Pflanzen. In Seen spielen freischwebende, zumeist mikroskopisch kleine Algen (Phytoplankton) die wichtigste Rolle. Sie nehmen im Wasser gelöste anorganische Kohlenstoffverbindungen (CO_2 oder HCO_3^-) und Nährstoffe auf und bauen unter Ausnutzung des Lichtes energiereiche organische Verbindungen auf (Primärproduktion). Als „Abfallprodukte" werden dabei Sauerstoff (O_2) und OH^--Ionen freigesetzt. In Abhängigkeit von der Produktionsintensität steigen daher O_2-Konzentrationen und pH-Wert mehr oder weniger stark an.

Die Abbauleistungen werden vollzogen von den Konsumenten und den Destruenten. Die Konsumenten ernähren sich überwiegend von lebendem organischen Material. Zu ihnen gehören praktisch alle tierischen Organismen im See: die im Wasser freischwebenden Tiere (Zooplankton), Fische und schließlich die Fauna des Gewässergrundes, das Zoobenthon. Die Destruenten, vor allem Gewässerbakterien, leben überwiegend von totem organischen Material. Rund 80 bis 90% des gesamten Primärproduktes werden innerhalb des Epilimnions umgesetzt und abgebaut. Die dabei wieder freigesetzten Nährstoffe stehen den Primärproduzenten erneut zur Verfügung. Man spricht vom „kurzgeschlossenen Stoffkreislauf".

Der Rest des Primärproduktes sinkt ab in das Hypolimnion. Er wird dort unter Sauerstoffverbrauch – solange der Vorrat reicht – weiter abgebaut. Das führt während der Stagnationsphase zu abnehmenden Sauerstoffkonzentrationen in der Tiefe, in eutrophen Seen schließlich zum völligen Sauerstoffschwund im Hypolimnion.

Mit den absinkenden organischen und anorganischen Partikeln werden Nährstoffe in die Tiefe verfrachtet. Folge dieses vertikalen Stofftransportes ist eine fortschreitende Verarmung des Epilimnions an gelösten Substanzen, sofern diese nicht durch Zuflüsse von außen ergänzt werden. Dem steht eine entsprechende Stoffanreicherung im Hypolimnion gegenüber. Damit wird ein zunehmender Anteil von Nährstoffen der Verfügbarkeit für die Primärproduzenten entzogen – zumindest bis zur nächsten Phase der Vollzirkulation.

Nur ein geringer Teil des Primärproduktes – in tiefen Seen oft weniger als 1% – gelangt in das Sediment. Die Zusammensetzung der Sedimente hängt ab von der Menge des autochthon produzierten organischen Materials, vom Stoffhaushalt des Wasserkörpers, insbesondere von Sauerstoffhaushalt und Abbaubedingungen im Hypolimnion und schließlich von Art und Menge des eingeschwemmten, allochthonen Materials. Die Sedimente sind daher ein Abbild des Zustandes eines Gewässers.

Die überwiegend aufbauenden Prozesse innerhalb des Epilimnions tiefer Seen und die überwiegend abbauenden Vorgänge im Hypolimnion verlaufen in Flachseen weitgehend nebeneinander innerhalb eines Wasserkörpers. Er steht zudem in ständigem Kontakt mit dem Sediment, das daher vor allem während der Vegetationsperiode einen viel größeren Einfluß auf den gesamten Stoffhaushalt ausübt, als auf den in geschichteten Seen. Das gilt insbesondere für extrem flache Seen, in denen die obersten Sedimentlagen häufig durch Wellen aufgearbeitet und verlagert werden. In diesen polymiktischen Gewässern bleiben die vorhandenen Nährstoffe weitgehend in der durch Produktion gekennzeichneten Wasserschicht erhalten. Sie können daher während einer Vegetationsperiode häufiger umgesetzt und damit besser ausgenutzt werden als in tiefen Seen. Flache Seen reagieren deshalb empfindlicher und stärker auf Nährstoffbelastungen als tiefe Seen.

Sehr empfindlich auf steigende Nährstoffbelastungen reagieren auch Seen, die aufgrund ihrer Beckenmorphologie und geographischen Lage nur selten oder unvollständig zirkulieren: Der beschriebene vertikale Stofftransport und die Stoffanreicherung in der Tiefe führen zur Stabilisierung der Schichtung, so daß derartige Seen meromiktisch werden können.

2.5 Die Schlüsselrolle des Phosphors

Die Primärproduktion ist abhängig von Lichtangebot und Nährstoffversorgung. Dabei werden die einzelnen lebensnotwendigen Stoffe in sehr unterschiedlichen Mengen benötigt. Die Konzentrationen der im Wasser gelösten Nährstoffe entsprechen jedoch in ihrer relativen Zusammensetzung nicht dem Bedarf der Primärproduzenten. Diese Diskrepanz zwischen Stoffangebot einerseits und Stoffaufnahme andererseits führt zu einer Begrenzung der Produktion durch denjenigen Stoff, der sich gemessen am Bedarf der Pflanzen im Minimum befindet.

Unter natürlichen Bedingungen sind die Phosphatkonzentrationen in Gewässern so gering, daß der Phosphor bei Binnengewässern in den weitaus meisten Fällen die Schlüsselrolle des produktionsbegrenzenden Faktors spielt: Angebot und Verfügbarkeit von Phosphat bestimmen die Produktionsintensität in den meisten Gewässern. Zeitweilig können allerdings auch andere Parameter eine steuernde Rolle übernehmen, so z. B. Licht, Stickstoffverbindungen oder Kieselsäure.

Auch der Phosphor unterliegt den im Abschnitt 2.4 beschriebenen Prinzipien des Stoffhaushaltes. In gering produktiven, tiefen Seen mit einer ganzjährig andauernden Sauerstoffversorgung bis zum Gewässergrund wird das absinkende organische Material zwar weitgehend im Wasserkörper mineralisiert, so daß nur ein geringer Anteil in das Sediment gelangt. Dieser Anteil und der darin enthaltene Phosphor ist dem Stoffhaushalt des Wasserkörpers jedoch endgültig entzogen, solange das Tiefenwasser sauerstoffhaltig bleibt. Das Gesamtsystem bleibt im Gleichgewicht, solang die Phosphatzufuhr durch eine gleichgroße Festlegung im Sediment und den Phosphataustrag über den Abfluß kompensiert wird.

Mit zunehmender Eutrophierung (vgl. Abschnitt 2.8) gelangen steigende Mengen von organischen Substanzen und von Nährstoffen in das Sediment. Dort sammelt sich ein Nährstoffvorrat an, der sich für den See nachteilig auswirken kann, wenn im Tiefenwasser der Sauerstoff vollständig aufgezehrt wird. Unter diesen anaeroben Bedingungen setzen chemische Reaktionen ein, die eine verstärkte Rückführung von Phosphat aus dem Sediment auslösen. Das führt zu einer zusätzlichen Anreicherung im Tiefenwasser und entsprechend höherem Angebot nach der nächsten Zirkulationsperiode. Damit wirkt diese „interne Düngung" beschleunigend auf den Eutrophierungsprozeß.

2.6 Das Trophiesystem

Als Trophie bezeichnet man die Intensität der aufbauenden Stoffwechselleistungen der im Gewässer lebenden Organismen (Primärproduktion). Sie wird wesentlich bestimmt durch Menge und Verfügbarkeit der Pflanzennährstoffe. Damit wird dann die Ausgangsmenge für alle weiteren biogenen Stoffwechselprozesse bereitgestellt.

Je nach Intensität des Stoff- und Energieumsatzes in einem See unterscheidet man die

Trophiestufen
- oligotroph: nährstoffarm und gering produktiv,
- mesotroph: mäßig produktiv,
- eutroph: nährstoffreich und hoch produktiv
- polytroph: übermäßig nährstoffreich und sehr hoch produktiv.

Diese Trophiestufen beschreiben lediglich wertungsfrei den Zustand eines Sees. Im Gegensatz zum System der Güteklassen von Fließgewässern beinhalten sie keine Bewertung der Beschaffenheit im Sinne einer anthropogen verursachten Veränderung des natürlichen Zustandes. Damit unterscheidet sich das Trophiesystem stehender Gewässer grundsätzlich vom System der Gewässergüteklassen für Fließgewässer. Während in der Natur alle Stufen der Trophieskala vorkommen (Abschnitt 2.8), ist der natürliche Zustand der Fließgewässer – von Ausnahmen abgesehen – die Güteklasse I oder II. Die unterschiedliche Art der Klassifizierung darf jedoch nicht darüber hinwegtäuschen, daß viele Seen infolge anthropogener Belastungen in einer Stufe des Trophiesystems einzuordnen sind, die nicht ihrer natürlichen Situation entspricht (vgl. Abschnitt 2.8).

Dieser prinzipielle Unterschied zwischen den Einstufungssystemen für stehende und fließende Gewässer ist der Grund dafür, daß die Darstellung der Seen in der Bundesrepublik Deutschland aus der Gewässergütekarte 1985 herausgenommen wurde und mit dieser Broschüre getrennt vorgenommen wird.

2.7 Kriterien zur Bestimmung der Trophiestufen

Die scheinbar einfachste Methode zur Bestimmung der Trophiestufe eines Sees ist die direkte Messung der Produktionsleistung. Die Meßverfahren erfordern jedoch einen sehr hohen apparativen, zeitlichen und damit kostenmäßigen Aufwand. Sie sind daher für die routinemäßig staatliche Gewässerüberwachung von Seen kaum geeignet.

Einfacher und billiger meßbar sind dagegen viele Parameter, die entweder die Ursachen oder die Auswirkungen bestimmter Stoffwechselintensitäten im Gewässer erfassen und damit einen Rückschluß auf die jeweilige Trophiestufe ermöglichen.

Zu den Ursachen gehört z. B. das Angebot an Pflanzennährstoffen, wobei in den meisten Fällen der Phosphor die Schlüsselrolle spielt (Abschnitt 2.5).

Relativ einfach erfaßbare Auswirkungen sind z. B. die Planktondichte und die Chlorophyllkonzentration (als Maß für Algendichte und Produktionspotential) und die Änderungen des pH-Wertes. Einfach zu messen sind ferner die Auswirkungen auf den Sauerstoffhaushalt, den Stickstoffhaushalt, das Kalk-Kohlensäure-System u. a. m.

Wichtige Anzeiger bestimmter trophischer Situationen sind schließlich sog. Zeigerarten (Indikatorarten) oder -gesellschaften. Dabei handelt es sich um solche Pflanzen oder Tiere, die hinsichtlich einzelner oder mehrerer Parameter begrenzte Ansprüche an ihren Lebensraum stellen. Ihr Vorkommen (oder Fehlen) indiziert daher bestimmte Qualitätsmerkmale, von denen auf die Trophiestufe eines Sees geschlossen werden kann.

Keine dieser Bestimmungsgrößen ist universell auf alle Typen stehender Gewässer anwendbar. Das ergibt sich bereits aus Abschnitt 2.3 und 2.4 und soll an einem Beispiel erläutert werden.

Als Maß für die Trophiestufe von Seen wird u. a. die Sauerstoffkonzentration im Hypolimnion am Ende der Stagnationsperiode verwendet. Dieses Kriterium ist geeignet für sehr viele Seen, sofern sie im Sommer stabil geschichtet sind. Es versagt vollständig bei Flachseen, in denen keine stabile Schichtung auftritt. Es führt aber auch bei geschichteten Seen gleicher Produktionsleistung (Trophie) zu unterschiedlicher Einstufung, wenn sie verschieden tief sind. Die Sauerstoffkonzentration im Tiefenwasser wird nämlich nicht allein bestimmt vom Umfang der produzierten, unter Sauerstoffverbrauch abbaubaren organischen Stoffe. Sie hängt auch ab von morphometrischen Größen und vom Schichtungsverhalten eines Sees (vgl. Abschnitt 2.3). Diese bestimmen das Volumenverhältnis von Epi- zu Hypolimnion und die absolute Größe des zur Verfügung stehenden Sauerstoffvorrates in der Tiefe.

Angesichts dieser sehr begrenzten Aussagekraft einzelner Meßgrößen wurden verschiedene mathematische Modelle entwickelt, die mehrere Parameter von Ursache und Auswirkung der Trophie miteinander verknüpfen.

Es gibt bisher kein auf alle Typen stehender Gewässer anwendbares Verfahren zur Bestimmung der Trophiestufe. Der für jeden hier beschriebenen See der vorliegenden Auflistung angegebene Zustand wurde nach unterschiedlichen, dem jeweiligen Gewässer angepaßten Kriterien bestimmt. Um die Einstufung für den Leser nachvollziehbar zu machen, werden Angaben zu weiteren, mit dem Trophiestatus in Zusammenhang stehender Eigenschaften eines Gewässers gemacht (Abschnitt 3).

2.8 Eutrophierung

Die natürliche Trophiestufe eines Sees wird wesentlich bestimmt von geographischen, geologischen, klimatischen und gewässermorphologischen Faktoren. Geländeform, Art und Verwitterungsgrad der Gesteine und Vegetationsbedeckung im Einzugsgebiet, sowie Größe des Einzugsgebietes in Relation zur Seeoberfläche, Erneuerungszeit u.a.m. bestimmen die Nährstoffversorgung. Beckenform und Schichtungsverhalten beeinflussen die internen Stoffkreisläufe (Abschnitt 2.3, 2.4). Insbesondere kleine und flache Seen mit großem Einzugsgebiet sind oft natürlicherweise eutroph.

Seen verändern sich im Laufe ihrer Entwicklungsgeschichte, sie altern. In Zeiträumen von Jahrtausenden wandeln sich viele Seen dabei vom oligotrophen, meist tiefen Gewässer zum flacheren, eutrophen oder polytrophen Typus, ehe sie schließlich verlanden. Dieser Prozeß der Eutrophierung ist ein natürliches Langzeitphänomen.

Anders verhalten sich allerdings Moorseen. Ihre Entwicklung wird wesentlich beeinflußt durch den unvollständigen Abbau organischer Stoffe infolge der Nährstoffarmut und einer natürlichen Versauerung. Sie können zudem vom Ufer her durch schwimmende Pflanzendecken überwachsen werden.

Das Problem der vom Menschen verursachten Eutrophierung besteht darin, daß der natürliche Vorgang um ein Vielfaches beschleunigt wird und innerhalb von wenigen Jahren oder Jahrzehnten abläuft. Dabei werden in einzelnen Gewässern Nährstoffkonzentrationen und damit trophische Zustände erreicht, die in ihnen unter natürlichen Bedingungen nie auftreten würden.

Da in den meisten Seen natürlicherweise der Phosphor der produktionsbegrenzende Faktor ist (vgl. Abschnitt 2.5), läßt sich die vom Menschen verursachte „rasante Eutrophierung" fast immer auf eine stark angestiegene Phosphatbelastung zurückführen. Sie kann im See zu einem so hohen Nährstoffangebot führen, daß Phosphat in seiner steuernden Schlüsselrolle zeitweilig oder dauernd durch andere Minimumfaktoren abgelöst wird.

Ursachen und Quellen dieser anthrophogenen Überdüngung der Seen sind sehr vielfältig und für einzelne Gewässer von unterschiedlicher Bedeutung. Die wichtigsten punktförmigen Quellen sind im allgemeinen Einleitungen von gereinigtem Abwasser (Kläranlagenabläufe), von ungereinigtem Abwasser (z.B. Regenüberläufe bei Mischwasserkanalisationen) und von Oberflächenentwässerungen von bebauten Flächen. Von den zahlreichen diffusen Quellen sind vor allem die Auswaschung und Abschwemmung von Böden zu nennen, insbesondere von landwirtschaftlich genutzen Flächen. Sie können bei manchen Seen sogar die größte Belastungsquelle sein. Eine nicht zu unterschätzende Rolle vor allem für nährstoffarme Seen spielt schließlich der Nährstoffeintrag aus der Atmosphäre durch Staub und Niederschläge.

Folgen der Eutrophierung sind
— verstärktes Wachstum von Unterwasserpflanzen („Verkrautung"), die bei steigender Belastung verdrängt werden von Massenentwicklungen planktischer Algen („Wasserblüten");
— verstärkte Trübung (Plankton), sowie starke und kurzfristige Änderungen der Wasserbeschaffenheit (ph-Wert, Sauerstoffkonzentration, Kalkfällung u.a.);
— erhöhte Zehrungsaktivität, die in geschichteten Seen regelmäßig zum völligen Sauerstoffschwund in der Tiefe führt, zeitweilig oder lokal aber auch zum Zusammenbruch des Sauerstoffhaushaltes im Epilimnion führen kann. Dann entstehen reduzierte, z.T. giftige Abbauprodukte (Methan, Ammonium, Schwefelwasserstoff).
— Einschränkung des Lebensraumes für Tiere (z.B. durch lokalen Sauerstoffmangel) und für Pflanzen (z.B. durch Lichtmangel infolge stärkerer Trübung);
— Veränderung der Artenzusammensetzung der im See lebenden Tier- und Pflanzengesellschaften.

In den meisten Fällen führt diese anthropogen ausgelöste Fehlentwicklung zu einer nachhaltigen Störung des natürlichen Gleichgewichtes. Sie hat damit auch Auswirkungen auf Nutzungsmöglichkeiten – zumeist in Form von Nutzungseinschränkungen. Beispiele dafür sind zunehmende Schwierigkeiten bei der Trink- und Brauchwassergewinnung, Behinderungen beim Wassersport oder das Aussterben wirtschaftlich wertvoller Fischarten. Unter dem Aspekt des Natur- und Landschaftsschutzes sind die durch die „rasante Eutrophierung" erzwungene Veränderung der ursprünglichen Lebensgemeinschaft als schwerwiegender Eingriff in ein natürlich vorgegebenes Ökosystem anzusehen.

Mit fortschreitendem Ausbau von Ortskanalisationen sowie mit Intensivierung der Landwirtschaft und steigendem Düngemittelverbrauch hat der Prozeß der Eutrophierung in den vergangenen Jahrzehnten einen Schub von bisher unbekanntem Ausmaß erfahren. Die sich daraus für viele Gewässer ergebenden, bedenklichen Auswirkungen wurden und werden auch der breiten Öffentlichkeit zunehmend deutlich, nicht zuletzt infolge veränderter Nutzungsgewohnheiten und -ansprüche (mehr Freizeit) und eines veränderten Umweltbewußtseins. Damit wächst auch die Einsicht in die Notwendigkeit, Maßnahmen zum Schutz und zur Rettung der Seen durchzuführen.

3 Schutz – Sanierung – Restaurierung von Seen

Die meisten Probleme an unseren Seen lassen sich auf Nutzungen am See selbst oder im Einzugsgebiet zurückführen. Darüber hinaus können – wie neuere Untersuchungen und Erkenntnisse zeigen – auch über den Eintrag aus der Luft Schadstoffe von außerhalb des natürlichen Einzugsgebietes ein Gewässer zusätzlich nicht unerheblich belasten.

Die Seen können grundsätzlich dadurch am besten geschützt werden, daß die vom Menschen bzw. seinen Handlungen ausgehenden Belastungen soweit als möglich dem See ferngehalten werden.

Das oberste Ziel therapeutischer Eingriffe an behandlungsbedürftigen Seen muß es sein, den See durch geeignete Maßnahmen wieder in einen stabilen Zustand zurückzuführen, der aber in aller Regel wegen der zivilisationsbedingten Veränderungen unserer Umwelt nicht der ehemals „natürliche" sein wird.

Schutz und Sanierung der Seen sind nicht mit einmaligen Aktionen zu erreichen; sie sind eine ständige Aufgabe. Die Seen bedürfen ebenso wie Fließgewässer einer angepaßten Unterhaltung, das gilt vor allem für die Ufer- und Flachwasserzonen, die ein nicht zu unterschätzendes Regenerierungspotential darstellen. Dabei kann es notwendig sein, bestehende Nutzungen, z.B. Schiffahrt, Freizeit, einzuschränken oder für bestimmte Uferbereiche ganz zu verbieten (Uferpläne).

Bei Eingriffen an zivilisationsgeschädigten Gewässern zur Verbesserung ihres unnatürlichen Zustandes unterscheidet man zwischen Sanierung und Restaurierung.

Als Sanierung wird die Behandlung der Ursachen einer unnatürlichen Eutrophierung bezeichnet. Sie ist die notwendige Voraussetzung für einen dauerhaften Erfolg im Bemühen um die Verbesserung eines Gewässers. Mit geeigneten Maßnahmen werden die aus dem Einzugsgebiet stammenden Belastungen beseitigt oder wenigstens minimiert. Dazu gehören z.B. die Fernhaltung von geklärtem oder ungeklärtem Abwasser durch Ringleitungen oder die weitergehende (chemische) Abwasserreinigung, mit der die Phosphatabgabe aus Kläranlagen auf weniger als ein Zehntel verringert werden kann. Gegenüber diesen technisch einfach erfaßbaren punktförmigen Belastungsquellen sind diffuse Einflüsse ungleich schwieriger und mit meist geringerem Erfolg zu behandeln.

Der Nährstoffeintrag aus der Landwirtschaft kann dadurch verringert werden, daß zeitgerecht gedüngt und nicht mehr Dünger ausgebracht wird, als die Pflanzen benötigen. Insbesondere Wirtschaftsdünger darf nicht zu Zeiten aufgebracht werden, in denen ein Abschwemmen in die Gewässer zu befürchten ist. Der Bodenerosion kann z.B. durch hangparallele Bewirtschaftung der Ackerlagen begegnet werden.

Eine weitere Möglichkeit, Phosphate der Umwelt fernzuhalten, besteht in ihrer Verringerung in den Wasch- und Reinigungsmitteln; dies hängt jedoch von der Entwicklung umweltfreundlicher Ersatzstoffe und einer sparsamen Verwendung dieser Mittel ab.

Selbst unter günstigsten Voraussetzungen läßt sich durch eine Sanierung die allochthone Nährstoffzufuhr kaum auf ein natürliches Maß reduzieren. Die Auswirkungen auch umfassender Sanierungsmaßnahmen werden zudem im See u.U. erst nach Jahren oder Jahrzehnten wirksam und sichtbar. Viele Gewässer haben nämlich jahrzehntelang so große Mengen von Nährstoffen im Sediment akkumuliert, daß sie sich über den Mechanismus der „internen Düngung" (vgl. Abschnitt 2.5) aus eigenem Vorrat lange Zeit selbst auf hohem Produktionsniveau halten können.

Zusätzliche Eingriffe im See selbst sind daher oft zeitweilig oder dauernd erforderlich. Derartige Maßnahmen werden zusammengefaßt unter dem Begriff Restaurierung. Klassische Methoden der Restaurierung sind z.B. die Ableitung des nährstoffreichen hypolimnischen Tiefenwassers während der Schichtungsperiode, die Belüftung des Hypolimnions, das Ausbaggern oder Abdecken der nährstoffreichen Sedimente.

Wo eine wirksame Sanierung eines Sees nicht durchführbar ist, beschränkt man sich in Einzelfällen auf Restaurierungsmaßnahmen, sofern Aufwand und Erfolg in einem vernünftigen Verhältnis zueinander stehen. Derartige Maßnahmen bleiben jedoch ohne dauerhaften Erfolg. Sie müssen ständig durchgeführt oder regelmäßig wiederholt werden. Der Umkehrschluß ist zulässig: Maßnahmen, die zur Erhaltung eines gewünschten Zustandes dauernd angewendet oder regelmäßig wiederholt werden müssen, sind für eine wirkliche Sanierung eines Gewässers ungeeignet.

Sowohl für die Sanierung, als auch für die Restaurierung gibt es eine Vielzahl von mechanischen, chemischen und biologischen Verfahren. Einzelne Beispiele wurden bereits genannt, weitere finden sich in den Beschreibungen der einzelnen Seen. Keines dieser Verfahren ist universell auf jeden See anwendbar. Die Auswahl der im Einzelfall geeigneten Verfahren richtet sich nach den individuellen Eigenschaften des jeweiligen Gewässers. Voraussetzung ist daher in jedem Falle die Untersuchung der Situation, der verantwortlichen Ursachen und der natürlichen Voraussetzungen des einzelnen Sees.

4 Kriterien für die Auswahl und Beschreibung der Seen

In der Bundesrepublik gibt es mehrere Tausend stehende Gewässer. Aus diesen mußte eine Auswahl getroffen werden, die ein repräsentatives Zustandsbild vermitteln kann. Dabei wurden verschiedene Kriterien zugrunde gelegt.

Zunächst einmal sollten unter Berücksichtigung landschaftlicher Merkmale die verschiedenen Seentypen entsprechend ihrer Entstehung und ihrer regionalen Bedeutung dargestellt werden. So sind neben den großen voralpinen und schleswig-holsteinischen Seen, die Maare der Eifel und die großen Flachseen Niedersachsens ebenso berücksichtigt wie kleine Seen der Mittelgebirge, Baggerseen und neuentstandene Seen im rheinischen Braunkohlerekultivierungsgebiet.

Die geologischen Bedingungen der Einzugsgebiete prägen den hydrochemischen Grundcharakter der Seen. Vorhandene Nutzungen und deren oft nachteilige Folgen für den Gewässerzustand waren ebenfalls Kriterien, einen See zur Darstellung auszuwählen, um dabei zugleich die erforderlichen und oft bereits erfolgten wasserwirtschaftlichen Maßnahmen darzustellen. Es wurden insgesamt, auch um den Umfang nicht zu groß werden zu lassen, 72 Seen ausgewählt, die im Verzeichnis (S. 17) einzeln aufgeführt sind.

Auch bei den kennzeichnenden Parametern mußte eine Auswahl getroffen werden. Zum Teil liegen sehr umfangreiche Datenmaterialien über längere Jahresreihen vor, zum Teil sind die Seen nur kurzfristig auf wesentliche Parameter untersucht worden. Um die Darstellung möglichst einheitlich und dadurch gut lesbar zu gestalten, wurde nach einem Schema verfahren, das die wichtigsten Paramter zur Gewässerkennzeichnung enthält.

Die Grundlage für die geographische Lagebestimmung bildet die topographische Karte im Maßstab 1 : 50000 (TK L....). Die genaue Angabe der Lage des Gewässers geschieht nach dem in dieser Karte eingezeichneten Gauss-Krüger-Raster nach Rechts- und Hochwerten mit 4 oder 6 Ziffern.

Der Seetyp steht im allgemeinen in engem Bezug zur Entstehungsgeschichte eines Sees. Gestalt und Abmessung des Seebeckens beeinflussen das Mischungsverhalten des Wasserkörpers und damit die Geschwindigkeit der Stoffkreisläufe und des Energieflusses. Die Kenntnis der Höhenlage des Gewässers gibt Hinweise auf den Wärmehaushalt, die Eisbedeckung und damit die Umsatzgeschwindigkeit biogener Prozesse.

Für die überschlägige Beurteilung und vor allem für die Modellierung von Stoffumsätzen ist die Koppelung verschiedener Größen unbedingt erforderlich. Dazu gehören vor allem die mittlere Tiefe, der Umgebungsfaktor und die Wassererneuerungszeit.

Aus den Angaben zum Einzugsgebiet, zum Ufer und zur Uferentwicklung ist die Verzahnung mit der umgebenden Landschaft ersichtlich, in die das Gewässer eingebettet ist. Es ergeben sich daraus wertvolle Rückschlüsse auf seine Entstehungs- und Entwicklungsgeschichte, wie auch qualitative Hinweise auf Einflüsse aus dem Umland und anthropogene Belastungen.

Quantitative Angaben vermittelt der Abschnitt Wasserchemismus und Trophiegrad, der den Vergleich verschiedener Seen untereinander ermöglicht. Dabei fällt auf, daß die auf carbonatarmen geologischen Formationen liegenden „Weichwasserseen" ph-Werte unter 7, Calciumkonzentrationen unter 6 mg/l und Werte der elektrischen Leitfähigkeit unter 100 μS_{20}/cm aufweisen. Diese Seen können durch saure Niederschläge gefährdet sein. Funktionelle Abhängigkeiten bestehen ferner zwischen dem Sauerstoffhaushalt und der hydrochemischen Schichtung, wie auch der Nährstoffbelastung, dem Trophiegrad und der Beschaffenheit des Sediments. Doch unterliegen all diese Beziehungen weiteren und unterschiedlich steuernden Größen, so daß sie praktisch niemals ganz gleichsinnig verlaufen. Eine Beurteilung kann nur unter Berücksichtigung des gesamten, in sich vernetzten Systems versucht werden.

Wichtig für die Gewässerbeurteilung ist die Kenntnis der Flora und Fauna, deren qualitative und quantitative Zusammensetzung ein Indikator über die Schwankungsbreite bestimmter Umweltgrößen und den Zustand eines Sees darstellt. Je enger die Toleranzbreite einer Art, desto präziser ist ihr Zeigerwert. Je artenreicher eine Phyto- oder Zoo-Zönose ist, desto sensibler reagiert sie durch Verschiebung ihres Artenspektrums auf Änderungen ihrer Umgebungsbedingungen. Die Folgen der Eutrophierung liefern dafür zahlreiche Beispiele.

Am Schluß der Beschreibung eines jeden Sees stehen Informationen über Nutzung, Bedeutung und Maßnahmen. Sie stellen die vorhandenen Nutzungen und deren Folgen dar, so daß damit Hinweise für wasserwirtschaftliche und sonstige Planungen gegeben sind. Die Bedeutung eines Gewässers liegt jedoch nicht nur in seinem wasserwirtschaftlichen Wert, sondern auch in seinem Eigenwert als Bestandteil der Landschaft oder als Naturdokument.

Schließlich wird auf Maßnahmen zur Sanierung und Restaurierung eingegangen. Die dabei an einzelnen Seen gewonnenen Erfahrungen und erzielten Erfolge können beispielhaft für andere Gewässer sein.

Auf einschlägige Literatur wird bei den Länderbeiträgen hingewiesen. Auf die Nennung der z.T. sehr zahlreichen Einzelveröffentlichungen wurde bewußt verzichtet.

4.1 FARBTAFELN

SEEN IN DER BUNDESREPUBLIK DEUTSCHLAND

Bild rechts:
Titisee, Südschwarzwald
Foto: Chr. Franz, Titisee-Neustadt

Bild unten:
Mummelsee, Nordschwarzwald
Cekade Luftbild, Foto Cramers Kunstanstalt, Dortmund
Freigegeben durch:
Reg. Präs. Münster, Nr. Cr 2670/62

SEEN IN DER BUNDESREPUBLIK DEUTSCHLAND

Blick vom Herzogstand auf den Walchensee und das Karwendelmassiv
Foto: B. Lenhart

Königssee mit Blick auf St. Bartholomä
Foto: K. Eihoff

SEEN IN DER BUNDESREPUBLIK DEUTSCHLAND

Unterbacher See bei Düsseldorf

Fotos: Luftbildfoto ITW-Film, Hilden
Freigegeben durch:
Reg. Präs. Düsseldorf, Nr. 04R113 und 04R115

SEEN IN DER BUNDESREPUBLIK DEUTSCHLAND

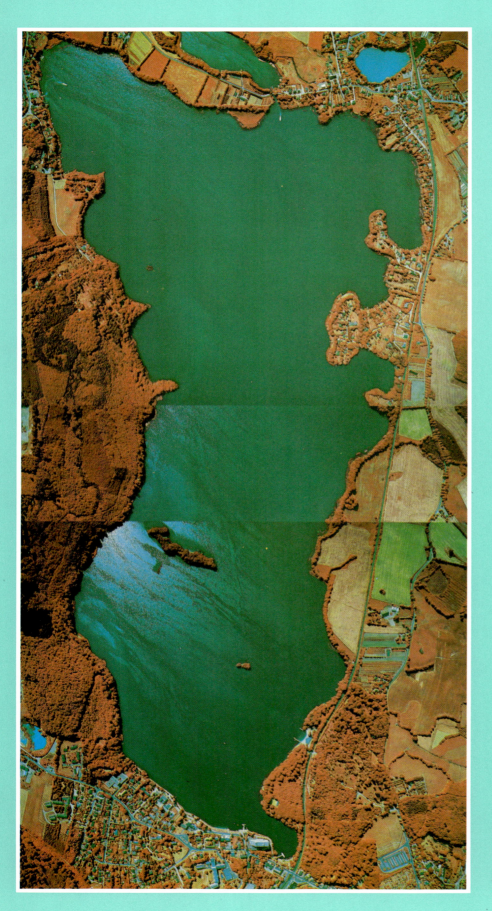

Infrarot-Falschfarbfilm-Luftaufnahmen wertungen
Dieksee links: Die vegetation erscheinen in rötlichen Farbtönen
Neversdorfer See rechts: Die h Massenentwicklungen von Blau

Infrarot-Falschfarbfilmaufnahme des Dieksees mit Malente (am unteren Bildrand)
Maßstab: 1 : 13 000
Aufnahmedatum: 12. 7. 1982
Freigegeben durch:
Bezirksregierung Braunschweig, Nr. BRG 50/684

SEEN IN DER BUNDESREPUBLIK DEUTSCHLAND

weitergehende Aus-

Flächen des Einzugsgebietes

rosafarbenen Schlieren zeigen

Infrarot-Falschfarbfilmaufnahme
des Neversdorfer Sees bei
Bad Segeberg
Maßstab: ca. 1 : 11 500
Aufnahmedatum: 13. 7. 79
Freigegeben durch: Reg. Präs. Münster, Nr. 6435/79

SEEN IN DER BUNDESREPUBLIK DEUTSCHLAND

Lahnseen bei Heuchelheim
Beispiel für Rekultivierung von Abgrabungen

Fotos: Reg. Präs. Gießen
Freigegeben durch: Reg. Präs. Darmstadt, Nr. 766/75 und 1041/78

SEEN IN DER BUNDESREPUBLIK DEUTSCHLAND

**Ulmener Maar (Vordergrund)
und Jungfernweiher (Hintergrund)**
Foto: Luftbild Klammet & Aberl, Germin
Freigegeben durch: Reg. v. Oberbayern, Nr. G 43/764

Pulvermaar bei Gillenfeld
Foto: Luftbild Klammet & Aberl, Germin
Freigegeben durch: Reg. v. Oberbayern, Nr. G 42/1257

SEEN IN DER BUNDESREPUBLIK DEUTSCHLAND

Steinhuder Meer bei Eisbedeckung

Im Vordergrund die künstliche Badeinsel. Dahinter, dunkel zwei Flächen, die wegen ständiger Grundwasserzutritte nicht zugefroren sind. Im Eis sind Risse und Verwerfungen sichtbar.
Foto: J. Poltz
Freigegeben durch:
Bez. Reg. Braunschweig,
Nr. 5787-1

Schlachtensee in Berlin

Foto: Landesbildstelle Berlin

5 Beschreibung der Seen

5.1	**Baden-Württemberg**	18		37. Langener See	92
	1. Bodensee-Obersee	20		38. Walldorfer See	95
	2. Bodensee-Untersee	23			
	3. Degersee	25	5.6	**Niedersachsen**	99
	4. Federsee	26		39. Bederkesaer See	100
	5. Feldsee	28		40. Dümmer	102
	6. Illmensee	29		41. Seeburger See	105
	7. Mindelsee	30		42. Steinhuder Meer	107
	8. Mummelsee	31		43. Zwischenahner Meer	110
	9. Ruschweiler See	32			
	10. Schleinsee	33	5.7	**Nordrhein-Westfalen**	113
	11. Titisee	34		44. Bleibtreusee	114
				45. Heider Bergsee	117
5.2	**Bayern**	35		46. Lieblarer See	119
	12. Großer Alpsee/Immenstadt	37		47. Otto-Maigler-See	121
	13. Ammersee	39		48. Schwarzes Wasser	123
	14. Bannwaldsee	41		49. Steiner See	125
	15. Chiemsee	43		50. Unterbacher See	127
	16. Kochelsee	46			
	17. Königssee	48	5.8	**Rheinland-Pfalz**	129
	18. Schliersee	50		51. Gemündener Maar	131
	19. Simssee	53		52. Holzmaar	133
	20. Staffelsee	54		53. Immerather Maar	134
	21. Starnberger See	56		54. Laacher See	136
	22. Tegernsee	59		55. Meerfelder Maar	138
	23. Waginger-Tachinger See	61		56. Pulvermaar	141
	24. Walchensee	63		57. Schalkenmehrener Maar	143
	25. Wörthsee	65		58. Ulmener Maar	145
				59. Weinfelder Maar	147
5.3	**Berlin** (West)	66			
	26. Flughafensee	67	5.9	**Schleswig-Holstein**	149
	27. Schlachtensee	68		60. Dieksee	150
	28. Tegeler See	70		61. Dobersdorfer See	153
				62. Garrensee	156
5.4	**Freie und Hansestadt Hamburg**	72		63. Hemmelsdorfer See	159
	29. Alsterbecken	73		64. Kellersee	162
	30. Hohendeicher See	76		65. Langsee	165
				66. Neversdorfer See	167
5.5	**Hessen**	77		67. Nortorfer Seenkette	170
	31. Aueseen in Kassel	78		68. Großer Plöner See	174
	32. Hegbachsee	80		69. Ratzeburger See mit Domsee	177
	33. Inheidener See	84		70. Selenter See	179
	34. Kinzigsee	87		71. Westensee	182
	35. Lahnseen	88		72. Wittensee	185
	36. Lampertheimer See	90			

5.1 Baden-Württemberg

Die meisten natürlichen Seen des Landes liegen im Bereich des Alpenvorlandes, im Gebirgszug des Schwarzwaldes und in der oberschwäbischen Landschaft.

Die tektonisch vorgegebene Landschaft des Alpenvorlandes wurde während der Eiszeit von Gletschern überformt. Dort entstanden nach dem Abschmelzen des Eises Seen verschiedenster Arten: Zungenbeckenseen, Karseen und Seen in Toteislöchern. Selbst der Bodensee erhielt seine heutige Gestalt durch die Eindämmung von Moränen, wenn auch seine Entstehung vorwiegend auf Grund der tektonischen Vorgabe beruht. Sie sind überwiegend als mesotroph zu bezeichnen. Versauerungstendenzen sind nicht festzustellen, da sie stark kalkgepuffert sind.

Die Seen im Schwarzwald sind elektrolytarm, ursprünglich oligotroph und teilweise von bräunlicher Wasserfarbe. Dies ist vor allem auf die geologische Formation des Gebirges (Granit, Gneis, Buntsandstein) zurückzuführen.

Die dritte Seengruppe liegt im Moränenschotter Oberschwabens, der wesentlich ihren hohen Karbongehalt verursacht. Sie sind mesotroph und eutroph.

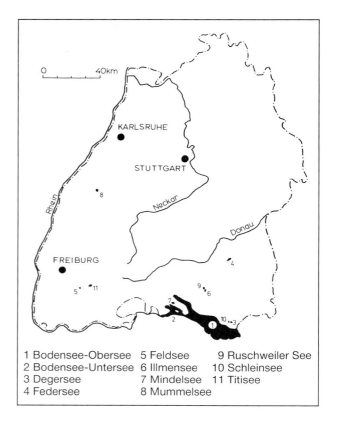

1 Bodensee-Obersee   5 Feldsee   9 Ruschweiler See
2 Bodensee-Untersee 6 Illmensee   10 Schleinsee
3 Degersee   7 Mindelsee   11 Titisee
4 Federsee   8 Mummelsee

Bodensee mit Alpen
Vordergrund links: Überlinger See, rechts: Bodensee-Untersee, Bildmitte: Bodensee-Obersee.
Freigegeben durch das Luftamt Südbayern Nr. G 5/66 26

BADEN-WÜRTTEMBERG

In den nördlichen Landesteilen gibt es keine größeren natürlichen Seen. Dort wurden – wie auch im nordöstlichen Bereich – zahlreiche Flußstaue überwiegend als Hochwasserrückhaltebecken gebaut. Desgleichen sind im westlichen Landesteil im Zuge des Autobahnbaus im Rheintal zwischen Basel und Mannheim etwa 100 Baggerseen entstanden.

In diesem Zusammenhang sollen Seen mit natürlicher Entstehung im Süden des Landes (Alpenvorland, Oberschwaben) und im Schwarzwald behandelt werden. Sie sind vor allem in Folge der zivilisatorischen Entwicklung nicht mehr in ihrem ursprünglichen Zustand, sondern mehr oder minder stark eutrophiert. Die Beurteilung der Seen wurde im Hinblick auf den Trophiegrad vorgenommen. Generell kann davon ausgegangen werden, daß neben der Belastung der Seen durch Nährstoffe zunehmend auch Belastungen auf Grund von Schadstoffen an Bedeutung gewinnen werden. Entsprechende Untersuchungen sind eingeleitet. Im Zusammenhang mit den Seenbeschreibungen werden auch bereits durchgeführte Sanierungsmaßnahmen genannt.

Den Zustand der Seen messend zu verfolgen und gegebenenfalls Hinweise auf Sanierungsmöglichkeiten zu geben, ist das Anliegen der Seenüberwachung des Landes. Sie wird von der Landesanstalt für Umweltschutz Baden-Württemberg im Auftrag des Ministeriums für Ernährung, Landwirtschaft, Umwelt und Forsten Baden-Württemberg durchgeführt.

Während die Überwachung des Bodensees – schon auf Grund der Vorgaben der Internationalen Gewässerschutzkommision für den Bodensee – besonders intensiv erfolgt, wird die Untersuchung der anderen Seen in ein- oder mehrjährigen Phasen durchgeführt. Dabei wird stets ein vollständiger Jahreszyklus bei monatlicher Probennahme erfaßt. Das Schwergewicht liegt auf Parametern, die sowohl für die trophische Situation als auch für die Belastung mit Schadstoffen kennzeichnend sind.

Die hier wiedergegebenen Informationen wurden teilweise durch zusätzliche Literaturangaben abgerundet.

Literatur

ELSTER, H.-J., 1955: Beiträge zur Limnochemie der Hochschwarzwaldseen. – Arch. Hydrobiol./Suppl. 22, 305–374.

FRANK, Ch., 1979: Horizontale und vertikale Verteilung der Makrofauna im Sediment des Federsees. – Veröff. Naturschutz Landschaftspflege, Bad.-Württ. 49/50, 441–454.

GÜNZEL, H., 1983: Das Naturschutzgebiet Federsee. – Natur- und Landschaftsschutzgebiete Bad.-Württ. 7, 1-115. – Landesanstalt für Umweltschutz B.-W. (Herausgeber) 1983: Der Mindelsee bei Radolfzell, 11, (Umfangreiche Mongraphie mit Literaturhinweisen).

HÜNLEIN, David, 1783: Beschreibung des Bodensees nach seinem verschiedenen Zustande in den älteren und neueren Zeiten. – Verlag Johann Wohler. – Paperback bei Antiqua Verlag Lindau, 1980.

KIEFER, F., 1972: Naturkunde des Bodensees. – Thorbecke Verlag Sigmaringen, 210 Seiten.

Internationale Gewässerschutzkommission für den Bodensee. (Herausgeber) Diverse Berichte, Bezug über die Landesanstalt für Umweltschutz, Baden-Württemberg, 7500 Karlsruhe, Postfach 21 07 52.

Bodensee-Obersee

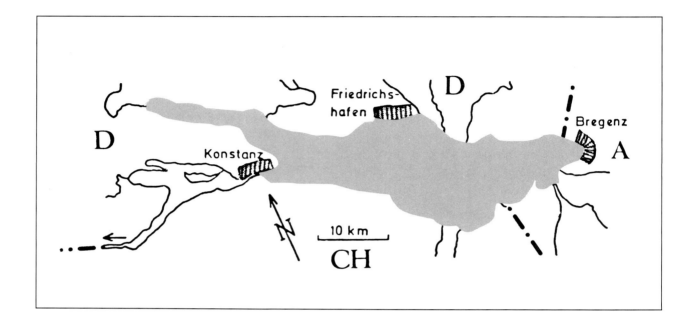

Lage: R 35 30 00, H 52 76 00
Topographische Karte: L 8322 Friedrichshafen und Nachbarkarten
Entstehung/Seetyp: glazial überformtes Zungenbecken
Mischungsverhalten: mono-holomiktisch
Höhe: 396 m ü NN
Oberfläche: 476 km^2,
Volumen: 47 700 · 10^6 m^3
Tiefe max: 252 m, mittl.: 100 m
Einzugsgebiet: 10 446 km^2
Erneuerungszeit: 4,3 Jahre
Umgebungsfaktor: 21,95
Ufer: Länge, 173 km, Entwicklung 2,26

Einzugsgebiet

Der See liegt in der hügeligen Moränenlandschaft des Alpenvorlandes. Das durch Verwerfungen und Brüche im späten Tertiär vorgeformte Gelände wurde durch den aus dem oberen Rheintal vorstoßenden Gletscher überformt. Moränenbänder in der Uferlandschaft des westlichen Seeteils lassen ihre schürfende Wirkung erkennen.

Etwa 71 % seines Einzugsgebietes liegen im schweizerischen und österreichischen Alpengebiet. Die Höhenlage bedingt, daß Niederschläge im Winter dort weitgehend als Schnee und Eis gebunden bleiben und erst im Frühjahr zum Abfluß in den See gelangen. Die Folgen sind Seespiegelschwankungen, die im langjährigen Mittel 1,6 m betragen, doch im Extrem erheblich darüber liegen, da der Seespiegel nicht reguliert wird. 90 % der Wassermenge fließen aus dem schweizerisch-österreichischen Teil des Einzugsgebietes dem See zu. Abgesehen vom alpinen Bereich ist dieser Einzugsgebietsteil mit Wald bestanden. Die freien Flächen werden in der Regel intensiv als Acker- und Weideland genutzt.

Der deutsche Teil des Einzugsgebietes liegt im hügeligen Jungmoränengebiet mit starker landwirtschaftlicher Nutzung.

Der wichtigste Zufluß mit einer mittleren jährlichen Wassermenge von 8 262 Mill. m^3 ist der Alpenrhein. Alle übrigen Zuflüsse sind hydrologisch weit weniger bedeutend. Ihre mittlere jährliche Wassermenge zusammen beträgt weniger als die Hälfte der des Alpenrheins.

Weitere Zuflüsse	Jährl. Wassermenge in Mill. m^3
Bregenzerach	1 466
Argen	550
Alter Rhein	382
Schussen	284
Dornbirnerach	230
Seefelder Aach	90
Stockacher Aach	56
Rotach	50

Der in den östlichen Teil des Sees einmündende Rhein durchfließt das Seebecken zeitweise als weitgehend geschlossener Strom. Bei Konstanz ist der Ausfluß des Bodensee-Obersees. Nach kurzer Fließstrecke wird der (dort so genannte) Seerhein zum Hauptzufluß des Bodensee-Untersees.

Ufer

Das Ufer des Bodensee-Obersees ist – auch als Folge des örtlichen Wechsels von Sedimantation und Erosion – durch eine Uferbank gekennzeichnet. Dies ist eine dem festen Ufer vorgelagerte Flachwasserzone, die bei winterlichem Niederwasserstand teilweise trocken fällt. Sie hat dann einen wattartigen Charakter und wird von Wintergästen aus der Vogelwelt aufgesucht. Im Vergleich zum Freiwasser zeichnet sie sich durch besondere Auf- und Abbauverhältnisse aus. Im Sommer ist sie Träger einer stellenweise üppigen submersen Vegetation, was für die Fischfauna gute Laich- und Aufwuchsmöglichkeiten bedeutet. Breite (bis zu 1 km) und Neigung (min. 2 %) der Uferbank sind örtlich sehr unterschiedlich. Im Uferbereich des Obersees liegen zwei größere Inseln (Lindau mit 41 ha, Mainau mit 44 ha), die aus Moränenmaterial bzw. einer Molassescholle bestehen.

Das Ufer ist anthropogen erheblich beeinflußt. Durch starke Eingriffe (z. B. Bau von Schiffahrtsanlagen) wurden 30 %, durch weniger starke (z. B. Einrichtung von Bojenfeldern) weitere 30 % des Ufers und der Flachwasserzone verändert. Die übrigen Uferabschnitte können noch als weitgehend natürlich betrachtet werden. Insgesamt umfaßt die Flachwasserzone etwa 14,3 % der gesamten Seefläche.

Je nach Breite der Uferbank und deren Windexposition werden die Ufersubstrate aus Schlamm und Seekreide, Ton, Sand, Kies oder gar Fels gebildet. Die früher verbreiteten Röhrichtbestände sind heute auf wenige Stellen beschränkt, sie bestehen hauptsächlich aus dem Schilfrohr *Phragmites australis* und dem Schmalblättrigen Rohrkolben *(Typha angustifolia)*.

Wasserchemismus und Trophiegrad

Während der Zirkulationsperiode im März/April beträgt die HCO_3-Konzentration etwa 2,5 mmol/l, so daß der See zu den kalkreichen Gewässern gerechnet werden kann. Wegen dieser guten Pufferung schwankt der pH-Wert im Jahresverlauf nur geringfügig. Er liegt an der Oberfläche zwischen 8 und 9. In der Tiefe können durch die Freisetzung von Kohlensäure beim organischen Abbau pH-Werte um 7,5 auftreten. Die elektrische Leitfähigkeit variiert zwischen 220 und 320 µS/cm. Die mit Beginn der 50er Jahre stark gestiegene Zufuhr des Pflanzennährstoffes Phosphor führte zu einer raschen Eutrophierung des Sees. Später begleiteten steigende Stickstofffrachten diese Entwicklung.

Durch energische Anstrengungen der Anliegerstaaten konnte der Trend bei der Phosphorbelastung gestoppt werden, so daß die Konzentration wieder rückläufig sind. Sie liegt heute (Frühjahr 1985) bei 66 mg/m³ Gesamtphosphor (Abb. 1). Die Flächenbelastung des Sees mit Gesamtphosphor betrug 1978/79 6,2 g/m².

Die epilimnischen Chlorophyll-a -Konzentrationen betragen im Jahresmittel 4,5 mg/m³. Die Sichttiefen liegen im Mittel bei 7,4 m, wobei Schwankungen zwischen 2 und 12 m auftreten. Der See hat bis zum Grund Sauerstoff, doch liegen die Konzentrationen mit ca. 6 mg/l immer noch im kritischen Bereich.

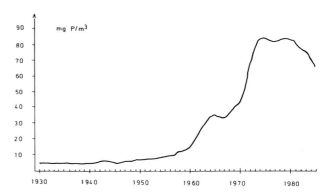

Mittlere Phosphor-Konzentrationen (Gesamt-P) im Bodensee-Obersee während der Zirkulationsphase

Flora und Fauna

Das Algenplankton bildet meist eine dreigipflige Biomassekurve (April/Mai, Juli, September/Oktober mit 30 bis 40 g/m²). Das erste Maximum ist wesentlich bestimmt durch Cryptophyceen und Kieselalgen, das zweite zum überwiegenden Teil durch Kieselalgen. Grünalgen treten von Mai bis Oktober auf, Jochalgen und Blaualgen überwiegen in der zweiten Jahreshälfte. Algenblüten – sowohl von Blaualgen wie von Fadenalgen – sind seltener geworden.

Im Kleinkrebs-Plankton dominieren Formen wie *Daphnia hyalina, D. galeata, Leptodora, Bythotrephes, Eudiaptomus gracilis, Cyclops vicinus, C. abyssorum, Mesocyclops leuckarti* und *Acanthocyclops robustus*. Die Bodenfauna besteht überwiegend aus Borstenwürmern (*Limnodrilus*- und *Tubifex*-Arten). Im Bereich der Uferbank kommt – stellenweise gehäuft – zusätzlich die Wandermuschel *(Dreissena polymorpha)* seit 1968 vor.

Die Unterwasser-Vegetation setzt sich hauptsächlich aus folgenden Arten zusammen: Kammlaichkraut *(Potamogeton pectinatus)*, Umwachsenes Laichkraut *(P. perfoliatus)*, Glänzendes Laichkraut *(P. lucens)*, Teichfaden *(Zannichellia palustris)*. Die Eutrophierungsphase des Sees hat zu starken Verschiebungen des Artenspektrums geführt.

Die Fischfauna ist außerordentlich reichhaltig, wenn auch einzelne Arten (z. B. Kilch, Groppe, Elritze) durch die Eutrophierungsfolgen erloschen sind. Auffallend sind auch Verhaltensänderungen bei Barsch, Trüsche usw. Von ökonomischer Bedeutung sind Coregonenarten (Blaufelchen), Barsche und Weißfischarten.

Seit Jahren ist ein deutlicher Rückgang der limnischen Schilfbestände am Ufer zu verzeichnen, der wohl als Eutrophierungsfolge zu bezeichnen ist. Flächenhafte Erosion im Flachwasserbereich und an den Ufern unterstützen in weiten Bereichen diese Erscheinung.

Sediment

Die Sedimente des tiefen Sees bestehen größtenteils aus Material, das vom Alpenrhein eingetragen und entlang seinem Verlauf abgelagert wurde. Die Korngröße nimmt von Ost nach West ab. Der Gehalt an organischem Kohlenstoff liegt zwischen 1 und 4 %.

Nutzung, Bedeutung und Maßnahmen

Der Bodensee-Obersee liegt in einem Feriengebiet mit überregionaler Bedeutung. Wassersport jeglicher Art steht im Vordergrund.

Berufs- und Sportfischerei erbrachten gemeinsam die folgenden Erträge: 1920: 403 t, 1970: 1 413 t, 1980: 976 t, 1983: 856 t.

Aus dem See werden insgesamt über 4 Millionen Einwohner auf schweizerischem und vor allem auf deutschem Gebiet mit Trinkwasser versorgt.

Der See ist ab Mitte der 50er Jahre rasch eutrophiert, was zu Veränderungen der Biozönosen geführt hat. Die Sauerstoffkonzentrationen über Grund sanken auf ein Konzentrationsniveau, das die aeroben Abbauvorgänge auf dem Seeboden gefährdete. Vor allem durch Investition von über 4 Mrd. Schweizerfranken durch die Anliegerstaaten hinsichtlich umfangreicher Wasseransammlung und weitestgehender Abwasserreinigung konnte erreicht werden, daß diese Entwicklung gestoppt wurde. Die dazu erforderlichen Maßnahmen wurden durch die Internationale Gewässerschutzkommission für den Bodensee im Rahmen ihres Bau- und Investitionsprogrammes koordiniert.

Rund 87 % der im Einzugsgebiet anfallenden Abwässer werden 1985 in mechanisch-biologischen Abwasserreinigungsanlagen gereinigt. Aus etwa 84 % dieser Abwässer werden zusätzlich die Phosphorfrachten weitgehend eliminiert. Allerdings liegt das Produktionsniveau immer noch so hoch, daß extreme Witterungsabläufe zu nachteiligen Auswirkungen auf den Sauerstoffhaushalt führen können. Weitere Maßnahmen zur Sanierung des Sees sind daher notwendig. Sie sind Bestandteil eines neuen Bau- und Investitionsprogramms der Gewässerschutzkommission, das ab 1986 diesbezügliche Vorhaben der Anliegerstaaten zusammenfaßt. Ein Konzept über noch weitergehende vorbeugende Reinhaltemaßnahmen wird derzeit gemeinsam erarbeitet.

Bodensee-Untersee

Lage: R 35 00 20, H 52 82 00
Topographische Karte: L 8320 Konstanz und Nachbarkarten
Entstehung/Seetyp: glazial überformtes, mehrgliederiges Becken
Mischungsverhalten: di-holomiktisch
Höhe: 394,7 m ü NN
Oberfläche: 63 km^2,
Volumen: 830 · 10^6 m^3
Tiefe max: 46 m, mittl.: 13,2 m
Einzugsgebiet: 11 454 km^2
Erneuerungszeit: 0,075 Jahre
Umgebungsfaktor: 181,81
Ufer: Länge 90 km, Entwicklung 3,2

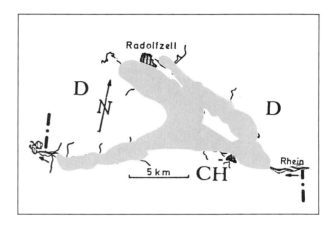

Einzugsgebiet

Es ist weitgehend identisch mit dem des Bodensee-Obersees. Dessen Abfluß, der „Seerhein", mündet nach einer Fließstrecke von 6 km in den Bodensee-Untersee. Einige kleinere Zuflüsse münden aus westlicher Richtung in den See. Von der gesamten zufließenden mittleren jährlichen Wassermenge beträgt ihr Anteil jedoch nur etwa 3%. Durch Versickerung von Wasser aus dem Donaueinzugsgebiet und unterirdisches Ausstreichen erreicht den See in geringem Umfang auch Wasser aus dem südlichen Schwarzwald.

Die Uferentwicklung ist mit 3,2 sehr groß, was durch die Gliederung des Sees in drei Teilbecken (Rheinsee mit 46 m, Radolfzeller See mit 24 m und Gnadensee mit 22 m maximaler Tiefe) bedingt ist. Dabei trennt die Insel Reichenau den Gnadensee vom Rheinsee.

Die bereits bei der Beschreibung des Bodensee-Obersees in ihrer Bedeutung erläuterte Uferbank ist in noch stärkerem Maße auch für den Bodensee-Untersee charakteristisch. Wird die wasserseitige Begrenzung bei der Tiefenlinie 10 m angenommen, beträgt die Fläche der Flachwasserzone rd. 60,3% der gesamten Seefläche. Noch finden sich ausgedehnte Röhrichtbestände von *Phragmites australis, Typha angustifolia* und *Glyceria maxima*. Etwa 7% des Ufers wurden baulich verändert.

Wasserchemismus und Trophiegrad

Der Untersee gehört mit 2,5 mmol/l HCO_3^- zu den kalkreichen Seen. Seine pH-Werte liegen im Bereich von 7,1 bis 9,0 (Mittel: 8,15), die elektrische Leitfähigkeit variiert zwischen 192 und 304 (Mittel 268) µS/cm. Diese Werte entsprechen in der Größenordnung den im Bodensee-Obersee gemessenen.

Einige Unterschiede zum Bodensee-Obersee sind allerdings bei den Messungen der Konzentrationswerte der Pflanzennährstoffe festzustellen. So liegt die Konzentration des Gesamtphosphors während der Zirkulationsperiode im Gnadensee bei 82 mg/m^3 (Frühjahr 1985) und zeigt damit einen eutrophen Seetypus an. Der Jahresmittelwert für die Chlorophyll a-Konzentration liegt bei 7,5 bis 9,5 mg/m^3 bei einer mittleren jährlichen Flächenbelastung (1978/79) von 11,3 g/m^2 Gesamtphosphor.

Die Produktion organischer Substanz führt im Gnaden- und im Zellersee zum Aufzehren des Sauerstoffs im Hypolimnion – je nach Witterungsverlauf innerhalb von 6 bis 12 Wochen. Nur der vom Rheinstrom durchflossene Teil (Rheinsee) kann das relativ große Primärprodukt aerob remineralisieren, soweit es nicht ausgeschwemmt wird (rechnerische Austauschrate von 16 Tagen). Damit wird deutlich, daß der Untersee limnologisch nicht als Einheit betrachtet werden kann.

Die Sichttiefen schwanken generell zwischen 1,2 und 6,2 m bei einem Mittel von 4,4 m.

Flora und Fauna

Das Phytoplankton bildet im Jahreszyklus eine zweigipflige Biomassenkurve, deren erstes Maximum (ca. 70 g/m^2) im April zum größten Teil von Kieselalgen und Cryptophyceen gebildet wird. Das zweite, weniger deutlich ausgeprägte Maximum (ca. 35 g/m^2) fällt in den Juli und wird durch Kieselalgen und Cyanophyceen hervorgerufen.

In den 70er Jahren traten herbstliche Massenentfaltungen von Blaualgen auf, die bis in das folgende Frühjahr hineinreichen. Auch Fadenalgen (*Spirogyra* im Frühjahr, *Cladophora* im Sommer) entwickelten sich auf der Uferbank in beträchtlicher Menge. Beide Formengruppen waren in den letzten Jahren nur noch relativ bescheiden vorhanden. Seit 1983 wird *Enteromorpha spec.* im Untersee beobachtet.

Die dominierenden Formen des Zooplanktons sind: *Daphnia galeata, D. hyalina, Leptodora kindti, Eudiaptomus gracilis, Cyclops vicinus, C. abyssorum, Mesocyclops leuckarti, Acanthocyclops robustus*. Seit 1958 fehlt *Diaphanosoma brachyurum*, seit 1963 *Heterocope borealis*.

Die Bodentiere bestehen hauptsächlich aus Borstenwürmern (Tubifiziden), der Teichmuschel (*Anodonta*) und seit 1968 auch der Wandermuschel (*Dreissena polymorpha*).

1978 waren – entsprechend den damaligen Kartierungen – Leitarten der Unterwasser-Vegetation Kammlaichkraut *(Potamogeton pectinatus)* und der Teichfaden *(Zannichellia palustris)*. Breitblättrige Laichkräuter und Nixenkraut *(Najas marina intermedia)* sind in den 60er Jahren und Anfang der 70er Jahre fast völlig verschwunden, Armleuchteralgen (mehrere *Chara* Arten) gänzlich erloschen. Seit 1982 ist die Regeneration der breitblättrigen Laichkrautbestände und eine Rückkehr der Characeen (vor allem *Chara contraria*) beobachtet worden. Die Wasserpest *(Elodea nuttallii)* ist neu aufgetreten. Auch bei den Characeen wurden Erstfunde neuer Arten gemeldet.

Die Fischfauna besteht aus Coregonen (sogenannten „Silberfelchen"), Barsch, Hecht, Zander, Schleie, Karpfen, Aal und Weißfischen. Gelegentlich wird auch ein Wels gefangen. Die „Silberfelchen" sind aus einer Kreuzung mit dem „Gangfisch" hervorgegangen, die durch die künstliche Erbrütung erfolgte.

Sedimente

Die Sedimente sind größtenteils schlammig und enthalten je nach Seeteil zwischen 2,4 und 4,7 % organischen Kohlenstoff. Seehalde und Uferbank tragen Feinsedimente mit hohen Anteilen aus „Seekreide", die bei der biogenen Entkalkung durch die submerse Vegetation entsteht. Im Uferbereich bestehen deutliche Sedimentationsunterschiede infolge unterschiedlicher Windexposition.

Durch die hohe Produktivität des Sees entstanden in strömungsschwachen Uferabschnitten erhebliche Faulschlammbänke, die für das Absterben der Schilfbestände verantwortlich gemacht werden.

Nutzung, Bedeutung und Maßnahmen

Der See liegt in einem bedeutenden Freizeit- und Erholungsgebiet mit allen Möglichkeiten zum Wassersport.

Die Freizeit- und Berufsfischerei erzielte die folgenden Fangerträge: 1920: 83 t, 1970: 407 t, 1980: 389 t, 1983: 218 t.

Obgleich der See bereits von Natur aus eutrophen Charakter hat, führte seit 1950 die zivilisationsbedingte Eutrophierungsphase zu einigen negativen Erscheinungen (H_2S-haltiges Hypolimnion in zwei der drei Seeteilen; starke Blau- und Fadenalgenentwicklungen; Rückgang der breitblättrigen – für die Fischerei wichtigen – Laichkräuter und des Schilfgürtels). Durch Abwasserreinigungsmaßnahmen in gleicher Weise wie beim Bodensee-Obersee und durch die dortigen Sanierungserfolge wurde die weitere Eutrophierung gestoppt. Eine biozönotische Stabilisierung zeichnet sich ab. Eine Oligotrophierung ist zu erwarten. Allerdings ist im nördlichen und westlichen Seebecken die interne Nährstoffbelastung durch anoxische Hypolimnien so stark, daß dort die erwartete Entwicklung nicht so rasch vonstatten gehen wird.

Degersee

Lage: R 35 49 00, H 52 75 00
Topographische Karte: L 8322 Friedrichshafen
Entstehung/Seetyp: Drumlinsee
Mischungsverhalten: di-holomiktisch
Höhe: 478 m ü NN
Oberfläche: 0,320 km²,
Volumen: $1,92 \cdot 10^6$ m³
Tiefe max: 17 m, mittl.: 6 m
Ufer: Länge 2,70 km, Entwicklung 1,35

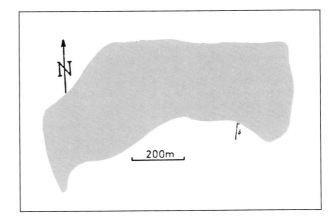

Einzugsgebiet
Es liegt in der hügeligen Moränenlandschaft des Bodenseegebietes und wird in den nicht von Mischwald bestanden Teilen landwirtschaftlich genutzt. Es ist durch wenige Einzelgehöfte besiedelt. Der See wird vorwiegend durch unterseeische Quellaustritte gespeist.

Ufer
Es ist zu 40% von Schilfröhricht bewachsen und zur Hälfte von Grünland gesäumt. Der Rest besteht aus Laubwald. Die Ufersubstrate sind sandig bis schlammig.

Wasserchemismus und Trophiegrad
Bei der mittleren HCO_3^--Konzentration von 2,72 (0,7–4,3) mmol/l ist der See als kalkreich anzusehen. Der mittlere pH-Wert liegt bei 7,84 und variiert zwischen 6,8 und 8,7. Die mittlere elektrische Leitfähigkeit beträgt 262 (203–368) µS/cm. Der Sauerstoff ist am Seeboden von Juni bis Oktober völlig aufgezehrt.

Die Konzentration an Gesamtphosphor liegt während der Zirkulationszeit bei 44 mg/m³, die des Chlorophyll a im Jahresmittel (1979) bei 11,1 (0,87–27,5) mg/m³ und die Sichttiefen bei 3,14 (0,8–5,8) m. Der See ist als eutroph zu betrachten.

Flora und Fauna
Das Algenplankton ist dicht, obgleich es keine aufrahmenden Algenmassen bildet. Die Unterwasser-Vegetation besteht aus Hornblatt *(Ceratophyllum spec.)*, Umwachsenem Laichkraut *(Potamogeton perfoliatus)* und der Weißen Seerose *(Nymphaea alba)*.

Die Hauptarten der Fischfauna sind Brachsen, Rotauge und Rotfeder. Weniger häufig sind Hecht, Barsch, Aal, Schleie und Wels. Selten ist der Zander.

Sedimente
Sie bestehen aus Sanden und Feinmaterial mit einem Anteil an organischem Kohlenstoff von 4,6%.

Nutzung, Bedeutung und Maßnahmen
Ein Angelsportverein nutzt den See in fischereilicher Hinsicht. Der dabei erzielte Ertrag beträgt 30 kg/ha. Als im Landschaftsschutzgebiet gelegenes Gewässer ist der See weitgehend naturbelassen.

Federsee

Lage: R 35 47 00, H 53 27 40
Topographische Karte: L 7922 Saulgau
Entstehung/Seetyp: flacher Moorsee
Mischungsverhalten: poly-holomiktisch
Höhe: 578 m ü NN
Oberfläche: 1,360 km^2,
Volumen: 1,10 · 10^6 m^3
Tiefe max: 2,4 m, mittl.: 0,8 m
Einzugsgebiet: 35,4 km^2
Erneuerungszeit: 0,16 Jahre
Umgebungsfaktor: 26,03
Ufer: Länge 6,85 km, Entwicklung 1,66

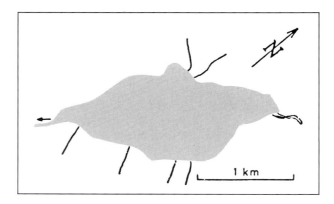

Federsee   Freigegeben durch d. Reg. v. Obb. Nr. G/7 88093

BADEN-WÜRTTEMBERG — Federsee

Einzugsgebiet

Es besteht aus einer ausgedehnten Riedfläche mit Schwingrasen, umgeben von hügeliger Moränenlandschaft. Das Land wird vorwiegend landwirtschaftlich genutzt. Aus den umliegenden Gemeinden wurde bis 1981 Abwasser über radial angeordnete Gräben in den See geleitet. Seitdem wird es zunehmend (derzeit rd. 75 %) einer Ringleitung zugeführt.

Ufer

Das Ufer ist mit einem breiten Schilfgürtel *(Phragmites australis)* umgeben und noch in naturnahem Zustand. Der See ist nur über einige Gräben und einen Steg vom Land her erreichbar.

Wasserchemismus und Trophiegrad

Der See ist mit durchschnittlich (1,3–5,0) mmol/l HCO_3^- kalkreich. Wegen seiner geringen mittleren Tiefe und seiner hohen Produktivität erzeugen wechselnde Einstrahlungs- und Niederschlagsbedingungen rasche Änderungen in der Ionenkonzentration und beim pH-Wert. Bei hoher Produktionsrate kann der pH-Wert trotz der Karbonatpufferung den Extremwert von knapp 11 erreichen, oder auch auf 7,3 absinken. Im Mittel liegt er bei 8,81. Die Calziumkonzentrationen bewegen sich zwischen 34,1 und 92,2 mg/l bei einem Jahresmittel von 67 mg/l.

Die Sauerstoffverhältnisse sind wegen der starken Zehrung des Seebodens und der häufigen Durchmischung ebenfalls sehr wechselhaft. Übersättigung an der Wasseroberfläche von 250 % sind nicht selten.

Einen ausgeprägten Jahresgang zeigen auch die meisten Pflanzennährstoffe im Freiwasser. In den vergangenen Jahren lagen die Konzentrationen beim Gesamtphosphor zwischen 0,1 und 1,5 mg/l, beim Nitratstickstoff zwischen 0,1 und 2,3 mg/l und beim Silikat zwischen 0,01 und 10 mg/l.

Die Konzentrationen von Chlorophyll a betragen im Mittel 200 mg/m^3 und können Werte bis zu 600 mg/m^3 erreichen. – Die Sichttiefen variieren zwischen 0,10 und 0,70 m. Im Vergleich zu geschichteten Seen ist der Federsee als eutroph bis polytroph einzustufen. Eine entsprechende Skalierung für polymiktische Seen, die richtigerweise anzuwenden wäre, besteht nicht.

Flora und Fauna

Das Algenplankton besteht hauptsächlich aus Blaualgen der Gattung *Microcystis* und *Coelosphaerium*, sowie *Oscillatoria redeki*. Sie bilden regelmäßige Algenblüten. Unterwasserpflanzen fehlen seit 1964. Ein lückenhafter Gürtel aus der weißen Seerose *(Nymphaea alba)* ist vorhanden. Das Kleinkrebsplankton wird aus folgenden Arten gebildet: *Bosmina longirostris, Daphnia cuculata, Chydorus sphaericus, Scapholeberis mucronata, Eudiaptomus graciloides, Mesocyclops leuckarti, Leptrodora kindti,* sowie dem Rädertier*Asplanchna girodi*. In der artenarmen doch individuenreichen Bodentiergesellschaft dominieren Zuckmückenlarven *(Chironomus plumosus)* und Borstenwürmer *(Limnodrilus hoffmeisteri)*.

Die Fischfauna setzt sich vorwiegend aus Brachsen und Ulkelei zusammen. Seltener sind Hecht, Schmerle, Schleie, Barsch, Aal und Wels.

Das Sediment

Das Sediment besteht aus einer 0,8 m mächtigen Schicht mit einem recht hohen Gehalt an organischem Kohlenstoff von 14,5 %.

Nutzung, Bedeutung und Maßnahmen

Der Federsee ist eines der bedeutendsten Naturschutzgebiete in Baden-Württemberg. Er war früher ein Moorsee mit bräunlicher Färbung. Seine Bedeutung wurde allerdings durch die starke Belastung mit häuslichen Abwässern eingeschränkt. Durch Absenkung des Seespiegels und starken Frost im Winter 1962/63 fror der See zudem für einige Monate zu, so daß ca. 6,5 t Welse und Karpfen verendeten. Der einst „üppige Rasen von Unterwasservegetation" verschwand völlig. Die gesamte Biozönose – vor allem an Mollusken- und Insektenarten – verarmte. Von den einst 587 Algenarten sind nur noch 33 zu finden. Bis Anfang der 80er Jahre setzte sich diese Eutrophierungsphase fort. Dann wurden erhebliche Anstrengungen zur Sanierung eingeleitet. Ein wesentlicher Anteil des Abwassers wird seit 1981 über eine Ringleitung gesammelt und in einer Abwasserreinigungsanlage unterhalb des Seeauslaufs behandelt. Somit bleibt jetzt der See weitgehend von Abwassereinleitungen frei. Erstmals im Sommer konnte ein gewisser Rückgang der Phosphorkonzentration beobachtet werden. Wegen noch fehlender Abwasseranschlüsse, Abschwemmungen aus landwirtschaftlich genutzten Flächen und einem hohen Nährstoffreservoir im schlammigen Sediment am Seeboden ist ein kurzfristiger Sanierungserfolg nicht zu erwarten. Auf längere Sicht ist mit einer Entlastung durch die Ringleitung zu rechnen, die bis Ende 1985 etwa 90 % des anfallenden Abwassers aufnehmen soll.

Feldsee

Lage: R 34 27 60, H 53 04 10
Topographische Karte: L 8114 Titisee-Neustadt
Entstehung/Seetyp: Karsee (am Feldberg)
Mischungsverhalten: di-holomiktisch
Höhe: 1 109 m ü NN
Oberfläche: 0,0915 km²,
Volumen: 1,40 · 10⁶ m³
Tiefe max: 32 m, mittl.: 15,7 m
Einzugsgebiet: 1,25 km²
Erneuerungszeit: 0,53 Jahre
Umgebungsfaktor: 13,66
Ufer: Länge 1 150 km, Entwicklung 1,07

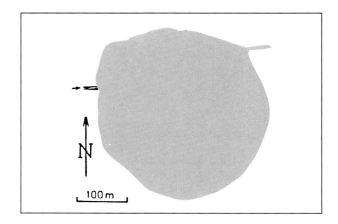

Einzugsgebiet
Es liegt am steilen Nordhang des Feldberg-Seebucks (1 448 m ü NN) im südlichen Schwarzwald, dessen geologische Formation durch Granit und Gneis bestimmt wird. Das Einzugsgebiet liegt in einem Naturschutzgebiet und ist von Nadelwald und Magerwiesen bedeckt. Das Gebiet ist unbewohnt. Der Zufluß zum See besteht aus einem abwasserunbelasteten Gebirgsbach und einigen submersen Quellen.

Ufer
Es wird durch die Abschlußmoräne, Seitenschotter und das Delta des Zuflusses gebildet. Die Ränder sind von Wald gesäumt, die Auflandungen sind mit Wiese bestanden.

Wasserchemismus und Trophiegrad
Die HCO_3^--Konzentration liegt im Jahresmittel bei 0,14 (0,11–0,21) mmol/l, die elektrische Leitfähigkeit bei 22 (15–28) µS/cm und die Calciumkonzentration bei 2,61 (1,60–3,61) mg/l. Der See ist demnach elektrolytarm. Sein pH-Wert beträgt im Jahresmittel 6,5 (6,0–8,6).

Die Nährstoffbelastung war 1974/75 mit 160 mg/m² Gesamtphosphor gemessen worden, was eine Zirkulationskonzentration von 3,5 mg/m³ ergab.

Die Chlorophyll a-Konzentration beträgt im Jahresmittel 3,4 (0,06–4,05) mg/m³ und die Sichttiefe 5,20 (2,0–9,0) m. Der See kann als oligotroph eingestuft werden. Der dystrophe Einschlag ist gering.

Flora und Fauna
Die Unterwasser-Vegetation bestand 1972 aus Schwimmendem Laichkraut (Potamogeton natans), Brachsenkraut (Isoëtes echinospora und I. lacustris), Tausendblatt (Myriophyllum alterniflorum), Igelkolben (Sparganium angustifolium) und Armleuchteralgen (Nitella cf. flexilis). Der südliche Teil des Mündungsdeltas war mit einem 150 m breiten Seggenröhricht (Caricetum rostratae) bestanden.

Die Fischfauna ist durch Bach- und Regenbogenforellen, Seesaibling und Elritze gekennzeichnet.

Sediment
Im Uferbereich sind die Sedimente kiesig bis sandig. Im Tiefenbereich bestehen sie aus Feinmaterial mit einem hohen Anteil von 18,9 % an organischem Kohlenstoff.

Nutzung, Bedeutung und Maßnahmen
Die Bedeutung des Sees liegt in seinem fast natürlichen Charakter, der ihn als „Zeiger"-See für Umwelteinflüsse über Niederschläge geeignet erscheinen läßt. Der See erhält etwa 20 % des Phosphors und etwa 25 % des Stickstoffs über den Niederschlag. Seit den 50er Jahren sind geringe Eutrophierungserscheinungen erkennbar.

Illmensee

Lage: R 35 28 45, H 53 01 70
Topographische Karte: L 8122 Weingarten
Entstehung/Seetyp: glazial überformtes Becken
Mischungsverhalten: di-holomiktisch
Höhe: 693 m ü NN
Oberfläche: 0,702 km²,
Volumen: 5,90 · 10⁶ m³
Tiefe max: 16 m, mittl.: 8,4 m
Einzugsgebiet: 7,09 km²
Erneuerungszeit: 2,36 Jahre
Umgebungsfaktor: 10,1
Ufer: 4,4 km, Entwicklung 1,77

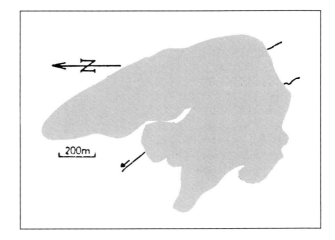

Einzugsgebiet
Es liegt in hügeliger Jungmoränenlandschaft. Auf den nicht mit Laubwald bestandenen Flächen wird intensive Landwirtschaft betrieben. Die Besiedlung ist durch Weiler und Einzelgehöfte gekennzeichnet.

Ufer
Sie befinden sich in naturnahen Zustand und sind von Schilfröhricht (10 %), Laubwald und Wiesengelände gesäumt.

Wasserchemismus und Trophiegrad
Der See ist mit 3,03 (1,8–4,5 mmol/l HCO_3^- kalkreich. Der pH-Wert liegt im Mittel bei 8,0 (7,0–8,7), die Calciumkonzentration bei 65,5 (34,1–74,1) mg/l, die elektrische Leitfähigkeit bei 340 (229–372) µS/cm. Der Seeboden ist in der Regel von Juli bis November sauerstofffrei. Die Flächenbelastung mit Gesamtphosphor beträgt 600 mg/m² (1976). Der See ist als eutroph zu bezeichnen. Trotz der relativ hohen Flächenbelastung wird eine Vollzirkulationskonzentration des Gesamtphosphors von nur 16 mg/m³ erreicht. Der Grund hierfür liegt möglicherweise in dem hohen Eisengehalt der Zuflüsse von 1 300 mg/m³, wodurch Phosphor gebunden und ausgefällt wird. Die Konzentrationen an Chorophyll a lagen in den Jahren 1972–1974 zwischen 6,2 und 8,8 mg/m³, die Schwankungsbreite reicht von 0,5 bis 19,0 mg/m³. Entsprechend variierten die Sichttiefen zwischen 1,1 und 5,5 m bei einem Mittel von 2,4 m.

Flora und Fauna
Die dominierenden Arten des Algenplanktons sind: *Aphanizomenon flos acquae, Merismopedia glauca,* *Dinobryon divergens, D. sociale, Chromulina crassa, Asterionella formosa, Stephanodiscus hantschii, Cyclotella kützingiana, Oocystis lacustris, Rhodomonas minuta, Chryptomonas ovata, C. erosa, C. marsonii, Ankistrodesmus aciculare.* Die Blaualgen bilden regelmäßig Wasserblüten.

Die Unterwasser-Vegetation besteht hauptsächlich aus Umwachsenem Laichkraut (*Potamogeton perfoliatus*), Tausendblatt (*Myriophyllum spec.*), Hornblatt (*Ceratophyllum spec.*), Hahnenfuß (*Ranunculus circinatus*), Wasserpest (*Elodea sp.*), Gelbe Teichrose (*Nuphar lutea*) und Fadenalgenarten (*Cladophora*).

Die Fischfauna besteht aus Barsch, Rotfeder und Rotauge, weniger häufig sind Schleie und Aal. Selten sind Ukelei und Schmerle.

Sediment
Sie bestehen aus feinem Material mit einem Anteil organischen Kohlenstoffs von 6,1 %.

Nutzung, Bedeutung und Maßnahmen
Der See ist beliebtes Freizeitrevier für Wassersport, Segeln und Angeln. Motorbetrieb ist nicht erlaubt. Der See liegt im Landschaftsschutzgebiet. Um die Nährstofffracht zu vermindern, sind weitere Sanierungsmaßnahmen in einer ländlichen Gemeinde des Einzugsgebietes vorgesehen.

Mindelsee

Lage: R 35 01 70, H 52 90 50
Topographische Karte: L 8320 Konstanz
Entstehung/Seetyp: glazial überformtes Becken, Drumlinsee
Mischungsverhalten: di-holomiktisch
Höhe: 405 m ü NN
Oberfläche: 1,023 km^2,
Volumen: 8,74 · 10^6 m^3
Tiefe max: 13,5 m, mittl.: 8,5 m
Einzugsgebiet: 25,43 km^2
Erneuerungszeit: 1,3 Jahre
Umgebungsfaktor: 24,86
Ufer: Länge 5,2 km, Entwicklung 1,45

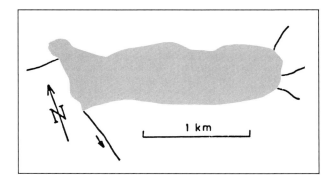

Einzugsgebiet

Es liegt auf einem Molasserücken mit einer Decke aus Gletscherschottern, die zu Drumlins geformt sind. Das Gebiet ist mit Laub- und Nadelwald bestanden und wird in den freibleibenden Bereichen landwirtschaftlich genutzt. Drei Ortschaften mit insgesamt 2 000 Einwohnern, deren Abwässer seit 1977 nicht mehr dem See zufließen, liegen im Einzugsgebiet. Der größte Teil der zufließenden Wassermenge kommt über einige Bäche in den See. Zum geringeren Teil fließt Wasser über submerse Quellaustritte zu. Der Seewasserspiegel wird auf Grund einer Wehranlage weitgehend konstant gehalten.

Ufer

Sie sind in natürlichem Zustand und teilweise von dichtem Röhrichtgürtel (70%), teils von überwiegend Laubwald bestanden. Der See ist nur an wenigen Stellen zugänglich.

Wasserchemismus und Trophiegrad

Entsprechend den geologischen Gegebenheiten ist der See mit 4,1 (3,1–5,5) mmol/l HCO_3^- kalkreich. Der mittlere pH-Wert liegt bei 8,07 (7,2–8,6), die Calziumkonzentration bei 70,9 (56,1–80,2) mg/l und die elektrische Leitfähigkeit bei 449 (374–551) µS/cm. Die Flächenbelastung mit Gesamtphosphor betrug 1981 67 mg/m^2, sie war jedoch in den Jahren vor Ableitung der Gemeindeabwässer erheblich höher. Durch die Sanierungsmaßnahme trat eine Oligotrophierung ein. Die Sichttiefen vergrößerten sich von 2,1 auf 2,7 m im Jahresmittel. Die Chlorophyll-a-Konzentration liegt heute bei 6 mg/m^3. Anaerobie tritt für einige Wochen im Spätsommer in den größten Seetiefen ein.

Flora und Fauna

Im Phytoplankton dominieren im Frühjahr Kieselalgen *(Cyclotella, Stephanodiscus, Diatoma* und *Fragillaria)* und im Sommer Grünalgen *(Gloeocystis, Oocystis)* und Conjugaten *(Closterium)*. Blaualgen sind relativ selten. Die submerse Vegetation besteht vorwiegend aus den folgenden Arten: *Nuphar lutea, Nymphaea alba, Myriophyllum spicatum, Najas marina, Ceratophyllum demersum, Sparganium minimum, Potamogeton pectinatus* und *Chara aculeolata*. Das Zooplankton setzt sich aus den folgenden Hauptarten zusammen: *Mesocyclops leuckarti, Cyclops strenuus, C. bohater, C. vicinus, Eudiaptomus gracilis, Bosmina spec., Daphnia longispina, D. galeata, Ceriodaphnia* und *Diaphanosoma*. Das Zoobenthon birgt eine sehr artenreiche Chironomiden- und Molluskenfauna, sowie die vor einigen Jahren eingeschleppte Wandermuschel *Dreissena polymorpha*.

Die Fischfauna gleicht jener des Bodensee-Untersees mit den dort heimischen Silberfelchen, Barsch, Hecht, Schleie, Aal und Weißfischen. Früher wurden auch Welse gefangen. Der Ertrag beläuft sich auf etwa 30 kg/ha.

Sedimente

Sie bestehen aus feinstem Material mit einem Anteil an organischem Kohlenstoff von 5,4%. Die sauerstofffreie Phase des Hypolimnions hat sich im Zuge der Sanierungsmaßnahmen stetig verkürzt, so daß der größte Teil der Sedimente in der Oberflächenschicht oxidiert ist.

Nutzung, Bedeutung und Maßnahmen

Der Mindelsee liegt in einem Naturschutzgebiet. Wassersport jeder Art ist nicht erlaubt. Die fischereiliche Bewirtschaftung nimmt ein Berufsfischer wahr.

Mummelsee

Lage: R 34 41 15, H 53 84 70
Topographische Karte: L 7514 Oberkirch
Entstehung/Seetyp: Karsee an der Hornigsrinde, Nordschwarzwald
Mischungsverhalten: di-holomiktisch
Höhe: 1 029 m ü NN
Oberfläche: 0,037 km^2,
Volumen: 0,273 · 10^6 m^3
Tiefe max: 17 m, mittl.: 7,2 m
Einzugsgebiet: 0,29 km^2
Erneuerungszeit: 0,49 Jahre
Umgebungsfaktor: 7,84
Ufer: Länge 0,800 km, Entwicklung 1,17

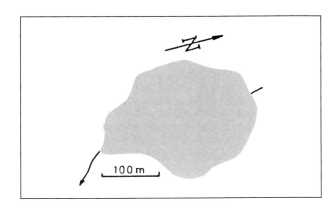

Einzugsgebiet
Es liegt am Südhang der Hornisgrinde (1 164 m ü NN), deren geologischer Aufbau vom mittleren Buntsandstein bestimmt ist. Die Vegetation setzt sich aus Mischwald und Grünland zusammen. Das Gebiet ist unbewohnt.

Ufer
Es besteht aus teils schroffen Felshängen und talseitig aus der Abschlußmoräne. Dementsprechend ist am Ufer mehr oder minder grobes Geröll anzutreffen. Eine Röhrichtzone fehlt.

Wasserchemismus und Trophiegrad
Während der Vollzirkulation beträgt die HCO_3^--Konzentration etwa 0,07 (0,04–0,14) mmol/l und die des Calziums 3,41 (2,00–6,81) mg/l. Die elektrische Leitfähigkeit liegt bei 38 (29–50) µS/cm und der mittlere pH-Wert beträgt 6,63 (4,9–9,2). Danach ist der Mummelsee als elektrolytarm anzusehen. Die Vollzirkulationskonzentration des Gesamtphosphors betrug 1972/73 13 mg/m^3, die des Chlorophyll a 8,8 (2,4–13,8) mg/m^3. Die Sichttiefe liegt im Mittel bei 2,57 (1,2–3,7) m. Der See ist als mesotroph einzustufen. Die Armut an natürlichen Elektrolyten würde nicht zur Mesotrophie führen, weswegen allochthone Nährstoffquellen zu vermuten sind.

Flora und Fauna
Der Kenntnisstand über die biologische Situation ist unvollkommen. Vom tierischen Plankton ist bekannt, daß *Cyclops abyssorum* vorkommt. Das Algen-Plankton enthält folgende Hauptarten: *Cathomonas truncata, Oscillatoria oblique-acuminata, Nephrodiella lunaris*.

Sedimente
Sie sind reich an organischen Bestandteilen und enthalten 28 % organischen Kohlenstoff.

Nutzung, Bedeutung und Maßnahmen
Der Mummelsee liegt in einem Naturschutzgebiet. Er ist im Sommer Ziel vieler Wanderer. Es bestehen Möglichkeiten zum Rudern. Am talseitigen Ufer befindet sich eine Gaststätte mit Hotelbetrieb.

Ruschweiler See

Lage: R 35 27 50, H 53 03 60
Topographische Karte: L 8122 Weingarten
Entstehung/Seetyp: glazial überformtes Becken
Mischungsverhalten: di-holomiktisch
Höhe: 691 m ü NN
Oberfläche: 0,281 km²,
Volumen: 0,24 · 10⁶ m³
Tiefe max: 16 m, mittl.: 8,5 m
Einzugsgebiet: 9,98 km²
Erneuerungszeit: 0,75 Jahre
Umgebungsfaktor: 35,51
Ufer: Länge 2,20 km, Entwicklung 1,17

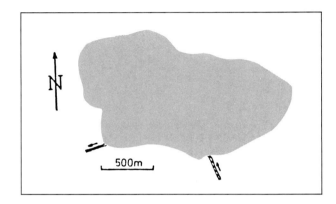

Einzugsgebiet
Es ist überwiegend identisch mit dem des Illmensees, da dieser über eine Laufstrecke von nur 1,3 km in den Ruschweiler See entwässert. Dies ist gleichzeitig der Hauptzufluß.

Ufer
Sie befinden sich in weitgehend natürlichem Zustand. Die Ufer sind zu 50 % von Schilfröhricht gesäumt, sonst von Laubwald und Wiesengelände umgeben. Das Ufersubstrat ist tonig bis schlammig.

Wasserchemismus und Trophiegrad
Das Wasser ist kalkreich (im Mittel 2,95 (1,6–4,2) mmol/l HCO_3^-). Der pH-Wert bewegt sich zwischen 7,0 und 8,8 (Mittel: 7,90), die elektrische Leitfähigkeit schwankt zwischen 244 und 370 (Mittel: 347) µS/cm. Die Sauerstoffkonzentrationen im Hypolimnion gehen im allgemeinen von Juli bis November auf Null zurück. Die anaerobe Phase dauert von Juli bis November.

Die Flächenbelastung mit Gesamtphosphor liegt bei 210 mg/m², was einem Vollzirkulationswert von 98 mg/m³ (1972–1974) entspricht.

Die Chlorophyll a-Konzentration liegt im Jahresmittel bei 10 bis 17 mg/m³ mit einer Streubreite von 1,0 bis 26,6 mg/m³. Die Sichttiefen bewegen sich zwischen 0,6 und 2,9 m (Mittel: 1,9 m). Der Ruschweiler See kann als eutroph eingestuft werden.

Flora und Fauna
Im Herbst sind regelmäßig aufrahmende Blaualgen zu beobachten. Das Algenplankton besteht aus den folgenden Hauptarten: *Aphanizomenon flos acquae, Merismopedia glauca, Dinobryon divergens, D. sociale, Chromulina crassa, Asterionella formosa, Stephanodiscus hantschii, Cyclotella kützingiana, Oocystis lacustris*. Die wichtigsten Vertreter der submersen Vegetation sind *Potamogeton perfoliatus, P. natans*, gelbe Teichrose *(Nuphar lutea)* und – auf einige Stellen beschränkt – Fadenalgen *(Cladophora)*.

Die Fischfauna besteht hauptsächlich aus Barsch, Brachsen, Rotauge und Rotfeder. Wenig häufig sind Hecht, Karpfen und Schleie. Selten sind Zander, Döbel, Ukelei, Schmerle und der Wels.

Sedimente
Sie bestehen aus feinem Material, das 7 % organischen Kohlenstoff enthält.

Nutzung, Bedeutung und Maßnahmen
Der See liegt im Landschaftsschutzgebiet und ist weitgehend naturbelassen. Er befindet sich in der Pacht eines Fischereivereins, der das alleinige Nutzungsrecht besitzt. Weitere Freizeitaktivitäten sind nicht zugelassen.

Schleinsee

Lage: R 35 47 60, H 52 75 10
Topographische Karte: L 8322 Friedrichshafen
Entstehung/Seetyp: Drumlinsee
Mischungsverhalten: di-holomiktisch
Höhe: 475 m ü NN
Oberfläche: 0,149 km²,
Volumen: 0,95 · 10⁶ m³
Tiefe max: 11,6 m, mittl.: 6,4 m
Einzugsgebiet: 0,45 km²
Erneuerungszeit: ca. 2,11 Jahre
Umgebungsfaktor: 3,02
Ufer: Länge 1,70 km, Entwicklung 1,24

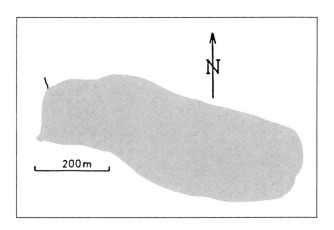

Einzugsgebiet
Es liegt in der hügeligen Moränenlandschaft des Bodensees und ist von Mischwald bestanden. Die freibleibenden Flächen sind landwirtschaftlich genutzt. Es ist dünn besiedelt. Der See wird von einem Bach und unterseeischen Quellen gespeist.

Ufer
Es ist etwa zur Hälfte von Schilfröhricht bestanden und von Wald und Wiesenland gesäumt. Die Ufersubstrate sind sandig bis schlammig.

Wasserchemismus und Trophiegrad
Das Wasser ist bei 2,65 (1,56–3,84) mmol/l HCO_3^- kalkreich. Entsprechend liegt der pH-Wert im alkalischen Bereich (7,0–9,1, Mittel: 7,90). Die mittlere Calcium-Konzentration beträgt 42,3 (24,0–66,1) mg/l. Der Schleinsee ist am Grund regelmäßig von Juni bis Oktober sauerstofffrei. Die Konzentrationen an Gesamtphosphor betragen während der Zirkulationszeit etwa 94 mg/m³, die des Chlorophyll a im Jahresmittel (1979) 24,3 (10,4–46,8 mg/m³) und die Sichttiefen etwa 1,74 (0,5–3,3) m. Der Schleinsee ist als typisch eutrophes Gewässer einzustufen.

Flora und Fauna
Blaualgen bilden regelmäßig im Herbst starke Entwicklungsmaxima *(Miractinium, Oscillatoria)*, ohne allerdings durch Aufrahmen in Erscheinung zu treten. Die submerse Vegetation besteht vorwiegend aus Hornblatt *(Ceratophyllum spec.)* und umwachsenem Laichkraut *(Potamogeton perfoliatus)*. In Ufernähe befinden sich Bestände der Weißen Seerose *(Nymphaea alba)*.

Die Fischfauna besteht hauptsächlich aus Brachsen, Karpfen, Hecht, Barsch, Schleie, Aal und – seltener – Zander und Wels.

Sedimente
Sie bestehen aus Feinmaterial mit einem Anteil an organischem Kohlenstoff von 9,3 %.

Nutzung, Bedeutung und Maßnahmen
Die fischereiliche Nutzung liegt in Händen eines Angelsportvereins, der einen jährlichen Ertrag von etwa 30 kg/ha erzielt. Das weitgehend naturbelassene Gewässer liegt in einem Landschaftsschutzgebiet.

Titisee

Lage: R 34 36 15, H 53 06 85
Topographische Karte: L 8144 Titisee-Neustadt
Entstehung/Seetyp: Gletschertalsee
Mischungsverhalten: di-holomiktisch
Höhe: 846 m ü NN
Oberfläche: 1,10 km^2,
Volumen: 22,5 · 10^6 m^3
Tiefe max: 39 m, mittl.: 20,5 m
Einzugsgebiet: 24,2 km^2
Erneuerungszeit: 1,23 Jahre
Umgebungsfaktor: 22,04
Ufer: 4,70 km, Entwicklung 1,26

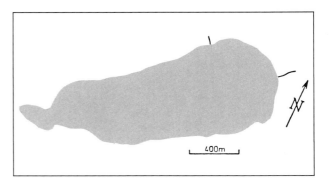

Einzugsgebiet
Es liegt im Mittelgebirge des südlichen Schwarzwaldes, das aus Granit und Gneis aufgebaut und überwiegend von Nadelwäldern bestanden ist. Auf den freibleibenden Flächen wird intensive Viehwirtschaft betrieben. Das Niederschlagswasser wird teilweise über einen Hangkanal in den Schluchsee übergeleitet. Im Einzugsgebiet liegt eine Gemeinde mit – sowohl im Winter als auch im Sommer – lebhaftem Fremdenverkehr.

Ufer
Es besteht aus Wald und Kulturland mit geringfügigen Verbauungen. Eine Röhrichtzone ist nicht vorhanden. Die Ufersubstrate sind kiesig bis sandig. Am nördlichen Ufer liegt die Gemeinde Titisee.

Wasserchemismus und Trophiegrad
Da die HCO_3^--Konzentration im Jahresmittel bei 0,22 (0,17–0,31) mmol/l liegt, kann der See als kalkarm betrachtet werden. Die mittlere Calzium-Konzentration liegt bei 6,21 (1,60–3,61) mg/l, der pH-Wert bei 7,3 (6,0–9,1), die elektrische Leitfähigkeit bei 63 (56–78) µS/cm. Die Flächenbelastung mit Gesamtphosphor von rund 580 mg/m^2 (1981/82) führt zu einer Vollzirkulationskonzentration im See von 12 mg/m^3. Die mittlere Konzentration Chlorophyll a beträgt 3,9 (0,3–8,8) mg/m^3, die mittleren Sichttiefen liegen bei 3,9 (2,2–4,9) m. Der See kann demnach als schwach mesotroph eingestuft werden, wobei ihm die aus den Nadelwäldern ausgetragenen Huminstoffe einen dystrophen Charakter verleihen.

Flora und Fauna
Das Algenplankton bestand vor der Eutrophierung des Sees vorwiegend aus *Mallomonas* und *Dinobryon*. Heute dominieren *Fragillaria* und *Anabaena*, wobei gelegentlich Blaualgenblüten auftreten können. Auch die submerse Vegetation ist durch die Eutrophierung verändert worden. Die Bestände von umwachsenem Laichkraut *(Potamogeton perfoliatus)*, Brachsenkraut *(Isoëtes echinospora)* und Seestrandling *(Littorella uniflora)* sind erloschen. Heute dominiert das umwachsene Laichkraut (Potamogeton pectinatus). Das Kleinkrebsplankton besteht aus *Mixodiaptomus laciniatus, Cyclops abbyssorum, Daphnia longispina, Diaphanosoma brachyurum, Bosmina coregoni* und *Holopedium gibberum*. Früher kam *Heterocope saliens* vor.

In der Fischfauna dominieren Barsch und Rotauge. Hecht, Aal, Bach- und Regenbogenforelle sind – ebenso wie die Felchen – seltener.

Sedimente
Im Uferbereich sind die Sedimente kiesig bis sandig. Im Tiefenbereich hingegen bestehen aus feinstem Material mit einem Anteil an organischem Kohlentoff von 18,3 %.

Nutzung, Bedeutung und Maßnahmen
Der See liegt in einem stark besuchten Ferien- und Naherholungsgebiet mit Campingbetrieb und verschiedenen Freizeitaktivitäten. Motorboote sind nicht erlaubt. Fahrgastverkehr ist zugelassen. Es besteht die Möglichkeit zur Sportfischerei.

Der ursprünglich oligotrophe See durchlief eine rasche Eutrophierungsphase, die zu Algenmassenentfaltungen und kritischen Sauerstoffverhältnissen im Hypolimnion führte. Durch den Bau eines Ufersammlers und einer biologischen Kläranlage im Einzugsgebiet konnten die Phosphor-Konzentrationen zu Beginn der 80er Jahre beträchtlich gesenkt werden. Die Konzentrationen der Stickstoffverbindungen sind jedoch noch relativ hoch, nicht zuletzt verursacht durch Abschwemmungen aus der Gülledüngung während der Schneeschmelze im Frühjahr. Dadurch hat der See zwar ein gedrosseltes Produktionsniveau, verbleibt aber in einem labilen Zustand.

5.2 Bayern

In Bayern gibt es über 1 100 natürliche und künstliche Einzelseen und knapp 540 Seengruppen mit Flächen jeweils über 3 ha. Die großen natürlichen Seen konzentrieren sich in Südbayern. Diese ungleiche Verteilung der Seen hängt mit ihrer Entstehung durch die Eiszeit zusammen; denn alle natürlichen stehenden Gewässer, die im folgenden besprochen werden, sind entweder durch die Eiszeit entstanden oder haben zumindest dadurch ihre endgültige Ausprägung erhalten. Dem Typ nach gehören die meisten Seen zu den tiefen, thermisch regelmäßig schichtenden Alpen- oder Alpenvorlandseen.

Die Seen sind ausgesprochene Anziehungspunkte für Nah- und Fernerholung. Um ein geregeltes Nebeneinander der verschiedenen Ansprüche an die Seen einigermaßen zu gewährleisten, wurden verschiedene Nutzungen eingeschränkt. So werden beispielsweise auf allen bayerischen Seen private Motorboote nur beschränkt oder gar nicht zugelassen. Ausnahmen gelten für die Staatliche Schiffahrt, die Polizei und die Rettungsdienste sowie die Fischerei.

Die Ausführungen zu der fischereilichen Nutzung basieren auf Angaben der jeweiligen Genossenschaften oder Angelvereine. Sie spiegeln vor allem den wirtschaftlichen Wert der Fischarten wider, geben jedoch keine Auskunft über die Häufigkeit dieser Arten im Gewässer. Im allgemeinen kommen die sogenannten Weißfische am häufigsten vor, zu denen Rotauge, Güster, Rotfeder, Hasel und Aitel u. a. gerechnet werden. Durch selektive Bewirtschaftung der Edelfische wird der Weißfischbestand oft nicht in angemessener Weise genutzt. Es ist daher vorstellbar, daß an Seen, die traditionell nur auf Renken bewirtschaftet werden, ein nur geringer Fischertrag gemeldet wird, obwohl ein großer Weißfischbestand vorhanden ist, der aber nahezu völlig ungenutzt bleibt. Diese einseitige Fisch-Nutzung hat häufig Rückwirkungen auf das Zustandsbild der Seen. Überspitzt könnte man formulieren: Nicht immer, wenn ein See vegetationstrüb durch Algen ist, ist das Abwasser die Ursache. Oft liegt es an dem nicht ausreichend bewirtschafteten Fischbestand.

Die Angabe der topografischen Karte bezieht sich bei größeren Seen auf den See-Ablauf. Die weiteren, eventuell benötigten Kartenblätter lassen sich von Interessenten sicherlich ohne Schwierigkeiten auffinden und beschaffen.

Viele Daten zu den Seen wurden durch die technische Gewässeraufsicht der Bayerischen Wasserwirtschaftsverwaltung gewonnen. Die routinemäßigen Seenuntersuchungen werden dabei durch die Wasserwirtschaftsämter, speziellere Untersuchungen – z. B. zu besonderen Eutrophierungsproblemen – durch das Bayerische Landesamt für Wasserwirtschaft durchgeführt. Die Untersuchungsfrequenz ist im Regelfall vier- bis sechsmal pro Jahr. In den Tiefenprofilen werden eine 0 bis 10 m-Mischprobe und darunter einzelne Stichproben (in 5 bis 10 m-Abständen) untersucht. Die Auswertung erfolgt nach dem Identifikationsmodell von Schröder & Schröder (1978).

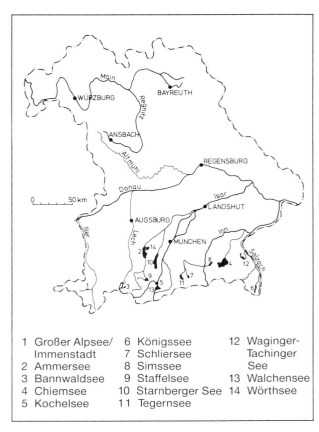

1 Großer Alpsee/Immenstadt
2 Ammersee
3 Bannwaldsee
4 Chiemsee
5 Kochelsee
6 Königssee
7 Schliersee
8 Simssee
9 Staffelsee
10 Starnberger See
11 Tegernsee
12 Waginger-Tachinger See
13 Walchensee
14 Wörthsee

Bei der Abfassung der Kurzbeschreibungen für die einzelnen Seen wurde oft auf die grundlegende Zusammenstellung von Grimminger (1982) und die Broschüre der ehemaligen Bayer. Landesstelle für Naturschutz (1970) zurückgegriffen. Das gleiche gilt für einen Aufsatz von Bucksteeg (1983), in dem die Abwassersanierung der großen Seen beschrieben ist. Wichtige Beiträge lieferten in Form von persönlichen Mitteilungen M. Klein (Bayer. Landesanstalt f. Fischerei, Starnberg), Dr. J. Müller (Institut f. Meeresgeologie, Techn. Univ. München) und Dr. A. Melzer (Institut f. Botanik und Mikrobiologie der Techn. Univ. München). Die verwendeten Rasterelektronen-Mikrofotos fertigte R. Klee und einen Großteil der Zeichnungen B. Heindel (beide Bayer. Landesamt f. Wasserwirtschaft) an. Allen sei an dieser Stelle herzlich gedankt.

Literatur

Bayer. Landesamt f. Wasserwirtschaft (1976): Gewässerschutztechnische Studie zur Reinhaltung des Chiemsees, Landkreise Rosenheim und Traunstein, 244 S., München.

Bayer. Landesstelle f. Naturschutz (1970): Die südbayerischen Seen. Schriftenreihe für Naturschutz und Landschaftspflege 1, 84 S. zuzüglich Karten, München.

BOHL, E. (1982): Die Verteilung von Licht, Trübung und Chlorophyll im Kochelsee. – DFG-Sonderforschungsbericht 81, Vortragsveranstaltung 21. Oktober 1982, 81–99, München.

BAYERN

BUCKSTEEG, K. (1983): Seenreinhaltung in Bayern – eine Zwischenbilanz nach 25 Jahren Gewässerschutzarbeit. – Informationsbericht des Bayerischen Landesamtes für Wasserwirtschaft 2/83, 313–327, München.

FRÖBRICH, G., J. MANGELSDORF, T. SCHAUER, J. STREIL & H. WACHTER (1977): Gewässerkundliche Studie über sechs Seen bei Füssen im Allgäu. – Schriftenreihe des Bayerischen Landesamtes für Wasserwirtschaft 3, 11–42, München.

GRIMMINGER, H. (1982): Verzeichnis der Seen in Bayern. – Teil 1: Text, Teil 2: Karten. – Bayerisches Landesamt für Wasserwirtschaft, München.

HAMM, A. (1971): Limnologische Untersuchungen am Tegernsee und Schliersee nach der Abwasserfernhaltung (Stand 1970). – Wasser-Abwasser-Forschung 5, 131–150, München.

HAMM, A. (1976): Untersuchungen zur Nährstoffbilanz am Tegernsee und Schliersee nach der Abwasserfernhaltung – zugleich ein Beitrag über die diffusen Nährstoffquellen im Einzugsgebiet bayerischer Alpen- und Voralpenseen. – Z. Wasser Abwasser Forsch. 9, 110–121 u. 135–149, Weinheim.

HAMM, A. (1979): Herkunft und Rolle des Phosphors als wesentlicher Eutrophierungsfaktor von Seen, besprochen an einigen Beispielen bayerischer Seen. – Tagungbericht 3/79 der Akademie für Naturschutz und Landschaftspflege, S. 15–43, Laufen.

HAMM, A. et al. (1983): Erfassung der Strömung und des Stoffhaushaltes eines stark durchströmten voralpinen Sees. – Sonderforschungsbereich 81 der Deutschen Forschungsgemeinschaft, Bericht 1980/1983, 231–311, München.

KÖLBING, A. (1978): Angelreviere Europas: Seen im deutschen Alpenvorland. – Bayer. Landwirtschaftsverlag, München, 157 S.

KUCKLENTZ, V. (1982): Populationsdynamik des Zooplanktons im Kochelsee. – DFG-Sonderforschungsbereich 81, Vortragsveranstaltung am 21. Okt. 1982, 100–114, München.

LEHMANN, R. (1981): Morphologische und sedimentologische Untersuchungen an einem Alpenvorlandsee. – Diplom-Arbeit, Univ. München, 271 S.

LENHART, B. & C. STEINBERG (1982): Beiträge zur Limnologie des Starnberger Sees. – Informationsbericht des Bayerischen Landesamtes für Wasserwirtschaft 2/83, München.

MELZER, A., A. MARKL & J. MARKL (1981): Die submerse Makrophytenvegetation des Königsees in ihrer quantitativen Verbreitung. – Ber. Bayer. Bot. Ges. 52, 99–107.

MICHLER, G., K. SIMON, F. WILHELM & C. STEINBERG (1980): Vertikale Verteilung von Metallen im Sediment eines Alpenvorlandsees als Zivilisationsindikatoren. – Arch. Hydrobiol. 88, 24–44, Stuttgart.

MÜLLER, J., W. SIGL, G. MICHLER & G. SOMMERHOFF (1977): Die Sedimentationsbedingungen im Ammersee – untersucht an Sedimentkernen aus dem Delta-, Profundal- und Litoralbereich. – Mitt. Geogr. Ges. München 62, 75–88.

NÄHER, W. (1963): Untersuchungen über die Radioaktivität im Wasser und Plankton des Starnberger Sees mit besonderer Berücksichtigung der Wassergüte. – Arch. Hydrobiol. 59, 401–466, Stuttgart.

SCHRÖDER, R. & H. SCHRÖDER (1978): Ein Versuch zur Quantifizierung des Trophiegrades von Seen. – Arch. Hydrobiol. 82, 240–262, Stuttgart.

SIEBECK, O. (1982): Der Königsee. Eine limnologische Projektstudie. – Nationalpark Berchtesgaden Forschungsber. 5, 80 S.

STEINBERG, C. (1978): Limnologische Untersuchungen des Ammersees. – Informationsbericht des Bayerischen Landesamtes f. Wasserwirtschaft 6/78, 80 S., München.

STEINBERG, C., E. HÄMMERLE & J. MEILHAMMER (1983): Veränderungen im Sedimentationsgeschehen des Walchensees durch anthropogene Eingriffe in das Einzugsgebiet. – Z. Wasser Abwasser Forsch. 16, 48–54, Weinheim.

STREIL, J., C. STEINBERG & T. SCHAUER (1979): Großer Alpsee bei Immenstadt. – Eine Gewässerkundliche Studie. – Schriftenreihe des Bayer. Landesamtes f. Wasserwirtschaft 11, 44 S., München.

Großer Alpsee/Immenstadt

Lage: R 35 89 82, H 52 70 92
Topographische Karte: L 8526 Immenstadt/Allgäu
Entstehung/Seetyp: Zungenbeckensee des Illergletschers in tektonisch vorgegebener Umwallung
Mischungsverhalten: dimiktisch
Höhe: 724,6 m ü NN
Oberfläche: 2,47 km^2
Volumen: 32,68 · 10^6 m^3
Tiefe max.: 22,7 m, mittl.: 13,23 m
Einzugsgebiet: 49,45 km^2
Umgebungsfaktor: 19,0
Erneuerungszeit: 0,49 Jahre
Ufer: Länge 8,1 km, Entwicklung 1,47

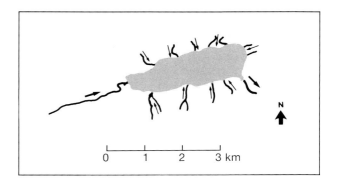

Einzugsgebiet und Ufer

Der See liegt im Tal der Konstanzer Ache (das Tal gehörte nicht zum Bistum Augsburg, wie die umliegenden Ländereien, sondern zu Konstanz, daher der Name). Das Tal wird durch Molasseberge begrenzt, die bis zu knapp 1 500 m hoch sind, im Norden durch die Illervorberge und im Süden durch die Schwäbischen Voralpen (Vorderer Bregenzer Wald). Landwirtschaftlich herrscht in den wenig geneigten Lagen die Almweide- und Milchwirtschaft vor. Das natürliche sandige bis kiesige Ufer ist durch einen Eisenbahndamm im Norden und eine Bundesstraße im Süden an vielen Stellen stark eingeengt. Ein fast lückenloser, nur durch Einbauten und Anglerschneisen zerschlitzter Röhrichtgürtel, der aus Schilfrohr *Phragmites australis* und Teichbinse *Schoenoplectus lacustris* besteht, umsäumt die Ufer mit Ausnahme des Ostufers. Der Röhrichtbestand hat durch anthropogene Belastung, wie Eutrophierung, Freizeitnutzungen und Ausdehnen der Wiesen bis zum unmittelbaren Ufersaum deutlich abgenommen.

Wasserchemismus und Trophiegrad

Das klare Alpseewasser weist während der Zirkulationsphasen mit 3,6 mmol/l Hydrogencarbonat Kalkreichtum auf. Produktionsbedingt verarmt das Epilimnion auf Gehalte unter 2,7 mmol/l. Unter den potentiell eutrophierenden Nährstoffen standen zu Zeiten der Vollzirkulation (im Untersuchungszeitraum 1975–77) 25–30 µg/l Ges.-P rund 400 µg/l NO$_3$-N und rund 100 µg/l NH$_4$-N gegenüber. Aus dem Molverhältnis der Nährstoffe zeigt sich, daß die Produktion im See somit hauptsächlich durch den Phosphatgehalt begrenzt wird. Der relativ geringe Gehalt an gelöster Kieselsäure von 1,5 mg/l SiO$_2$ wurde im Sommer auf weniger als 0,5 mg/l aufgebraucht und wurde dadurch zu einem Faktor, der die Algensukzession, aber weniger die gesamte Algenproduktion steuerte. Der pH-Wert lag im typischen Bereich: in der Produktionszone gelegentlich um 8,5 und gegen Ende der Stagnation über dem Sediment deutlich unter 8,0.

Der Alpsee bei Immenstadt ist dem schwach eutrophen Typus zuzuordnen. Chlorophyll-Daten liegen von nur einem knappen Jahr vor. Danach wurden sowohl im Hochsommer als auch unter Eis Gehalte von 23 µg/l und mehr gefunden. Die Minimalwerte lagen um 1,5 µg/l. Seinem schwach eutrophen Status entsprechend, verarmt der Alpsee im Tiefenwassr an Sauerstoff auf Werte unter 1,0 µg/l O$_2$. Schwefelwasserstoff trat aber erst im Oktober in wahrnehmbaren, aber analytisch selten meßbaren Mengen auf. Interessanterweise führte nicht bereits die Herbst-, sondern erst die Frühjahrszirkulation wieder zu O$_2$-gesättigtem Wasser.

Die Belastung des Alpsees mit Phosphaten wurde für die Jahre 1975–77 auf 2,6 t/a Ges.-P geschätzt, das sind 1,05 g/m^2 · a Phosphor. Die stärkste Belastung stammte und stammt noch aus dem Hauptzufluß, der Konstanzer Ache mit der anliegenden Ortschaft Thalkirchdorf.

Flora und Fauna

Das Phytoplankton bestätigt den schwach eutrophen Zustand des Sees: Blaualgen treten zwar auf, spielen aber zu keiner Zeit mengenmäßig eine bedeutende Rolle. Vorherrschend sind dagegen die Goldalgen (Chrysophyceen), wie *Dinobryon*-Arten, und Kieselalgen (Diatomeen), wie *Asterionella formosa* (Abb. S. 36),einschließlich der schwach verkieselten Varietät *acaroides*. Die letztgenannte Varietät ist eine Anpassung an niedrige SiO$_2$-Konzentrationen im Wasser. Im Sommer treten Feueralgen der Gattung *Peridinium* hervor.

In der Westbucht des Sees befinden sich ausgedehnte Bestände der Gelben Teichrose (*Nuphar lutea*). Der Bestand ist dort so dicht, daß weitere Unterwasserpflanzen fehlen. In Buchten und nahe nährstoffbringender Bäche befinden sich Bestände von groß- und kleinblättrigen Laichkrautarten (*Potamogeton sp. div.*). Am Ostufer fehlen untergetauchte Wasserpflanzen völlig. Alle Wasserpflanzen dringen in den Alpsee nur in vergleichsweise geringe Wassertiefen vor. Dieser Umstand wird mit der Windexposition des Sees erklärt, die durch Schlammaufwirbelungen zu Beeinträchtigungen des Lichtklimas führt.

Die wichtigsten Fischarten sind ihrem Ertrag nach Brachsen, Karpfen, Hecht und Aal.

Nutzung, Bedeutung und Maßnahmen

Der Fischbestand des Gr. Alpsees wird ausschließlich durch Angelfischerei genutzt. Für das Jahr 1982 wurde ein Ertrag von 10 240 kg angegeben.

Der Gr. Alpsee wird seit langer Zeit als Wasserspeicher zur Energiegewinnung genutzt. Das Tal der Konstanzer Ache mit dem Gr. Alpsee nimmt in jüngster Zeit an Bedeutung für den Tourismus zu. Mit Strandbädern, Bootshäfen, Uferpromenaden und ähnlichem wurde dieser Entwicklung Rechnung getragen. Auch für den Alpsee gilt das im Vorspann erwähnte Verbot für private Motorboote.

Die Überwachung durch die Wasserwirtschftsverwaltung zeigt an, daß die Eutrophierung des Alpsees seit Mitte der 70er Jahre nicht mehr weiter vorangeschritten ist. Dennoch sollen zur Erhaltung und Verbesserung der Wasserqualität des Sees die Abwasseranlagen im See-Hinterland weiter ausgebaut werden.

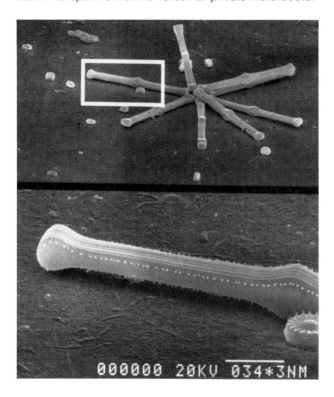

Rasterelektronen-Mikrofoto von Asterionella formosa

Ammersee

Lage: R 44 35 15, H 53 27 06
Topographische Karte: L 7932 Fürstenfeldbruck
Entstehung/Seetyp: Zungenbeckensee des Isar-Loisach-Gletschers
Mischungsverhalten: dimiktisch
Höhe: 532,9 m ü NN, Oberfläche: 46,6 km²
Volumen: 1 750,01 · 10⁶ m³
Tiefe max.: 81,1 m, mittl.: 37,55 m
Einzugsgebiet: 993,02 km²
Umgebungsfaktor: 20,3
Erneuerungszeit: 2,7 Jahre
Ufer: Länge 43,0 km, Entwicklung 1,78

Einzugsgebiet

Im unmittelbaren Einzugsgebiet umkränzen Jungmoränenwälle das langgestreckte, im Süden und Norden von Verlandungsmooren erfüllte Ammersee-Becken. Im Westen steigen die Hänge sanfter zum „Wessobrunner Höhenrücken" an und lassen Platz für eine Reihe von Orten, die auf alluvialen Bachschwemmkegeln liegen. Steiler hebt sich das Ostufer zum Andechser Rücken („Heiliger Berg") empor und hat nur Herrsching auf dem Kienbachdelta als große Ortschaft zugelassen. Alle Moränenhöhen sind mit Mischwald bedeckt. Das ganze Uferland im Westen sowie der Nordteil des Ostufers (Herrsching bis Stegen) sind Landschaftschutzgebiet; ein kleines Waldstück am Westufer (das Seeholz bei Rieden) ist Naturschutzgebiet.

Das Einzugsgebiet des bedeutendsten Zuflusses, der Ammer, die eine Fläche von 718,7 km² entwässert, reicht bis in die Kalkalpen hinein. Hier liegen wichtige Fremdenverkehrsorte, wie Oberammergau und Ettal, weiter flußabwärts folgen Orte mit Industrie, wie Weilheim oder Peißenberg.

Ufer

Das Seeufer ist seinem Charakter nach noch überwiegend natürlich, und zwar sandig und kiesig sowie im Süden moorig. Im Bereich von Gemeinden ist das Ufer durch Freizeitanlagen und Häfen stark verbaut.

Am Westufer ist bis auf verhältnismäßig kleine Bereiche der Uferzugang für die Allgemeinheit gesperrt oder verboten. Dagegen ist nahezu das ganze Ostufer und das Südufer für jedermann zugänglich, jedoch kann das Seeufer hier oft nur über schmale Stichwege von der Straße her erreicht werden.

Das Ammersee-Ufer war über weite Strecken von einem mehr oder weniger dichten Röhrichtgürtel bewachsen, der, wie überschlägige Kalkulationen ergaben, zu rund 50 % durch Eutrophierung und durch intensive Freizeitnutzungen zerstört worden ist. An vielen, besonders beeinträchtigten Zonen blieb allein die Teichbinse (*Schoenoplectus lacustris*) als Röhrichtpflanze (vgl. Bannwaldsee). Eine große zusammenhängende, bis 500 m breite sehr schützenswerte Röhrichtzone liegt vor dem südlichen Verlandungsmoor.

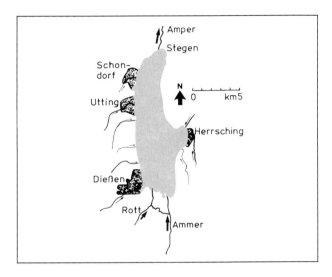

Wasserchemismus und Trophiegrad

Der gemittelte Gehalt an Hydrogencarbonat (HCO_3^-) von 3,8 mmol/l charakterisiert den Ammersee als kalkreichen, klaren Alpenvorlandsee. Die Leitfähigkeit liegt entsprechend bei 300 μS/cm. Durch die Algenproduktion kann das Epilimnion gegen Sommerende auf Minimalwerte von 3,0 mmol/l HCO_3^- verarmen. In diesen produktiven Zeiten kann der pH-Wert in oberflächennahen Zonen auf über 8,6 steigen, gleichzeitig strebt er über Grund gegen 7,5. Während der Mischungsphasen bewegt sich der pH-Wert zwischen 8,0 und 8,2. In der Untersuchungszeit 1975–77 war der Sauerstoffhaushalt, der bei Vollzirkulation 100 % Sättigung erreichte, durch zwei deutliche Verarmungszonen gekennzeichnet: einem Minimum über dem Sediment, das Werte unter 0,5 mg/l O_2 unterschritt, und einem metalimnischen Minimum, das die Marke von 4,0 mg/l O_2 unterschritt.

Die mittlere Phosphatkonzentration betrug seinerzeit 55 μg/l Ges.-P, die der anorganischen Stickstoff-Komponenten rund 1 mg/l N. Die Gehalte an gelöster Kieselsäure bewegten sich vor der Produktionsphase um 1,25 mg/l SiO_2 und verarmten in oberflächennahen Schichten auf unter 0,15 mg/l SiO_2.

Der Ammersee wurde 1975–77 durch die Ammer mit den Pflanzennährstoffen Phosphor (P), Stickstoff (N) und Silicium (Si) wie folgt belastet:

P	47 t/a (ca. 75 %)
N	575 t/a (ca. 60 %)
SiO_2	1 005 t/a (ca. 30 %)

Die Werte in Klammern geben den über ein Rechenmodell ermittelten Anteil des Abwassers wieder. Die überragende Rolle der Ammer in der Eutrophierung des Sees wird deutlich, wenn man sich die gesamte Phosphatbelastung für den genannten Zeitraum vor Augen führt. Sie betrug 57,5 t/a. Die spezifische Phosphat-Belastung lag bei 1,23 g/m² · a Ges.-P.

Die Phosphat-Belastung durch die Ammer ist bis 1984 um gut 25 % gesunken, was auf phosphatärmere Waschmittel und bessere Reinigungsleistungen einzelner Kläranlagen zurückzuführen ist. Im selben Maße hat sich auch der Phosphat-Gehalt des Sees inzwischen vermindert.

Der Ammersee wurde 1975–77 vorwiegend aufgrund des Phosphatgehaltes und der Dominanz fädiger Blaualgen (s. u.) als eutroph eingestuft. Gegenwärtig befindet er sich im eutrophen Bereich an der Grenze zur Mesotrophie. Die Sichttiefen lagen 1975–77 im Mittel bei 4,3, das Minimum während der frühjährlichen Diatomeenblüte bei 1,8 m und das Maximum nach einem großen Hochwasser und Mitfällung von Algen u. ä. an den Schwebstoffen bei 8,4 m.

Flora und Fauna

Im Phytoplankton des Ammersees herrschten 1975–77 die fädigen Blaualgen vor, insbesondere die Burgunderblut-Alge (*Oscillatoria rubescens*). Unter den weiteren Algen des eutrophen Aspekts ist vor allem die Feueralge *Ceratium hirundinella* zu erwähnen, die im Hochsommer Dichten von über 200 Zellen im Milliliter erreichte. Diese Feueralge ist die größte einzellige Alge des Süßwasser-Planktons. Die verminderte Phosphat-Belastung des Sees hat eine Umstellung im Phytoplankton hervorgerufen: Fädige Blaualgen spielen im Phytoplankton eine nur noch untergeordnete Rolle. Grünalgen, Kieselalgen und Cryptophyceen dominieren nun.

Die submersen Makrophyten wurden bisher nicht systematisch untersucht. Die vorliegenden Ergebnisse zeigen auf, daß im Ammersee noch drei Armleuchteralgen-Arten (*Chara sp.*) vorkommen. Unter den Laichkräutern, die ihren Verbreitungsschwerpunkt in den südlichen Flachwasserbereichen haben, gibt es sowohl Eutrophie-Anzeiger wie den Teichfaden *Zanichellia* als auch Mesotrophie-anzeigende, großblättrige Formen, zu denen das Durchwachsene Laichkraut *Potamogeton perfoliatus* und das Spiegelnde Laichkraut (*P. lucens*) gehören.

Während der Sommermonate traten regelmäßig Watten aus fädigen Grünalgen (*Cladophora*) auf, die sich häufig an den Schilfhalmen festlegten und zu einer mechanischen Überbeanspruchung der Halme führten.

Sediment und Verlandung

Das Sediment ist überwiegend stark mineralisch und zeigt im Bereich, der durch die Schwebstoffe aus der Ammer beeinflußt wird, charakteristische Varven (Wechsellagerungen von dunklen und hellen Bändern). Im Jahresmittel werden 15 000 m^3 Geschiebe und 25 000 m^3 Schwebstoffe im Ammerdelta angelandet. Insgesamt gelangen jährlich etwa 67 000 m^3 Schwebstoffe in den See. Hinzu kommen noch 30 000 m^3 aus chemischer und biologischer Sedimentation. Die allochthonen Minerale mit Quarz und Dolomit werden mehr im Südteil des Sees, das vorwiegend autochthon durch Kalkfällung im Litoral gebildete Calcit mehr im Nordteil abgelagert.

Durch Sedimentanalyse eines 382 cm langen Bohrkerns konnten aufgrund der wechselnden Metallgehalte die Beeinflussung des Sees durch kulturgeografische Fakten aus der Landnahme, der Ausbauzeit, aus Bergbau- und Industrialisierungsphasen rekonstruiert werden.

Nutzung, Bedeutung und Maßnahmen

Der Ammersee bietet trotz Eutrophierung ein gutes Beispiel für einen Renken-(Coregonen)-See. Die Nutzung der Hauptfischart, der sog. Ammerseerenke, erfolgt – wie auch am Starnberger See oder Chiemsee – durch die Berufsfischerei. Mit fallender Bedeutung folgen Weißfische, worunter die schon im Vorspann aufgeführten Fischarten gehören, Brachsen sowie Barsch, Aal und Zander. Für 1983 wird ein Gesamtertrag von 53 000 kg angegeben, der sich zu 43 % auf die Renke, 17 % auf die Weißfische, 15 % auf die Brachsen, 9 % auf den Barsch, 6 % auf den Aal und 4 % auf den Zander verteilt. Eine untergeordnete Rolle spielt am Ammersee die Angelfischerei.

Der Ammersee und sein Umland beherbergen eine bedeutende Vogelfauna. Das Ampermoos im Norden des Sees gilt als das größte deutsche Brutgebiet des Kiebitz und die Verlandungszone des Südufers als Stätte der gefährdeten Vogelarten Bekassine, Beutelmeise, Großer Brachvogel, Purpurreiher oder Zwergrohrdommel.

Das schon prähistorisch bewohnte Ammerseegebiet ist bajuwarisches Altsiedelland mit kleinen Haufendörfern und überwiegend Gründlandwirtschaft mittelgroßer Agrarbetriebe. Die Nahlage zu München und Augsburg hat mancherlei Wandel bewirkt: Villenorte verbreiten sich, und am Wochenende herrscht starker Ausflugsverkehr. Sehr beliebt ist der Ammersee bei Segelsportlern. Dem Andrang der Erholungssuchenden ist durch den Bau von großen, das Landschaftsbild mehr oder weniger deutlich belastenden Campingplätzen, Segelhäfen und Freizeitanlagen vornehmlich im Westuferbereich Rechnung getragen worden.

Das Auftreten der Burgunderblut-Alge in den 50er Jahren im Phytoplankton des Ammersees war ein Anlaß zur abwassertechnischen Sanierung des sog. Dreiseen-Gebietes (Ammersee, Pilsensee und Wörthsee). Mit über 50 km Kanallänge und einer Kläranlage für 60 000 Einwohner und Einwohnergleichwerte wurden bis 1982 einschließlich der Ortsnetze 150 Mio. DM investiert. Bei diesem Projekt wurde eine neue Variante berücksichtigt: Verschiedene Ringkanalabschnitte im Bereich mischkanalisierter Orte wurden als sogenannte Stauraumkanäle ausgeführt und darüber Seeuferpromenaden angelegt.

Diese Sanierungsmaßnahme umfaßte am Ammersee die unmittelbaren Seeufergemeinden. Aufgrund der hohen Phosphatfracht aus dem Hinterland, dem Ammereinzugsgebiet, konnte die weitere Eutrophierung des Sees nur verlangsamt, aber nicht verhindert werden. Zur zukünftigen Nährstoffentlastung des Sees wurden 1984 die größeren Kläranlagen im Ammersee-Einzugsgebiet mit Entphosphatisierungsstufen ausgerüstet. Nach Inbetriebnahme dieser Anlagen kann aufgrund der geringen Wassererneuerungszeit weiterhin mit einer vergleichsweise raschen Rückentwicklung der Trophielage im See gerechnet werden.

Bannwaldsee

Lage: R 44 07 24, H 52 73 28
Topographische Karte: L 8530 Füssen
Entstehung/Seetyp: Zungenbeckensee des Lechgletschers
Mischungsverhalten: dimiktisch
Höhe: 785,9 m ü NN, Oberfläche: 2,28 km²
Volumen: 14,09 · 10⁶ m³
Tiefe max.: 12,0 m, mittl.: 6,18 m
Einzugsgebiet: 21,42 km²
Umgebungsfaktor: 8,39
Erneuerungszeit: 0,81 Jahre
Ufer: Länge 6,7 km, Entwicklung 1,25

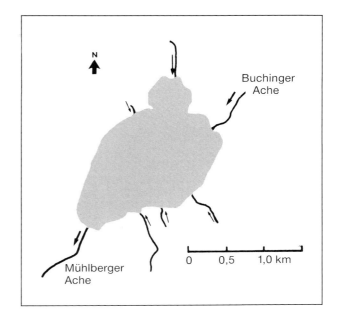

Einzugsgebiet

Das Ostufer lehnt sich an die Trauchberge an, die den Kalkalpen als bewaldete Flyschberge nach Nordosten vorgestellt sind. Auf der Ostseite zieht auch die „Romantische Straße" (Augsburg-Schongau-Füssen) vorbei. Den Südoststrand nehmen stark benutzte Camping- und Badeplätze ein. Doch der größte Teil des Sees, vor allem der breite Verlandungsgürtel im Norden, blieb bisher als kaum berührte Natur in ihrer Schönheit unangetastet. Der Bannwaldsee liegt ganz in einem Landschaftsschutzgebiet.

Der Hauptzufluß mit fast 50% des gesamten Zuflusses ist die Buchinger Ache. Der Ablauf, die Mühlberger Ach, entwässert in den Forggensee, den ersten und größten Stausee des Lechs.

Ufer

Das Ufer ist im Süden sandig-kiesig und im Bereich der Camping- und Badeplätze von seinem Röhrichtgürtel sowie dem Ufergebüsch entblößt. Ansonsten ist der Bannwaldsee von wenig zugänglichen breiten und ökologisch wertvollen Verlandungsmooren umgeben. Noch vor 30 Jahren dehnte sich ein Schilfgürtel weit in den See hinaus. Durch mehrere Ursachen, vornehmlich Eutrophierung und Badebetrieb, ist der reine *Phragmites*-Gürtel schmal geworden. Vor ihm wächst ein schütterer Mischbestand mit Teichbinsen (*Schoenoplectus lacustris*) (bis zu 3 m Tiefe), einer Pflanze, die mechanischen Beanspruchungen besser als das Schilf gewachsen ist. Vor dem *Schoenoplectus*-Gürtel dehnt sich die Schwimmblattzone, die mit 25 ha rund 11% der Seefläche einnimmt. Diese Zone mit Gelber Teichrose (*Nuphar lutea*) und Weißer Seerose (*Nymphea alba*) besitzt ihre größte Ausdehnung im nördlichen Seeteil.

Eine jüngste, noch unveröffentlichte erneute Bestandsaufnahme erbrachte, daß die Teichbinse (*Schoenoplectus*) inzwischen die verbreitetste Röhrichtpflanze ist. Dies kann als Zeichen zunehmender Eutrophierung sowie stärkerer mechanischer Beanspruchung des Röhrichts durch Baden, Boote u. ä. gewertet werden.

Wasserchemismus und Trophiegrad

Mit 3,7 mmol/l Hydrogencarbonat ist der Bannwaldsee ein kalkreicher Alpenvorlandsee. Die Produktion verarmt den anorganischen Kohlenstoff-Vorrat auf rd. 3,1 mmol/l HCO_3. Der Gehalt an anorganischen Stickstoff-Verbindungen liegt bei 1 mg/l N und der der gelösten Kieselsäure bei 1,5 bis 2,0 mg/l SiO_2. Der Sauerstoffgehalt erreicht während der Vollzirkulationen die Sättigung. Bereits im Sommer (Juni, Juli) ist das tiefe Hypolimnion sauerstofffrei und Schwefelwasserstoff tritt auf. Der Phosphat-Gehalt der Produktionszone bewegt sich zwischen 18 und 27 µg/l Ges.-P.

Die Sichttiefen schwanken sehr. 1973/74 wurden sie häufig bei 2–3 m festgestellt, reichen jedoch im November bis auf 6,5 m hinunter, womit sich der Bannwaldsee als der klarste der Füssener Alpenrandseen erwies.

Die Studie von 1977 ordnete den Bannwaldsee dem mäßig eutrophen Zustand zu. Neuere Daten aus der Gewässerüberwachung sowie die bereits genannte neue Kartierung der Makrophyten belegen, daß sich dieser Zustand nicht gebessert, eher verschlechtert hat.

Flora und Fauna

Im Phytoplankton bildeten 1973/74 Kieselalgen (*Asterionella formosa, Fragilaria crotonensis*) den Frühjahrsaspekt, während Feueralgen (*Peridinium* und *Ceratium*), verschiedene Grünalgen (*Pediastrum, Cosmarium, Staurastrum*) neben den Blaualgen *Anabaena* und *Microcystis* das Sommerbild prägten.

Im Zooplankton dominierten, wie in allen eutrophen Seen zu erwarten, die Rädertiere. Unter den größeren Zooplankton-Tieren fielen die Vertreter der Algenfresser auf (*Daphnia, Diaphanosoma* und *Bosmina*).

Die untergetauchten Wasserpflanzen bestätigten das Bild des mäßig eutrophen Sees in den Jahren 1973/74.

Im nördlichen Seeteil waren die Unterwasser-Rasen am üppigsten, mit dem Durchwachsenen Laichkraut (*Potamogeton perfoliatus*), dem Krausen Laichkraut (*P. crispus*) und dem Leuchtenden Laichkraut (*P. lucens*).

Die Arten *P. perfoliatus* und *lucens* gelten als „nährstoffärmere" Vertreter ihrer Gattung. Vor den belasteten Zuflüssen haben sich nährstoff-liebende Laichkräuter angesiedelt, wie *P. berchtoldii* und *P. crispus*. Armleuchteralgen der Gattungen *Chara* und *Nitella* scheinen im Rückgang begriffen zu sein. Die Arten, die am deutlichsten Oligotrophie anzeigen, nämlich *Chara aspera, C. hispida* und *Nitella syncarpa,* kommen nur noch sehr selten vor.

Der morphometrisch zum Nährstoffreichtum neigende Bannwaldsee ist durch die nährstoffreiche Buchinger Ache vollends zum Karpfen- und Schleiengewässer geworden.

Nutzung, Bedeutung und Maßnahmen

Der Fischbestand des Sees wird sowohl von der Berufsfischerei als auch von Anglern genutzt. Für die Freizeitfischer wird der See mit Hecht, Zander und Aal besetzt. Nach den Fangerträgen, über deren Höhe jedoch keine Angaben vorliegen, dominieren die Renken, gefolgt von Brachsen, Hecht, Aal und Weißfischen.

Am Fuße der Alpen und in der Nähe der Füssener Königsschlösser Neuschwanstein und Hohenschwangau sowie an der Romantischen Straße gelegen, ist auch der Bannwaldsee ein touristisches Zentrum. Große Camping- und Badeanlagen sind Zeichen hierfür.

Zur abwassertechnischen Sanierung des Sees wurde das Abwasser von Buching, dem Hauptort im Einzugsgebiet, nach Trauchgau übergeleitet und damit dem See ferngehalten.

Chiemsee

Lage: R 45 35 95, H 53 10 58
Topographische Karte: L 8140 Traunstein
Entstehung/Seetyp: Beckentoteissee (Stamm- sowie Zungenbecken)
Mischungsverhalten: dimiktisch
Höhe: 518,19 m ü NN, Oberfläche: 79,90 km²
Volumen: $2047,84 \cdot 10^6 m^3$
Tiefe max.: 73,4 m, mittl.: 25,63 m
Einzugsgebiet: 1 398,56 km²
Umgebungsfaktor: 16,5
Erneuerungszeit: 1,26 Jahre
Ufer: Länge 63,96 km, Entwicklung 2,02

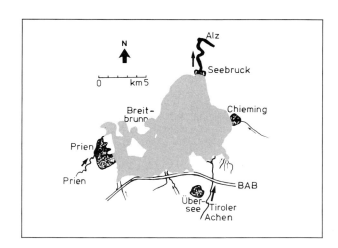

Einzugsgebiet

Der Chiemsee ist Bayerns flächengrößter See. Er ist das Zentrum eines Jungendmoränengebietes, das ihn wie ein Amphitheater umschließt. Natur- und Kulturlandschaft sind im Wechsel von Wald und Moor, Seen und Bächen, Feldern und Wiesen verwoben. Im Verbreitungsgebiet des würmeiszeitlichen Chiemseegletschers fehlt die siedlungsfeindliche Grundmoränenlandschaft. Um den Chiemsee blieben deshalb nur wenige Gebiete, wie die Verlandungsmoore, unbesiedelt.

Der bayerische Teil des Chiemsee-Einzugsgebietes weist eine Nord-Süd-Ausdehnung von max. 25 km auf.

Mündung der Tiroler Achen in den Chiemsee. Deutlich erkennbar ist die Schwebstoff-Führung des Flusses.
Freigegeben durch: Regierung von Oberbayern Nr. GS 300/36/85

Seine Fläche von rd. 605 km² entspricht einem Anteil von etwa 44% am gesamten Einzugsgebiet. Durch die Tiroler Achen, den Hauptzufluß, erhält der Chiemsee nicht nur Wasser aus den Nördlichen Kalkalpen, sondern auch aus der Grauwackenzone der Alpen, so daß das Geschiebe dieses Flusses u. a. aus schiefer- und porphyrähnlichem Material besteht.

Ufer

Entsprechend seinem Charakter als Zentrum eines stark frequentierten Fremdenverkehrsgebietes sind die Ufer des Chiemsees im Bereich der Ortschaften weitgehend ausgebaut. Das Landschaftsbild des Chiemsee-Ufers wird zwischen den Ortschaften und vor allem am Südufer durch seine ausgedehnten Röhrichtzonen und einen Weidenbuschsaum, der stellenweise in einen Erlen-Eschen-Auwald oder in Hangwälder übergeht, geprägt. Allerdings wird das Südufer an verschiedenen Stellen durch die Autobahn München–Salzburg in Mitleidenschaft gezogen, die in diesen Bereichen unmittelbar am Ufer verläuft.

Wasserchemismus und Trophiegrad

Entsprechend des geochemischen Charakters des größten Teils seines Einzugsgebietes ist das Wasser auch des Chiemsees reich an Hydrogencarbonat und für das menschliche Auge durch Humusstoffe kaum gefärbt. Der Wasserchemismus ist in der nachfolgenden Tabelle aufgelistet und auf alte Bezugsgrößen (z. B. CaO anstelle von Ca heute) umgerechnet, um den interessanten Vergleich mit einer historischen Analyse zu ermöglichen.

Parameter	Konzentration um 1970	Umrechnung der neuen Werte auf alte Angaben	Analyse um 1900
Calcium	41–46 mg/l	57,2–64,4 mg CaO/l	57,5–59,7
Magnesium	15–16 mg/l	24,9–26,5 mg MgO/l	21,8–33,2
Sulfat	14–22 mg/l	11,7–18,3 mg SO$_3$/l	15,5–17,4
Chlorid	8– 9 mg/l	entfällt	1,3– 3,2
Kieselsäure vor Kieselalgenblüte	2,3–2,8 mg/l	entfällt	0,8– 1,6 mg/l
nach Blüte	0,4–0,8	entfällt	
Hydrogencarbonat	2,9–3,05 mmol/l	62,9–66,8 mg/l geb. CO$_2$	69,5–70,8

Der Eisengehalt liegt zwischen 30 und 50 µg/l. Über dem Sediment treten in Stagnationszeiten Werte bis 140 µg/l auf. Noch höhere Werte wurden im Aiterbacher Winkel gefunden, der nordwestlichen Bucht, die in der Nähe des Kläranlagenauslaufes von Prien liegt. Der Gehalt an Gesamt-Phosphat bewegt sich bei 30 µg/l P, wobei der östliche Seeteil, der sog. Weitsee, häufig geringere, die westlichen Seeteile (sog. Inselsee) dagegen zumeist höhere Phosphatgehalte aufweisen. Der mineralische Stickstoffgehalt erreicht 0,5 bis 0,6 mg/l und verarmt in den Produktionsschichten und über dem Sediment in charakteristischer Weise, hervorgerufen durch Nitrat-Assimilation bzw. durch Nitrat-Atmung.

Aufgrund der geringen Windabschattung und der relativ geringen Tiefe wird der Chiemsee während der Mischungsphasen gut durchmischt und im Tiefenwasser mit Sauerstoff versorgt. Ferner kommt es aus diesen Gründen erst recht spät im Jahr zu einer stabilen thermischen Schichtung des Wasserkörpers. Die Folge ist, daß das Tiefenwasser während des Sommers zwar an Sauerstoff verarmt, aber nur im Extremfall und in einzelnen Buchten sauerstofffrei wird. Die pH-Werte unterschreiten im Sediment-Wasser-Kontaktbereich selten 8,0. In der Produktionszone werden gelegentlich Werte von 8,7 erreicht.

Anfang der 70er Jahre, als die Nährstoffbelastung des Chiemsees eingehend untersucht wurde, wurde eine Phosphor-Befrachtung von 197 t/a Gesamtphosphor ermittelt, von denen 150 t ($\triangleq$ 76%) allein auf den Hauptzufluß, die Tiroler Achen, entfielen, wobei das Niederschlagsgebiet dieses Flusses nur 68% des Seen-Einzugsgebietes ausmacht. Von den genannten 197 t P sind rund 115 t pflanzenverfügbar. Diese Unterscheidung ist wichtig, da die Tiroler Achen einen hohen Anteil an Schwebstoffen und darin enthaltenen Phosphaten mit sich führt.

Der Großteil des Chiemsees ist als eutroph auf der Grenze zur Mesotrophie hin anzusehen. Die westlichen Seeteile (Ruttengraben, Aiterbacher sowie Kailbacher Winkel) sind eindeutig eutroph.

Der Chlorophyll-a-Gehalt in der 0–10 m-Schicht beträgt im Mittel rund 6 µg/l. Spitzenwerte wurden im Oktober 1983 mit 20,8 µg/l gemessen.

Die Sichttiefen unterschreiten während frühjährlicher Algenblüten die 2 m-Marke oft. Interessanterweise bewirken große, stark schwebstoff-führende Hochwässer der Tiroler Achen gelegentlich rasche Phytoplankton-Zusammenbrüche, so daß es zu abiotischen Klarwasserstadien kommt.

Flora und Fauna

Das Phytoplankton des Chiemsees wird über lange Perioden durch Kieselalgen mit erhöhten Phosphatansprüchen (*Fragilaria-Tabellaria*-Arten) geprägt. Im Spätsommer und Herbst gesellen sich regelmäßig fädige Blaualgen hinzu, die in den westlichen Seeteilen am stärksten auftreten und die Wasseroberfläche häufig mit einem Ölfarben-ähnlichen, blaugrünen bis türkisfarbenen Film überziehen. Die verursachenden Blaualgen gehören den drei Wasserblüten-bildenden Gattungen *Microcystis*, *Anabaena*, *Aphanizomenon* an. In den 50- und 60er Jahren kam es gelegentlich zu Massenentwicklungen der Burgunderblut-Alge (*Oscillatoria rubescens*), die sogar Rotfärbungen in der Eisbedeckung hervorrief. Eine Verwandte der Burgunderblut-Alge, die *Oscillatoria redekei*, gehörte in den 70er Jahren zu den häufigsten Algen im Phytoplankton. Es hat den Anschein, als ob die Oscillatorien inzwischen durch die anderen fädigen Blaualgen *Anabaena* und *Aphanizomenon* abgelöst worden sind.

Zum Zooplankton liegen keine gesonderten Untersuchungen vor.

Die Benthonfauna wurde 1958–1960 einer eingehenden Untersuchung unterzogen. Es zeigte sich, daß die Mesotrophie-anzeigende Zuckmücken-Gattung *Sergentia* auf unbelastete Bereiche im zentralen Weitsee und seitab der Achenmündung zurückgedrängt worden waren, zugunsten von *Chironomus*-Arten, die sich mit schlechteren Sauerstoff-Verhältnissen im Sediment-Wasser-Bereich begnügen als *Sergentia*. Auch das Vorkommen von Glasmückenlaven (*Chaoborus*) sprach bereits damals für einen Eutrophierungsschub im Chiemsee. Die Schlammröhrenwürmer (Tubifiziden) hatten ihren Verbreitungsschwerpunkt vor der Achenmündung, was deutlich auf Abwasserbelastung hinwies.

Für Makrophyten wurde bislang nur eine Vorkartierung durch das Institut für Botanik der Technischen Universität München vorgenommen. Die Vermutung, daß der Chiemsee nur noch wenige und dabei ausschließlich auf Eutrophie hinweisende Arten beherbergt, bestätigte sich nicht. In einigen Abschnitten, so am Südufer des Sees, hat sich eine artenreiche untergetauchte Vegetation erhalten, in der u. a. verschiedene Armleuchteralgen (Characeen) vorherrschen.

An anderen Stellen, etwa im Aiterbacher Winkel oder am Ostufer bei Chieming treten Characeen stark oder sogar völlig zurück. Im ersten Fall dominieren nährstoffliebende Laichkraut- und Wasserhahnenfuß-Arten, während im Bereich des Dampferstegs bei Chieming nur noch das Wassermoos *Fontinalis antipyretica* vorherrscht. Wassermoose benötigen kohlenstoffdioxidreiches Wasser, wobei das Kohlenstoffdioxid in diesem Falle aus Abwasserversickerungen stammen könnte. – Eine flächendeckende Kartierung wird sicherlich weitere eingehende Erkenntnisse über den Chiemsee und sein Litoral bringen.

Zu den seit jeher im Chiemsee vorkommenden Fischarten zählen Seeforelle, Hecht, Karpfen, Schlei, Brachse, Schied, Frauenfisch, Aitel, Barsch, Wels, Rutte, Nase, Rotauge und Mairenke. Ferner wurden zu dem natürlichen Fischbestand im Jahr 1880 der Aal und 1904 der Zander erstmals hinzugefügt.

Sediment

Das Chiemsee-Sediment ist erwartungsgemäß überwiegend mineralisch. Silt (Fraktionen > 2 bis < 63 µm und Sand (63 µm–2 mm) prägen die Korngrößen. 60 % der untersuchten Oberflächensediment-Proben hatten Carbonatgehalte, die größer als 30 % waren. Der Dolomitgehalt ist relativ niedrig: bei 85 % der Proben lag er unter 20 %. Der Calcitgehalt bei über 60 % der Proben unterschreitet die 30 %-Marke. Über 50 % der untersuchten Proben besitzen einen Quarzgehalt von über 10 %.

Die Schwebstoff-Fracht der Tiroler Achen führt zu einer durchschnittlichen Verlandung (1869–1964) von rd. 140 000 m^3/a. Der Mündungsbereich der Tiroler Achen schiebt sich gegenwärtig im Mittel um 5,3 m/a in den See hinaus.

Nutzung, Bedeutung und Maßnahmen

Der „Brotfisch" der Chiemsee-Fischerei, die von Berufsfischern dominiert wird, ist die Renke, gefolgt von Brachsen, dann Aal, Hecht, Weißfischen und Zander. 1981 betrug der Fischertrag 194 600 kg für den gesamten See. Die Fänge setzten sich zu 80 % aus Renken, zu 12 % aus Brachsen, zu 4 % aus Aalen, zu 0,7 % aus Hechten, zu 0,5 % aus Weißfischen und zu 0,3 % aus Zandern zusammen.

Die Erwerbsstruktur der Seeufergemeinden, aber auch der Orte im Priental und im Achental wird vornehmlich durch den Fremdenverkehr geprägt, was u. a. auch durch die Zahl der Campingplätze (16) rund um den See zum Ausdruck kommt. An den internationalen Verkehr ist das Chiemseegebiet durch die Bundesbahn und die Autobahn angeschlossen. Für den Fremdenverkehr haben sich drei Zentren, Prien, Seebruck und Chieming, entwickelt. Ein weiterer Fremdenverkehrsschwerpunkt sind die Inseln: die vom Schloß („Bayerisches Versailles") und einem ausgedehnten Landschaftspark geprägte und stark besuchte Herreninsel und die durch das Fischerdorf und das Kloster reizvolle und geschichtlich bedeutsame Fraueninsel. An Wassersport haben Segeln und Windsurfen eine große Bedeutung erlangt.

Der Chiemsee steht mit seinen Inseln und Ufern unter Landschaftsschutz, die Mündung der Tiroler Achen und die südöstliche Bucht (Hirschauer Bucht) sind Naturschutzgebiet mit einer Vogelfreistätte.

Der Bau einer Ringkanalisation wie an anderen bayerischen Seen war am Chiemsee in den 60er Jahren wegen seiner Größe nicht möglich. Zur Entlastung des Chiemsees wurden die einzelnen gemeindlichen Kläranlagen ausgebaut. So entstand bereits 1964 in Prien die erste biologische Kläranlage mit chemischer Fällung. Heute betreiben alle Gemeinden am Chiemsee mit Ausnahme von Chieming, Gstad und Breitbrunn zentrale Abwasseranlagen. Alle Kläranlagen, die in den See einleiten, arbeiten mit chemischer Fällung.

Im bayerischen Hinterland des Chiemsees wurde der Ausbau der Abwasseranlagen soweit vorangetrieben, daß dieser Teil des Einzugsgebiets im wesentlichen saniert ist. Auch hier wird die chemische Fällung zur Phosphatelimination betrieben.

Allein in den letzten Jahren wurden in Bayern rd. 56 Mio. DM zur Chiemseereinhaltung ausgegeben. Dennoch zeigte die limnologische Entwicklung, daß vor allem wegen der hohen Phosphateinträge über die Tiroler Achen aus Österreich die bisherigen Maßnahmen nicht ausreichten.

Nachdem heute mit den seeverlegten Druckleitungen ein erprobtes Verfahren zur Verfügung steht, soll nun auch am Chiemsee eine Ringkanalisation erstellt werden. Die Kläranlage soll westlich von Prien errichtet werden. Die Kosten für dieses Projekt werden auf rd. 117 Mio. DM veranschlagt.

Mit Tirol wird seit geraumer Zeit mit dem Ziel verhandelt, die Phosphateinträge durch die Abwassereinleitungen im Tiroler Chiemsee-Einzugsgebiet drastisch zu senken. Nur wenn dies geschieht, kann eine nachhaltige Besserung des Sees erwartet werden. In einem einvernehmlich festgelegten Phosphorentlastungsplan wurde von der Tiroler Seite zugesagt, den Phosphateintrag durch abwassertechnische Maßnahmen bis 1989 auf ein Minimum zu reduzieren.

Kochelsee

Lage: R 44 51 60, H 52 80 25
Topographische Karte: L 8334 Bad Tölz
Entstehung/Seetyp: glaziale Vertiefung einer alten Talung
Mischungsverhalten: dimiktisch
Höhe: 598,81 m ü NN, Oberfläche: 5,95 km^2
Volumen: 184,7 · 10^6 m^3
Tiefe max.: 65,9 m, mittl.: 31,04 m
natürliches Einzugsgebiet: 683,7 km^2
Umgebungsfaktor: 113,9
Erneuerungszeit: 0,12 Jahre
Ufer: Länge 14,64 km, Entwicklung 1,69

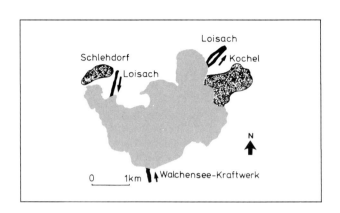

Einzugsgebiet

Der See ist an drei Seiten von Gebirge umschlossen und füllt das südliche Ende einer Niederung aus, die zu einer zehnmal größeren Wasserfläche gehörte. Auch nach der tausendjährigen Kultivierungstätigkeit, die von den an dem Moorrand angesiedelten Klöstern Benediktbeuern und Schlehdorf ausging und selbst nach den intensiveren Meliorationen der Neuzeit hat die Moorlandschaft eine gewisse naturnahe Ursprünglichkeit bewahren können. Der Hauptort ist Kochel, schon seit dem vorigen Jahrhundert ein vielbesuchter Fremdenverkehrsort.

Der größte natürliche Zufluß ist die Loisach, in deren Tal das Fremdenverkehrszentrum Garmisch-Partenkirchen liegt. Die Loisach mündet bei Schlehdorf in den See und verläßt ihn bei Kochel wieder. Das ursprüngliche Einzugsgebiet wurde mit den Überleitungen aus dem Isargebiet über den Walchensee auf 1 467,8 km^2 – das 246fache der Seefläche – ausgeweitet. Dies verschafft dem Kochelsee den raschesten Wasseraustausch aller großen bayerischen Naturseen: Theoretisch wird alle 43 Tage der Wasserkörper vollständig ausgetauscht.

Hydrologische Besonderheiten ergeben sich für den Kochelsee aus den beiden völlig unterschiedlichen Zuläufen. Der Walchensee wird im Winterhalbjahr gezielt abgesenkt.

Die Mittelwasserführung des Triebwassers aus dem Walchensee ist seit der Rißbachableitung (1954) mit etwa 23,9 m^3 noch etwas höher als die der Loisach mit 23,4 m^3/s. Kleinere Zuläufe bringen 1,8 m^3 ein.

Ufer

Das Ufer wird im Süden durch Berghänge und im Norden durch das Königsmoor geprägt. Der Ortskern von Kochel liegt zwar mehrere hundert Meter östlich des Sees, die Bebauung reicht aber teilweise bis an das Wasser heran. Trotz weiterer vereinzelter Bebauung entlang des Seeufers überwiegt doch das Bild einer über große Strecken vorherrschenden naturnahen Landschaft. Knapp ein Drittel des Kochelseeufers ist für die Öffentlichkeit durch an den See grenzende Anwesen gesperrt. Von einer naturbedingten Behinderung im Bereich der großen wertvollen Röhrichtgürtel abgesehen, sind jedoch die übrigen zwei Drittel Uferlänge der Allgemeinheit frei zugänglich.

Wasserchemismus und Trophiegrad

Die beiden Hauptzuflüsse prägen den chemischen Charakter des Seewassers. Die nachfolgende Tabelle mag dies veranschaulichen, die Angaben sind Jahresmittelwerte oder geben die Schwankungsbreite an.

Parameter	Loisach-Zufluß	Walchensee-Kraftwerkabfluß	Loisach-Abfluß
pH-Wert	7,3–8,4	7,4–8,7	7,4–8,5
Leitfähigkeit (μ S/cm)	344	245	306
HCO_3^- (mmol/l)	3,37	2,66	2,96
Ca^{2+} (mg/l)	45,2–79,2	39,4–46,3	–
Mg^{2+} (mg/l)	8,3–18,1	9,5–10,3	–
K^+ (mg/l)	1,7	1,5	1,8 (Einzelmessung)
Cl^- (mg/l)	3,5	1,2	2,0
SO_4^{2-} (mg/l)	36,2	16,2	29,0
Ges.-P (μg/l)	156	26	65
mineralisch N (μg/l)	650	260	380
Si_{gel} (μg/l)	600	150	200
Fe (μg/l)	170	70	75

Der See ist dem eutrophen Typus zuzurechnen. Die Tatsache, daß im Sommer und Herbst im Tiefenwasser etwa unterhalb von 50 m eine starke Sauerstoffverarmung auftritt, wurde bereits in den 50er Jahren beobachtet und zeigt, daß sich hier ein stagnierender Wasserkörper befindet, der von den Austauschvorgängen in dieser Zeit nicht erfaßt wird.

Die Belastung des Kochelsees betrug in den Jahren 1979–82 im Mittel

Ges-P	123 t/a
min. N	1 218 t/a
gel. Si	986 t/a

Die spezifische Phosphorbelastung erreicht Werte von 20,7 g/m^2·a (Ges.-P). Der hohen P-Belastung nach müßte der Kochelsee dem polytrophen Typus zugeordnet werden. Aufgrund des hohen Wasserdurchsatzes bildet sich jedoch eine Phytoplankton-Gesellschaft aus, die für schwach eutrophe Zustände charakteristisch ist. Diese Aussage wird ebenfalls durch die geringen Chlorophyll-Gehalte belegt, die im Mittel zwischen 4 und 5 µg/l liegen. Mit 114 µg/l Chlorophyll a ist selbst das Maximum vom Juni 1981 noch vergleichsweise niedrig.

Die Sichttiefe beträgt im Minimum weniger als 1 m und maximal rd. 8,5 m. Sie wird im wesentlichen durch das Phytoplankton bestimmt, wobei nach der frühsommerlichen Algentrübung im Kochelsee ein typisches durch Filtrierwirkung des Zooplanktons hervorgerufenes Klarwasserstadium auftritt, das sonst nur für Seen mit geringerer Trophie kennzeichnend ist. Hochwässer können durch Trübungseinschwemmungen diese Verhältnisse überlagern.

Flora und Fauna

Auch das Phytoplankton ist für einen See mit derart hoher spezifischer Nährstoffbelastung eigentlich untypisch. Es dominieren centrische Kieselalgen aus den Gattungen *Cyclotella* und *Stephanodiscus* sowie pennate Formen, wie *Asterionella formosa* und *Fragilaria crotonensis*. *Asterionella* wuchs im Kochelsee sogar noch unter ausgesprochen phosphatarmen Bedingungen. Die Frühjahrshochwässer führen nahezu regelmäßig zu einer fast totalen Auswaschung der Phytoplankton-Biomasse. Danach entfalten sich Kiesel-, Grün- und bestimmte Geißel-Algen, deren Zuwachs insgesamt stark durch filtrierendes Zooplankton kontrolliert wird.

Der Hauptfisch ist im Kochelsee die Renke. Insgesamt kann die Fischfauna mit Karpfen, Schleien, Brachsen, Hecht, Aalen und Forellen als reich angesehen werden.

Zur Vogelwelt, insbesondere des Moores, gehören Bekassine, Brachvogel, Gänsesäger und Weihe.

Sedimente

Die Sedimente des Kochelsees sind ausgesprochen arm an organischem Kohlenstoff. Gehalte von über 2% org. Kohlenstoff an der Trockensubstanz wurden so gut wie nicht gefunden. Dafür enthalten die Ablagerungen vergleichsweise viel Dolomit: Über 50% der Proben haben einen Dolomitgehalt von mindestens 30%; über 60% der Proben unterschreiten dagegen einen Calcitgehalt von 20%. Der Quarzgehalt ist minimal, er liegt bei allen Proben unter 10%. Die Korngrößenanalyse charakterisiert die Oberflächensedimente als siltig.

Nutzung, Bedeutung und Maßnahmen

Der Fischbestand des Kochelsees wird primär durch die Berufsfischerei und sekundär durch Angelfischerei genutzt. Die Renke überwiegt an Bedeutung die Weißfische, Brachsen mitgerechnet, und den Hecht.

An vielen Stellen sind die natürlichen Ufer durch geringe Zugänglichkeit geschützt. Namentlich der Verlandungsgürtel im Norden des Sees besitzt wertvolle Röhrichtbestände, die vor allem als Fischlaichzone notwendig sind.

Der Kochelsee dient sowohl der Naherholung als auch dem Fremdenverkehr. Entsprechende Anlagen wurden in Form von Badestränden, Campingplätzen, Hallenbädern u. ä. geschaffen.

Zur Verbesserung der Wasserqualität werden Kläranlagen mit chemischer Fällung im oberen Loisach-Gebiet errichtet. Die Abwässer aus Kochel selbst werden seit Jahren in einer Kläranlage am Seeauslauf gereinigt.

St. parvus   *St. astraea*   *St. binderanus var. oestruppi*

Rasterelektronen-Mikrofotos von ausgewählten Stephanodiscus-Arten aus dem Kochelsee

Die Größenangaben auf den Mikrofotos lesen sich folgendermaßen: der Strich in der unteren rechte Ecke bei St. parvus ist 127×10^1 nm groß, das sind 1,27 µm.

Königssee

Lage: R 45 74 30, H 52 72 85
Topographische Karte: L 8542 Königssee
Entstehung/Seetyp: wahrscheinlich glazial überformter Grabenbruchsee
Mischungsverhalten: dimiktisch, jedoch selten volldurchmischend (ca. 1mal in 6 Jahren)
Höhe: 603,3 m ü NN, Oberfläche: 5,22 km^2
Volumen: 511,8 · 10^6 m^3
Tiefe max.: 190,0 m, mittl.: 98,08 m
Einzugsgebiet: 136,48 km^2
Umgebungsfaktor: 25,16
Erneuerungszeit: 2,35 Jahre
Ufer: Länge 19,96 km, Entwicklung 2,46

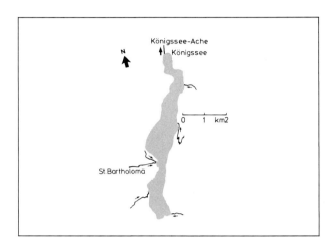

Einzugsgebiet

Der Königssee liegt im südöstlichen Winkel Bayerns, eingesenkt in die Hochgebirgsszenerie der Berchtesgadener Alpen. Allseits ist er von über 1 500 m hohen Kalkklötzen umschlossen, im Westen von der Watzmanngruppe, dem Steinernen Meer im Süden und dem Hagengebirge im Osten. Im Einzugsgebiet dominieren Dachsteinkalk (über 90%) und Dolomit (knapp 10%). Die hochalpine Umwallung mit steilen, oft annähernd senkrecht bis zum Seegrund abfallenden Felswänden hat keine Uferstraße zugelassen. Der Königssee blieb infolgedessen vor Besiedlung bewahrt, die ohnehin nur auf den Bachschuttkegeln des Eisbaches im Westen (St. Bartholomä) oder am flachen Südufer beschränkt möglich wäre. Das Einzugsgebiet des Königssees ist zu 63,6% mit natürlichen Pflanzengesellschften, zu 28% mit Wald und zu 8,4% mit Wirtschaftswiesen (Almen) bedeckt.

Röhrichte spielen im Königssee aufgrund seines fjordartigen Charakters mengenmäßig keine Rolle.

Wasserchemismus und Trophiegrad

Der Königssee wurde von 1978 an mehrjährig durch das Zoologische Institut der Ludwig-Maximilians-Universität München untersucht.

Mit rund 1,5 mmol/l Hydrogencarbonat während der Vollzirkulation gehört der Königssee zu den mäßig kalkreichen Klarwasserseen. Dies verwundert auf den ersten Blick, da Carbonate das umgebende Gestein bilden. Das Wasser, das die Gesteine auslaugt, wird sicherlich nicht sehr viel freies Kohlenstoffdioxid enthalten (geringe Mächtigkeit des Bodenhumus'), so daß nur wenig Carbonate gelöst werden können. Während der sommerlichen Produktionsphasen im Wasser verarmt das Hydrogencarbonat auf rund 1 mmol/l. Diesem Wechsel entsprechend steigt der pH-Wert bis auf 8,5, während er im Winter niedriger bleibt und im wesentlichen um 7,5 pendelt.

Der Königssee ist ein oligotropher See mit (sehr) niedrigem Nährstoffgehalt. Nitrat-Stickstoff liegt zwischen 300 und 600 μg/l, der Gesamt-Phosphor-Gehalt zwischen 1 und 6 μg/l. Nur während dichter Kieselalgen-Entwicklungen wurden höhere Werte gefunden, wobei der größte Teil in den Algenzellen vorlag. Eine weitere Ausnahme von dem niedrigen Phosphat-Niveau machte der Bereich St. Bartholomä, wo häufiger allein die ohne Hydrolyse nachweisbare Phosphat-Fraktion bis 7 μg/l ausmachte. Die Tatsache, daß Ammonium und Nitrit unter der Nachweisgrenze lagen, kann als Beleg dafür gelten, daß der Stoffwechsel im Königssee allgemein gering ist. Die Kieselsäurekonzentrationen liegen bei max. 5 mg/l SiO_2.

Die stärkste Belastung stammte aus den Einträgen durch Niederschläge und aus dem touristischen Anziehungspunkt St. Bartholomä. Die letztgenannte Nährstoffquelle wurde inzwischen weitgehend saniert.

Der Königssee ist in seinem Wasser bis zum Grund mit Sauerstoff versorgt (6–7 mg/l). Die Chlorophyll-Gehalte bewegen sich bei 1,6 μg/l, der Maximalwert betrug 3 und der Minimalwert 0,3 μg/l. Nur beim Massenauftreten der Alge *Uroglena americana* im Juni 1979 wurden 5 μg/l erreicht. Diese geringen Chlorophyll-Werte reflektieren, ebenso wie die Sichttiefen (min. 6 m, max. 18 m), oligotrophe Verhältnisse.

Flora und Fauna

Im Phytoplankton dominieren nach Artenzahl die Goldalgen (Chrysophyceen): 17 von 49 in der Studie von 1982 identifizierten Arten gehörten in diese Klasse. Biomassenmäßig bestimmten aber oligotrophie-anzeigende zentrische Kieselalgen, wie *Cyclotella comta* v. *bodanica*, das Bild über lange Zeiten im Jahr. Vegetationsfärbungen traten durch *Uroglena americana* auf, die maximal 15 × 10^6 Zellen im Liter ausbildete.

Vom Zooplankton her ist der Königssee als „*Cyclops abyssorum*-See" anzusehen, denn es ist allein diese Hüpferling-Art, die im Crustaceen-(Krebstier-)plankton das ganze Jahr über die beherrschende Rolle spielt. Neben dem erwähnten *Cyclops* kamen nur vier weitere Kleinkrebsarten vor. Auch das Rädertierplankton, das allerdings nur qualitativ erfaßt wurde, ist mit 18 Arten relativ arm. Interessant ist das Vorkommen von kälteliebenden, oligotrophie-anzeigenden Arten.

Im Uferbereich des Königssees kamen zehn submerse Makrophyten vor, unter denen die Armleuchteralgen mit *Chara strigosa* und *C. aspera* und die Hahnenfußart *Ranunculus trichophyllus* vorherrschten. *Chara strigosa* ist typisch für kalte, klare, nicht durch Phytoplankton getrübte Gewässer.

In tieferen Bereichen des Seebodens dominieren unter den größeren wirbellosen Tieren die Wenigborster-Würmer (Oligochaeten, bis 800 Tiere/m^2) und die Zuckmückenlarven (Chironomiden, bis 300/m^2). Unter Einbeziehung früherer Sammelergebnisse wurden bislang 30 Chironomidenarten im Königsee nachgewiesen, über deren quantitative Zusammensetzungen allerdings keine Angaben vorliegen.

Der Königssee ist ein Salmoniden-Gewässer mit sechs Arten, unter denen Seesaibling (*Salvelinus alpinus salvelinus*) und eine Renke (*Coregonus* cf. *macrophthalmus*) vorherrschen. Unter den übrigen Fischen spielt der häufig vorkommende Hecht als größter Raubfisch und als Endwirt des Fischbandwurms eine Rolle.

Sedimente

Die mineralischen Sedimente werden von der Siltfraktion geprägt. Der organische Kohlenstoffgehalt liegt im wesentlichen zwischen 2 und 2,5%. Unter den Mineralien überwiegen die Carbonate Calcit und Dolomit über den Quarz.

Nutzung, Bedeutung und Maßnahmen

Die geringfügige Abwasserbelastung durch St. Bartholomä wurde weitgehend saniert.

Seit dem 1. August 1978 ist der Königssee das Zentrum des Nationalparks Berchtesgaden. Der unmittelbare Zweck der Nationalpark-Verordnung ist, „die gesamte Natur zu schützen". Der Nationalpark dient auch Erholung und Bildungszwecken.

Am Königssee sind keinerlei private Boote zugelassen.

Rasterelektronen-Mikrofoto von Cyclotella comta var. bodanica

Schliersee

Lage: R 44 89 20, H 52 88 27
Topographische Karte: L 8336 Miesbach
Entstehung/Seetyp: Zungenbeckensee des Schlierseegletschers
Mischungsverhalten: potentiell meromiktisch
Höhe: 776,79 m ü NN, Oberfläche: 2,22 km^2
Volumen: 53,1 · 10^6 m^3
Tiefe max.: 40,5 m, mittl.: 23,93 m
Einzugsgebiet: 27,15 km^2
Umgebungsfaktor: 11,23
Erneuerungszeit: 1,89 Jahre
Ufer: Länge 7,44 km, Entwicklung 1,41

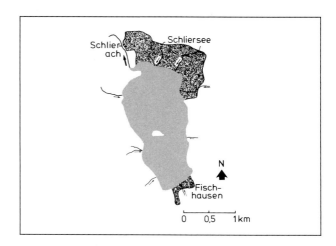

Einzugsgebiet

Ebenso wie das Tegernseer Tal ist das des Schliersees in den Alpenrand eingesenkt. Am Schliersee steigen die Flyschberge (Rohnberg und Brunstkogel) des West- und Ostufers nicht über 1 300 m hoch. Mehrere Endmoränenwälle des Schlierseegletschers riegeln das Nordende des Sees ab. Am Südende ragen die Schlierseer Berge mit Rotwand und Hochmiesing bis knapp 1 900 m auf. Im Süden prägt Fischhausen mit seiner Kirche und den wenigen Häusern das Landschaftsbild. Der nach Norden offene Talraum wird am Ufer vom Markt Schliersee beherrscht, der sich entlang der Hauptstraße nach Süden ausdehnt. Charakteristisch für den Schliersee sind seine bewaldete Insel Wörth und die am nördlichen Ende aufragende Halbinsel Freudenberg.

Ufer

Im Bereich der Ortschaft sind die Ufer mit Promenade, Badestellen und Bootsanleger sowie Bootshäusern und -häfen bebaut. Ansonsten sind die Seeufer wenig bebaut. In die abwechslungsreichen Strecken mit Wiesen, Gehölzgruppen und Hangwäldern sind am Ostufer eine Straße und am Westufer eine Bundesbahnlinie eingefügt.

Die Uferzonen des Schliersees sind weitgehend frei von Wasserpflanzen und Verlandungsgesellschaften. So wächst Röhricht nur in den bodenreicheren Buchten am nordwestlichen und östlichen Seerand. An den übrigen Ufern schließen sich Wege und Wiesen an. Steilere Böschungen sind mit Strauch- und Baumarten der Hangmischwälder bestockt.

Wasserchemismus, Trophie und Plankton

Mit rund 3 mmol/l Hydrogencarbonat reiht sich der Schliersee in die Serie der kalkreichen Seen ein. Produktionsbedingt wird der Hydrogencarbonatgehalt bis auf etwa 2,6 mmol/l vermindert. Die entsprechenden pH-Werte sind 7,50 (über Grund während der Schichtung) und 8,6 während Algenentwicklungen an der Oberfläche. Die Leitfähigkeit liegt während der Zirkulationsphase um 310 µ S/cm und wird auf 270 µ S/cm durch Algenproduktion zeitweilig gesenkt. Während in den 50er und 60er Jahren gegen Ende der Sommerstagnation regelmäßig Schwefelwasserstoff im Hypolimnion auftrat, wird gegenwärtig zwar Sauerstoffschwund, aber keine Schwefelwasserstoff-Entwicklung festgestellt. Die Phosphor-Konzentrationen (Ges.-P) hatten 1969 mit über 30 µg/l ihr Maximum. In den letzten Jahren liegen sie deutlich unter 20 µg/l. Z. B. betrug der P-Gehalt der 0–10 m-Zone im Jahr 1983 17 µg/l Ges.-P. Der Schliersee wurde 1930 als oligotropher Corgonen-See bezeichnet. Allerdings fiel bereits um die Jahrhundertwende eine gewisse Trübheit des Wassers auf, die als Kalktrübe gedeutet wurde. Die Untersuchung auf Bodentiere, die um 1930 ausgeführt wurde, zeigte, daß der Schliersee ein ausgesprochener *Sergentia*-See war, also nach den Zuckmückenlarven der Tiefenbereiche zum mesotrophen Typus gehörte. Tubifiziden (Schlammröhrenwürmer) besiedelten mit im Mittel 8 500 Individuen/m^2 das Sublitoral. Massenhaft wurden auch Erbsenmuschel-(*Pisidium*)-Schalen gefunden, aber bezeichnenderweise keine lebenden Tiere. Algenkundler ordneten den See dem oligotrophen Typus zu. Die damals gefundenen Phytoplanktonarten könnten aber ebensogut den mesotrophen Zustand charakterisieren. Klarheit ließe sich nur über genaue Mengenangaben gewinnen, die jedoch früher fehlten. 1954 sprachen Limnologen bereits von einem durch Abwassereinflüsse kranken See. Die Untersuchungen durch die damalige Bayer. Biologische Versuchsanstalt bestätigten den eutrophen Charakter: Im Phytoplankton herrschen fädige Blaualgen vor, wie *Lyngbya limnetica* und *Oscillatoria redekei,* und im Zooplankton wichen die Wasserflöhe (Cladoceren) zugunsten von Rädertieren (Rotaria), ein Zeichen für Eutrophierung. Das Vorherrschen der fädigen Blaualgen ist bis heute geblieben. Im Epilimnion kommt regelmäßig *Oscillatoria redekei* und im Metalimnion die Burgunderblutalge *Oscillatoria rubescens* vor.

Ähnlich wie im Tegernsee zeigt die chemische Analyse eines Sedimentkerns, daß die Anreicherung mit Pflanzennährstoffen ungefähr mit der Jahrhundertwende einsetzte.

Die Flächenbelastung mit Gesamt-P wurde für 1973/74 mit 0,51 bis 0,59 g/m^2 · a P ermittelt, das sind 10,4 bis 11,5 t/a P für den gesamten See. Nach international bewährten Modellen wären noch 0,4 g/m² P tolerierbar, das heißt, daß die Belastung des Schliersee mit Phosphaten nicht übermäßig hoch ist und der See eine bessere als die gegenwärtige Trophie-Stufe aufweisen müßte.

Die Stickstoffbelastung aus dem Umland belief sich auf 1,38 bis 15,5 t/a (min. N).

Obwohl die Trophieverhältnisse in den vergangenen Jahrzehnten stark schwankten, zeigten die Sichttiefen im Schliersee eine auffallende Konstanz. So lagen die Sichttiefen um 1900 zwischen 2,5 und nur max. 4,0 m. Ähnliche Werte wurden auch gut 80 Jahre später ermittelt: So lag das Mittel der Sichttiefe im Südbecken 1983 bei 2,37 m, das Maximum betrug 5 und das Minimum 1,1 m. Die Chlorophyll-Gehalte von 1983 verdeutlichen den trotz des geringen P-Gehaltes noch eutrophen Charakter des Sees: Das Mittel belief sich auf 20,7 µg/l, das Maximum betrug am 6. 7. 1983 in 10 m Tiefe 48 µg/l. Hier befand sich eine dichte *Oscillatoria rubescens*-Population.

Sediment

In den Oberflächensedimenten des Schliersees herrscht der siltige Anteil vor. Sie weisen aber ebenfalls einen relaiv hohen Sandanteil auf. Der Carbonatanteil unter den Mineralien liegt in über 75% der untersuchten Proben über 40%, wobei der Calcitgehalt eindeutig überwiegt (bei über 50% der Proben überschreitet er 40%, der Dolomit liegt dagegen bei 80% der Proben unter 10%. Der Quarzgehalt steigt bei 70% der Proben nicht über 20%.

Nutzung, Bedeutung und Maßnahmen

Durch die dargestellte Eutrophierung wurde auch der Fischbestand stark in Mitleidenschaft gezogen. Eine Bestandsaufnahme anfangs der 60er Jahre erbrachte beispielsweise, daß der Fischertrag eindeutig zurückgegangen war. Die Renken waren stark parasitiert und der Saiblingsfang war 1951 endgültig zu Ende gegangen. Gegenwärtig spielen im Fischbestand des Schliersees, der primär angelfischereilich und sekundär durch Berufsfischer genutzt wird, wieder die Renken die wichtigste Rolle, gefolgt von Karpfen und Hecht. Über die Erträge liegen keine Angaben vor.

Ähnlich wie der Tegernsee gehört auch das Schlierseetal schon seit langem zu einem touristischen Schwerpunkt. Anders als am Tegernsee führte der Fremdenverkehr jedoch nicht zu vergleichbaren Verstädterungen am

Schliersee mit Belüftung (Strich auf der Wasseroberfläche) im Südbecken
Freigegeben durch: Regierung von Oberbayern Nr. GS 300/36/85

Schliersee, sondern die Erholungssuchenden konzentrieren sich im Markt Schliersee und zum geringen Maße auf die südlich gelegenen Orte Neuhaus und Fischhausen. Das übrige Landschaftsbild ist das einer naturnahen voralpinen Kulturlandschaft.

Dem Fremdenverkehr stehen im Seebereich zahlreiche Übernachtungsmöglichkeiten und ein Campingplatz zur Verfügung. Außerdem besteht an mehreren Freibadeplätzen und verschiedenen Uferstrecken die Möglichkeit zum Baden. Die Wasserfläche wird zum Bootfahren (Tret-, Elektroboote), Segeln und Surfen genutzt. Um den See führt ein gern benutzter Wanderweg.

Die Eutrophierung des Schliersee wurde durch die oben skizzierten Untersuchungen frühzeitig belegt. Die Sanierungsmaßnahmen in Form der Ringkanalisation wurden etwa zeitparallel zu denen am Tegernsee ausgeführt. Die Sammler-Westspange um den See zum Anschluß der Orte am Südufer wurde jedoch erst Ende der 70er Jahre fertiggestellt. Die Restbelastung aus den Südufer-Gemeinden wurde lange Zeit als Ursache für das langsame Bessern des Schliersees angesehen. Die erwähnte Belastungsstudie und bislang nicht veröffentlichte Untersuchungen des Bayer. Landesamtes für Wasserwirtschaft ergaben aber, daß als Hauptursache für den Zustand des Sees sein Mischungsverhalten anzusehen ist. Denn die Belastung mit Phosphaten liegt – wie erwähnt – nicht sehr viel über dem „zulässigen" Grenzwert, wenn man eine mittlere Phosphat-Konzentration von um 20 μg/l Ges.-P als zulässig ansieht. Tatsächlich bewegt sich die Phosphat-Konzentration des Schliersee auch in dieser Größenordnung. Als eigentliche Ursache für das negative Erscheinungsbild des Sees wird seine windgeschützte Lage zwischen den Flyschbergen und das dadurch bedingte häufige Ausbleiben von Volldurchmischungen angesehen. Dadurch kommt es im Hypolimnion regelmäßig zu Anreicherungen von Substanzen aus dem Abbau organischer Materie, wie Ammonium, oder von sekundär aus dem Sediment rückgelösten reduzierten Eisen- und Mangan-Verbindungen.

Ende 1982 wurde am Schliersee eine Druckluftanlage zur Einleitung der Vollzirkulationen für beide Seebecken in Betrieb genommen. Die reduzierten chemischen Substanzen im Hypolimnion konnten durch den Betrieb der Anlage bereits vermindert werden. Mit jeder Belüftung wird die metalimnische Population von *Oscillatoria rubescens* an die Seeoberfläche verfrachtet, wo sie durch das Licht abstirbt und als schmutzigrot bis purpurner Film auf der Oberfläche umhertreibt. Dies ist ein eindeutiges Zeichen dafür, daß der Schliersee therapierungsbedürftig war und ist. Die Sauerstoffverhältnisse verbesserten sich allerdings schlagartig, so daß bereits wieder Seeforellen eingesetzt werden konnten.

Simssee

Lage: R 45 16 09, H 53 01 76
Topographische Karte: L 8138 Rosenheim
Entstehung/Seetyp: Zungenbeckensee
Mischungsverhalten: dimiktisch
Höhe: 470,1 m ü NN, Oberfläche: 6,49 km²
Volumen: $87{,}0 \cdot 10^6$ m³
Tiefe max.: 22,5 m, mittl.: 13,41 m
Einzugsgebiet: 59,5 km²
Umgebungsfaktor: 8,17
Erneuerungszeit: 1,43 Jahre
Ufer: Länge 14,03 km, Entwicklung 1,55

Einzugsgebiet

Der Simssee füllt heute nur noch teilweise eine breite Furche, die als Ausläufer des ehemaligen Rosenheimer Seebeckens betrachtet werden kann. Der See liegt heute östlich von Rosenheim eingebettet in eine hügelige Moränenlandschaft. Alle Uferhänge und verlandeten Bereiche waren für eine dichte Besiedlung wenig geeignet, so daß trotz Bahnlinie und Straße keine Ortschaften am See entstanden. Die steilen Nordwesthänge des Seeufers sind geschlossen bewaldet, sie flachen sich im südlichen Teil ab und werden hier landwirtschaftlich genutzt. Der gegenüberliegende Südosthang ist größtenteils durch Wochenendhäuser verbaut, jedoch bestimmen auch hier die Reste früherer Wälder das Landschaftsbild weitgehend.

Ufer

Das Ufer gestaltet sich in weiten Bereichen naturnah. In den Buchten bildeten sich durch Einschwemmungen und Anlandungen Flachwasserzonen, in denen vorwiegend Schilf wächst. Sehr auffallend sind die großen Röhrichtbestände an den Schmalseiten des Sees, die am Südostende in ausgedehnte Verlandungszonen und in ein Hochmoor übergehen. Die Gegensätze von bewaldeten Hängen und ausgedehnten Röhricht und Verlandungszonen verstärken den Eindruck einer vom Menschen wenig beeinflußten kleinräumigen Seenlandschaft. Jedoch hat die Eutrophierung bei eingehendem Betrachten auch in der Röhrichtzone ihre Spuren hinterlassen: Die Bestände sind schütterer geworden und unterliegen zudem stellenweise einer starken mechanischen Beanspruchung durch Wassersportler.

Wasserchemismus, Trophiegrad und Phytoplankton

Der Simssee wurde nur in lockerer Folge untersucht. Es zeichnet sich das Bild eines kalkreichen (um 3,7 mmol/l Hydrogencarbonat), stark eutrophen Sees ab. In den 70er Jahren lag der Gesamt-Phosphor-Gehalt während der Zirkulationsphasen über 50 µg/l, der des mineralischen Stickstoffs bei 600 µg/l N, wobei der sehr hohe Anteil des Ammoniums auffiel. Während der Sommerstagnation kam es regelmäßig zu Sauerstofffreiheit und Schwefelwasserstoff-Bildung im Tiefenwasser. Der pH-Wert erreichte während dieser Phasen an der Oberfläche oft 8,7, während er im Sediment-Wasser-Kontaktbereich auf 7,2 sank.

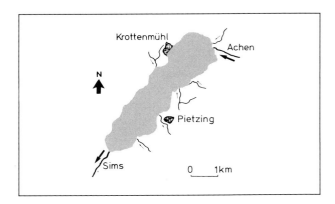

Das sommerliche Phytoplankton wurde seinerzeit durch eindeutig eutrophie-anzeigende Algen dominiert, vornehmlich durch kugelige Blaualgen (*Microcystis* spec.) und Feueralgen (*Ceratium hirundinella*). Im Winter bestimmten Kieselalgen (*Tabellaria, Synedra* und *Fragilaria*) das Bild.

Blaualgen, wie fädige aus der Gattung *Aphanizomenon,* prägen auch heute noch den Planktonaspekt, auch wenn der Phosphorgehalt inzwischen während der Durchmischungszeiten deutlich abgenommen hat.

Sediment

Die Korngrößenanalyse des Simssee-Sediments, das seinem Charakter nach mineralisch ist, zeigt, daß die wichtigste Fraktion Silt ist; der sandige Anteil ist gering, Ton überhaupt nicht vertreten. In rd. 85% der Oberflächenproben ist ein Carbonat-Gehalt von über 40% vorhanden, wobei eindeutig der Calcit vorherrscht, denn der Dolomitgehalt überschreitet bei allen Proben 10% nicht.

Nutzung, Bedeutung und Maßnahmen

Am Simssee stellt die Berufsfischerei die wichtigere Bewirtschaftungsform des Fischbestandes dar. Mit fallender Bedeutung werden am Simssee gefangen: Brachsen, Weißfische, Aale, Renken und Hechte. Der jährliche Ertrag wird auf 3 000 kg geschätzt.

Als Besonderheit im Fischbestand wurden Sonnenbarsche festgestellt.

Am Nordufer des Simssees wurde in den 70er Jahren ein rd. 10 km langer Ableitungskanal z. T. in Stollenbauweise verlegt, mit dem der überwiegende Teil des Abwassers dem See ferngehalten wird.

Für die Rosenheimer und Münchner Bevölkerung ist der Simssee ein beliebtes Erholungsgebiet. Die Besucher möchten hier vor allem baden, wandern, segeln und windsurfen. Entsprechende Anlagen wurden dazu errichtet, mit ausreichenden sanitären Anlagen sowie Parkplätze für die motorisierten Besucher.

Der Simssee, seine Verlandungszone und ein Teil der umliegenden Moränenlandschaft stehen unter Landschaftsschutz.

Staffelsee

Lage: R 44 36 99, H 52 85 01
Topographische Karte: L 8332 Murnau
Entstehung/Seetyp: glazial erosiv (tektonisch vorgezeichnet)
Mischungsverhalten: dimiktisch
Höhe: 648,59 m ü NN, Oberfläche: 7,66 km^2
Volumen: 74,88 · 10^6 m^3
Tiefe max.: 39,4 m, mittl.: 9,78 m
Einzugsgebiet: 80,66 km^2
Umgebungsfaktor: 9,5
Erneuerungszeit: 1,28 Jahre
Ufer: Länge 19,31 km, Entwicklung 1,97

Einzugsgebiet

Geografen haben das Land um den Staffelsee treffend eine „Schichtrippenlandschaft" genannt. Wie Rippen sind in Alpenlängsrichtung die härteren Gesteine der Murnauer Molassemulde erosiv aus den weicheren Schichten skulpiert worden, besonders auffallend die Muldenflügel, die gradlinig den Staffelsee im Süden einrahmen. Wie die Muldenflügel sind auch die sieben Inseln und zwei Halbinseln Molassehärtlinge.

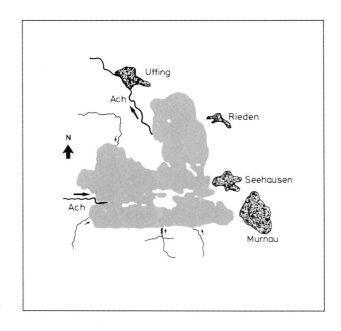

Staffelsee
Freigegeben durch: Regierung von Oberbayern Nr. GS 300/36/85

Obwohl die Umgebung des Sees schon früh besiedelt wurde, ist die Bebauung von Murnau, Seehausen und Uffing nur an wenigen Stellen bis zum See vorgedrungen. Da die Bebauung am See weniger in Erscheinung tritt, überwiegt das Bild einer freien Landschaft mit Hang- und Moorwäldern, freien Moorflächen, landwirtschaftlich genutzten Wiesen- und Weideflächen sowie dem See und seinen Inseln.

Ufer

Große Teile des Seeufers sind durch angrenzende Moore geprägt, so das Südwestufer durch das Obernacher Moos und das Tannenbach-Filz mit wertvollen Pflanzen verschiedener Moorentwicklungsstadien. Die beiden westlichen Inseln (Große und Kleine Birke) sowie Teile am Nordufer weisen ausgedehnte Verlandungsgesellschaften auf.

Wasserchemismus, Trophie und Phytoplankton

Erwartungsgemäß gehört auch der Staffelsee zu dem kalkreichen Typus (um 3,4 mmol/l Hydrogencarbonat). Der Gehalt aller Phosphorverbindungen liegt um 20 µg/l P, der aller mineralischen Stickstoffverbindungen über 500 µg/l N. Auffallend hoch ist mit über 3,5 mg/l SiO_2 die Konzentration der gelösten Kieselsäure, die ein ausgiebiges Kieselalgenwachstum unterstützt. Der Sauerstoffhaushalt verarmt zwar noch deutlich in der Tiefenzone, ist jedoch fast immer noch in geringen Mengen nachweisbar, so daß Schwefelwasserstoff-Gärung noch nicht einsetzt.

Das sporadisch bestimmte Phytoplankton bestand häufig aus Kieselalgen, die zum mesotrophen Aspekt gehören (*Fragilaria, Tabellaria, Asterionella* in hohen Dichten, sowie die schwer bestimmbaren Gattungen *Stephanodiscus* und *Cyclotella*). Im Winter treten häufig kältetolerante Cryptomonaden-Arten auf. Der Sommeraspekt wird von einer Vielzahl von Arten geprägt. Auffallend war in den Untersuchungen stets das nahezu vollständige Fehlen von Blaualgen.

Die chemischen und planktologischen Befunde klassifizieren den See als mesotroph.

Bedeutung, Nutzung und Maßnahmen

Für die Fischerei, die von der Berufsfischerei dominiert wird, sind, der wirtschaftlichen Wichtigkeit nach geordnet, die Renke, die Weißfische (Rotauge, Güster, Rotfeder, Hasel und Aitel) und der Zander die bedeutenden Arten.

Wegen seines angenehmen Klimas und guten Zugänglichkeit, seiner landschaftlich reizvollen Lage und abwechslungsreichen Gestalt darf der Staffelsee als einer der bevorzugtesten Bade- und Erholungsseen gelten. In diesem Sinne werden auch seine frei zugänglichen Ufersäume und die für Wassersport bestehenden Einrichtungen, z.B. drei große Campingplätze (einer liegt auf einer Insel) sowie drei Gemeindebäder gerne benutzt, während die Feuchtwiesenlandschaft auf der Westseite ungestört bleiben sollte.

Die Seefläche und die Inseln, Teile des Ostufers und weite Moosflächen im Westen stehen unter Landschaftsschutz.

Die im Ost- und Süduferbereich anfallenden Abwässer werden von Abfangkanälen erfaßt und der Kläranlage Murnau (im Loisach-Gebiet) zugeführt.

Starnberger See

Lage: R 44 52 07, H 53 17 95
Topographische Karte: L 8134 Wolfratshausen
Entstehung/Seetyp: Zungenbeckensee des
Isar-Loisach-Gletschers
Mischungsverhalten: überwiegend monomiktisch
(Winter)
Höhe: 584,2 m ü NN, Oberfläche: 56,36 km^2
Volumen: $2,999 \cdot 10^6$ m^3
Tiefe max.: 127,8 m, mittl.: 53,2 m
Einzugsgebiet: 314,7 km^2
Umgebungsfaktor: 5,85
Erneuerungszeit: 21 Jahre
Ufer: Länge 49,17 km, Entwicklung 1,85

Einzugsgebiet

Das Einzugsgebiet des Starnberger Sees liegt in hügeliger Jungmoränenlandschaft und besteht zu 39% aus Wald- und Ödflächen, zu 5,4% aus bebauten Flächen. Zu dem Rest sind auch die landwirtschaftlichen Flächen zu rechnen. Der größte Zufluß des Sees, der Steinbach oder die Ostersee-Ach, entwässert die im Süden gele-

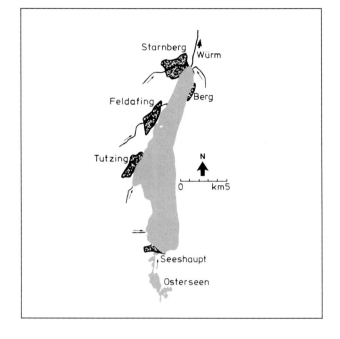

Starnberger See: Blick über Bernried
Freigegeben durch: Regierung von Oberbayern Nr. GS 300/36/85

gene Osterseenkette, deren Oberfläche in die erwähnten Flächenangaben nicht miteingerechnet wurde.

Der See sowie große Teile der benachbarten parkartigen Moränenlandschaft stehen unter Naturschutz.

Ufer

Das Ufer ist zu knapp der Hälfte der Öffentlichkeit zugänglich. Es ist seinem Charakter nach noch überwiegend natürlich, und zwar sandig und kiesig. Im Bereich von Gemeinden ist es durch Freizeitanlagen und Häfen verbaut.

Über weite Strecken ist das Seeufer von einem mehr oder weniger dichten Röhrichtgürtel umgeben, dessen wichtigste Art das Schilf (Phragmites australis) ist. Am Westufer des Sees kommen zusätzlich die Teichbinse (Schoenoplectus lacustris) und vereinzelt das Rohrglanzgras (Phalaris arundinacea) vor. Als ausgesprochene Seltenheit im Röhricht des Starnberger Sees gilt die Wasserschwertlilie (Iris pseudacorus).

Durch anthropogene Belastung hat der Röhrichtgürtel erheblich abgenommen. Ausgedehnte Bestände bestehen noch an den unbesiedelten Ufersäumen der windgeschützten Westküste.

Wasserchemismus und Trophiegrad

Der Starnberger See gehört mit rd. 2,7 mmol/l HCO_3 (Hydrogencarbonat) während der Vollzirkulation zu den kalkreichen Klarwasserseen. Während dieser Phasen liegt der pH-Wert zwischen 8,0 und 8,2, um zu Zeiten hoher Algenproduktionen nahe der Oberfläche 8,8 kurzfristig zu überschreiten. In den Wasserschichten über dem Sediment können durch den Abbau organischer sedimentierender Substanzen pH-Werte um 7,5 auftreten. Als arithmetisches Mittel der Gesamt-Phosphor-Konzentrationen wurden für 1978 27,1 µg/l P und für 1979 25,4 µg/l P errechnet. Die Phosphat-Belastung aus dem Umland (einschließlich Depositionen auf der Seeoberfläche) betrug in den Jahren 1978 und 1979 rd. 430 mg/m^2 Ges.-P. Nach international gebräuchlichen Eutrophierungsmodellen verursacht diese Belastung im See mesotrophe Verhältnisse. Der bis ca. 1950 oligotrophe Starnberger See war in den Untersuchungsjahren 1978 und 1979 tatsächlich dem mesotrophen Typus zuzurechnen. Die mittleren Chlorophyll-a-Konzentrationen betrugen 1978 5,0 und 1979 6,0 µg/l. Das gemessene Chlorophyll-a-Maximum lag bei 21 µg/l (Anfang Juli 1979). Die Sichttiefe im See wird durch die im Wasser gelösten Stoffe und durch das Phytoplankton beeinflußt. Die über beide Jahre gemittelte Sichttiefe liegt bei 8,3 m, das Minimum bei nur 2,3 m und das Maximum bei 14,0.

Flora und Fauna

Im Phytoplankton dominieren im Frühjahr stets centrische Diatomeen aus den Gattungen Stephanodiscus und Cyclotella, sowie die Kammkieselalge Fragilaria crotonen-

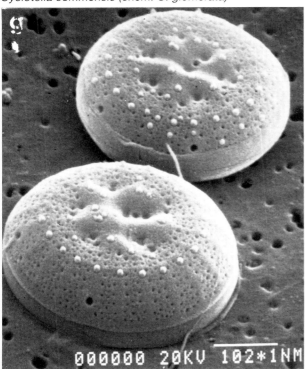

Cyclotella commensis (ehem. C. glomerata)

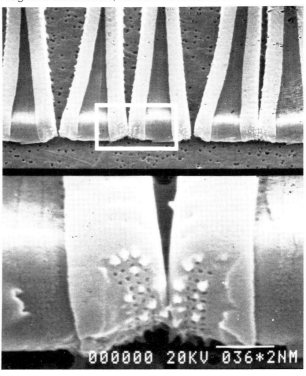

Fragilaria crotonensis, Kolonie und Ausschnitt

sis und die Nadelkiesalge *Synedra acus.* Artenzusammensetzung und Individuenzahlen des Phytoplanktons weisen den Starnberger See ebenfalls als mesotroph aus. Im Sommer treten zeitlich begrenzt Grünalgen (Chlorophyceen) und Blaualgen (Cyanophyceen) in nicht stabilen zeitlichen Mustern auf. Im Jahr 1978 kam es zu einer bisher einmaligen auffälligen Algenentwicklung bei der schnellwüchsige Diatomeen-Kolonien aus der Gattung *Fragilaria* die Fischernetze zusetzten.

Im Zooplankton wurde 1978 für Kleinkrebse (Hüpferlinge und Wasserflöhe = Copepoden und Cladoceren) eine halbquantitative Betandsaufnahme durchgeführt. Sie ergab, daß im See noch ausgeprägte Algenfresserpopulationen von *Eudiaptomus, Daphnia* und wenigen *Bosmina* vorhanden waren. D. h. der Fraßdruck durch Fische ist noch nicht so hoch, daß die Algenfresser auf ein Minimum reduziert worden waren. Die Algenfresser konnten im Frühsommer jeden Jahres die Algenproduktion vollständig abschöpfen, so daß es im See zu ausgeprägten Klarwasserstadien kam.

Die Unterwasserpflanzen wurden ebenfalls in den Jahren 1978 und 1979 kartiert. Es dominieren noch immer Armleuchteralgen (Characeen). Dennoch hat seit der Jahrhundertwende ein deutlicher Artenwechsel stattgefunden: anstelle der oligotrophie-anzeigenden Arten herrschen nun die gegen erhöhte Nährstoffgehalte, insbesondere Phosphate, weniger empfindlichen Arten vor. Die Makrophyten-Kartierung gibt einen guten Einblick über die Eutrophierungspotentiale der einzelnen Bäche. So herrschen vor den belasteten Zuläufen zunehmend die eutrophie-anzeigenden Arten, wie das Kamm-Laichkraut (*Potamogeton pectinatus*) und der Teichfaden (*Zannichellia palustris*).

Innerhalb des Zoobenthons wird gegenwärtig eine Bestandsaufnahme über Zuckmücken (Chironomiden) der Tiefenbereiche durch die Zoologische Staatssammlung München erarbeitet. Innerhalb dieser Arbeit wurde erstmals auch das Eiszeitrelikt *Corynocera* für Südbayern nachgewiesen.

Sedimente
Die Sedimente des Starnberger Sees sind überwiegend mineralisch. Der organische Kohlenstoffgehalt überschreitet 4 % der Trockensubstanz nicht. Innerhalb der Korngrößen überwiegen tonig-siltige Bestandteile. Carbonathaltige Mineralien, wie Calcit und Dolomit, sind quantitativ bedeutsamer als Quarz, der in 70 % der untersuchten Proben zu weniger als 10 % vorhanden ist.

Nutzung, Bedeutung und Maßnahmen
Der Starnberger See bietet fischereilich das klassische Beispiel eines Renken-(Coregonen)-Sees. Die fischereiliche Nutzung – neben der Renke auch Aal, Brachse sowie weitere Weißfische und Hecht – erfolgt überwiegend durch Berufsfischerei. Die Renken-Erträge spiegeln deutlich eine Produktivitätszunahme sowie eine Effizienzsteigerung der Befischung wider:

gemeldete Erträge: 1920   7 537 kg
                   1970   68 644 kg
                   1980   70 100 kg
                   1981 101 600 kg

Für 1983 wurde ein Ertrag von 82 000 kg angegeben, der sich zu 85 % aus Renken, 3 % Aalen, 3 % Brachsen und 2 % Weißfischen zusammensetzt.

Ende der 70er Jahre wurde eine vorübergehende Ertragseinbuße verzeichnet, deren Ursachen nicht vollständig geklärt werden konnten. Diese Einbuße wurde durch den Einsatz von schnellwüchsigen Sewan- und Peipusmaränen auszugleichen versucht. Inzwischen bestehen zwei Renken-Brutanstalten am See, die die Renken kalterbrüten, den Schlüpfzeitpunkt der Brut also so lange hinauszögern, bis die Brut im See ausreichend Zooplankton-Nahrung vorfindet. Dieser Zeitpunkt ist während des Klarwasserstadiums gegeben. Zusätzlich wurden zur Schonung des Fischbestandes vornehmlich im Süd- und Westuferbereich insgesamt vier Laichschonstätten ausgewiesen.

Sehr bedeutend ist der Starnberger See als Naherholungsgebiet für den Großraum München. Hierfür wurden insgesamt drei große Freizeitgelände errichtet.

Aufgrund planktologischer Untersuchungen wurde eine schwache Eutrophierung des Sees bereits in den 50er Jahren erkannt. Mit der Abwassersanierung wurde Ende der 50er Jahre begonnen. Gegenwärtig sind 80 % der Einwohner und die Abwässer aus Industrie und Gewerbe fast vollständig erfaßt.

Für die Verbandssammler und die Kläranlage wurden insgesamt 59,0 Mio. DM investiert. Rechnet man den Ausbau der Ortsnetze dazu, dann erhöht sich die Summe auf über 100 Mio. DM.

Die Eutrophierung des Sees, der in windarmen Jahren nur unvollkommen durchmischt wird, da seine Hauptrichtung gegen die vorherrschende Windrichtung (W) liegt, und der deshalb gegenüber Nährstoffbelastungen aus dem Umland sehr sensibel reagiert, konnte gestoppt werden. Eine weitere Oligotrophierung wird erwartet, wenn die Ortskanalisierungen fortschreiten. Rein oligotrophe Verhältnisse werden sich wahrscheinlich nicht wieder einstellen, da allein die Nährstoffbelastung aus der Luft $^{2}/_{3}$ der tolierierbaren Belastung (nach internationalen Modellen) mit Phosphor ausmacht.

Tegernsee

Lage: R 44 30 25, H 52 89 99
Topographische Karte: L 8336 Miesbach
Entstehung/Seetyp: Zungenbeckensee des Tegernseegletschers
Mischungsverhalten: dimiktisch
Höhe: 725,50 m ü NN, Oberfläche: 8,90 km^2
Volumen: 323,1 · 10^6 m^3
Tiefe max.: 72,6 m, mittl.: 36,3 m
Einzugsgebiet: 210,75 km^2
Umgebungsfaktor: 22,7
Erneuerungszeit: 1,28 Jahre
Ufer: Länge 21,04 km, Entwicklung 1,99

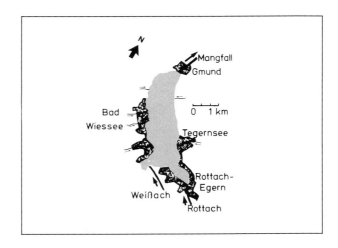

Einzugsgebiet

Das Tegernseer Tal ist in den Alpenrand eingesenkt, den hier sanft geformte Alm- und Waldberge bilden, die nur Mittelgebirgshöhen von etwa 1 100–1 300 m ü.NN erreichen. Erst der Südabschluß dieses Quertals ragt mit der Kegelstumpf-Kulisse des Wallbergs auf 1 723 m Meereshöhe und im dahinter stehenden Risserkogel 1 826 m empor. Der nördliche Zipfel des Tegernsees wird, schon außerhalb der Alpen, von Endmoränenwällen umschlossen, in die sich die abfließende Mangfall eingekerbt hat.

Ufer

An den Ufersäumen vor den Moränenringen am nordöstlichen Uferabschnitt liegt eine Röhrichtzone, die an anderen Abschnitten aufgrund der Beckenmorphologie und insbesondere durch Uferverbau mit Promenaden und ähnlichem kaum noch anzutreffen ist. Dünn sind die übrigen Makrophytenbestände ausgebildet.

Wasserchemismus und Trophiegrad

Wie nach dem geologischen Aufbau des Einzugsgebiets zu erwarten, zeichnet sich das Tegernsee-Wasser durch Kalkreichtum aus. Der Hydrogencarbonat-Gehalt liegt um 3 mmol/l. Das Wasser ist ferner kaum sichtbar durch gelöste Humusstoffe gefärbt. Die elektrische Leitfähigkeit bewegt sich zwischen 260 und 300 µ S/cm, der pH-Wert zwischen 7,7 (Sommerstagnation, über Grund) und 8,5 (Oberfläche). In den Jahren 1951/52 wurden Sauerstoffmessungen durchgeführt, die ergaben, daß der Tegernsee keineswegs als oligotropher Alpensee gelten konnte. In etwa 15 m Tiefe trat ein ausgeprägtes metalimnisches Minimum auf, bis Ende Oktober war in 70 m Tiefe über dem Boden nur 0,37 mg/l O_2 vorhanden. Die Sichttiefen lagen zu dieser Zeit mit 2,0 bis 6,1 m deutlich niedriger als Anfang des Jahrhunderts, als im Minimum 4,2 m und im Maximum 15,0 m gefunden wurden.

In den 60er Jahren verarmte das Hypolimnion regelmäßig an Sauerstoff: Werte unter 0,5 mg/l waren keine Seltenheit. Schwefelwasserstoff wurde jedoch nicht ermittelt. Seit Anfang der 70er Jahre nimmt der hypolimnische Sauerstoffgehalt am Ende der jeweiligen Sommerstagnation wieder zu. Er liegt normalerweise über 4 mg/l.

Der Phosphatgehalt hat im Jahr 1970 sein Maximum mit rund 25 µg/l Ges.-P überschritten und liegt nun im Mittel deutlich unter 10 µg/l Ges.-P.

Die Belastung des Tegernsees wurde eingehend für die Jahre 1973 und 1974 ermittelt. Im hydrologischen Jahr 1973 mit ausgesprochenen Starkregenereignissen betrug die Belastung des Tegernsees 9,6 t Ges.-P und 125 t mineralische N-Verbindungen. Im trockeneren Jahr 1974 war die Phosphatbelastung mit 4,9 t wesentlich, die min.-N-Belastung mit 114 t nur geringfügig niedriger. Die entsprechenden spezifischen Flächenbelastungen beliefen sich für Ges.-P auf 1,06 (1973) und 0,54 g/m^2 a (1974).

Der ursprünglich oligotrophe Alpentalsee gehörte in den 50er und 60er Jahren dem eutrophen Seentypus an, der nach Fertigstellung der Abwassersanierung mit dem erstmals an diesem See erprobten System der Ringkanalisation (1964) aufgrund des hohen Wasserdurchsatzes vergleichsweise rasch wieder zum oligotrohen Typus rückentwickelte. Die für diesen Prozeß benötigte Zeitspanne erreicht größenordnungsmäßg den 5fachen Wert der rechnerischen Wassererneuerungszeit.

Flora und Fauna

Mit Chlorophyll-Gehalten zwischen 1,8 und 8,4 in einem im Juli 1941 aufgenommenen Profil und mit dem Vorherrschen der anspruchslosen Kieselalge *Asterionella formosa* (neben *Tabellaria fenestrata* und *Synedra acus* var. *angustissima*) wurde der See als oligotroph eingestuft. Als Folge der Eutrophierung fand die Burgunderblut-Alge gute Lebensbedingungen vor, so daß sie bis etwa 1973 in größeren Dichten die tieferen Schichten des Epilimnions besiedelte.

Die Einordnung über die Algen deckte sich nicht vollständig mit einer früheren Untersuchung auf Bodentiere. Diese kennzeichneten den Tegernsee zwar als noch oligotrophen *Tanytarsus*-See (besonders sauerstoff-bedürftige Zuckmückenart), der durch kulturelle Einflüsse aber bereits sekundär verändert war. Dies wurde aus dem starken Hervortreten von Schlammröhrenwürmern (Tubificiden) vor den großen Zuflüssen geschlossen. Bereits bei Untersuchungen im November 1928 wurden Besiedlungsdichten an Zuckmücken (Chironomiden) bis 4 600/m^2, an Schlammröhrenwürmern (Tubuficiden) bis 6 700 und an Erbsenmuscheln bis 1 050/m^2 gefunden.

Sediment
Das Sediment ist stark mineralisch. Die Korngrößenanalyse erbrachte ein Vorherrschen der Siltfraktion. Calcit und Dolomit sind die wichtigsten Mineralien.

Bei Sedimentuntersuchungen 1966 wurde an vielen Stellen des Tegernsees ausgesprochener „Faulschlamm" mit hohen in-vitro Gasungsaktivitäten angetroffen; bereits 1968 zeigten Wiederholungsmessungen eine Abnahme der Gasungsaktivität vor allem im nördlichen Seeteil und vor dem Ort Tegernsee, was als Verminderung der Belastung aus dem Umland gewertet werden kann.
An einem Sedimentprofil konnte die kontinuierliche Eutrophierung des Sees über die Zunahme der Gehalte an Phosphaten nachgewiesen werden. Der Beginn der Eutrophierung lag vor der Jahrhundertwende.

Nutzung, Bedeutung und Maßnahmen
Der Tegernsee war ein ausgesprochener Renken- und Seesaibling-See. Der Bestand an Seesaiblingen ist zurückgegangen. Die Renkenerträge stiegen mit der Eutrophierung des Sees und gingen mit der Gesundung in erheblichem Ausmaße zurück. Auf Hecht, Regenbogenforelle und Schleie stehen Sportangler an, teilweise auch auf Karpfen, Aal oder Zander. Die nordöstliche Röhrichtzone ist Schongebiet.

Vom Fischbestand des Tegernsees werden gegenwärtig bevorzugt Renken, dann Hechte und Brachsen genutzt. Der im wesentlichen von Berufsfischern erwirtschaftete Ertrag wird für 1982 mit 4 300 kg angegeben, wovon 87 % Renken, 5 % Hechte und 4 % Brachsen waren.

Seit langem ist das Tegernseegebiet zu einem touristischen Hauptanziehungspunkt geworden. Über ein Jahrtausend lang hat das 748 gegründete Kloster Tegernsee als Zelle, Zentrum und Gestalter der bäuerlichen Kulturlandschaft gewirkt. Mit der Säkularisation von 1803 und der Benutzung der Abtei als königlicher Sommersitz kamen die ersten Münchner Sommerfrischler an den See und leiteten damit die zunächst allmähliche, in den letzten Jahrzehnten jedoch immer vehementere Umwandlung in eine intensiv in Wert gesetzte Freizeit- und Erholungslandschaft ein, die zu „urbanisierten Fremdenverkehrssiedlungen" führt.

Der Fremdenverkehr hat nach dem Hauptort Tegernsee alsbald auch die Dörfer Gmund, Rottach und Egern erfaßt, während Bad Wiessee seinen Aufstieg zum führenden Kurort erst den 1907 und 1930 erbohrten Mineralquellen mit hohen Jod- und Schwefelgehalten verdankt. Noch stärker als vom Fremdenverkehr ist das Bild der Talschaft durch die Errichtung vieler Landhäuser, Altersruhe- und Zweitwohnsitze verändert worden. Außer Gmund liegen alle Orte auf Schotterkegeln, die Bäche in den See vorgeschüttet haben. In der Stadt Tegernsee hat die Raumenge zur Bebauung der Hänge geführt.

Auch der mächtige Schwemmfächer, den Weißach und Rottach südlich des Sees sedimentierten, ist inzwischen zum größten Teil mit Villenvierteln überbaut. Unbedingt erhaltenswert ist der Endmoränengürtel mit dem parkartigen Charakter seiner Mischwälder, Wiesen und der Uferröhrichtzone.

Der Tegernsee und sein gesamtes Umland stehen unter Landschaftsschutz, das zum Groß-Landschaftsschutzgebiet Tegernseer Berge–Schlierseer Berge–Mangfallgebirge gehört.

Die von 1957–1965 verwirklichte, weltweit erste und am bekanntesten gewordene Ringkanalisation um den Tegernsee (22,5 km Kanallänge, Kläranlage am Seeauslauf für 60 000 Einwohner und Einwohner-Gleichwerte, Gesamtbaukosten einschließlich Ortskanäle 40 Mio. DM) ist ein Musterbeispiel für die Abwassersanierung sowie für einen Soforterfolg aus Hygienesicht und einen mittelfristigen limnologischen Erfolg. Damals notwendige Badeverbote wurden abgewendet. Innerhalb nur eines Jahrzehnts nach Vollendung der Maßnahme zeigte der See deutliche Verbesserungen im Phosphatgehalt, im Planktonbild und in der Sichttiefe sowie im Sauerstoffprofil. Seit Ende der siebziger Jahre kann der durch Abwassereinleitungen eutroph gewordene See wieder als oligotroph kartiert werden.

Waginger-Tachinger See

Lage: R 45 60 42, H 53 09 49
Topographische Karte: L 8142
Entstehung/Seetyp: Endmoränenseen in einer Radialfurche des Salzachgletschers
Mischungsverhalten: dimiktisch
Höhe: 442,12 m ü NN, Oberfläche: 8,97 km^2
Volumen: 112,0 · 10^6 m^3
Tiefe max.: 27,0 m, mittl.: 12,5 m
Einzugsgebiet: 123,5 km^2
Umgebungsfaktor: 12,77
Erneuerungszeit: 1,23 Jahre
Ufer: Länge 25,20 km, Entwicklung 2,38

Einzugsgebiet
Die beiden Seeteile des Waginger-Tachinger Sees werden durch eine bei der Ortschaft Tettenhausen überbrückte Einschnürung getrennt. Der See ist in eine sanft geschwungene Moränenlandschaft bogenförmig eingebettet. Der prähistorische Mischwald wurde durch die Landwirtschaft stark zurückgedrängt. Heute ist nur noch ein Drittel waldbedeckt, vorwiegend auf steinigen Endmoränen und Drumlins, mit stark gewordenem Fichtenanteil. Das Ostufer des Tachinger Seeteils ist von einem teilweise bewaldeten Steilufer begrenzt; am Waginger Seeteil ist es der südöstliche Bereich, an dem sich ein bewaldeter Hang entlangzieht. Auf Hängen mit guten Böden kommt noch Ackerbau vor, aber die meisten Flächen werden jetzt als Grünland genutzt.

Außer Tettenhausen liegen die Orte vom Seeufer abgerückt an den Hängen. Waging dehnt sich in einer flachen Bucht abseits der Seefläche aus und hat aber inzwischen mit einigen Einrichtungen für den Tourismus das Seeufer mit Beschlag belegt.

Ufer
Die Ufer sind nur an wenigen Stellen verbaut. Sie sind sandig-kiesig. Das Seeufer wird auf weite Strecken von Röhricht eingefaßt, in dem das Schilf (*Phragmites australis*) vorherrscht. Eine Bestandsaufnahme zu Beginn der 70er Jahre erbrachte, daß der Röhrichtgürtel im Tachinger Seeteil mächtiger ausgeprägt war als im südlichen Waginger Teil.

Am Fuße des Steilufers bei Lampoding bestanden auf Teilflächen noch wertvolle Auwälder.

Der Zugang zu den Ufern ist in großem Umfang möglich, jedoch fehlen ufernahe Wege weitgehend.

Wasserchemismus und Trophiegrad
Der See kann als ausgesprochen carbonatreich gelten, da die Gehalte an Hydrogencarbonat bei 3,4 mmol/l (Waginger Seeteil) und über 4,3 mmol/l (Tachinger Seeteil) liegen. Oberflächennah kann das Hydrogencarbonat durch die Produktion auf 2,9 mmol/l (Waginger Seeteil) bzw. 3,2 (Tachinger Seeteil) verarmen. Die elektrischen Leitfähigkeiten bewegen sich in beiden Seeteilen zwischen 300 und 400 µ S/cm.

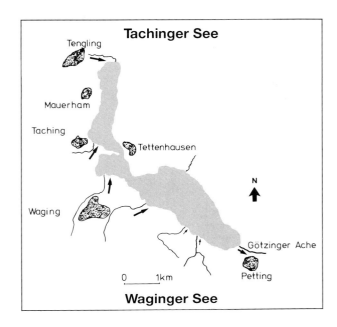

Beide Seeteile sind eutroph, wobei der Waginger Seeteil sogar als polytroph anzusprechen ist. Diesem Charakter entsprechend zeigt der Sauerstoffhaushalt im Epilimnion regelmäßig produktionsbedingte Übersättigungen und im Jahresverlauf einen raschen Schwund im Hypolimnion. In beiden Seeteilen kommt es zur Schwefelwasserstoffbildung über dem Sediment.

Der Chlorophyllgehalt lag 1970/72 im Winter zwischen 10 und 20 µg/l und erreichte im Tachinger Seeteil Maxima von 120 µg/l, im Waginger Teil dagegen sogar 210 bis 240 µg/l. Auffallend war das häufige Auftreten von Chlorophyllspitzen im Metalimnion, die sicherlich durch die Burgunderblutalge und ähnlichen Schwachlichtalgen hervorgerufen worden waren.

Die sommerlichen Sichttiefen betrugen im Waginger Seeteil meistens nur 2 m. Im Mai 1971 trat mit 5,5 m ein Klarwasserstadium auf. Im Tachinger Seeteil lagen die Verhältnisse sehr ähnlich, allerdings mit dem Unterschied, daß die Sichttiefen im Herbst hier besser als im südlichen Seeteil waren.

Die Belastung wurde für die Jahre 1970–72 abgeschätzt. Es ergab sich, daß die Belastung mit Phoshaten 31 t/a Phosphor und mit mineralischen Stickstoffverbindungen 127 t/a Stickstoff betrug. Die Belastung konnte inzwischen vermindert werden.

Flora und Fauna
Das Phytoplankton wurde 1970–72 durch die Burgunerblutalge (*Oscillatoria rubescens*), die stabförmige Kieselalge (*Synedra acus*) und Vertreter der Goldalgen-Gattung *Dinobryon* geprägt. Im Waginger Seeteil trat darüber hinaus auch die Blaualge *Microcystis* auf. Auch im gegenwärtigen Phytoplanktonaspekt fällt das Vorherrschen von

Blaualgen auf; allerdings scheint sich die Artenzusammensetzung geändert zu haben. So wurde die Burgunderblutalge weniger gefunden, dafür Vertreter der kugeligen Blaualgen und *Anabaena flos-aquae* verstärkt.

Entsprechend seinem eutrophen Typus treten hauptsächlich die folgenden Fischarten auf: Hecht, Brachsen, Karpfen, Schleie, Rotauge oder Plötze und Wels oder Waller. Zu dem natürlichen Fischbestand wurden mit der Zeit einige neue Fischarten eingeführt: Im Jahr 1884 die Kleine Maräne (*Coregonus albula*), 1890 zum ersten Mal der Aal und 1905 erstmals der Zander.

Der Röhrichtgürtel bietet für verschiedene Entenarten, den Brachvogel, die Bekassine und die selten gewordene Rohrdommel Schutz- und Brutplätze.

Nutzung, Bedeutung, Maßnahmen
Die fischereiliche Nutzung, die an erster Stelle von der Berufsfischerei und an zweiter Stelle von der Angelfischerei betrieben wird, hat sich offensichtlich auf die Umstrukturierungen im Fischarten-Inventar durch die Eutrophierung eingestellt. Nach Fanganteilen dominieren Brachsen, andere Karpfenfische, dann der Aal, die Renke, gefolgt von Zander, Hecht, Karpfen und Schleie. Im Durchschnitt wird mit einem Ertrag von 20 000 kg gerechnet.

Der Waginger-Tachinger See ist bekannt als Badesee. Die Badesaison beginnt hier früher als an anderen großen oberbayerischen Seen, da sich das Wasser im Mai schnell erwärmt. Hauptanziehungspunkt ist Waging, das abseits vom Ortszentrum über einen Freibadestrand, Campingplatz und sonstige für den Massentourismus geeignete Einrichtungen verfügt. Weitere Möglichkeiten sind mit kleineren Campingplätzen und Liegewiesen vornehmlich am Waginger Seeteil gegeben.

Von den Bootssportarten wurde das Segeln bevorzugt, das inzwischen durch Windsurfen abgelöst wurde.

Seit Mitte der 70er Jahre besteht an diesem See ein etwa 7 km langer Ableitungskanal, über den die mechanisch-biologisch gereinigten Abwässer vom Abwasserschwerpunkt Waging dem Seeauslauf zugeführt werden. Die Vervollständigung der Ringkanalisation für die kleineren seenahen Orte ist in Vorbereitung.

Walchensee

Lage: R 44 51 11, H 52 75 70
Topographische Karte: L 8332 Murnau
Entstehung/Seetyp: wahrscheinlich tektonischen Ursprungs, glazial überformt
Mischungsverhalten: mono- bis dimiktisch, selten aber voll durchmischend
Höhe: 800,81 m ü NN (bei Vollstau),
Oberfläche: 16,267 km^2 (–"–)
Volumen: 1 323,663 · 10^6 m^3 (–"–)
Tiefe max.: 189,5 m (–"–), mittl.: 80,8 m (–"–)
Ursprüngl. Einzugsgebiet: 59,3 km^2
Umgebungsfaktor: 47
Erneuerungszeit: 1,62 (ursprünglich 18,5) Jahre
Ufer: Länge 27,0 km, Entwicklung 1,84

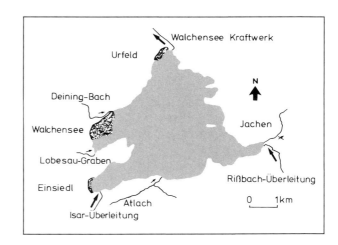

Einzugsgebiet

Der Walchensee ist allseits von bewaldeten Bergen aus Plattenkalk und Hauptdolomit umrahmt, im Norden von den bis zu 1 800 m hohen Gipfeln der Benediktenwand- und der Herzogstand-Heimgarten-Gruppe und im Süden von den niedrigeren Bergen des Isarwinkels (Altlach-Berge). Nach Osten hin schließt sich das Längstal der Jachenau an, des ehemals natürlichen Seeabflusses, ursprünglich ebenso verkehrsfeindlich wie die Ufer des Walchensees selbst. Diese rauhe Gegend wurde erst ab dem 12. Jahrhundert vom Kloster Benediktbeuern erschlossen. Nur auf den alluvialen Schwemmkegeln des Deiningbaches, der vom Heimgarten herabstürzt, und dem der Obernach, des größten natürlichen See-Zuflusses, gibt es Platz für die kleineren Orte Walchensee und Einsiedel.

Zwischen dem Walchensee und dem nördlich gelegenen, durch den Kesselberg getrennten Kochelsee besteht eine Höhendifferenz von rund 200 m. Die Idee, diese Höhendifferenz zur Gewinnung von elektrischer Energie zu nutzen, wurde schon 1897 geäußert. Nach dem Ende des 1. Weltkrieges wurde im Rahmen von Arbeitsbeschaffungsmaßnahmen mit den Bauarbeiten begonnen. Seit 1924 ist das Walchensee-Werk als das größte Hochdruckspeicher-Kraftwerk Bayerns in Betrieb.

Das ursprüngliche Einzugsgebiet umfaßte nur 59,3 km^2 und lieferte zu geringe Zuflußmengen, um das Walchensee-Kraftwerk effektiv betreiben zu können. 1924 wurde deshalb die obere Isar bei Krün aus dem ursprünglichen Flußbett ab- und in die südwestliche Bucht des Sees (Obernacher Winkel) eingeleitet. Knapp 20 Jahre später wurde der Finzbach mit in die Isar-Überleitung aufgenommen. Das Walchensee-Einzugsgebiet wurde um insgesamt 510 km^2 vergrößert. 1950 wurde die Rißbach-Überleitung fertiggestellt, die weitere 210 km^2 zum jetzigen Einzugsgebiet beisteuerte (alle Flächenangaben ohne Seefläche).

Neben den genannten kleinen Ortschaften am Seeufer spielen im vergrößerten Einzugsgebiet der Markt Mittenwald und der Ort Seefeld in Tirol eine sehr wichtige Rolle. Landwirtschaft wird in Form von Weidewirtschaft nur in den Flußtälern betrieben.

Ufer

Nur an wenigen Stellen, so auf der südwestlichen Halbinsel Zwergern, und im Bereich einiger Bachschwemmkegel wird das Steilufer durch flachere Partien unterbrochen. Die Röhricht-Uferflora, namentlich schüttere Schilfrohr- und Teichbinsen-Bestände, beschränken sich auf diese Bereiche. Durch die Nutzung zu Wasserkraftzwecken darf der Wasserspiegel des Walchensees um 6,6 m schwanken. Damit diese Schwankungen nicht zu erhöhter Ufererosion führen, wurden die Steilufer mit Steinblöcken ausgepflastert, eine Maßnahme, die sich zusätzlich besiedlungsfeindlich für höhere Wasserpflanzen auswirkt.

Wasserchemismus und Trophiegrad

Wie nach den geologischen Verhältnissen des Einzugsgebietes zu erwarten ist, gehört auch der Walchensee zu den kalkreichen Klarwasserseen. Der Hydrogencarbonatgehalt beträgt während der Durchmischungsphasen 2,7 mmol/l. Die Leitfähigkeit liegt zu dieser Zeit bei 200 µ S/cm und der pH-Wert zwischen 8,1 und 8,2. Durch die Produktion nimmt der Hydrogencarbonat-Gehalt nur auf 2,45 mmol/l ab. Als maximaler pH-Wert wurde 8,65 in den oberflächennahen Schichten, und als minimaler Wert 7,95 über Grund gemessen. Der Sauerstoff-Gehalt über Grund sinkt nicht tiefer als 7,0 mg/l. Es hat den Anschein, als ob der Sauerstoff-Vorrat in den tiefsten Schichten vornehmlich durch Diffusion und weniger durch unmittelbare Mischungsvorgänge aufgefüllt wird.

Der mittlere Gesamt-Phosphat-P-Gehalt in der Zone von 0–10 m lag 1976 noch bei 18 µg/l, stieg bis 1978 auf 21 und ging dann bis 1980/81 wieder auf 16 µg/l zurück. Der mittlere Gehalt an mineralischen Stickstoff-Komponenten schwankt zwischen 450 und 500 µg/l N, der der gelösten Kieselsäure liegt bei 500 µg/l SiO$_2$ und fällt in der Produktionszone über längere Zeiten sogar auf Werte unter 150 µg/l SiO$_2$. Der langjährige, mittlere Chlorophyll-a-Gehalt bewegt sich zwischen 4 und 5 µg/l, Maximalwerte traten mit 18 µg/l während einer Blüte der Kieselalge Melosira islandica subspec. helvetica im Mai 1979 auf. Die Minimalwerte während der Winter- und der Klarwasserstadien lagen unter 1 µg/l. Die mittlere Sichttiefe betrug in den Jahren 1976–80 6,95 m. Das Maximum lag im Januar 1979 bei 13,8 m, das Minimum bei 1,75 m während der erwähnten Melosira-Blüte. Die spezifische Phosphat-Belastung schwankte zwischen 1,8 und 2,1 g Ges.-P pro m^2 und Jahr.

Der Walchensee wird dem mesotrophen Status zugeordnet. Das trophische Maximum war im Walchensee Ende der 70er Jahre erreicht; die Entwicklung geht inzwischen in Richtung Oligotrophie.

Flora und Fauna

In früheren Untersuchungen (1921–23) bestand das qualitativ gering entfaltete Phytoplankton überwiegend aus Kieselalgen, die ihren Phosphatansprüchen nach zum oligotrophen Aspekt zuzurechnen waren. Bereits 20 Jahre später wurden nährstoffliebendere Arten, wie die Kieselalge Tabellaria fenestrata sowie die Feueralge Ceratium hirundinella im Netzplankton beobachtet. Die Planktonanalysen seit 1975 bestätigen die wachsenden Nährstoffzufuhren in den See und ihre Auswirkungen auf die planktischen Primärproduzenten, angezeigt durch Massenvorkommen der Kieselalgen Tabellaria fenestrata, Fragilaria crotonensis und vor allem Melosira islandica ssp. helvetica und durch die vorübergehende Invasion der fädigen Blaualge, Oscillatoria rubescens. Auch das Phytoplankton zeigt inzwischen eine Entwicklung zum oligotrophen hin: die Blaualgen sind wieder verschwunden, der Anteil der Kieselalgen mit geringerem Phosphat-Bedarf, wie Asterionella formosa, ist gestiegen.

Die Unterwasser-Vegetation beschränkt sich auf wenige edaphisch günstige Flecken, vor allem in der flachen Walchensee-Bucht und um die Halbinsel Zwergern. In der bisher einzigen Bestandsaufnahme von 1959 wurden verschiedene großblättrige Laichkraut-(Potamogeton-)Arten und Armleuchteralgen gefunden. Letztere traten in größerflächigen Beständen als die Blütenpflanzen auf und zeigten sich durch die winterlichen Seespiegel-Absenken nicht beeinträchtigt.

Bei der tierischen Besiedlung des Seeufers fällt bei Strudelwürmern, Eintagsfliegen und Köcherfliegen eine gewisse Artenarmut auf. Die Besiedlungsdichte ähnelt aber der in solchen Seen, in denen keine Seespiegelschwankungen auftreten. Die Absenkung führt zu einer Zusammenballung der Tiere auf den verkleinerten Biotopflächen. Die Uferfauna wurde 1958 in der einzigen umfangreicheren Untersuchung noch als oligotroph eingeordnet. Eine stichprobenartige Untersuchung Ende der 70er Jahre auf Zuckmücken im Tiefenbereich des Sees durch die Zool. Staatssammlung, München, erbrachte durch Auffinden von Sergentia mesotrophe Verhältnisse.

Der Walchensee ist reich an seltenen und edlen Fischen, wie Coregonus wartmanni (Blaufelchen) und Coregonus fera (Seesaibling), Renke, Rutte, Hecht und der raschwüchsigen, bis zu 20 kg schweren Seeforelle.

Den Vogelkundler erfreut, daß Rothalstaucher am Walchensee überwintern und Gänsesäger brüten.

Sediment

Das Sediment des Walchenseees ist mineralisch. In den Korngrößen überwiegt klar die Silt-Fraktion. Von allen durch das Institut für Meeresgeologie der Technischen Universität München untersuchten Seen weist der Walchensee die Carbonat-reichsten Sedimente auf: 80 % der untersuchten Oberflächensedimente haben einen über 60 % liegenden Carbonatanteil. Der Dolomitgehalt ist sehr hoch. Während fast alle Proben mit ihrem Calcit-Gehalt 40 % unterschreiten, weisen rd. 60 % der Proben höhere Dolomit-Gehalte als 40 % aus. Dies wird durch die Beileitung der Isar verständlich, in deren Einzugsgebiet der Hauptdolomit als Mineral überwiegt, während die unmittelbar an den See grenzenden Berge vornehmlich aus Plattenkalk bestehen.

Die Beileitung der Flüsse in den Walchensee führte zu einer Erhöhung der Sedimentationsrate von Schwebstoffen, Nährstoffen und sonstigen Substanzen, wie Metallen. Vor 1924 sedimentierten im Obernacher Winkel, der später die Isar-Überleitung aufnimmt, nur zwischen 80 und 180 $mg/m^2 \cdot a$ Phosphor-Bestandteile. Die Isar-Überleitung erhöhte diesen Parameter auf rd. 5000 $mg/m^2 \cdot a$ P, wobei allerdings nur ein Bruchteil des Phosphats in pflanzenverfügbarer Form vorliegt.

Nutzung, Bedeutung und Maßnahmen

In dem hauptsächlich durch Berufsfischerei und weniger durch Angler genutzten Fischbestand des Walchensees dominiert nutzungsmäßig die Renke über Seesaibling und Seeforelle.

Der Walchensee gehörte zu den großen oligotrophen Voralpenseen, der lange Zeit nur durch Wasserspiegelschwankungen beeinflußt war. Trotz seiner morphometrischen Eignung für Oligotrophie, nämlich ein übermächtiges Hypolimnion, verkraftete er die anfallenden Nährstoffe aus dem Einzugsgebiet vor allem aus der übergeleiteten Isar nicht mehr und entwickelte sich zu einem mesotrophen See.

Der Walchensee steht samt seinen Ufern und der Halbinsel Zwergern unter Landschaftsschutz. Bis auf geringe Flächen im Ortsbereich Walchensee ist der freie Zugang zum Wasser überall gewährleistet.

Trotz der verhältnismäßig großen Entfernung vom Ballungsraum München wird der Walchensee an Wochenenden im Sommer und Herbst oft von vielen tausenden Erholungsuchenden aufgesucht. In den vergangenen Jahren hat sich der See wegen seiner regelmäßigen Winde zu einem wahren Windsurfer-Paradies entwickelt, das auch Wassersportler von jenseits des Münchner Raums anlockt. Der touristischen Entwicklung wurde durch den Ausbau des Südufers Rechnung getragen, ohne daß damit der Charakter des Alpensees stark nachteilig verändert wurde.

Um die trophische Entwicklung im Walchensee weitgehend rückgängig zu machen und um einen oligotrophen Zustand langfristig zu sichern, wurde in der Kläranlage Mittenwald eine Phosphatfällungs-Anlage eingerichtet. Als weitere abwassertechnische Sanierungsmaßnahme wird die Abwasserableitung von Seefeld in Tirol zum Inn verfolgt.

Wörthsee

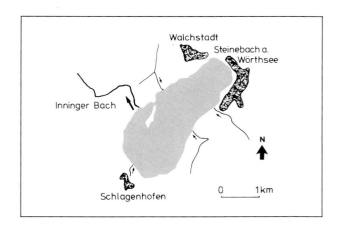

Lage: R 44 38 00, H 53 25 30
Topographische Karte: L 7932 Fürstenfeldbruck
Entstehung/Seetyp: Moränensee des Ammersee-Gletschers
Mischungsverhalten: dimiktisch
Höhe: 560,44 m ü NN, Oberfläche: 4,339 km^2
Volumen: 63,627 · 10^6 m^3
Tiefe max.: 34,0 m, mittl.: 14,66 m
Einzugsgebiet: 26,35 km^2
Umgebungsfaktor: 5,07
Erneuerungszeit: 7,5 Jahre
Ufer: Länge 9,85 km, Entwicklung 1,33

Einzugsgebiet

Ein breiter, bis zu 50 m hoher Moränengürtel, der in großen Bereichen mit Buchenmischwald bestanden ist, umgrenzt den Wörthsee und schafft gegen den Ammersee hin einen eigenen Landschaftsraum. Die Wiesen und Weiden der im Seebereich liegenden landwirtschaftlichen Anwesen reichen häufig bis an das Ufer heran. Die nordöstliche Bucht ist nahezu vollständig verbaut. Lange Uferstrecken sind lückenlos mit Wochenendhausparzellen, Bade- und Bootshütten belegt.

Ufer

Der See besitzt im Bereich der Insel Wörth und am gegenüberliegenden Ufer ausgedehnte Verlandungszonen, die für die Fischwelt und Vogelwelt von großer Bedeutung sind.

Wasserchemismus und Trophiegrad

Auch der Wörthsee gehört zu den kalkreichen, nicht oder nur kaum durch Humus-Stoffe gefärbten Alpenvorlandseen. Der Hydrogencarbonat-Gehalt liegt um 3 mmol/l. Die Konzentration aller Phosphat-Verbindungen bewegen sich um 20 µg/l P während der Durchmischungsphasen und zeigen im Sommer typische, produktionsbedingte Verarmungen an der Oberfläche und Rücklösungen über dem Sediment. Gegen Ende der Sommerstagnation verarmt die Grenzzone Sediment/Wasser regelmäßig, und Schwefelwasserstoff tritt gelegentlich auf. Der Gehalt an mineralischem Stickstoff bewegt sich zwischen 250 und 300 µg/l N und der der gelösten Kieselsäure um 1,0 mg/l SiO_2 während der Zirkulationen. Die nur sporadisch ermittelten Chlorophyll-Konzentrationen liegen zwischen 6 und 10 µg/l.

Im umwälzenden See liegt der pH-Wert um 8,3, im geschichteten nimmt er von pH 8,6 an der Oberfläche bis auf 7,0 über Grund ab.

Seinem chemischen Charakter nach wird der Wörthsee als mesotroph an der Grenze zur Eutrophie eingestuft.

Flora und Fauna

Die dominierenden Phytoplanktonarten waren in den Jahren 1983 und 1984 die Kieselalgen *Fragilaria crotonensis, Synedra acus, Stephanodiscus* ssp., *Asterionella formosa* mit häufig großen Individuendichten. Im Frühjahr 1984 wurde eine starke Entwicklung von *Dinobryon divergens* beobachtet. Ende August 1984 kam es zu einer kleinen Blüte von *Ceratium hirundinella*, einer Feueralge. Daneben entwickelten sich *Microcystis flos-aquae* und *Oscillatoria rubescens* stärker.

Im Zooplankton herrschten die Rädertiere vor, und zwar die Allerweltsformen *Keratella cochlearis, Polyarthra* ssp. und *Kellicottia longispina*.

Sediment

Die Sedimente wurden durch das geografische Institut der Universität München näher untersucht. Ein 573 cm langes Profil von der tiefsten Stelle wurde auf 11 Metalle untersucht. Auffällige Zunahmen der Schwermetallgehalte traten, anthropogen bedingt, in den obersten Schichten auf. Aus dem Pollendiagramm läßt sich die Sedimentabfolge bis in das Ältere Atlantikum, ca. 5000 v. Chr., ablesen. Auf älteste Siedlungen im Wörthseegebiet, etwa vier Jahrtausende vor Chr., deuten kulturbegleitende Pollen hin. Als durchschnittliche Sedimentationsrate wurden 0,46 mm pro Jahr errechnet.

Nutzung, Bedeutung und Maßnahmen

Zum Nahverkehrsbereich von München gehörend, wird der Wörthsee intensiv von Wassersportlern beansprucht, die jedoch nur wenige allgemeine Zugänge vorfinden, da zum einen die Bebauung verschiedener Gemeinden bis zum See vorgedrungen ist und weil, wie bereits erwähnt, Wochenendhausparzellen den Zugang verwehren. Zudem machen schützenswerte Nieder- oder Übergangsmoore und Schilfstreifen den Zutritt streckenweise unmöglich. Darum wird von den vielen Besuchern das Erholungsgelände Oberndorf gern benutzt. Es liegt oberhalb des Westufers und wurde vom Landkreis gut ausgestaltet. Auch Badeanstalten und Campingplätze sind um den See verteilt, der als einer der sommerlich wärmsten Badeseen gilt.

Der Fischbestand wird durch Angelfischerei bewirtschaftet. Im Fischbestand wurde in einer bisher nicht veröffentlichten Studie der Verbuttung des Renkenbestandes durch die Bayer. Landesanstalt f. Fischerei nachgegangen. In Zusammenarbeit mit einem vom Verein angestellten Berufsfischer wurde eine Sanierung des Renkenbestandes durchgeführt. Durch intensive Befischung wurde der Bestand aus dem Zustand der Verbuttung in den hoher Produktivität überführt.

Genutzt werden neben der Renke auch Karpfen, Weißfische (einschließlich Brachsen), Aal, Hecht und Barsch – angeordnet nach fallender wirtschaftlicher Bedeutung. Für 1982 wird ein Ertrag von 6 900 kg angegeben.

Das Abwasser der Seeanlieger-Gemeinden wird über die Dreiseen-Ringkanalisation (Ammersee–Wörthsee–Pilsensee) in die Kläranlage bei Eching am Ammersee abgeleitet.

5.3 Berlin (West)

Die Stadt Berlin (West) umfaßt rund 480 km². Davon werden ca. 30 km² oder 6% von Wasserflächen eingenommen. Den Hauptanteil stellen die Havelseen im Westen der Stadt. Daneben spielen die Grunewaldseen eine bedeutende Rolle im Naturhaushalt, für die Trinkwassergewinnung und für die Naherholung. Berlin besitzt außerdem noch über 100 kleinere stehende Gewässer, die zum Teil Baggerseen, oder bereits in der Nacheiszeit aus Rinnenseen oder als Grundmoränengewässer entstanden sind und im gesamten Stadtgebiet verstreut liegen.

Die Berliner Seen sind eingebettet in die norddeutsche Moränen- und Urstromlandschaft. Es sind meist flache Gewässer von 2–9 Meter Tiefe. Nur im Tegeler See werden 16 Meter erreicht, während der künstlich geschaffene Flughafensee doppelt so tief ist. Bereits in historischer Zeit waren einige kleine Seen verlandet und wurden nach 1890 durch Ausbaggern wiederhergestellt. Daraus läßt sich der hohe Stellenwert erkennen, den die Seen besitzen, und die Erholung an und auf dem Wasser ist nach wie vor ein wichtiger Bestandteil der Freizeitaktivitäten für die Berliner Bevölkerung. Der vielfältige Anspruch an die Berliner Gewässer machte es notwendig, für alle Gewässerbereiche geeignete Sanierungskonzeptionen zu erarbeiten und zu verwirklichen. Umfangreiche Sanierungsmaßnahmen für den Tegeler See, die Havelseenkette, die Grunewaldseen und die meisten der übrigen kleinen Landseen sind zum Teil bereits durchgeführt oder in Angriff genommen worden, damit die Berliner Gewässer auch weiterhin den an sie gestellten Anforderungen

genügen können. Dazu ist auch ihre regelmäßige Überwachung erforderlich.

Literatur

KLOOS R., 1985: Berlin – Landseen, Teiche, Parkgewässer, Broschüre des Senators für Stadtentwicklung und Umweltschutz.

Flughafensee, Foto: Gartenbauamt Reinickendorf

Flughafensee

Lage: R 45 85, H 58 26
Gewässertyp: Baggersee
Mischungsverhalten: dimiktisch
Höhe: 29,50 m ü NN
Oberfläche: 30 ha
Inhalt: 3,7 Mill. m³
Tiefe max.: 40 m
  mittlere im Westteil 24,5 m
  mittlere im Ostteil 15 m
Einzugsgebiet: 610 ha
Umgebungsfaktor: 20,3
Erneuerungszeit: rd. 1,4 Jahre
Ufer: Länge 3,5 km, Entwicklung 5,7

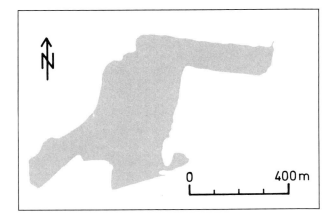

Einzugsgebiet
Der Flughafensee ist der drittgrößte in Berlin (West) und von Natur aus ein Grundwassersee, der in den Jahren von 1953 bis 1978 durch die Gewinnung von Sanden und Kiesen für den Wiederaufbau der Stadt entstand. Er liegt in der Talsandlandschaft des Berliner Urstromtales.

Die Grundwasserfließrichtung ist nach Westen zum Tegeler See hin gerichtet. Fließrichtung und Grundwassergefälle werden von den Brunnengalerien des Wasserwerkes Tegel, die sich westlich des Sees befinden, und von einigen Eigenwasserversorgungsanlagen des Gewerbes und der Industrie in der Umgebung beeinflußt.

Ufer
Das Ufer ist überwiegend steil und nur im Westteil flacher. Ein Röhricht hat sich noch nicht entwickelt.

Wasserchemismus
Der Chemismus des jungen Gewässers ist in der folgenden Tabelle dargestellt.

		Jahresreihe 1979–1983	Sommerhalbjahr 1984
Sauerstoff-Gehalt (mg/l)		11,1	10,4
Sauerstoff-Zehrung (mg/l)		1,0	0,7
Sauerstoff-Sättigung (%)		110,5	113,2
Ammonium-Stickstoff	mg/l	0,2	0,2
Nitrit-Stickstoff	mg/l	0,02	nn
Nitrat-Stickstoff	mg/l	1,7	0,9
Orthophosphat-Phosphor	mg/l	0,03	0,02
Chlorid-Gehalt	mg/l	76	65

Flora und Fauna
Die Makrophytenvegetation ist sehr spärlich entwickelt und besteht nur aus Kamm-Laichkraut (Potamogeton pectinatus) am östlichen Steilufer. 1981 wurde auch Krauses Laichkraut (Potamogeton crispus) beobachtet. Das Bild des Phytoplanktons wird von Diatomeen und coccalen Grünalgen beherrscht. Das Zooplankton besteht vorwiegend aus Rädertieren und Kleinkrebsen (Bosmina), die sich von Planktonalgen ernähren; daneben kommen auch größere Zooplanktonformen (Cladocera und Copepoda) vor, die von kleinem Zooplankten leben.

Die Fischfauna ist durch 17 Arten vertreten:

Güster, Plötze, Rotfeder, Gründling, Schlammpeitzger, Spiegelkarpfen, Silberkarpfen, Moderlieschen, Wels, Dreistachliger Stichling, Hecht, Kaulbarsch, Aal, Blei, Schleie, Zander und Barsch.

Nutzung, Bedeutung und Maßnahmen
Der Flughafensee spielt wegen seiner günstigen Lage im Stadtgebiet als Bade- und Erholungsgewässer und der Nähe des größten Berliner Wasserwerkes eine wichtige Rolle.

1964 wurde der Schwarze-Graben-Kanal an den See angeschlossen. Zweck dieser Maßnahme war, die in dem See wechselnden Grundwasserstände auszugleichen und so eine Grundwasseranreicherung durch Einleitung von Niederschlags-, aber auch Kühlwasser in unmittelbarer Nähe des Wasserwerks zu erzielen. Diese wassermengenwirtschaftlich notwendige Maßnahme wurde begleitet durch die Errichtung einer vorgeschalteten Absetzanlage, in der die mitgeführten Schwebstoffe zurückgehalten werden. Um auch wassergefährdende Stoffe zurückhalten zu können, wurde mit der Inbetriebnahme der Einleitung eine ortsfeste Ölsperre errichtet.

In den letzten Jahren hat sich gezeigt, daß diese Maßnahmen allein nicht mehr ausreichen, um das bisherige hohe Qualitätsniveau zu halten, da sich die Güte des Einleitungswassers nachteilig verändert hat. Es ist daher vorgesehen, das Wasser des Schwarzen-Graben-Kanals vor Einleitung in den Flughafensee einer Vorreinigung über Absetzanlagen zu unterziehen, die für einen Niederschlagswasserzufluß von 12 l/s ha und eine fast einstündige Absetzzeit ausgelegt werden. Ferner wird im Seeteil unterhalb der Mündung des Grabens eine „biologische Aktivzone" eingerichtet, die vom übrigen See weitgehend abgeschlossen sein wird. Zur Stabilisierung der Abbauvorgänge wird in diesem Bereich auch ein Tiefenwasserbelüftungsgerät eingesetzt werden.

Literatur
KLOOS, R. (1982): Der Flughafensee – Wassermengen – und wassergütewirtschaftliche Betrachtungen, Berliner Naturschutzblätter, 26. Jahrgang, Heft 2.

Schlachtensee (Grunewaldseenkette)

Lage: R 45 83, H 58 12
Gewässertyp: Rinnensee
Mischungsverhalten: dimiktisch
Höhe: 31,70 m ü NN
Oberfläche: 43 ha
Tiefe max.: 9,5 m, mittl.: 4,5 m
Einzugsgebiet: –
Erneuerungszeit: rd. 7 Monate

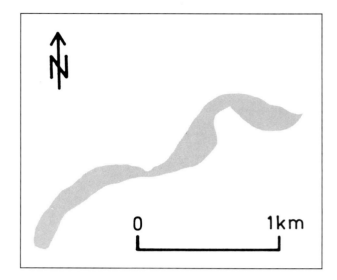

Einzugsgebiet, Hydrologische Besonderheiten

Der Schlachtensee ist der größte See der Grunewaldseenkette, die, geologisch betrachtet, eine Nebenrinne zur eiszeitlichen Havelseenrinne bildet.

Die Grunewaldseenkette wird – wenn man die Reihenfolge der Einzelseen verfolgt – gebildet von Schlachtensee, Krummer Lanke mit (angeschlossenem) Waldsee, Grunewaldsee, Hundekehlesee, Dianasee, Königssee, Herthasee, Hubertussee und Halensee; auch der Wilmersdorfer Fennsee ist mit einer Leitung angeschlossen. Diese Seen sind alle natürliche Grundwasserseen, d. h. ihr Wasserstand ist – von Regenwassereinleitungen abgesehen – im wesentlichen von den Grundwasserverhältnissen abhängig.

Als Rinnensee ist der Schlachtensee bei einer Gesamtlänge von ca. 2,5 km nur 100–300 m breit. Etwa die Hälfte der Umgebung ist Wald, im Süden grenzt der Stadtteil Schlachtensee an, teilweise liegt noch ein Park zwischen Bebauung und Gewässer. Durch Wanderwege ist das Ufer voll erschlossen und vom dichten Baumbestand beschattet.

Wasserchemismus

Der Wasserchemismus des Schlachtensees wird durch folgende Angaben charakterisiert:

		Jahresreihe 1979–1983	Sommerhalbjahr 1984
Sauerstoff-Gehalt (mg/l)		12,8	12,0
Sauerstoff-Zehrung (mg/l)		1,8	1,6
Sauerstoff-Sättigung (%)		132,3	127,9
Ammonium-Stickstoff	mg/l	0,4	0,2
Nitrit-Stickstoff	mg/l	0,02	0,01
Nitrat-Stickstoff	mg/l	0,3	0,2
Orthophosphat-Phosphor	mg/l	0,2	0,02
Chlorid-Gehalt	mg/l	61	67

Nach Inbetriebnahme der Phosphat-Eliminationsanlage (1981) wurde die Phosphatbelastung bis auf 0,03 mg/l PO_4 verringert.

Ufer, Flora und Fauna

Das Ufer besitzt nur noch Restbestände des ehemals ausgedehnten Röhrichts. Im Phytoplankton waren früher sommerliche Maxima verschiedener Blaualagen (Oscillatoria aghardhii und Microcystis aeruginosa) vorherrschend. Seit 1983 tritt ganzjährig die Blaualge Oscillatoria redeckei dominant in Erscheinung. Im Zooplankton herrschen Kleinkrebse vor, insbesondere Bosmina longirostris. Daneben sind noch Rädertiere (Rotatoria) und Urtiere (Ciliaten) häufig.

Die Besiedelung des Benthon im Uferbereich wird von Zackmückenlarven (Chironomidae) beherrscht, der Gewässergrund ist frei von makroskopische sichtbaren Tieren.

Die Fischfauna geht auf künstlichen Besatz zurück und besteht vor allem aus verschiedenen Farben von Weißfischen sowie Aal und Zander. 1983 nach Inbetriebnahme der Phosphat-Eliminierungsanlage trat ein Massensterben von Brassen (auch Blei genannt), auf.

Nutzung, Bedeutung und Maßnahmen

Der Schlachtensee ist ein beliebtes Ziel für Wanderer und Badende. Außerdem dient er der Freizeitfischerei.

Durch die Inbetriebnahme des Wasserwerks Beelitzhof zum Anfang dieses Jahrhunderts, das südwestlich dieser Seenkette liegt und das zweitgrößte Berliner Werk ist, begann der Wasserstand in den ersten Seen der Seenkette langsam zu fallen, so daß man schon lange Zeit Wannseewasser in den Schlachtensee überpumpen mußte. Aber auch in den übrigen Seen fiel der Wasserstand in den 60er Jahren durch Grundwasserabsenkungen in der weiteren Umgebung. 1971 wurden zwei weitere Pumpwerke (am Südende des Grunewaldsees und des Dianasees) errichtet, so daß seit dieser Zeit die erforderlichen Wasserstände gehalten werden können und Verlandungserscheinungen verhindert werden. Zwar wurde dadurch das Wassermengenproblem gelöst, jedoch mußte auch die Frage der Anreicherung von Nährsalzen aus dem Wannseewasser und der natürlichen Verlandung der kleineren Seen (Alterung) geklärt werden.

Berlin Grunewald-Seenkette

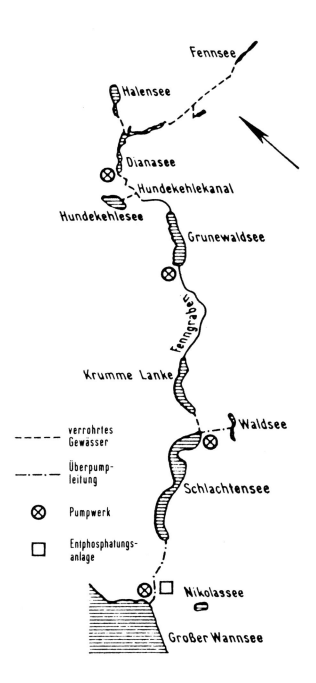

Durch Entschlammungsvorhaben wurden zu geringe Wassertiefen beseitigt und das Fassungsvermögen vergrößert. Da mit dem Schlamm auch erhebliche Mengen sauerstoffverbrauchender Stoffe entfernt werden, verbesserten sich auch die Sauerstoffverhältnisse im See. Das Entschlammungsprogramm für die Grunewaldseenkette sieht die Entschlammung von Dianasee, Königssee, Herthasee, Hubertussee, Halensee, Hundekehlesee und Grunewaldsee vor. Bis auf den Grunewaldsee und den Hundekehlesee sind alle Grunewaldseen in den Jahren 1972 bis 1978 mit erheblichem Kostenaufwand entschlammt worden.

Da die laufend durchgeführten Untersuchungen die befürchtete Nährsalzanreicherung bestätigten, wurde ein Entphosphatungsanlage entwickelt, die in der Lage ist, den Phosphatgehalt des Havelwassers bis auf einen unbedenklichen Restgehalt von 0,03 mg/l PO_4 zu senken. Mit dem Bau der Anlage wurde Ende 1978 im Bereich des Wasserwerks Beelitzhof begonnen. Sie konnte 1981 in Betrieb genommen werden. Mit dieser Maßnahme wird erreicht, daß der Schlachtensee und die übrigen Grunewaldseen aus der eutrophen Phase in die oligotrophe Phase zurückgeführt werden.

Der Vollständigkeit halber sei erwähnt, daß die obere Seenkette erhebliche Mengen Zuschußwasser aus der Regenwasserkanalisation erhält. Daduch kann vor allem der Sauerstoffhaushalt der Seen vorübergehend stark belastet werden.

Es war daher notwendig, um Fischsterben durch Sauerstoffmangel bei Starkregen zu verhindern, die Sauerstoffverhältnisse zu stabilisieren. Zu diesem Zweck wurde an dem am stärksten betroffenen Hubertussee eine Sauerstoffanreicherungsanlage gebaut, die 1982 in Betrieb genommen werden konnte und sich ebenfalls voll bewährt hat.

Um langfristig die Gewässerbelastung durch Niederschlagswasser aus der Regenwasserkanalisation zu verringern, ist der Bau von weiteren Regenwasservorreinigungsanlagen im Einzugsbereich dieser Seen vorgesehen.

Literatur

KLOOS, R.: Maßnahmen zur Reinhaltung der Berliner Seen, Broschüre des Senators für Stadtentwicklung und Umweltschutz, 2. Auflage, 1981.

KLEIN, G.: Sanierung der unteren Grunewaldseen durch Phosphateliminierung, Z. Umwelt 6/83, 421/423.

KLEIN, G. und R. KÜHN: Bewertung des Erfolges von Nährstoffeliminierungsmaßnahmen an stark belasteten Gewässern, Z. Wasser- und Abwasserforschung 15 (1982) Nr. 3, S. 136/142.

Tegeler See

Lage: R 45 85, H 58 28
Gewässertyp: Rinnensee
Mischungsverhalten: dimiktisch
Höhe: 31,42 m ü NN
Oberfläche: 4 km²
Inhalt: 32 Mill. m³
Tiefe max.: 17 m, mittl.: 7,9 m
Einzugsgebiet: Hauptvorfluter Tegeler Fließ 124 km²
Hauptvorfluter: Nordgraben 27 km²
Umgebungsfaktor: 81
Erneuerungszeit: z. Z. rd. 2 Jahre

Einzugsgebiet und Ufer

Der Tegeler See kann als seenartige Ausbuchtung der Oberhavel beschrieben werden; geologisch gesehen, ist er ein eiszeitlicher Rinnensee.

Die Ufer sind vom Wald und dem Stadtteil Tegel umgeben. Ausgedehnte Freizeitanlagen und Häfen haben zu erheblichem Uferabbau geführt. Dies gilt z. T. auch für die Inseln im Tegeler See.

Wasserchemismus, Trophiegrad, Sanierungsmaßnahmen

Die wichtigsten Zuflüsse erfolgen durch die Oberhavel selbst und insbesondere durch den Nordgraben und das Tegeler Fließ.

Da das nach Berlin (West) gelangende Wasser der Overhavel aus Gebieten kommt, die nicht intensiv besiedelt sind und auch nur relativ geringe Industrieansiedlung aufweisen, liegt die Wasserbeschaffenheit über der aller anderen nach Berlin einfließenden Gewässer. Der Sauerstoffhaushalt ist zufriedenstellend und auch die Belastung mit Nährsalzen hält sich in engen Grenzen, so daß von dieser Einspeisung keine Schwierigkeiten ausgehen.

Dagegen hat die Nährsalzbelastung des Tegeler Sees durch die Zuflüsse von Nordgraben und Tegeler Fließ in den letzten Jahren eine Größenordnung erreicht, bei der unbedingt Abhilfemaßnahmen eingeleitet werden mußten.

Beide Gewässer führen nämlich zum großen Teil Wasser, das von den nördlichen Rieselfeldern zurückfließt und sich durch einen besonders hohen Gehalt an Nährsalzen auszeichnet (Stickstoff- und vor allem Phosphorverbindungen). Diese Salze reicherten sich im Laufe der Zeit im See an und führten zu einer Massenproduktion von Algen. Dadurch geht der Sauerstoffgehalt stark zurück und Faulprozeße mit ihren unangenehmen Erscheinungen (Faulschlammbildung, Fischsterben) entstehen. Um eine Verschlechterung der Wasserqualität in diesem Bereich zu verhindern und den hoch eutrophen Zustand dieses großen, für die Trinkwasserversorgung und die Erholung der Bevölkerung wichtigen Gewässers zu verbessern, sind umfangreiche Maßnahmen mit erheblichem finanziellen Aufwand erforderlich geworden, die nachfolgend kurz erläutert werden.

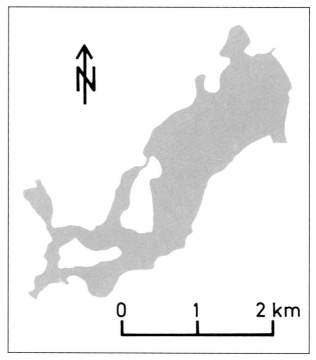

Tegeler See, Foto: Landesbildstelle Berlin

In diesem Zusammenhang muß auf die Erweiterung des Klärwerks Ruhleben eingegangen werden, da der Erweiterungsteil die Aufgabe hat, alle im Bereich von Berlin (West) etwa nördlich der Spree anfallenden Abwasser zu reinigen. Bis zur Inbetriebnahme des Erweiterungsteiles gelangt dieses Abwasser noch immer auf die im Nordosten oder außerhalb der Stadt gelegenen Rieselfelder Schönerlinde, Blankenfelde, Buch und Hobrechtsfelde. Das Rücklaufwasser (Dränwasser) fließt über die Panke und von dort über den Nordgraben und über das Tegeler Fließ in den Tegeler See. Mit der Inbetriebnahme des Erweiterungsteiles – Probebetriebaufnahme noch 1985 – wird die Nährsalzbelastung des Nordgrabens und des Tegeler Fließes etwa auf die Hälfte gesenkt. Der verbleibende Anteil geht auf den Abwasseranfall aus Ostberlin zurück.

Die DDR beabsichtigt, den Rieselfeldbetrieb einzustellen und die Reinigung der Abwässer aus dem aus diesem Anlaß neu zu errichtenden Großklärwerk Nord zu übertragen. Dies Klärwerk soll noch im Jahre 1985 seinen Probebetrieb aufnehmen. Das Ablaufwasser des Klärwerks Nord wird neben der mechanisch-biologischen Reinigung auch eine Reduzierung der Phosphate nach dem Simultanfällungsverfahren erfahren. Das Ablaufwasser der ersten Ausbaustufe wird dem Nordgraben zugeführt und gelangt von dort in den Tegeler See. Vor der Einleitung wird dann die notwendige weitere Phosphatelimination durchgeführt.

Bis zur Fertigstellung der Entphosphatungsanlage – Probebetrieb ebenfalls noch im Jahre 1985 – waren zur Sanierung des Tegeler Sees Zwischenschritte erforderlich:

Der Bau eines Pumpwerkes am Tegeler Hafen und einer Druckrohrleitung zum Teltowkanal. Seit Juni 1973 werden etwa 60 % der Jahresabflußmenge des Nordgrabenwassers zum Teltowkanal gefördert, was eine erhebliche Entlastung des Tegeler Sees bedeutet.

Die Errichtung und Inbetriebnahme einer Tiefenwasserbelüftungsanlage im Jahre 1980.

Um einen Sanierungserfolg im Tegeler See möglichst bald zu erreichen, muß auch der interne Nährstoffkreislauf, der durch Reduktionsprozesse im Schlamm am Seegrund bei Sauerstoffleere hervorgerufen wird, unterbunden werden. Die Tiefenwasserbelüftung hat die Aufgabe, die temperaturabhängig geschichteten sauerstoffarmen oder sauerstoffleeren Tiefenwasserbereiche über einen Lufteintrag im erforderlichen Maße mit Sauerstoff anzureichern, ohne daß bei diesem Vorgang die Wasserschichtung zerstört wird.

Während der Stagnationsperiode des Tiefenwassers im Sommer und im Winter wird ein zusätzlicher Sauerstoffbedarf von etwa 4 bis 6 t je Tag erforderlich. Diesen Eintrag übernimmt das vorgesehene Belüftungssystem. Es besteht aus 15 Belüftungsgeräten, einer Kompressorstation auf dem Gelände des Wasserwerkes Tegel und rund 9 km Zuluftleitungen von der Kompressorstation zu den einzelnen Belüftungsgeräten. Mit dieser Anlage können etwa 4,5 t Sauerstoff je Tag in das Tiefenwasser des Tegeler Sees eingetragen werden.

Diese Hilfsmaßnahme hat sich zwischenzeitlich sehr gut bewährt und stabilisierte die Sauerstoffverhältnisse gerade in den Monaten mit geschlossener Eisdecke.

Begleitet werden diese Sanierungsmaßnahmen durch das Verbot von neuen Einleitungen nährstoffhaltigen (auch biologisch geklärten) Wassers in die Oberhavel und den Tegeler See durch die Wasserbehörde seit Ende 1973 und durch die Kanalisierung der Ortsteile Tegelort, Konradshöhe und Heiligensee. Auch dadurch werden die Oberhavel und der Tegeler See erheblich entlastet.

Mit der Inbetriebnahme des Erweiterungsteiles des Klärwerks Ruhleben sinkt zwar die Phosphatbelastung des Nordgrabens und des Tegeler Fließes bis auf etwa die Hälfte ab, das reicht jedoch zur Sanierung des Tegeler Sees nicht aus, so daß der Bau einer Entphosphatungsanlage erforderlich ist, deren Fertigstellung für 1985 erwartet wird. Die Entphosphatungsanlage wird zweistufig arbeiten. In der ersten Stufe werden große Phosphatanteile mit Flockungsmitteln gebunden. Die Restentphosphatung bei gleichzeitiger Reinigung übernehmen dann Filteranlagen. Der dabei anfallende, noch aktive Schlamm wird über ein im wesentlichen vorhandenes Leitungssystem zum Erweiterungsteil des Klärwerkes Ruhleben gefördert und dort noch zu einer Reduzierung des Phosphatgehalts im Ruhlebener Abwasser beitragen.

Die Leistungsfähigkeit der Anlage wird für einen Durchfluß von maximal 6 m³/s Wasser ausgelegt; das Ablaufwasser soll einen Restgehalt von 0,03 mg/l PO_4 enthalten. Die Baukosten werden voraussichtlich rund 180 Mio. DM betragen.

Durch die eingeleiteten und z. T. kurz vor dem Abschluß stehenden Sanierungsmaßnahmen wird der Tegeler See, der ein beliebtes Naherholungsgebiet für das nördliche Berlin darstellt, von der Nährstoffüberlastung weitestgehend befreit. Die vielfältigen Nutzungsmöglichkeiten (Erholung, Uferfiltration und künstliche Grundwasseranreicherung über Versickerungsbecken für die Trinkwasserversorgung, Schiffahrtsweg sowie Berufs- und Sportfischerei) werden nachhaltig verbessert.

Über den Chemismus des Wassers im Tegeler See gibt die folgende Tabelle Auskunft:

		Jahres-reihe 1979–1983	Sommer-halbjahr 1984
Sauerstoff-Gehalt (mg/l)		8,6	9,9
Sauerstoff-Zehrung (mg/l)		1,8	2,5
Sauerstoff-Sättigung (%)		82,8	98,3
Ammonium-Stickstoff	mg/l	2,3	0,8
Nitrit-Stickstoff	mg/l	0,1	0,06
Nitrat-Stickstoff	mg/l	1,4	1,0
Orthophosphat-Phosphor	mg/l	1,0	0,6
Chlorid-Gehalt		68	58

Flora und Fauna

Seit 1950 sind die ehemals sehr ausgedehnten Röhrichtbestände, wie in den anderen Berliner Havelseen auch, bis auf Reste verschwunden. Gleiches gilt für die Unterwasserpflanzen. Statt dessen haben sich als Folge der enormen Entrophierung die Planktonalgen sehr stark vermehrt, die Blaualge *Microcystis* verursacht regelmäßig Wasserblüten. Dabei werden bis zu 200 µg/l Chlorophyll a erreicht. Die Fischfauna besteht vorwiegend aus Weißfischen, Aal und Zander werden eingesetzt.

Bedeutung

Der Tegeler See hat für Berlin erhebliche Bedeutung, denn er wird vielfältig genutzt, z. B. als Schiffahrtsweg für Frachtschiffe von und nach Tegel, für Ausflugsschiffe und für eine große Zahl von Sportbooten. Neben der Freizeitfischerei hat auch die Berufsfischerei am Tegeler See ihren Platz. Darüber hinaus dient das Gewässer zum Baden und wird für die Trinkwassergewinnung als Uferfiltrat in Anspruch genommen.

Die hohen Nutzungsansprüche machen auch in Zukunft noch weitere Anstrengung zur Sicherung und Verbesserung der Wasserbeschaffenheit des Tegeler Sees erforderlich.

5.4 Freie und Hansestadt Hamburg

In Hamburg gibt es keine Seen aufgrund natürlicher Entstehung. In den Hamburger Elbmarschen liegen zahlreiche Bracks, d. h. kleinere, z. T. recht tiefe, stehende Gewässer, die bei Deichbrüchen durch Auskolkung des Bodens entstanden, und kleinere Baggerseen, die zur Kiesgewinnung ausgehoben wurden. Die bedeutendsten und größten „seenartigen" Gewässer sind das Alsterbecken mit Außen- und Binnenalster und der Hohendeicher See. Sie wurden daher für die Darstellung der Seen in der Bundesrepublik Deutschland ausgewählt.

Beide Seen werden im Rahmen des hamburgischen Gewässeruntersuchungsprogramms (insgesamt rd. 250 Meßstellen) regelmäßig untersucht, wobei wegen der großstädtischen Lage die Untersuchung anthropogener Einflüsse im Vordergrund steht.

Während für die Alster umfassende Ergebnisse intensiver Untersuchungen durch die Umweltbehörde und die Universität Hamburg vorliegen, beschränken sich bis jetzt die limnologischen Untersuchungen am Hohendeicher See auf das Epilimnion und das Litoral.

Als zusammenfassendes Werk über die Alster ist auf die unter Mitwirkung von Autoren der Fachrichtungen Geologie, Limnologie und Wasserwirtschaft erstellte Monografie hinzuweisen:

„Die Hamburger Alster – Geologische, hydrobiologische und wasserwirtschaftliche Entwicklung eines Stadtgewässers", herausgegeben von H. CASPERS,

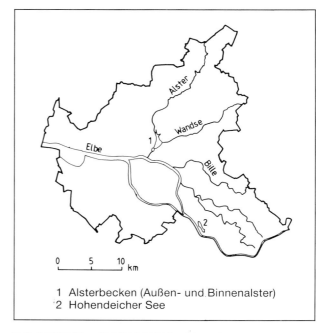

1 Alsterbecken (Außen- und Binnenalster)
2 Hohendeicher See

E. T. DEGENS u. K. VOLLBRECHT, Mitteilungen aus dem Geologisch-Paläontologischen Institut der Universität Hamburg, Heft 46, Hamburg 1976.

Alsterbecken mit Außen- und Binnenalster (Vordergrund)
Luftaufnahme hergestellt im Auftrage des Vermessungsamtes Hamburg durch die Firma Kirchner und Wolf.
Freigabe: Luftamt Hamburg Nr. 848/1983

Alsterbecken

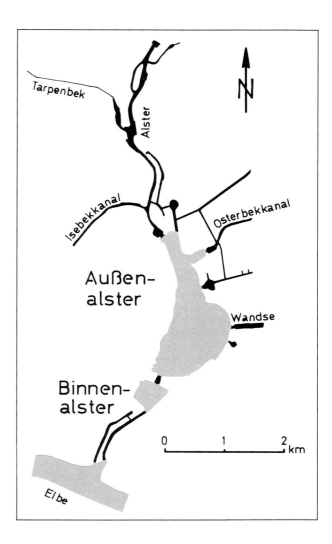

Lage: Außenalster
R 3 56 68, H 5 93 74
Binnenalster
R 3 56 60, H 5 93 64
Karte: Topographische Karten L 2526 Hamburg-Wandsbek, L 2524 Hamburg-Harburg
Seetyp: Das Alsterbecken besteht aus Außen- und Binnenalster. Es ist ein durch Aufstau des Alsterflusses gebildeter Flachsee mit permanenter Durchmischung.
Höhe: 3,00 m ü NN (mittlerer gestauter Wasserpegel)
Oberfläche: 1,80 km^2
   Außenalster: 1,61 km^2
   Binnenalster: 0,19 km^2
Volumen: $3,9 \times 10^6$ m^3
   Außenalster: $3,5 \times 10^6$ m^3
   Binnenalster: $0,37 \times 10^6$ m^3
Tiefe max.: 3,0 m, mittl.: 2,17 m
Einzugsgebiet: 581 km^2
Umgebungsfaktor: 320
Erneuerungszeit: stark schwankend, im Mittel etwa 9 Tage, d.h. 40 mal pro Jahr
   Außenalster: rd. 8 Tage
   Binnenalster: rd. 20 Std.
Ufer: Länge 9,1 km, Entwicklung 1,9
   Außenalster: 7,5 km, Entwicklung 1,65
   Binnenalster: 1,6 km, Entwicklung 1,04

Hydrologische Besonderheiten

Die Entwicklung des heutigen Alsterbeckens begann gegen Ende des 12. Jahrhunderts, als an der Stelle der Alsterfurt ein Damm aufgeschüttet wurde, der die beiderseitigen Geestrücken verband, die tiefliegende Bucht gegen die bisher frei eindringenden Fluten der Elbe schützte und zugleich einen Mühlenantrieb ermöglichte. In der Mitte des 13. Jahrhunderts folgte ein zweiter Aufstau, als man im Zuge des heutigen Jungfernstiegs den Oberdamm (Reesendamm) aufschüttete. Dieser Stau verwandelte den vorher schmalen Fluß von meist geringer Tiefe in einen Mühlenteich, der bis in die heutigen Stadtteile Eppendorf und Winterhude reichte.

Einzugsgebiet:

Die „Alster" ist überwiegend ein Fließgewässer mit einer Länge von 56 km von der Quelle bis zur Mündung in die Elbe. Das Alsterbecken, bestehend aus Außenalster und Binnenalster, erreicht mit rd. 3,5 km nur etwa 6% der Gesamtlänge der Alster. Besonders die Außenalster mit dem angrenzenden Alsterpark stellt einen wesentlichen Erholungsraum mit hohem Freizeitwert inmitten der Millionenstadt Hamburg dar. Das von der Wasserscheide zu den Flußgebieten Pinnau, Stör, Trave und Bille begrenzte Entwässerungsgebiet der Alster umfaßt rd. 581 km^2, von dem 54% auf schleswig-holsteinischem Gebiet und 46% auf Hamburger Gebiet liegen. Bei der Vielfalt des Gewässers Alster muß klar unterschieden werden zwischen Oberlauf, Alsterbecken, den angrenzenden Alsterkanälen und der Mittelhaltung (Kanäle zwischen Alsterbecken und Elbe).

Die Hauptzuflüsse in das Alsterbecken sind der Oberlauf der Alster selbst und die kanalisierte Alster mit ihren Nebengewässern (Entwässerungsgebiet rd. 455 km^2) Wandse (rd. 88 km^2) und Osterbek (rd. 24 km^2).

Es fließen im Mittel 5 m^3/sec aus dem Alsterbecken ab. Bei Hochwasser kann die Menge rd. das Zehnfache betragen, bei Niedrigwasser kann sie bis auf ein Fünftel der mittleren Menge zurückgehen. 5 m^3/sec entsprechen einem Abfluß von 430 000 m^3/d. Die Verweildauer des Wassers im Becken beträgt bei mittlerem Abfluß 9 Tage, bei maximalem Hochwasser 0,7 Tage und bei niedrigstem Wasser 32 Tage.

Im Bereich der inneren Stadt und damit insbesondere in den Gebieten entlang der Alster erfolgt die Abwasserentsorgung nach dem Mischverfahren. (Die Siele führen gleichzeitig die häuslichen Abwässer und das Regenwasser ab). Dies hat zur Folge, daß über „Mischwasserüberläufe" Abwasser mit Regenwasser vermischt in das Alstersystem gelangt.

Ufer

Das Seeufer ist durch Wanderwege weitestgehend der Öffentlichkeit zugänglich. In den Uferbereichen der Außenalster befinden sich Bootsvermietungen, Liegeplätze für Segel- und Ruderboote, Anlagen von Wassersportvereinen, Gaststätten und Anlegestellen für Motorschiffe der Alstertouristik.

Durch die Uferbefestigungen ist die litorale Flora des Alsterbeckens und der angrenzenden Kanäle weitgehend beseitigt worden. Das ursprüngliche feuchte Wiesengelände an den Randzonen der Außenalster wurde aufgehöht, in Gärten und Anlagen umgewandelt oder bebaut. Es fehlen heute alle offenen Flachuferpartien, in denen die einstmals auf weiten Strecken vorhandenen Assoziationen ungestört hätten erhalten bleiben können. An der Außenalster wird z. Z. die künstliche Regeneration des aquatischen Uferpflanzenbestandes betrieben. Erste Erfolge haben gezeigt, daß mit dieser ökotechnischen Maßnahme eine dem natürlichen Vetationsbild entsprechende Regenerierung der Ufervegetation möglich ist.

Wasserchemismus und Trophiegrad

Die zu Beginn der Vegetationsperiode einsetzende Phytoplanktonentwicklung führt häufig zu sehr hohen Sauerstoffgehalten (über 200 % des Sättigungswertes) und einer großen Schwankungsbreite der Werte im Tag-Nacht-Rhythmus. Bei Rückgang der Sonneneinstrahlung kann die Sauerstoffkonzentration in dem flachen Gewässer auf Werte unter 4 mg O_2/l zurückgehen. Kennzeichnend für die hohe Biomasseproduktion ist die parallel zum Sauerstoffgehalt verlaufende Ganglinie des pH-Wertes (Schwankungsbreite pH 7,4–9,0).

Mit 2,5–3,0 mmol/l HCO_3 und 42–107 mg Ca/l in den Wintermonaten ist die Alster als kalkreich zu bezeichnen.

Über die Zuflüsse (Alster und Nebengewässer, Wandse, innerstädtische Kanäle) werden große Nährstofffrachten eingetragen. Die nachfolgende Tabelle liefert einen Überblick über die hydrochemischen Untersuchungsergebnisse aus dem Zentrum der Außenalster. Der „Flußsee" muß als eutroph bis polytroph klassifiziert werden.

In den Wintermonaten treten wegen der geringen Abbauraten die höchsten Ammoniumwerte auf. Im Sommer vollzieht sich in dem flachen ständig durchmischten Gewässer ein intensiver Abbau der eingebrachten biologisch abbaubaren Verbindungen.

Die geringe Sichttiefe (0,4–1,5 m) ist neben der zeitweilig hohen Planktondichte auf die braune Eigenfärbung des Wassers als Folge des hohen Gehalts an Huminstoffen (Huminsäuren 3,2–8,4 mg/l) zurückzuführen.

Flora und Fauna:

In dem arten- und individuenreichen *Phytoplankton* dominieren im Winterhalbjahr die Diatomeen (Kieselalgen) *Stephanodiscus hantschschii, Asterionella formosa, Nitzschia, Synedra*. Regelmäßig bilden die Cyanophyceen (Blaualgen) im Alsterbecken und den angrenzenden Teilen der einmündenden Gewässer Wasserblüten, bei denen die Art *Oscillatoria agardhii* den Hauptanteil der Biomasse (rd. 98 %) darstellt. Alternativ tritt zeitweise *Microcystis aeruginosa* massenhaft auf. Daneben entwickeln sich allerdings in geringerer Menge auch andere Blaualgenarten. Während des Sommerhalbjahres sind ständig die Grünalgen *Scenedesmus, Ankistrodesmus falcatus, Dictyospaerium, Coelastrum* u. a. nachzuweisen.

Im *Zooplankton* dominieren im Frühjahr die Rotatorien (Rädertierchen) im Sommer die Crustaceen (Krebse, vor allem Blattfußkrebs *Bosmina longirostris*).

Ein typischer Benthal-Bewohner der Außen- und Binnenalster ist die im vorigen Jahrhundert eingeschleppte Dreikantmuschel (Wandermuschel) *Dreissena polymorpha*, die stellenweise sehr große Bestände bildet.

Seit über 20 Jahren ist die Berufsfischerei im Alsterbecken eingestellt. Der durchschnittliche Jahresertrag betrug in den Jahren 1948 bis 1960 etwa 2800 kg, wobei die Erträge der Sportfischer unberücksichtigt blieben. Die Menge der angelandeten Fische setzte sich zum größten Teil aus Brassen, Plötzen und Güstern zusammen (etwa 90 % der Fänge). Nur etwa 10 % betrug der Anteil wertvollerer Fische wie Hecht, Zander und Barsch. Da die „fischereiliche Nutzung" z. Z. nur noch durch Sportfischer erfolgt, ist eine genaue Explorierung des Gesamtfischbestandes nicht mehr möglich. Mehrere Alsterbefischungen in den Jahren 1983/84 wiesen folgenden qualitativen Fischbestand nach:

Brassen, Ukelei, Aland, Rotfeder, Schleie, Rotauge, Rapfen, Karpfen, Karausche, Zope, Güster, Giebel, Bitterling, Kaulbarsch, Barsch, Zander, Aal, Hecht und Flunder.

Sedimente

Die Oberflächensedimente der Alster weisen ein typisches Profil auf, das sich aus vier stratigraphischen Haupthorizonten aufbaut:

I	schwarzer Schlick-Mudde	(max. 80 cm)
II	Dreissena-Schichten	(max. 15 cm)

Ergebnisse hydrochemischer Messungen in der Außenalster (Mitte), Messungen an 14 Tagen, 1983/84

Parameter	Durch-schnitts-Wert	Minimum	Maximum
pH	7,8	7,5	8,5
el. Leitfähigkeit ($\mu S \cdot cm^{-1}$)	525	462	589
Sauerstoffgehalt (mg/l)	9,2	6,4	12,8
Sauerstoffsättigung (%)	82	66	96
Ungelöste Stoffe (mg/l)	14	6,0	19
Glühverlust (%)	49	29	63
Oxidierbarkeit (CSB) (mgO_2/l)	29	18	47
BSB_2 (mgO_2/l)	1,3	0,6	9,0
BSB_5 (mgO_2/l)	4,0	2,0	12,1
Ges.org. C (TOC) (mg/l)	10,4	6,5	15,0
Gel.org. C (DOC) (mg/l)	9,5	7,0	11,0
Anorg. C (mg/l)	23	18	31
Chlorid (mg/l)	48	40	62
Reaktives Phosphat-P (µg/l)	110	50	160
Gesamt-P (µg/l)	250	100	450
Ammonium-N (µg/l)	500	150	930
Nitrat-N (µg/l)	3 000	1 200	7 000
Gesamtstickstoff (µg/l)	4 600	2 800	8 500

| III | Torf | (> 1 m) |
| IV | heller Mittelsand | (> 1 m). |

Der oberste Teil des schwarzen Schlickes besteht aus einer dünnflüssigen Suspension einzelner Koagulate mit einem Verhältnis Wasser zu Trockensediment von etwa 5 : 1. Diese Suspension ist bei der relativ geringen Wassertiefe und Schiffsverkehr stellenweise mit für die Trübung des Wassers verantwortlich. Der schwarze Schlick enthält (bezogen auf anorganische Substanz, getrocknet bei 600°C) etwa 0,4 % Phosphor, 5,7 % Eisen und 1,5 % Mangan.

In diesen Sedimenten treten aufgrund der urbanen Lage des Gewässers und der damit verbundenen anthropogenen Einflüsse relativ hohe Gehalte an einigen umwelt-relevanten Schwermetallen auf (untersuchte Fraktion <63 µm, Durchschnittswerte in mg/kg Trockensubstanz): Blei 390, Cadmium 5,5, Chrom 64, Kupfer 270, Nickel 38, Quecksilber 2,2, Zink 1180, Arsen 16.

Nutzung und Maßnahmen

Für den innerstädtischen Bereich ist das Alsterbecken von hohem Wert für die Freizeit und Erholung. Neben Segeln, Rudern und Paddeln als Freizeitbeschäftigung und Wassersport mit Wettkämpfen (Regatten) finden Touristikfahrten (und Linienverkehr) statt. Motorboote sind nur mit Ausnahme zugelassen (z. B. Wasserfahrzeugen der Polizei, Feuerwehr, Gewässeraufsicht, Rettungsdienste, Regattaleitung, Alstertouristik). Die fischereiliche Nutzung beschränkt sich auf die Aktivitäten der „Freizeitfischer". Baden ist nicht erlaubt.

Angesichts der starken Belastung durch die einmündenden Gewässer, die in ihren Oberläufen z. T. – insbesondere außerhalb Hamburgs – als Vorfluter für Einleitungen aus kommunalen Kläranlagen dienen, und durch den diskontinuierlichen Zufluß von Mischwasser aus den Mischwasserüberläufen im innerstädtischen Bereich sind in den letzten Jahren vielfältige Sanierungs- und Schutzmaßnahmen durchgeführt worden. Davon seien insbesondere genannt:

– Die Schließung der Klärwerke Farmsen und Volksdorf. Dadurch wurde eine Entlastung der Berner Au und Wandse sowie der Saselbek und damit auch der Oberalster und eine Reduzierung des Eintrages von Nährstoffen in die Außenalster erreicht.

– Die Inbetriebnahme des Sammlers Ost, südlicher Teil und des Sammlers Wilhelmsburg, womit seit Anfang 1983 das Schmutzwasser aus den äußeren Stadtbereichen um das innerstädtische Mischwassersielnetz herumgeleitet wird, so daß es zu wesentlich weniger Mischwasserüberlaufereignissen kommt.

– Der kontinuierliche Anschluß bereits bebauter Gebiete an das städtische Sielnetz hat besonders zur Verbesserung der kleineren Alsterzuläufe geführt.

– Die Verbesserung der Gewässergüte durch die Einrichtung von Röhrichtzonen an der Außenalster und Ansiedlung von Wasserpflanzen entlang der Ufer, um seltenen und vom Aussterben bedrohten Tierarten Lebensraum zu geben und den Erlebniswert dieser Gewässer weiter zu heben. Außerdem ist durch behutsame Entschlammung und Wasseraustausch der Gütezustand labiler Gewässer stabilisiert worden (z. B. Isebekkanal).

– Die Versickerung von möglichst viel Niederschlagswasser, so daß bei Maßnahmen der Erstbesiedelung und der Erschließung in den vergangenen Jahren nur noch in geringem Umfang Regenwassersiele gebaut werden mußten (bei Erstbesiedlung nur in rd. 10 % aller Fälle). Damit wird einer zusätzlichen Belastung des Alstersystems entgegengewirkt.

Ein Alstersanierungsprogramm des Senats sieht weitere Sanierungs- und Schutzmaßnahmen vor:

– Einen ersten wichtigen Schritt zur weiteren Entlastung der Alster stellt der Nebensammler Kuhmühle dar (Fertigstellung ca. 1985/86). Dadurch kann der Eintrag von Mischwasser in die Alster um ca. ein Drittel reduziert werden.

– Das Konzept zur Entlastung der Alster und Nebengewässer von Überläufen aus dem Mischwassersielnetz sieht folgende Maßnahmen vor:

Den Bau von 20 km Transportsielen;
die Anlage von 15 unterirdischen Rückhaltebecken;
die Erneuerung von ca. 27 km Stammsielen
und die Beseitigung verschiedener örtlicher Entwässerungsengpässe.

Mit der Realisierung der ersten Stufe dieses Konzepts wird 1986 begonnen. Sie ist Voraussetzung für die durchgreifende Entlastung insbesondere des Oberlaufs der Alster und des Isebekkanals sowie für die ersten, dringenden Sielerneuerungen im alten Stammsielnetz. Daneben ist die Grundentschlammung des innerstädtischen Sielnetzes vorgesehen.

– Eine Grundentschlammung von Nebengewässern der Alster (ca. 1988 bis 1995).

– Zur bestmöglichen Nutzung der Abfluß- und Speicherkapazitäten von Sielnetz und Sammlern sollen die Abflußvorgänge in Abhängigkeit von den Niederschlagmengen gesteuert werden. Die erste Stufe einer solchen Mischwasserspeicherung und -steuerung wird von 1984 bis 1987 durchgeführt.

– Zur Zeit wird ein Pilotprojekt durchgeführt, um Mischwasser an den Überläufen mittels eines flexiblen Mischwasser-Speicherschlauches abzufangen und es nach Regenereignissen der dann entlasteten Kanalisation wieder zuzuführen – „Moby Dick" –.

– Ein Begrünungsprogramm (Röhricht) der Alster soll von 1985 bis 1990 vorgenommen werden.

– Mit Hilfe von Reinhalteordnungen soll der Eintrag sauerstoffzehrender, eutrophierender und seuchenhygienisch bedenklicher Stoffe in die Alsterkanäle auf die geringstmögliche Menge eingeschränkt werden.

Hohendeicher See

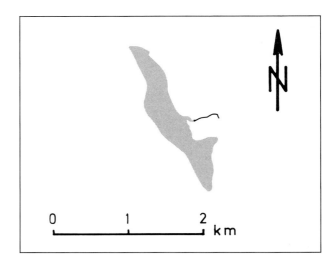

Lage: R 3 57 36, H 5 92 36
Karte: Topographische Karte L 2526 Hamburg-Wandsbek
Seetyp: Baggersee
Entstehung: 1963–1970
Höhe: etwa 1,0 m über NN (je nach Wasserstand)
Oberfläche: 0,62 km² bei 0,98 m über NN
Volumen: $6,2 \times 10^6$ m³
Tiefe max.: 19 m, mittl.: 10,0 m
Einzugsgebiet: 1,5 km²
Umgebungsfaktor: 1,5
Erneuerungszeit: Wegen der noch ungenügend untersuchten hydrologischen Verhältnisse (Zufluß, Grundwasser, Kommunikation des oberflächennahen Grundwassers mit der Elbe) können keine Angaben über die Erneuerungszeit gemacht werden.
Ufer: Länge 5,4 km, Entwicklung 1,94

Hydrologische Besonderheiten

Nach der Sturmflut 1962 wurde der Hohendeicher See ausgebaggert und der dort gewonnene Aushub zum Deichbau verwendet.

Einzugsgebiet

Das Einzugsgebiet wird von dem neuen (nach 1962 gebauten) und dem alten (weiter landeinwärts gelegenen) Elbdeich begrenzt und teilweise noch landwirtschaftlich genutzt (Weide, Gemüse- und Blumenanbau). Der Hauptanteil des kleinen Einzugsgebiets dient jedoch als Liegefläche für den Bade- und Windsurfingbetrieb sowie als Platz für eine Wochenend- und Campingwagensiedlung.

Ufer

Etwa 60% des Ufers ist frei für Badende und Surfer zugänglich. In diesem Bereich ist eine starke Ufererosion eingetreten. Der übrige Teil ist weitgehend mit einem Schilfgürtel bestanden, der den direkten Zutritt zur freien Wasserfläche verwehrt. Der Pflanzengürtel wird jedoch durch zahlreiche kleinere Anlegestellen durchschnitten.

Wasserchemismus und Trophiegrad

Während der Vegetationsperiode treten relativ hohe pH-Werte und eine deutliche Sauerstoffübersättigung auf. Dies wird durch die starke Entwicklung submerser Wasserpflanzen in den Buchten der nördlichen und südöstlichen Abschnitte des Sees und durch die Aktivität des Phytoplanktons hervorgerufen.

In der untersuchten oberen Wasserschicht blieb der Sauerstoffhaushalt bisher immer stabil. Welche Bedingungen in tieferen Bereichen des Sees vorherrschen, und ob sich saisonale Schichtungen bzw. Zirkulation einstellen, sollen künftige Untersuchungen in verschiedenen Wassertiefen klären. Da der See sich jedoch in seiner vollen Länge in nordwestlicher Richtung erstreckt, dürften zumindest die flachen Bereiche des Sees durch Windeinwirkungen häufig durchmischt werden. In der Tabelle sind die Ergebnisse der regelmäßig vorgenommenen hydrochemischen Untersuchungen des Epilimmions zusammengefaßt. Der Hydrogencarbonatgehalt liegt in den Winternomaten bei 1,9 mmol/l HCO_3^-

Ergebnisse hydrochemischer Messungen im Hohendeicher See (Epilimnion), Messungen an 17 Tagen, 4 Meßstellen, 1980/84

Parameter	Mittelwert	Minimum	Maximum
pH	8,3	7,5	8,8
el. Leitfähigkeit (μS_{20}/cm)	802	756	928
Sauerstoffgehalt (mg/l)	11,6	3,9	14,7
Sauerstoffsättigung (%)	115	42	160
Oxidierbarkeit (CSB) (mgO_2/l)	18,3	12,5	30
BSB_2 (mg/l O_2)	1,9	0,1	4,8
BSB_5 (mg/l O_2)	3,6	1,5	9,8
Ges.org. C (TOC) (mg/l)		5,0	15*
Chlorid (mg/l)	138	128	152
Reaktives Phosphat-P (µg/l)		< 30	200
Gesamt-P (µg/l)		< 30	470
Ammonium-N (µg/l)	110	100	250
Nitrat-N (µg/l)	260	100	850
Gesamtstickstoff (µg/l)	1 100	420	2 700

* = nur 5 Messungen

Flora und Fauna

Die bisherigen Erhebungen zeigen, daß in dem See typische Sukzessionen der Planktonalgen auftreten. Im Frühling dominieren die Diatomeen (Kieselalgen) mit den Hauptvertretern *Asterionella formosa* und *Synedra ulna*, wobei in einigen Jahren eine regelrechte „Kieselalgenblüte" auftrat. Im Hochsommer setzt eine Massenproduktion verschiedener Blaualgen der Gattung *Anabaena (A. spiroides, A. scheremetievi)* und *Aphanizomenon* ein. Regelmäßig war im Spätsommer die Feueralge *Ceratium hirundinella* in größerer Zahl anzutreffen. In den nördlichen und südöstlichen flacheren Abschnitten hat sich in den letzten zehn Jahren eine üppige Unterwasserflora entwickelt. Verschiedene groß- und kleinblättrige Laichkrautarten *(Potamogeton)*, Tausendblatt *(Myriophyllum)* und Wasserhahnenfuß *(Ranunculus aquatilis)* bilden stellenweise flächendeckende Bestände. Der teilweise vorhandene Schilfgürtel besteht vorwiegend aus Schilfrohr *(Phragmites australis)* mit vereinzeltem Vorkommen von Schmalblättrigem Rohrkolben *(Typha angustifolia)*.

Über den Fischbestand liegen noch keine Kenntnisse vor.

Nutzungen

Durch die intensive Nutzung für Freizeit und Erholung (Bade-, Segel- und Surfrevier mit starkem Wochenend- und Campingbetrieb) ist das künstliche Gewässer starken anthropogenen Einflüssen ausgesetzt. Diese haben in den letzten Jahren zu einen Anstieg des Nährstoffgehalts geführt.

5.5 Hessen

In Hessen gibt es derzeit 20 Speicheranlagen – Talsperren und Hochwasserrückhaltebecken – mit einer Gesamtfläche von 1 900 ha. Die größte Talsperre Hessens, die Edertalsperre, hat allein eine Staufläche von 1 170 ha. Neben diesen Speicheranlagen gibt es etwa 700 weitere Seen, die zum überwiegenden Teil durch Erdaufschlüsse entstanden sind (Baggerseen). Diese Seeflächen sind alle kleiner als 100 ha; sie bedecken eine Gesamtfläche von ungefähr 2 000 ha.

Künstliche Wasserflächen bieten die Möglichkeit der verschiedensten Folgenutzungen. Die Palette reicht vom stillen Landschaftssee als Refugium für die vom Aussterben bedrohten Tiere und Pflanzen bis hin zum belebten Freizeit- und Wassersportsee, der gerade für den industriellen Ballungsraum Rhein-Main unersetzlich ist.

Seit 1975 gibt es in Hessen ein Untersuchungsprogramm für Seen. Derzeit werden 40 größere Seen, Talsperren und freigelegte Grundwasserflächen (Baggerseen), auf ihre organische Belastung, den Nährstoffhaushalt und die Schichtungsverhältnisse – möglichst zu verschiedenen Jahreszeiten – durch die Hessische Landesanstalt für Umwelt untersucht, um den Gütezustand und Trophiegrad dieser Gewässer zu erfassen. Durch frühzeitiges Erkennen von wesentlichen Veränderungen im Gewässerzustand der Seen können schädliche Beeinträchtigungen für den See und das mit ihm in Verbindung stehende Grundwasser abgewendet werden.

Alle in den letzten Jahren untersuchten hessischen Seen lassen sich aufgrund der Sauerstoffverhältnisse im Sommer größtenteils dem meso- bis eutrophen Seentyp zuordnen. Es handelt sich zumeist um durchweg kalkreiche Gewässer mit gutem Pufferungsvermögen.

Entsprechend den abgestimmten Vorgaben der LAWA (Kapitel 4, Seite 16) wurden von den vorgenannten hessischen Seen insgesamt 8 Seen für diese Publikation ausgesucht. Alle 8 Seen sind künstlich angelegt. Es handelt sich um 7 Baggerseen; der Inheidener See entstand als Restsee beim Braunkohle-Tagebau.

Die Lage der Seen ergibt sich aus der obigen Übersichtskarte. Die wesentlichen Gütedaten der Jahre 1980 – 1984 sind in der Tabelle auf Seite 97 zusammengefaßt.

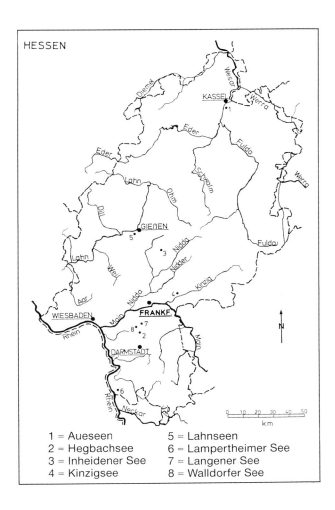

1 = Aueseen
2 = Hegbachsee
3 = Inheidener See
4 = Kinzigsee
5 = Lahnseen
6 = Lampertheimer See
7 = Langener See
8 = Walldorfer See

Wie bereits an anderer Stelle angedeutet, sollen die künstlich geschaffenen Speicheranlagen demnächst gesondert beschrieben werden.

Aueseen in Kassel

Lage: R 35 35 20, H 56 84 65
Topographische Karte: L 4722 Kassel
Entstehung/Seetyp: Baggerseen, die durch Auskiesung im Rahmen der Bundesgartenschau 1981 in der Fuldaaue von Kassel entstanden
Mischungsverhalten: polymiktisch
Höhe: 139 m ü NN
Oberfläche: 0,46 km^2
Volumen: $1,15 \cdot 10^6$ m^3
Tiefe max.: 6 m, mittl.: 2,5 m
Ufer: Länge 6,3 km, Entwicklung 2,63

Einzugsgebiet und Ufer

Die im südlichen Bereich der Stadt Kassel befindlichen Aueseen liegen in den jungen alluvialen Hochflutablagerungen der Fulda und ihrer Zuflüsse. Sie entstanden ab dem Frühjahr 1978 durch die verstärkte Materialentnahme (Kies) für den Bau der Stadtrandautobahn (Süd-

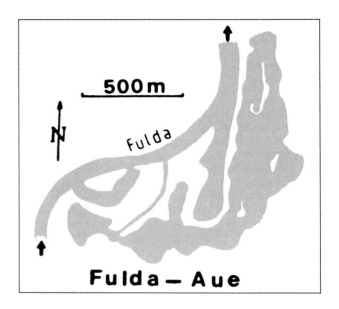

Aueseen in Kassel
Freigegeben durch den Magistrat der Stadt Kassel,
Luftbild Nr. 100 326, Lizenznummer 9/65 040, Reg.-Präs. Stuttgart

tangente) und im Zuge der Bundesgartenschau 1981 als ca. 46 ha große Seenplatte östlich der Fulda bzw. nördlich der Südtangente in den Waldauer Wiesen.

Der größte Teil der Aueseen – vor allem seine Südhälfte – läßt als stadtnahes Erholungsgebiet mannigfaltige Freizeitaktivitäten zu; lediglich der schmale nördliche Bereich ist durch vielfältige Biotopgestaltung – wie Schaffung von Flachwasserzonen oder einer Vogelinsel u. a. – gezielt zum Naturschutzgebiet ausgebaut worden.

Die flachen Buchten des Ost- und Südufers sind überwiegend als Badezonen angelegt. Außerdem findet sich im Südosten eine Seglergaststätte, von der über eine Brücke die im Zentrum befindliche Regattastrecke zu erreichen ist. Am südwestlichen See finden die FKK-Anhänger ihr Domizil.

Am Haupteingang Süd des Erholungsgebietes steht ein Restaurant. Von dort sind über zwei Brücken die verschiedenen Freizeiteinrichtungen der mit Bäumen bepflanzten Halbinsel im mittleren Aueseenbereich, wie Spiellandschaft, Bade- und Angelzone sowie Regattastrecke und Bootsanleger, zu erreichen.

Die Westseite der Aueseen wird durch die Fulda begrenzt, an deren westlichem Ufer der größere Teil des Bundesgartenschaugeländes liegt.

Im Laufe des Jahres 1980 wurden die Aueseen wegen dieser Schau, um die Füllzeit zu verkürzen, vornehmlich mit Fuldawasser geflutet. Auch in den folgenden Jahren beeinträchtigte der Zufluß von nährstoffreichem Flußwasser über den Fuldaarm des öfteren die Wasserqualität der Seen. Dies war bei hohem Wasserstand der Fulda wegen unzulänglicher Abschottung des Altarms möglich.

Wasserchemismus und Trophiegrad
Die im Jahr 1980 vornehmlich mit Fuldawasser gefluteten Aueseen sind mäßig organisch belastet, sauerstoffreich und relativ nährstoffarm. Vertikale Schichtungen bleiben aufgrund ihrer geringen Tiefen aus. Im Jahr 1980 ergaben sich Konzentrationen von 0,04–0,08 mg/l Ortho-Phospat ($\triangleq$ 13–27 µg P/l) und von 0,04–0,06 mg/l Ammonium ($\triangleq$ 31–47 µg NH_4–N/l); auffällig war auch das fast völlige Fehlen von Nitrat (0–0,3 mg/l) bzw. Nitrat-Stickstoff (0–69 µg/l) – vgl. Tabelle Seite 98.

In den folgenden Jahren, in denen die Wasserqualität der Aueseen in den einzelnen Bereichen durch den Zufluß von nährstoffreichem Fuldawasser über den Fuldaarm beeinträchtigt wurde, kam es neben örtlicher Trübung zu geringen Belastungsanstiegen. So erhöhten sich u. a. der BSB_5 in den Sommermonaten auf rd. 4 mg/l und der Ammonium-Stickstoffgehalt auf 0,2 mg/l.

Die Aueseen sind dem oligo- bis mesotrophen Typus zugehörig.

Flora und Fauna
Der Zufluß von Fuldawasser bewirkte eine Zunahme des ansonsten mäßig entwickelten Phytoplanktons, das vor allem von Kieselalgen gebildet wird. In einigen flachen Buchten – besonders im Naturschutzgebiet – waren in geringer Flächenausdehnung auch Massenvermehrungen von Fadenalgen (*Cladophora* u. a.) zu beobachten. Zooplankton und auch sessile Konsumenten fehlten in den Jahren 1980 und 81 noch weitgehend; lediglich Schnecken lebten zahlreich auf dem Seeschotter. Die örtlich begrenzte Algenmassenentwicklung im Naturschutzgebiet wirkt sich kaum auf den Badebereich aus, zumal die Durchströmung des Sees von Süd nach Nord erfolgt und das Naturschutzgebiet im Norden liegt.

Nutzung, Bedeutung und Maßnahmen
Die durch Auskiesung auf der östlichen Fuldaseite entstandenen Aueseen haben in erster Linie die Funktion eines stadtnahen Freizeit- und Erholungsgebietes.

Im Zuge der Bundesgartenschau 1981, deren größere Fläche sich auf der westlichen Fuldaseite befand, wurde der nördliche Teil der Aueseen in den Waldauer Wiesen gezielt als naturnahes Seeareal in der Flußauenlandschaft ausgebaut und diese „Natur nach Plan" im Jahr 1979 bzw. 1984 zum Naturschutzgebiet „Fuldaaue" (rd. 10 ha) erklärt.

Das Grundkonzept – „Renaturierung Auesee" – lieferte der Lehrstuhl für Landschaftsökologie der TU München-Weihenstephan, in dessen Gutachten die Struktur der „Vegetationselemente Auesee" festgelegt war. So wurden im Jahr 1979 zunächst die problemlosen Arten, ein Jahr später die empfindlicheren eingebracht; insgesamt sind rd. 28 500 Pflanzen gepflanzt worden (Bundesgartenschau 1981).

Dieses Naturschutzgebiet „Fuldaaue", das 6 ha Wasserfläche, 1,3 ha Vogelinsel und 2,2 ha Landfläche umfaßt, stellt einen vielfältig gestalteten Biotop in der Flußlandschaft dar. Zweck der Unterschutzstellung ist es, das durch Gestaltungsmaßnahmen entstandene Brut-, Rast- und Überwinterungsgebiet für zahlreiche, zum Teil bestandsgefährdete Wasservogelarten einschließlich der notwendigen Nahrungsquellen und Brutgelegenheiten nachhaltig zu sichern und Störungen von ihm fernzuhalten.

Im südlichen, größeren Bereich der Aueseen sind die vielfältigsten Freizeitaktivitäten, wie Segeln, Surfen, Baden, Angeln u. a., zugelassen; sie bleiben jedoch auf bestimmte Gewässerabschnitte eingeschränkt.

Hegbachsee

Lage: R 34 62 35, H 55 34 85
Topographische Karte: L 6116
Darmstadt West
Entstehung/Seetyp: Baggersee, der im Zuge der Materialentnahme für den Autobahnbau entstand
Mischungsverhalten: dimiktisch
Höhe: 85,9 m ü NN
Oberfläche: 0,10 km^2
Volumen: $0,8 \cdot 10^6$ m^3
Tiefe max.: 21 m, mittl.: 8 m
Einzugsgebiet: 93 km^2
Umgebungsfaktor: 930
Erneuerungszeit: 22–90 Tage
Ufer: Länge 1,2 km, Entwicklung 1,07

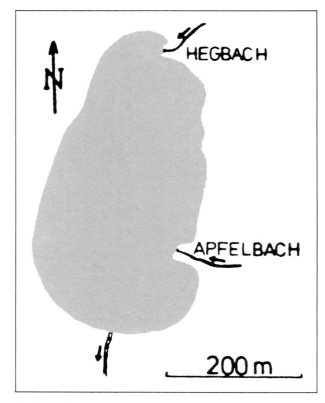

Einzugsgebiet und Ufer

Der nördlich der Stadt Groß-Gerau befindliche Hegbachsee (= Niederwaldsee), der beim Bau des Autobahnstückes Mönchhof-Darmstadt entstand, liegt in den jüngeren mittelpleistozänen Flußschottern, die aus dem Odenwald stammen.

Sein Einzugsgebiet von 93 km^2, das vornehmlich intensiver landwirtschaftlicher und forstwirtschaftlicher Nutzung unterliegt, ist im Verhältnis zur Wasserfläche des Sees (0,1 km^2) relativ groß. Hieraus resultiert der hohe Umgebungsfaktor von 930, womit eine Eutrophierung natürlicherweise vorprogrammiert ist.

Den Hauptzufluß zum Hegbachsee als auch seinen Ablauf bildet der stark mit Abwasser belastete Hegbach, der mehr als 60% des Einzugsgebietes entwässert. Der ebenfalls zufließende Apfelbach fällt in den Sommermonaten im Unterlauf trocken, d. h. er versickert bereits weit oberhalb der unmittelbar östlich am See vorbeiführenden Bundesautobahn (A 67) im sog. Niederwald, der dem See auch seinen zweiten Namen gab (Niederwaldsee).

Am Oberlauf beider Bäche liegen mechanisch-biologische Abwasserbehandlungsanlagen, welche die in den Einleitungsbedingungen festgelegten Höchstwerte durchweg einhalten. Da jedoch die natürliche Wasserführung der betroffenen Gewässer gering ist, werden den Bächen selbst bei optimaler Reinigungsleistung der Klärwerke noch erhebliche Restbelastungen zugemutet, die erst nach einer längeren Fließstrecke, unter Umständen erst im Hegbachsee abgebaut werden, so daß der See im Grunde genommen die Funktion einer Nachreinigung übernimmt.

Der Ablauf des Sees entwässert als Hegbach zunächst in den Schwarzbach und danach über den Ginsheimer Altrhein in den Rhein.

Am gesamten westlichen und südlichen Seeufer, das überall frei zugänglich ist, haben die Anliegergemeinden Nauheim und Groß-Gerau im angrenzenden Wiesengelände größere Freizeitanlagen mit Campingplätzen und Wochenendhäusern geschaffen. Das flache nördliche und östliche Ufer, an dem in unmittelbarer Nähe die Autobahn (A 67) vorbeiführt, wird von einem schmalen Wiesensaum mit daran anschließendem Laub-Mischwald, dem sog. Niederwald, begrenzt. Dieser erneuert sich immer wieder von selbst durch Stockausschläge aus abgeschlagenen Bäumen. Diese älteste Form einer geregelten Waldnutzung diente früher in erster Linie zur Brennholzgewinnung. Da heute weniger als 2% der Waldflächen der Bundesrepublik Deutschland als Niederwald bewirtschaftet werden, soll hier ein Teil östlich der Autobahn evtl. als Naturschutzgebiet ausgewiesen werden.

Wasserchemismus und Trophiegrad

Im Hegbachsee bilden sich typische sommerliche Schichtungen aus (vgl. Abb. Seite 81), und zwar ein 2–4 m mächtiges, meist sauerstoffreiches Epilimnion, das nach unten von einer ca. 16–18 m mächtigen sauerstoffreien Zone (Hypolimnion) unterschichtet wird.

Der pH-Wert liegt im Epilimnion des Sees zumeist zwischen 7,5 und 9,9 und kann in den ufernahen Flachzonen aufgrund von Algenmassenentwicklungen („Wasserblüten") sogar auf über 10 ansteigen.

Die organische Belastung des Hegbachsees wird in erster Linie durch die fortlaufende Schmutzfrachtzufuhr seiner beiden Zuläufe Apfel- und Hegbach bestimmt. Besonders nach Starkniederschlägen kommt es kurzzeitig zu erhöhtem Schmutzstoffeintrag.

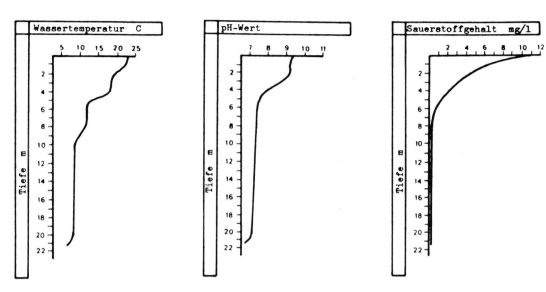

Hegbachsee (Groß-Gerau): Untersuchung vom 31.8.1982

In solchen Situationen kann an der Hegbach-Mündung z. B. der biochemische Sauerstoffbedarf (BSB_5) von etwa 4–15 mg/l auf weit über 50 mg/l ansteigen.

Die Frachten an organischen Schmutzstoffen, die über den Hegbach und den Apfelbach dem See zugeleitet werden, sind mengenmäßig sehr verschieden. Während der Apfelbach nur temporär Schmutzstoffe zuführt, die im wesentlichen aus der Abschwemmung von Straßen und landwirtschaftlichen Flächen stammen, sind die Schmutzstofffrachten des Hegbaches permanent und werden im wesentlichen durch die Restbelastungen aus den Kläranlagen verursacht.

Der Vergleich der Jahresmittel der Jahre 1980–84 verdeutlicht eine allgemeine Verminderung der organischen Belastung sowohl im See als auch in seinen Zuläufen (höhere Wasserführung). So sank im Hegbachsee der mittlere BSB_5 auf 4 mg/l, der CSB auf 20 mg/l und der $KMnO_4$-Verbrauch auf 25 mg/l ab. Die an der Hegbach-Mündung festgestellten Jahresmittelwerte 1984 lagen in ähnlicher Größenordnung.

Auch die Konzentrationen an produktionsbegrenzenden Nährstoffen, wie Phosphor und Stickstoff, sind im Hegbachsee bedingt durch die fehlende 3. Reinigungsstufe der im Einzugsgebiet vorhandenen Kläranlagen relativ hoch (vgl. Tabelle Seite 98). So schwanken die Gesamtphosphorgehalte in der oberen Wasserschicht zwischen 0,03 und 2,4 mg/l Gesamt-P, wobei die höchsten Werte in den Wintermonaten und die niedrigsten in Zeiten sehr starker Phytoplanktonentwicklung nachweisbar sind. Die sommerlichen Vertikalmessungen erbrachten 1982 im Tiefenwasser einen Anstieg auf 3 mg/l Gesamt-P am Seegrund bzw. 9,24 mg/l Gesamt-P in der Wasser-Schlamm-Kontaktzone („Remobilisierung"). – vgl. Abb. Seite 82.

Demgegenüber schwankte der Nitrat-Stickstoffgehalt in der oberflächennahen Wasserschicht meist zwischen 1–7,8 mg/l NO_3-N; im Durchschnitt beträgt er dort im Sommer 3,5 mg/l NO_3-N und fällt bis zum Seeboden auf rd. 1 mg/l bzw. <0,4 mg/l NO_3-N in der Wasser-Schlamm-Kontaktzone als Folge von Reduktionsvorgängen ab. Dagegen steigt der Ammonium-Stickstoffgehalt von der Oberfläche zur Tiefe von 0,5 auf 4,5 mg/l an. Dicht über dem Grund steigt er sogar sprunghaft auf 34 mg/l NH_4-N an (vgl. Abb. Seite 82).

Diese NH_4-N-Anreicherung rührt nicht nur von der Reduktion des Nitrates her, es kann auch Ammonium durch Diffusion und Methankonvektion sowie durch Desaminierungsvorgänge aus dem organisch gebundenen Stickstoff an den Wasserkörper abgegeben werden.

Wesentlich höhere Schwankungen des Ammonium-Stickstoffgehaltes finden sich in dem mit Abwasser belasteten Hegbach (2–25 mg/l NH_4-N), während sie im Apfelbach ohne Bedeutung bleiben (<0,15 mg/l NH_4-N). Der maximale Nitrat-Stickstoffgehalt dieser beiden Vorfluter beträgt ≦ 8 mg/l NO_3-N – je nach Abfluß bzw. Verdünnungsverhältnis. Dagegen beträgt die Zufuhr an Gesamt-Phosphor durch den Apfelbach ≦ 1 mg/l und durch den Hegbach bis über 5 mg/l, wodurch zwangsläufig Algenmassenentwicklungen (Eutrophierung) begünstigt werden.

Die in diesem an Faulschlamm reichen See festgestellten Chlorid- und Sulfatgehalte betragen ≦ 85 bzw. ≦ 110 mg/l und entsprechen etwa denen des Hegbaches bzw. denen des Grundwassers, während sie im Apfelbach zeitweise höher liegen (Streusalzeinfluß der nahen Autobahn).

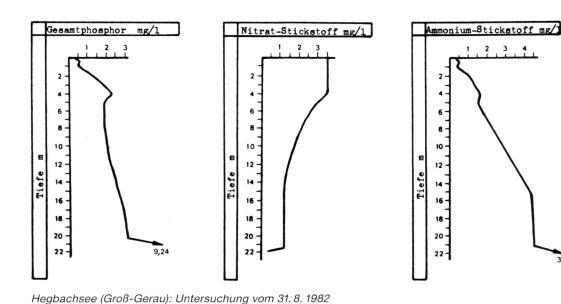

Hegbachsee (Groß-Gerau): Untersuchung vom 31.8.1982

Flora und Fauna

Die Phytoplanktongesellschaft des durch Abwasser belasteten Hegbaches setzt sich aus einem großen Artenspektrum zusammen, wobei sich drei Biomassenschwerpunkte abzeichnen. Das Frühjahrsmaximum in den Monaten März/April wird vor allem von den Kieselalgen *Navicula pupula, N. cryptocephala, Nitzschia palea* und *Melosira varians* bestimmt. Außerdem treten die Flagellaten – u. a. einige *Chilomonas*-Arten – im April stark in Erscheinung. Im Mai gehen die Kieselalgen an Artenzahl und Individuendichte zurück. An ihrer Stelle kommen die Grünalgen (Chlorophyceen) und Jochalgen (Conjugaten) zu stärkerer Entfaltung. – Das Sommerplankton wird besonders durch die Massenentwicklung der Grünalgen *Scenedesmus quadricauda* und *Pediastrum boryanum* sowie der Jochalge *Closterium acerosum* geprägt. Daneben sind eine Vielzahl weiterer Chlorophyceen anzutreffen. Auffällig ist jedoch das Entwicklungsmaximum von *Scenedesmus quadricauda*, die in den Monaten Juni bis September im Hegbachsee zur „Wasserblüte" gelangt und somit den Charakter der Biozönose eindeutig, je nach Lichtverhältnissen, bis in 2–3 m Tiefe bestimmt. Auch die Flagellaten, wie *Chilomonas paramaecium* und *Cryptomonas erosa* treten in den Monaten April–September zumeist massenhaft in Erscheinung. Im flachen Uferbereich gesellen sich noch fädige und kolonienbildende Blaualgen (Cyanophyceen) hinzu, wie die oft Wasserblüten-bildenden Gattungen *Microcystis, Oscillatoria* und *Anabaena*. Durch diese sommerlichen Algenmassenentwicklungen sinkt die Sichttiefe unter 1,50 m ab.

Das Phytoplankton im Herbst stellt einen Übergang dar. Während die Entwicklung von *Scenedesmus quadricauda* bis in den Monat November langsam zurückgeht, kommen mehrere Diatomeen-Arten, darunter *Navicula cryptocephala, N. hungarica, N. dicephala, Nitzschia palea, N. acicularis* zu sehr starken Entfaltung, ohne daß eine Art das Bild beherrscht.

Insgesamt charakterisiert das Phytoplankton das Produktionsniveau des Hegbachsees als eutroph.

Die Mikrofauna ist in diesem Gewässer von untergeordneter Bedeutung; sie zeichnet sich durch eine geringe Arten- und Invidiuendichte aus. Unter den räuberischen Wimpertierchen (Ciliaten) sind lediglich die Gattungen *Euplotes, Stylonychia, Aspidisca* und *Coleps* häufig zu finden, während die niederen Krebse – wie die Gattungen *Daphnia, Cyclops, Chydorus* – nur in den Monaten Juni bis Oktober alljährlich stärker in Erscheinung treten.

Die Benthonfauna dieses faulschlammreichen Sees besteht in erster Linie aus Zuckmücken (Chironomus-Arten) und Schlammröhrenwürmern (Tubifiziden).

Auch seine Unterwasserflora ist nur spärlich entwickelt; nur einige Laichkräuter – wie Krauses Laichkraut (*Potamogeton crispus*) – sind stellenweise anzutreffen.

Mit dem Absterben der Biomasse und der Vollzirkulation des Wasserkörpers in den Wintermonaten findet eine allmähliche Erholung des dem eutrophen Typus zugehörigen Hegbachsees statt. Mit dem Frühjahrsmaximum der Algen setzt wiederum eine Verschlechterung in der Wasserbeschaffenheit ein, die dann in der Badesaison regelmäßig zum Höhepunkt kommt.

Hegbachsee

Nutzung, Bedeutung und Maßnahmen

Der ursprünglich als Regenausgleichsbecken geschaffene, landschaftlich reizvoll gelegene Hegbachsee (= Niederwaldsee) kann aufgrund seines derzeitigen Gewässerzustandes die heute an ihn gestellten weitergehenden Freizeitanforderungen – hauptsächlich bedingt durch den Zulauf des mit Abwasser belasteten Hegbaches – nicht erfüllen. In erster Linie dient der See als Erholungs- und Freizeiteinrichtung für die Freunde des Campings sowie des Angel- und Wassersports (Segeln, Surfen). Eine von den Anliegern gewünschte Funktion als Badegewässer scheidet aus hygienischen Gründen (Salmonellengefahr u. a.) weitestgehend aus, wobei sich auch der relativ hohe Entenbesatz vor allem in der Uferzone ungünstig auswirkt.

Weitreichende Besserungen im Güte- und Trophiezustand des Hegbachsees lassen sich nur dann erreichen, wenn der Hegbach nicht mehr den Hauptzufluß zum See bildet, sondern in einem Ringkanal umgeleitet wird. Auch der Zulauf des in den Sommermonaten im Unterlauf meist trockenfallenden Apfelbaches müßte unterbunden werden, da er besonders bei starken Regenfällen beträchtliche anorganische und organische Belastungen bzw. Nährstofffrachten dem See zuführt.

Weiterhin wäre eine Vollentschlammung des Seebodens für die Wasserqualität günstig. Ein Trockenfallen des Hegbachsees aufgrund fehlender oberirdischer Zuflüsse bzw. infolge von Verdunstung ist wegen seiner großen Tiefe (21 m) bzw. des hohen Grundwasserstandes nicht zu befürchten, da der See mit dem Grundwasser korrespondiert.

Der ursprünglich als Regenausgleichsbecken konzipierte Hegbachsee wird den heute an ihn gestellten weitergehenden Freizeitangeboten erst dann gerecht, wenn die vorgenannten Sanierungsmaßnahmen abgeschlossen sind.

Inheidener See

Lage: R 34 93 32, H 55 90 72
Topographische Karte: L 5518 Gießen
Entstehung/Seetyp: Der Inheidener See entstand durch den Braunkohle-Tagebau (Restsee).
Mischungsverhalten: dimiktisch, holomiktisch
Höhe: 127,7 m ü NN
Oberfläche: 0,34 km^2
Volumen: $3,4 \cdot 10^6$ m^3
Tiefe max.: 30 m, mittl.: 10 m
Einzugsgebiet: 6,23 km^2 (Köstgraben, größtenteils trockengefallen)
Umgebungsfaktor: 18,3
Ufer: Länge 2,5 km, Entwicklung 1,21

Einzugsgebiet und Ufer

Der Inheidener See liegt im südlichen Teil der Hessischen Senke, der Wetterau, die zu den fruchtbarsten (Löß) und klimatisch begünstigsten Teillandschaften des Hessischen Berglandes zählt. Er entstand nahe der Kernstadt Hungen durch den Abbau der Braunkohle im Tagebau, deren Auskohlung dort ab dem Jahr 1950 beendet war, als Restsee.

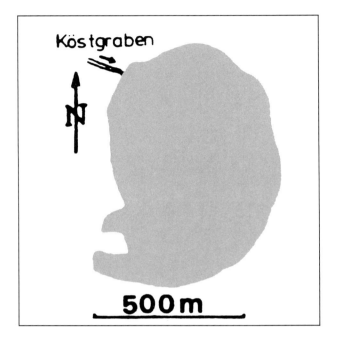

Inheidener See

Das Braunkohlenvorkommen der Wetterau – mit Schwerpunkt Wölfersheim – hat sich im Übergang vom Pliozän zum Pleistozän im Horloffgraben gebildet, der ein Teilstück des rheinischen Grabenbruchsystems darstellt.

Der See trägt seinen Namen nach der am Nordwest- und Südufer gelegenen früher selbständigen Gemeinde, die heute zur Stadt Hungen gehört. Sein westliches, wenig mit Schilf bewachsenes Ufer, von dem zahlreiche Boots- und Angelstege ins Wasser ragen, wurde fast gänzlich mit Wochenendhäusern bebaut und blieb dadurch nicht frei zugänglich. Außerdem liegt dort die Einmündung des Köstgrabens, durch den früher Abwasser von Inheiden dem See zugeführt wurde.

Im Südwesten überragt eine zum Berg aufgeschüttete rekultivierte Schutt- und Abraumhalde das Gebiet.

Am Nordufer des Sees entstand ein Segelsportzentrum. Außerdem befinden sich dort die sanitären Einrichtungen sowohl für den am Ostufer befindlichen Badestrand als auch für die dort unter Bäumen (Pappeln u. a.) stehenden zahlreichen mobilen und festen Ferien- und Wochenendomizile.

An dieses östliche Freizeitgebiet schließen sich unmittelbar der Riedgraben, der keine direkte Verbindung zum See hat, sowie zwei Feuchtgebiete mit Flachwasserzonen an, die im Jahr 1984 zum Naturschutzgebiet erklärt wurden (NSG „Mairied von Rodheim" und „Gänsweid von Steinheim").

Diese Feuchtgebiete sind auch ein Teil des Heilquellenschutzgebietes des Staatsbades Bad Nauheim (Zone I) und des geplanten Trinkwasserschutzgebietes für die Brunnen des Wasserwerkes Inheiden (Zone III A).

Wasserchemismus und Trophiegrad

Dieses stark frequentierte, an einer Stelle mehr als 30 m, meist aber nur 15–18 m tiefe Freizeitgewässer, das als Folge des Braunkohlentagebaues entstand, zeigt die nachstehenden typischen Schichtungsverhältnisse:

Bei Wassertemperaturen von 20–22 °C steigt der Sauerstoffgehalt im Spätsommer in der obersten Wasserschicht des Sees infolge von Algenmassenentwicklungen auf 12–15 mg/l, d. h. es herrscht des öfteren Sauerstoffübersättigung. Gleichzeitig erhöht sich der pH-Wert in der obersten Wasserschicht auf etwa 9. In 8 m Tiefe wird ein Sauerstoffgehalt von rd. 4 mg/l gemessen; bei 10 m sinkt er auf 2 mg/l ab. Gleichzeitig vermindert sich der pH-Wert bis zum Grund auf 7,3.

Der Inheidener See wies im Jahr 1984 nur mäßige Nährstoff- und Schmutzgehalte auf, wobei teilweise die Werte des Vorjahres unterschritten wurden. Der mittlere BSB_5 und CSB betrugen 3 bzw. 17 mg/l und waren somit in der gleichen Höhe wie in den Jahren 1979–83. Die hohen BSB_5-Werte von $\leq$ 14 mg/l sind auf Algenmassenentwicklungen in den Flachzwasserzonen während der Sommermonate 1982 zurückzuführen.

Der Gesamt-Phosphor- sowie der Ammonium-Stickstoffgehalt verminderten sich im Jahresmittel 1984 auf 0,09 bzw. 0,08 mg/l, während dagegen der entsprechende Nitrat-Stickstoffgehalt auf 0,50 mg/l stieg. Des weiteren reduzierte sich der mittlere Chloridgehalt auf rd. 20 mg/l.

Insgesamt gesehen ist der Inheidener See dennoch als mesotroph – mit starker Eutrophierungstendenz – einzustufen.

Flora und Fauna

Hydrobiologisch war im Jahr 1984 gegenüber den Vorjahren ein Rückgang der Phytoplanktonproduktion zu verzeichnen. Neben den fädigen Joch- und Zieralgen *Spirogyra* und *Mougeotia* sowie den Grünalgen *Cladophora crispata* und *Ulothrix zonata*, die hauptsächlich in der Uferzone größere Algenwatten bildeten, traten die Diatomeen am häufigsten in Erscheinung. Unter ihnen erfuhren die Arten *Navicula cryptocephala, Fragilaria crotonensis, F. capucina. Nitzschia palea* und *N. acicularis* besonders in den Monaten August/September teilweise fast massenhafte Vermehrung, woraus zeitweise eine Sauerstoffübersättigung in der obersten Wasserschicht resultierte.

Inheidener See (Hungen): Untersuchung vom 17. 8. 1982

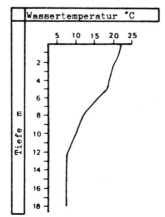
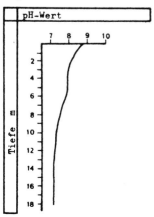
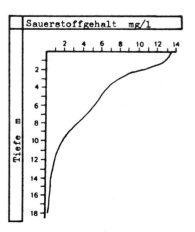

Das Zooplankton setzt sich aus verschiedenen niederen Krebsen (Blattfuß-, Ruderfuß- sowie Muschelkrebse) und Rädertier-Arten (Rotatorien) zusammen, die jedoch nicht regelmäßig auftreten.

Die Unterwasserflora des Inheidener Sees beschränkt sich hauptsächlich auf wenige Laichkraut-(*Potamogeton*) und Hahnenfuß (*Ranunculus*)-Arten, die vorwiegend im westlichen Bereich anzutreffen sind.

Nutzung, Bedeutung und Maßnahmen

Durch den Anschluß des Stadtteiles Inheiden an das Gruppenklärwerk des Abwasserverbandes Hungen (Auslegung: 50.000 E+EG), an das derzeit ca. 36.000 E+EG angeschlossen sind, konnten die dem See über den heute trockengefallenen Köstgraben zugeführten organischen Belastungen und auch der Nährstoffeintrag aus den landwirtschaftlichen Nutzflächen entscheidend vermindert werden. – Durch diese Reinhaltemaßnahme hat sich der Gewässerzustand merklich gebessert. So gingen die früher stärker auftretenden Eutrophierungserscheinungen erheblich zurück.

Heute dient der zu- und abflußlose Inheidener See in erster Linie zu Freizeit- und Erholungszwecken für die Bewohner Mittelhessens und des Ballungsraumes Rhein/Main. Außerdem erlangte er überregionale Bedeutung als Wassersportzentrum (Segeln/Surfen).

Trotz dieser Freizeitaktivitäten erfüllt der See im Herbst und Winter eine gewisse Funktion als „Trittstein" für wassergebundene Zugvögel.

Kinzigsee

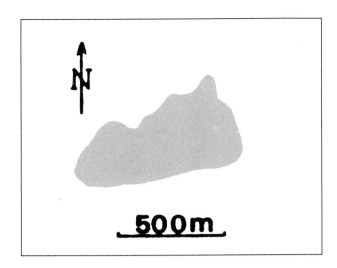

Lage: R 35 02 40, H 55 58 70
Topographische Karte: L 5920 Alzenau
Entstehung/Seetyp: Der Kinzigsee entstand durch Grundwasserfreilegung als Baggersee im Zuge des Autobahnneubaues (A45) in den Jahren 1971–79
Mischungsverhalten: dimiktisch, holomiktisch
Höhe: 114 m ü NN
Oberfläche: 0,24 km^2
Volumen: 1,92·10^6 m^3
Tiefe max.: 13 m, mittl.: 8 m
Ufer: Länge 2,15 km, Entwicklung 1,24

Einzugsgebiet und Ufer

Der Kinzigsee (= 24 ha) liegt in jungen alluvialen Hochflutablagerungen des Holozäns. Er entstand neben dem benachbarten Ruhlsee (= 17 ha) ab Mitte der siebziger Jahre im Zuge der Materialentnahme für den Autobahnneubau der A 45 südlich der Gemeinde Langenselbold. Beide Seen liegen in einer typischen Auelandschaft, die aufgrund ornithologisch, floristisch und pflanzensoziologisch wertvoller Auewaldbereiche teilweise als Naturschutzgebiet „Kinzigaue von Langenselbold" ausgewiesen wurde.

Das Gebiet wird nach Süden hin von den Mäandern der Kinzig, einem rechtsseitigen Nebenfluß des Mains, und im Nordosten von einem Eichen-Hainbuchen-Auewald begrenzt. Im Südwesten bildet ein fast auschließlich aus jüngeren Stieleichen bestehender Auewald sowie der Mündungsbereich der Gründau (= Kinzig-Zulauf), dem das mechanisch-biologisch behandelte Abwasser von Langenselbold zugeführt wird, die Grenze des Naturschutzgebietes. – Die nördlichen Flächen sowie insbesondere die unmittelbare Umgebung des Kinzigsees bestehen aus Grünland, vor allem aus den sog. Ruhlwiesen.

Des weiteren befindet sich am flachen Nordufer ein Freizeit- und Erholungszentrum mit Campingplatz, Liege- und Spielwiesen sowie baumfreiem Badestrand.

Wasserchemismus und Trophiegrad

Der relativ junge Kinzigsee wurde erst im Jahr 1982 ins Hessische Gewässergütemeßprogramm aufgenommen. Er zeichnet sich durch ein geringes Nährstoffdargebot aus. Die ermittelten Jahresmittelwerte 1984 des Ammonium-Stickstoff- und des Gesamtphosphorgehaltes entsprachen mit 0,3 bzw. 0,8 mg/l etwa denen der Vorjahre; beim mittleren Nitrat-Stickstoffgehalt war dagegen ein Anstieg auf rd. 1,8 (vorher rd. 0,3) mg/l eingetreten. Die organischen Belastungen blieben trotz des zunehmenden Badebetriebes annähernd gleich. Die Jahresmittelwerte 1984 von BSB$_5$ = 3 mg/l, CSB = 17 mg/l und KMnO$_4$ = 25 mg/l entsprechen etwa denen der Vorjahre. – Die relativ hohen BSB$_5$-Werte von $\leq$ 14 mg/l wurden in der Badesaison des Jahres 1982 gemessen, in Zeiten sehr starker Kieselalgenentwicklung, die besonders in den flachen Uferzonen in Erscheinung traten.

Insgesamt gesehen und unter Berücksichtigung der biozoenotischen Veränderungen ist der Kinzigsee dem mesotrophen Typus – mit zunehmender Tendenz zum eutrophen Typ zugehörig.

Flora und Fauna

Hydrobiologisch war der See im Jahr 1984 durch das Ausbleiben der Algenblüten ausgezeichnet. Zur massenhaften Entfaltung gelangten kurzzeitig nur wenige Diatomeen-Arten, wie *Melosira varians*, *Diatoma vulgare* und *Nitzschia acicularis*. Die übrige Mikroflora und auch die Mikrofauna waren durch relativ geringe Artenzahlen und Individuendichten gekennzeichnet. Die Entwicklung höherer Wasserpflanzen beschränkte sich auf wenige Laichkraut (*Potamogeton*)-Arten im südlichen Seenbereich.

Nutzung, Bedeutung und Maßnahmen

Die südliche Hälfte des Kinzigsees gehört zum Naturschutzgebiet „Kinzigaue von Langenselbold", während sein nördlicher Teil ausschließlich für Freizeit- und Erholungszwecke der Bevölkerung im östlichen Ballungsraum Rhein/Main und des Kinzigtales dient. Hierdurch wird zwangsläufig der Wert dieses Sees für den Vogelzug als „Trittstein" in der Zugstraße „Fuldatal – Kinzigtal – Maintal" gemindert; stattdessen nimmt der benachbarte Ruhlsee uneingeschränkt diese Funktion wahr.

Dieses Naturschutzgebiet zählt mit rd. 135 ha (davon ca. 65 ha Grünland und 35 ha Stieleichen-Hainbuchen-Wald) zu den nicht nur flächenmäßig bedeutenden Feuchtgebieten in Hessen. Es dient als Rast-, Brut- und Nahrungsareal für wassergebundene Vogelarten. So brüten hier z. B. die in ihrem Bestand gefährdeten „Rote-Liste-Arten" Flußregenpfeifer, Schafstelze, Mittel- und Kleinspecht, Neuntöter, Braunkehlchen und Grauammer. Als Durchzügler und Wintergäste, deren Rastplätze eines besonderen Schutzes bedürfen, erscheinen im Naturschutzgebiet und auf dem Kinzigsee u. a. Haubentaucher, Spießente, Rohrweihe, Kampfläufer, Flußuferläufer, Großer Brachvogel und Alpenstrandläufer.

Auch für bestandsgefährdete Pflanzenarten feuchter Böden ist dieser Teil der Kinzigaue von Bedeutung. Dort gedeihen z. B. Sumpf-Gänsedistel (*Sonchus paluster*), Schlamm-Segge (*Carex limosa*), Fuchssegge (*Carex vulpina*), Sumpf-Weidenröschen (*Epilobium palustre*), Spitzblättriges Laichkraut (*Potamogeton acutifolius*) und die Weiße Seerose (*Nymphaea alba*).

Lahnseen

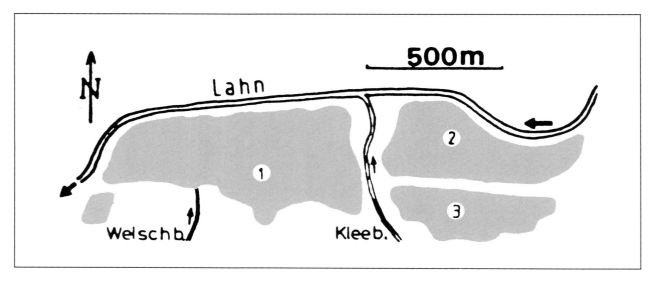

Lage: R 34 73 00, H 55 03 50
Topographische Karte: L 5516 Gießen
Entstehung/Seetyp: Baggerseen, die durch Grundwasserfreilegung infolge Kiesentnahme in der Nachkriegszeit im mittleren Lahntal (Bereich der Gemeinde Heuchelheim) entstanden sind.
Mischungsverhalten: dimiktisch, holomiktisch
Höhe: 155 m ü NN
Oberfläche: See 1 0,29 km^2, See 2 0,14 km^2, See 3 0,087 km^2
Volumen: See 1 1,595·10^6 m^3, See 2 0,77·10^6 m^3, See 3 0,435·10^6 m^3
Tiefe max.: See 1 9 m, See 2 9 m, See 3 9 m
Tiefe mittl.: See 1 5,5 m, See 2 5,5 m, See 3 5,0 m
Einzugsgebiet: See 1 12,35 km^2 (Welschbach)
Umgebungsfaktor: See 1 42,59
Ufer: Länge See 1 2,4 km, See 2 1,7 km, See 3 1,35 km
Entwicklung: See 1 1,26, See 2 1,29, See 3 1,31

Einzugsgebiet und Ufer

Die zwischen den Städten Gießen und Wetzlar befindlichen Lahnseen liegen in den Kies- und Sandsedimenten der pleistozänen Mittel- und Hochterrassen der Lahn. Diese Baggerseen entstanden durch Grundwasserfreilegung im Zuge der Kiesentnahme in den fünfziger und sechziger Jahren. Sie sind Teile eines größeren, in der Erweiterung befindlichen Gewässerkomplexes, der zwischen der alten Lahnschleife und dem Autobahnzubringer West beiderseits des neuen Lahndurchstiches (wegen der Begradigung bzw. Hochwasserabflußregelung der Lahn) zahlreiche, voneinander getrennte Wasserflächen entstehen läßt. Mehrere dieser Baggerseen, von denen über drei nähere Ausführungen erfolgen, wurden durch anschließende Rekultivierungsmaßnahmen in den heutigen Zustand als Freizeiteinrichtung gebracht – siehe Farbtafel.

Die Nordseiten dieser drei Seen besitzen aufgrund der vorgenommenen Dammschüttungen (mit Fußweg auf der Dammkrone) steile, mit Gras und einigen Büschen bewachsene Böschungen, während die übrigen Bereiche wesentlich flacher sind. Dies gilt besonders für die Südufer der Seen 1 und 3. Auffällig ist auch die große Flachwasserzone an der Westspitze des Sees 1 (= Dutenhofener See). Des weiteren sind an den jeweiligen Westseiten der Seen und an den steilen Dammflanken entlang des unteren Kleebaches, der zwischen den Seen 1 und 2 bzw. 3 in die Lahn mündet, Bepflanzungen mit niederen Sträuchern und Bäumen der Auewaldzone zu finden. Außerdem hat sich in diesem Vorfluterbereich eine Hochstaudengesellschaft mit natürlicher Sukzession wie an dem angrenzenden Lahnufer entwickelt.

Im allgemeinen korrespondieren die drei Seenspiegel mit dem Wasserstand der Lahn.

In extremen Hochwasserperioden, insbesondere im Frühjahr, werden die Seen durch die nahe vorbeifließende Lahn eingestaut. Dies gilt in erster Linie für den Dutenhofener See, dem über seine östliche Flutmulde sowohl Lahnwasser als auch u. U. das Hochwasser des Kleebaches zugeführt werden. Ferner mündet in ihn am Südufer der relativ kleine, mäßig verunreinigte Welschbach, dessen Einzugsgebiet vornehmlich landwirtschaftlicher und z. T. auch forstwirtschaftlicher Nutzung unterliegt.

Wasserchemismus und Trophiegrad

Die Wasserqualität dieser drei größeren Bagger- bzw. Freizeitseen hat sich gegenüber den Vorjahren nur geringfügig verändert. So erhöhte sich u. a. der Jahresmittelwert des BSB_5 auf 3–4 mg/l, dagegen blieben die jeweiligen CBS-Werte mit 17–20 mg/1 fast gleich. Die größte Verunreinigung besaß der am nächsten der abwasserbelasteten Lahn gelegene Baggersee 2.

Bei den Nährstoffgehalten war dagegen in allen drei Gewässern ein deutlicher Rückgang zu verzeichnen. So sanken die mittleren Ammonium-Stickstoffgehalte auf 0,12–0,14 mg/l. Auch der Nitrat-Stickstoff ging im Jahresmittel in den Baggerseen 1 (= Dutenhofener See) und 3 auf rd. 0,7 bzw. 0,9 mg/l sowie der Gesamt-Phosphor auf 0,07 bzw. 0,08 mg/l zurück. Demgegenüber stieg im Baggersee 2 der mittlere Gesamt-Phosphorgehalt auf 0,3 mg/l an, während der Nitrat-Stickstoff mit rd 1,2 mg/1 dort annähernd gleich blieb.

Insgesamt gesehen, sind die Baggerseen 1 und 3 als mesotroph (mit gewissen Tendenzen nach eutroph – besonders bei letzterem) einzustufen. Der See 2 ist ausschließlich dem eutrophen Typus zugehörig.

Flora und Fauna
Hydrobiologisch sind in allen drei Gewässern rückläufige Eutrophierungserscheinungen festzustellen. Dies gilt insbesondere für die Seen 1 und 3, die vorwiegend mesotrophen Charakter besitzen.

Der Frühjahrs- und Herbstaspekt der Biozönosen in den drei Gewässern wurde vor allem durch die Diatomeen *Nitzschia acicularis, N. palea, Fragilaria capucina, Synedra ulna, Gomphonema olivaceum, Cymbella ventricosa* und *C. lanceolata* geprägt. Den Sommeraspekt bestimmten hauptsächlich fädige Grünalgen – u. a. *Cladophora crispata* – sowie die Blaualgenarten *Anabaena flos-aquae, Microcystis aeruginosa* und *M. flos-aquae*, die neben den Jochalgenarten *Cosmarium botrytis* und *Closterium acerosum* bis in den Herbst zu sehr starker Verbreitung gelangen. Außerdem sind unter den pflanzlichen Flagellaten (Geißelträgern) die Gattungen *Chlamydomonas, Cryptomonas* und *Chilomonas* häufig vertreten. Stärkere Massenentwicklungen stellten sich jedoch nur im eutrophen See 2 ein.

Unter der Mikrofauna finden sich nur die Ciliaten der Gattungen *Urostyla, Euplotes* und *Coleps* regelmäßig. Des weiteren erweisen sich alle drei Baggerseen reich an Fischnährtieren. Besonders die Niederen Krebse der Gattungen *Cyclops, Daphnia* und *Chydorus* treten in den Sommermonaten sehr häufig bzw. mit sehr hoher Individuendichte vor allem im Uferbereich auf.

Die Unterwasserflora dieser Seen ist nur spärlich ausgebildet. Sie beschränkt sich auf wenige Stellen, wo Laichkraut (Potamogeton), Hornblatt (Ceratophyllum), Hahnenfuß (Ranunculus) und Tausendblatt (Myriophyllum) anzutreffen sind.

Ein Schilf- oder Röhrichtgürtel hat sich bei keinem dieser rekultivierten Baggerseen entwickelt, was vor allem auf fehlende Flachufer und starke Wasserstandsschwankungen zurückzuführen ist.

Nutzung, Bedeutung und Maßnahmen
Die durch Auskiesung entstandenen, vorbildlich rekultivierten Baggerseen, die nicht nur das Landschaftsbild des Gießener Beckens und der Lahnaue bereichern, sondern auch dem Hochwasserschutz bzw. der Abflußregelung der Lahn dienen, stellen heute sehr stark frequentierte Freizeit- und Erholungseinrichtungen für die Bevölkerung der Region Mittelhessens dar und sollen letzlich zur Entstehung eines überregionalen „Wassersport- und Freizeitzentrum mittleres Lahntal" beitragen.

Derzeit bestehen für die drei aufgeführten Seen, die Teile eines größeren, im Endausbau etwa 200 ha umfassenden Gewässerkomplexes sind, gewisse Nutzungseinschränkungen an bestimmten Uferzonen – u. a. für Surfen, Baden, Angeln.

So steht z. B. der See 3, der am nächsten der abwasserbelasteten Lahn liegt, ausschließlich der am Westufer ansässigen Surf-Schule zur Verfügung, während der südlichere See 2 überwiegend zum Baden und für bestimmte Bereiche zum Tretbootfahren zugelassen ist. Der westlich gelegene, wesentlich größere See 1, auch Dutenhofener See genannt, wird in erster Linie von den Segelsportfreunden genutzt. Er besitzt an seinem Ostufer eine Segelbootschule. Am Süduser befindet sich im östlichen Teil ein Campingplatz und ein Restaurant mit Parkplätzen, dem die flache Badezone mit Strand vorgelagert ist. Der daran anschließende Bereich ist den Angelsportfreunden vorbehalten.

Die „Westspitze des Dutenhofener Sees" mit einer Größe von ca. 8,12 ha wurde im Jahr 1979 als Naturschutzgebiet ausgewiesen. Es bildet innerhalb eines größeren Gewässerkomplexes eine Ruhezone für die Pflanzen- und Tierwelt; insbesondere dient es als Brut-, Rast- und Überwinterungsbereich für bestandsbedrohte Sumpf- und Wasservogelarten. Dieses Naturschutzgebiet bildet im Rahmen seiner bescheidenen Größe ein gewisses Bindeglied zwischen den Schutzgebieten im Vogelsberg und denen des Westerwaldes.

Lampertheimer See

Lage: R 34 60 45, H 54 95 40
Topographische Karte: L 65 10 Mannheim
Entstehung/Seetyp: Baggersee (Grundwasserfreilegung durch Materialentnahme)
Mischungsverhalten: Dimiktisch, die flache Badezone in der Südhälfte polymiktisch
Höhe: 94 m ü NN
Oberfläche: 0,04 km²
Volumen: $0,16 \cdot 10^6$ m³
Tiefe max.: 11 m, mittl.: 4 m
Ufer: Länge 0,73 km, Entwicklung 1,02

Einzugsgebiet und Ufer

Der im westlichen Gebiet der Stadt Lampertheim (Kreis Bergstraße) befindliche Badesee grenzt unmittelbar an das im Jahr 1976 ausgewiesene Naturschutzgebiet „Lampertheimer Altrhein" (525 ha) an und liegt hauptsächlich im Bereich der Niederterrasse des Rheins.

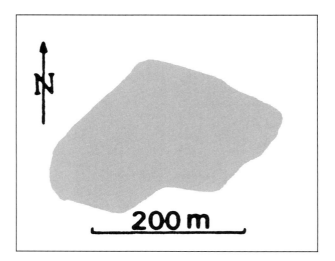

Dieser relativ kleine See, der durch Kiesentnahme entstand, trocknet selbst bei extremen Niedrigwasserständen nicht aus.

An seinem Nordostufer befindet sich das städtische Hallenbad, während sich am Nordwestrand der dortige Angelverein niedergelassen hat. Die restlichen Ufer- und Strandzonen dienen dem Freibad.

Das westlich gelegene Naturschutzgebiet „Lampertheimer Altrhein" weist alle für die Stromaue des Rheins charakteristischen Formationen auf.

Wasserchemismus und Trophiegrad

Der Badesee Lampertheim wurde erst im Jahr 1983 in das „Hessische Gütemeßprogramm für oberirdische Gewässer" aufgenommen, da die eigentliche Überwachung der Badegewässer in Hessen den Staatl. Medizinal-Untersuchungsämtern obliegt.

Dieser in den Sommermonaten stark frequentierte Badesee hat sich in den Jahren 1983–84 in seiner Wasserbeschaffenheit nicht wesentlich verändert. Aufgrund seiner Tiefenverhältnisse ergeben sich für die Parameter Wassertemperatur, pH-Wert und Sauerstoffgehalt die nachstehenden Vertikalprofile.

So sinkt die Wassertemperatur im See von rd. 26°C an der Oberfläche auf 12°C am Grund ab, während der pH-Wert von 8,7 auf 7,3 zurückgeht. Beim Sauerstoffgehalt kann bis 4 m Tiefe noch 4 mg O_2/l, bei 5 m nur 2 mg/l gemessen werden; nach 7 m sinkt er unter 1 mg/l ab.

Die organische Verunreinigung dieses Sees, in erster Linie durch den Badebetrieb und das Absterben der Biomasse (= Sekundärbelastung) hervorgerufen, erweist sich als relativ hoch. So beträgt der $BSB_5 \leq 6$ mg/l, der CSB ≤ 40 mg/l und der DOC ≤ 10 mg/l. Auch die Nährstoffgehalte sind im See hoch.

So steigt z.B. der Gesamt-Phosporgehalt von 0,4 mg/l in der obersten Wasserschicht auf 11,2 mg/l in der Wasser-Schlamm-Kontaktzone am Seegrund durch Remobilisierung an, während sich der Ammonium-Stickstoffgehalt von < 0,1 mg/l bis in die Tiefe auf 17,2 mg/l erhöht. Der Nitrat-Stickstoffgehalt bleibt bis in fast 10 m Tiefe annähernd gleich (< 0,1 mg/l) und steigt am Seeboden auf 0,8 mg/l an. Die Chloridgehalte des Sees betragen ≤ 90 mg/l.

Insgesamt gesehen ist der Lampertheimer Badesee unter Berücksichtigung der hydrobiologischen Verhält-

Lampertheimer See (Lampertheim): Untersuchung vom 20.7.1983

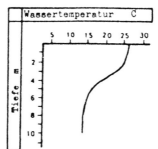
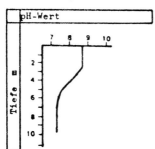
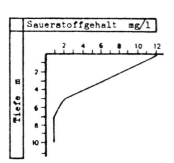

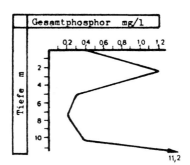 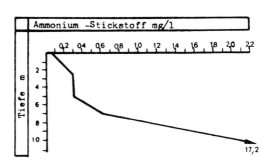

Lampertheimer See (Lampertheim): Untersuchung vom 20. 7. 1983

nisse noch dem mesotrophen (mit starker Tendenz zum eutrophen) Typus zugehörig.

Flora und Fauna

Den Frühjahrsaspekt der Biozönose prägen die Blaualge *Oscillatoria limosa* sowie die Kieselalgen-Arten *Diatoma vulgare, Nitzschia acicularis, Fragilaria capucina* u. a. In den Sommermonaten verbreiten sich vor allem im nördlichen Bereich des Sees die fädige Grünalge *Cladophora crispata* und die Jochalge *Spirogyra fluviatilis* während der Herbstaspekt durch starke Diatomeen-Entwicklung von *Melosira varians, Nitzschia palea, Navicula cryptocephala* und *Synedra ulna* geprägt ist.

Unter der Mikrofauna erreichen die Blattfuß–(*Daphnia*) und Ruderfußkrebse (*Cyclops*) in den Sommermonaten besonders im Uferbereich ihre höchste Individuendichte. Ansonsten finden sich nur noch Wimpertierchen wie die Gattungen *Euplotes, Urostyla, Coleps* und *Stylonychia* regelmäßig in geringer Individuendichte.

Eine charakteristische Unterwasserflora ist, bedingt u. a. durch teilweise starke Faulschlammablagerungen, nur spärlich ausgebildet.

Nutzung, Bedeutung und Maßnahmen

Der nordwestliche Teil des Sees wird vom ansässigen Angelverein genutzt, während die restliche Seehälfte ausschließlich für Badezwecke zur Verfügung steht. Außerdem entnimmt die Stadt Lampertheim am Nordufer zeitweise Wasser für ihr Hallenbad.

Langener See

Lage: R 34 72 65, H 55 42 25
Topographische Karte: L 5916 Frankfurt/M.-West
Entstehung/Seetyp: Baggersee
Mischungsverhalten: Dimiktisch, holomiktisch
Höhe: 97,3 m ü NN
Oberfläche: 0,4 km^2
Volumen: $1,6 \cdot 10^6$ m^3
Tiefe max.: 13 m, mittl.: 4 m
Ufer: Länge 2,8 km, Entwicklung 1,25

Einzugsgebiet und Ufer
Der Langener See, der östlich der Bundesautobahn A5 durch Materialentnahme im Langener Stadtwald in den sechziger Jahren entstand, liegt im südlichen Ballungsraum Rhein/Main. In tektonischer Hinsicht gehört der Raum Langen zum Oberrheingraben (alt angelegtes Senkungsfeld). Das Seeareal liegt vornehmlich im Grenzbereich der Walldorfer und Kelsterbacher Scholle in alt- und mittelpleistozänen Terrassenschottern des Mains.

Langener Strandbad
freigegeben durch den Magistrat der Stadt Langen

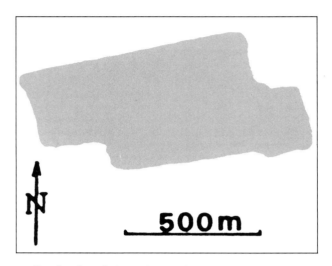

Der See ist mit Ausnahme seines nördlichen und nordöstlichen, ordnungsgemäß abgeböschten Badestrandes ausschließlich von sandigen Steilufern umgeben.

Der im Langener Waldsee aufgedeckte Grundwasserspiegel liegt örtlich bis etwa 15 m unter der Geländeoberfläche, die vornehmlich als Nadel-Laub-Mischwald, mit Dominanz der Coniferen, bestockt ist. Das Zusammenwirken von verstärkter Grundwasserförderung der im Nahbereich tätigen Wasserwerke und niederschlagsarmen Jahren von 1969 bis 1977 (mit dem extremen Trockenjahr 1976) hatten seit Anfang der siebziger Jahre ein Absinken des Seespiegels um etwa 3 m zur Folge. Durch die Naßjahre 1981–84 konnte dieser Trend einer großräumigen Absenkung des Grundwassers gestoppt bzw. umgekehrt werden.

Wasserchemismus und Trophiegrad
Dieser in den Sommermonaten stark frequentierte Badesee hat sich in seiner Wasserbeschaffenheit in den Jahren 1982–84 gegenüber den Vorjahren geringfügig gebessert, dennoch ist er trotz seiner relativ geringen Nährstoffgehalte weiterhin als mesotroph zu bezeichnen. Günstig haben sich sowohl der angestiegene Seespiegel als Folge höherer Grundwasserstände als auch die vorgenommenen Ausbaggerungen ausgewirkt. Die maximale Tiefe des Sees beträgt an einer Stelle nunmehr 13 m, größtenteils liegt sie jedoch nur bei 9–10 m (früher $\geq 4{,}50$). Aufgrund der neuen Tiefenverhältnisse ergab sich z. B. im Sommer 1982 folgendes Vertikalprofil für die Parameter Wassertemperatur, pH-Wert und Sauerstoffgehalt – vgl. Abb.

sich der Gesamtphosphorgehalt auf 0,1 mg/l erhöhte. Beim Chloridgehalt wurden Werte ≤ 25 mg/l gemessen, während die ermittelten Schwermetallgehalte annähernd denen der Vorjahre entsprachen und für die Zusammensetzung der Biozönose unbedeutend waren. Unter Berücksichtigung der hydrobiologischen Verhältnisse ist der Langener See dem mesotrophen Typus zugehörig.

Im übrigen kann aufgrund der bisher ermittelten chemischen Konzentrationen eine mögliche Beeinträchtigung der Wasserqualität dieses Sees durch die nahegelegene Mülldeponie Dreieich-Buchschlag verneint werden.

Flora und Fauna
Eine dominierende Rolle in der Zusammensetzung des Phytoplanktons nehmen die Diatomeen ein. Hierbei überwiegen im Frühjahrsaspekt die Arten *Nitzschia palaea, Synedra ulna, Cymatopleura solea, Navicula cryptocephala, Amphora ovalis, Surirella robusta* var. *splendida* und *Pinnularia viridis*, in den Sommermonaten vorwiegend die Arten *Asterionella formosa, Melosira varians* und *Fragilaria construens*, während im Herbstaspekt verschiedene Arten von *Gomphonema* (u. a. *G. olivaceum*) und *Cymbella*, wie *C. ventricosa, C. prostrata, C. tumida*, stärker vertreten sind. Außerdem findet sich die Aufwuchs-Diatomee *Cocconeis placentula* bis in die Wintermonate hinein sehr häufig. – Daneben treten vom Sommer bis zum Spätherbst verschiedene Flagellaten wie *Cryptomo-*

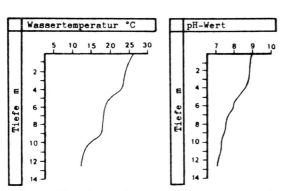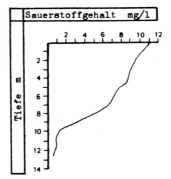

Langener See (Langen): Untersuchung vom 13. 7. 1982

So sank die Wassertemperatur im See von rd. 26 °C an der Oberfläche auf 12 °C am Grund ab, während der pH-Wert von 8,9 auf 7 zurückging. Beim Sauerstoffgehalt konnten bis in 8 m Tiefe noch Werte über 4 mg/l nachgewiesen werden; erst bei 10 m sank er unter 2 mg/l ab.

Die organische Verunreinigung dieses Gewässers – in erster Linie durch Badebetrieb, Kiesausbaggerung und Absterben der Biomasse (Sekundärverschmutzung) hervorgerufen – erwies sich ganzjährig als gering, wie die nachstehenden Jahresmittelwerte 1982/84 für $KMnO_4 \leq 20$ mg/l, CSB ≤ 6 mg/l und $BSB_5 \leq 2$ mg/l beweisen. Beim Amonium-Stickstoffgehalt war ein Rückgang auf $< 0{,}1$ mg/l zu verzeichnen, während der Nitrat-Stickstoffgehalt mit 1,2 mg/l dem Jahresmittel 1981 entsprach und

nas ovata, Trachelomonas volvocina und *Chilomonas paramaecium* teilweise zahlreich im Freiwasserbereich auf. Die Verbreitung der fädigen Jochalgen *Spirogyra fluviatilis* und *Mougeotia spec.* sowie der Grünalge *Cladophora crispata* ist dagegen auf die Uferzone beschränkt.

Unter der Mikrofauna des Langener Badesees sind neben den Rädertierchen hauptsächlich Ciliaten (Wimpertierchen), wie *Coleps hirtus, Euplotes charon, Frontonia acuminata, Aspidisca lynceus* und *Stylonychia mytilus* fast ganzjährig häufiger zu finden. Des weiteren treten unter den niederen Krebsen die Wasserflöhe der Arten *Chydorus globulosus, Daphnia pulex* (Gemeiner Wasserfloh) und *Cyclops strenuus* (Gemeiner Hüpferling) besonders in den Sommermonaten sehr zahlreich in den Uferbereichen auf. Ansonsten erscheint das Zooplankton relativ arten- und inviduenarm, nicht zuletzt als Folge der noch laufenden Ausbaggerungen, die eine erhebliche Trübung des Wassers mit sich bringen.

Nutzung, Bedeutung und Maßnahmen

Der im Jahr 1972 zum Strandbad ausgebaute Langener Waldsee nimmt neben dem benachbarten Walldorfer See und der Ostgrube Langen eine zentrale Bedeutung für die Befriedigung des Freizeit- und Erholungsbedürfnisses der Bevölkerung im Ballungsraum Rhein/Main ein. Dieses Gewässer ist der am stärksten frequentierte Badesee in der Untermainregion; in Spitzenzeiten ist mit rd. 25 000 Besuchern, d. h. der Aufnahmekapazität, zu rechnen, wodurch auf den Zufahrtstraßen zeitweise chaotische Verkehrsverhältnisse entstehen und der angrenzende Wald von Fahrzeugen geradezu überrollt wird.

Für die einzelnen Seebereiche bestehen seitens der Stadt Langen gewisse Nutzungseinschränkungen. So beschränkt sich die Badezone mit einer Strandlänge von ca. 900 m ausschließlich auf das Nord- und Nordostufer. Die Hälfte der Fläche ist als FKK-Strand ausgewiesen. Außerdem befinden sich an der Nordseite die Rettungsstation, ein Restaurationsbetrieb sowie die sanitären Einrichtungen der Freizeitanlage. Ferner wird innerhalb des Strandbades das Zelten gestattet, wobei jedoch die Anzahl der Zelte beschränkt ist. Schließlich sind innerhalb des Geländes noch Parkplätze für ca. 1 000 Fahrzeuge ausgebaut.

Der kleinere westliche Teil des Nordufers (ca. 400 m) steht den Freizeitanglern sowie 2 Segelsportvereinen zur Verfügung, wobei insgesamt 120 Segelboote zugelassen sind.

Als Ende der siebziger Jahre das Surfen derart stark zunahm, daß es den gesamten Betrieb beträchtlich störte, verpachtete die Stand Langen einem Wassersportverein ein Gelände im Südosten mit der Auflage, für einen geordneten Surfbetrieb zu sorgen.

Im großen südwestlichen Bereich des Waldsees wird derzeit noch starker Kiesabbau seitens der dort ansässigen Firma betrieben. In dem Nebeneinander von wirtschaftlicher Betätigung und Freizeitnutzung bestehen zeitweise besondere Probleme, u. a. wegen des Eindringes großer Besucherströme in das Kiesabbaugebiet.

In der Landesplanung früherer Jahre war für den Langener Waldsee sowie für die benachbarte Ostgrube, die eine Gesamtwasserfläche von ca. 60 ha ergeben, lange Zeit ein größeres, überregionales Erholungs- und Wassersportzentrum (90 ha) vorgesehen. – Neuere Überlegungen sehen u. a. vor, daß ein großer Teil des Sees in ein Naturschutzgebiet umgewandelt wird.

Walldorfer See

Lage: R 34 71 25, H 55 42 20
Topographische Karte: L 5916 Frankfurt/M.-West
Entstehung/Seetyp: Baggersee, der im Rahmen des Autobahnbaus 1953 entstand.
Mischungsverhalten: dimiktisch, holomiktisch
Höhe: 97 m ü NN
Oberfläche: 0,16 km^2
Volumen: 0,64·10^6 m^3
Tiefe max.: 11 m, mittl.: 4 m
Ufer: Länge 1,825 km, Entwicklung 1,29

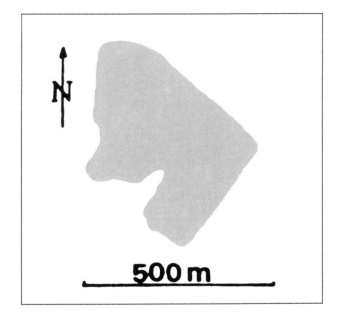

Walldorfer See

Einzugsgebiet und Ufer

Der Walldorfer See der Stadt Mörfelden-Walldorf entstand im Jahre 1953 im südlichen Ballungsraum Rhein/Main zwischen Frankfurt/Main und Darmstadt unmittelbar östlich der Bundesautobahn A 5. Sein Seeareal gehört tektonisch zum Oberrheingraben und liegt im Grenzbereich der Walldorfer und Kelsterbacher Scholle in alt- und mittelpleistozänen Terrassenschottern des Mains.

Der See ist mit Ausnahme des südwestlichen, ordnungsgemäß abgeböschten Badestrandes auf den übrigen Seiten von sandigen Steilufern umgeben, die teilweise mit Kiefern und Büschen bestockt sind. Der in diesem Baggersee aufgedeckte Grundwasserspiegel liegt örtlich bis etwa 8 – 10 m unter der Geländeoberfläche, z.T. bedingt durch die starke Grundwasserentnahme nahe gelegener Wasserwerke.

Hinter seinem schmalen Westufer führt unmittelbar die Bundesautobahn A 5 und an dem breiteren Ostufer die Bundesstraße 44 vorbei. Am Nordufer schließt sich ein größerer, durch Verkehrswege zerschnittener Nadel-Laub-Mischwaldgürtel an. Im südwestlichen Teil befinden sich die sanitären Einrichtungen mit Kiosk sowie der in Spitzenzeiten nicht ausreichende Parkplatz, während auf der Halbinsel eine Wacht- und Rettungsstation erfogreich ihre Funktion erfüllt.

Wasserchemismus und Trophiegrad

Im Walldorfer Badesee, der teilweise 10 – 11 m tief ist, bilden sich jährlich typische sommerliche Schichtungsverhältnisse im Wasserkörper aus, wobei eine bis auf 25 °C erwärmte, sauerstoffreiche Wasseroberschicht und eine kältere, sauerstoffarme Tiefenschicht bestehen (vgl. Abb.).

sein dürfte. Aufgrund einer stärkeren Regenperiode war ein Absinken des pH-Wertes von 7,5 auf 6,9 in den Monaten Juni/Juli 1982 eingetreten. Auch war dieser Zeitraum durch eine rückläufige Algenentwicklung gekennzeichnet. Die in den früheren Jahren stark ausgeprägten „Wasserblüten" blieben weitgehend aus.

Die organischen Belastungen sowie das Nährstoffdargebot des Sees blieben in den Jahren 1982 – 84 annähernd gleich. Die Jahresmittelwerte betrugen beim $KMnO_4 \leq 18$ mg/l, CSB = 15 mg/l und BSB_5 = 3 mg/l, während beim Ammonium-Stickstoff rd. 0,2 mg/l, Nitrat-Stickstoff = 0,14 mg/l und Gesamtphosphor = 0,06 mg/l ermittelt wurden.

Beim Chloridgehalt wurden Werte zwischen 15 und 32 mg/l gemessen, während die im Epilimnion ermittelten Schwermetallgehalte trotz der unmittelbaren Nähe zur Autobahn teilweise nur sehr geringe Schwankungen zeigten (vgl. Tabelle).

Insgesamt gesehen war der Walldorfer Badesee in den Jahren 1982 – 84 weitgehend als mesotroph bis eutroph zu bezeichnen, wobei sich gegen Herbst weit stärkere Eutrophierungstendenzen als im Sommer bemerkbar machten.

Flora und Fauna

Hydrobiologisch war dieses Badegewässer im Jahre 1984 ähnlich wie in den Vorjahren durch eine starke Verkrautung gekennzeichnet. Während in den früheren Jahren die Laichkräuter (*Potamogeton*-Arten) dominierten, ist heute die Wasserpest (*Elodea spec.*) bei den Makrophyten am meisten verbreitet. Günstig wirken sich auf den Gewässerzustand die jährlich durchgeführten manu-

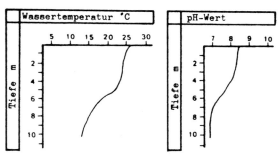
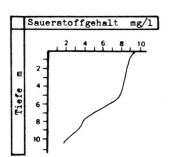

Walldorfer See (Mörfelden-Walldorf): Untersuchung vom 24.7.1982

In den Sommermonaten 1982 war bis in 8 m Tiefe noch ein Sauerstoffgehalt von 4 mg/l nachweisbar; erst bei etwa 10 m sank er unter 2 mg/l ab. Gegenüber den Vorjahren waren dieses günstige Sauerstoffverhältnisse, u.a. auch eine Folge des angestiegenen Seespiegels wegen gestiegener Grundwasserstände. Ähnlich günstige Verhältnisse lagen auch im Jahr 1984 vor.

Beim pH-Wert ergaben sich Schwankungen zwischen 6,9 und 8,4, wobei der niedrige Wert von unter 7 vermutlich auf den Einfluß des „sauren Regens" zurückzuführen

ellen Entkrautungen sowie auch der Besatz mit Graskarpfen.aus.

Den Frühjahrsaspekt der Biozönose prägten u.a. die Blaualgen (*Cyanophyceen*) – Gattung *Oscillatoria* sowie die Diatomeen-Arten *Nitzschia acicularis*, *N. paleacea*, *Fragilaria construens*, *Asterionella formosa* und *Diatoma vulgare*. – Die früher, bis in die Mitte der siebziger Jahre, regelmäßig in den Monaten Februar/März zur Massenentfaltung gelangende Burgunderblutalge (*Oscillatoria rubescens*) tritt jedoch nicht mehr in Erscheinung.

In den Sommermonaten verbreiteten sich vor allem die Grünalge *Cladophora*, die Jochalgen *Spirogyra* und *Mougeotia* sowie die pflanzlichen Flagellaten *Chilomonas paramaecium, Cryptomonas ovata, C. erosa* und *Eudorina elegans*, während unter den Diatomeen verschiedene Arten von *Navicula, Gomphonema* und *Cymbella* überwogen.

Der Herbstaspekt der Biozönose war hauptsächlich durch starke Kieselalgenentwicklungen gekennzeichnet, wobei sich die einzelnen Arten relativ kurzfristig in ihrem Wachstumsmaximum ablösten. Hierbei spielten erneut die Diatomeen *Navicula cryptocephala, Melosira varians, Nitzschia acicularis, N. palea, Synedra ulna, S. acus, Pinnularia viridis, Gomphonema parvulum, Cymbella lanceolata* und *Asterionella formosa* eine dominierende Rolle, wobei lediglich *Navicula cryptocephala, Nitzschia acicularis* und *Fragilaria construens* bis in die Wintermonate fast massenhaft auftraten.

Unter der Mikrofauna erreichten die Blattfuß-(*Daphnia*) und Ruderfußkrebse (*Cyclops*) in den Sommermonaten ihre höchste Individuendichte, während unter den Wimpertieren (*Ciliaten*) nur wenige Gattungen wie *Euplotes, Coleps, Stylonychia, Prorodon* und *Urostyla* fast ganzjährig häufig in Erscheinung traten.

Im Vergleich zu den früheren Jahren waren im Jahr 1984 dennoch deutlich rückläufige Eutrophierungstendenzen festzustellen.

Nutzung, Bedeutung und Maßnahmen

Der im Jahr 1954 zum Freibad ausgebaute „Walldorfer See" nimmt neben dem benachbarten Langener und Raunheimer Waldsee eine zentrale Bedeutung für das Freizeit- und Erholungsbedürfnis der Bevölkerung im Ballungsraum Rhein/Main ein. – Je Saison ist hier mit mehr als 150 000 Badegästen zu rechnen, an Spitzentagen bis zu 15 000. Für das sich einstellende hygienische Zustandsbild ist in erster Linie die Größe (Fläche und Wasservolumen) des Sees maßgebend, die beim Walldorfer See relativ klein ist (160 000 m^2 bzw. 640 000 m^3); dennoch bestanden aus hygienischen Gründen bis heute keine Badebeschränkungen, womit sich sein gutes Selbstreinigungsvermögen dokumentiert. Günstig hat sich vor allem die Tatsache ausgewirkt, daß trotz der verstärkten Grundwasserentnahmen durch die bestehenden Wasserwerke der in den niederschlagsarmen Jahren von 1969 bis 1977 (mit dem extremen Trockenjahr 1976) eingetretene Trend einer großräumigen Absenkung des Grundwassers durch die Naßjahre 1981–84 gestoppt bzw. umgekehrt werden konnte. Hierdurch stieg der Seespiegel um etwa 2 m an.

Auch die durchgeführten radikalen mechanischen Entkrautungen des Sees haben wesentlich dazu beigetragen, daß keine Verschlechterung im Gewässerzustand mit dem Absterben der Krautmasse (u. a. vermehrte Schlammbildung am Grund) eintrat. Außerdem wirkt sich der Besatz mit Graskarpfen positiv aus.

Die früher aufgetretenen starken „Wasserblüten" gingen in den letzten zwei Jahren spürbar zurück.

Des weiteren dient der See als Übungs- und Tauchgelände für den am Badesee als Rettungswacht tätigen Verein, während seine fischereiliche Nutzung für Freizeitangler nur von untergeordneter Bedeutung sein kann.

HESSEN

Hessisches Gütemeßprogramm für oberirdsiche Gewässer – Seen –

Gewässergütedaten* 1980 – 1984		Schwankungsbreiten											
Lfd. Nr.	Name	T °C	O_s mg/l	pH –	Lf mS/m	DOC mg/l	CSB mg/l	$KMnO_4$ mg/l	BSB_5 mg/l	NH_4-N mg/l	NO_3-N mg/l	G-anP mg/l	Cl mg/l	SO_4 mg/l
1	Aueseen	≦ 22	5,7 / 12,6	7,8 / 8,9	33,4 / 42,0	<2 / 4	11 / 15	15 / 21	2,3 / 6,9	n.n. / 0,21	n.n. / 1,06	n.n. / 0,027	34 / 41	
2	Hegbachsee	≦ 23	8,0 / 14,9	7,3 / 10,3	43,8 / 54,8	6 / 18	12 / 40	20 / 61	2 / 13	0,08 / 1,25	0,21 / 7,76	0,03 / 2,40	<5 / 85	70 / 110
3	Inheidener See	≦ 27	0,9 / 11,8	7,9 / 9,0	40,3 / 76,8	4,4 / 11	12 / 25	13 / 40	1 / 14	<0,08 / 0,16	<0,07 / 1,01	0,03 / 0,18	17 / 50	65 / 100
4	Kinzigsee	≦ 25	0,9 / 10,3	7,8 / 9,3	27,0 / 38,0	<2 / 7	13 / 23	<20 / 30	2 / 14	0,08 / 0,55	0,14 / 3,30	0,07 / 0,26	24 / 60	27 / 40
5	Lahnseen	≦ 22	8,9 / 13,9	7,1 / 9,6	24,0 / 31,2	4 / 8	10 / 28	≦20 / 30	2 / 5	0,08 / 0,32	0,07 / 2,54	0,17 / 1,12	12 / 36	15 / 37
6	Lampertheimer See	≦ 26,5	7,7 / 12,0	7,5 / 8,7	56,1 / 68,1	6 / 10	26 / 40	14 / 32	1 / 6	0,08 / 0,47	0,24 / 0,30	0,17 / 1,2	73 / 90	51 / 63
7	Langener See	≦ 26,5	7,9 / 10,9	7,0 / 8,9	26,4 / 30,9	3 / 7	<4 / 12	9 / <20	<1 / 3	n.n. / 0,16	0,87 / 1,54	n.n. / 0,23	18 / 27	56 / 77
8	Walldorfer See	≦ 26,5	7,8 / 9,4	6,9 / 8,5	31,1 / 41,5	3 / 7	5 / 18	11 / <20	<1 / 3	<0,08 / 0,31	0,087 / 0,30	<0,17 / 0,17	15 / 32	61 / 95

Gewässergütedaten* 1980 – 1984		Schwankungsbreiten									
Lfd. Nr.	Name	Ni µg/l	Zn µg/l	Cu µg/l	Cr µg/l	Pb µg/l	Fe µg/l	Mn µg/l	As µg/l	Cd µg/l	Hg µg/l	Trophie-zustand
1	Aueseen	<3 / 3	<20	<2	<3	<2	<50 / 100	<50	<0,5	<0,5	<0,2	oligo- bis mesotroph
2	Hegbachsee	3 / 7	20 / 50	2 / 6	<2 / <3	<2 / <6	100 / 870	60 / 350	<0,5	<0,5	<0,2	eutroph
3	Inheidener See	3 / 6	<20 / 50	<2 / <4	<3 / <5	<3 / <4	<50 / <100	<50 / <100	<0,5	<0,5 / 0,6	<0,2	mesotroph (→ eutroph)
4	Kinzigsee	<4 / 4	<20 / <50	<2 / <4	<2 / <5	<2 / 48	<50 / 1200	<20 / 370	<0,5 / 3,8	<0,3 / <0,5	<0,2	mesotroph (→ eutroph)
5	Lahnseen	<3 / 6	<20 / 70	<2 / 14	<2 / 9	<2 / 9	250 / 1100	80 / 420	<0,5	<0,3 / 1,2	<0,2	meso- bis eutroph
6	Lampertheimer See	<4	<40 / <50	<4 / 4	<5	<4 / 4	<100 / 100	<50 / 90	<0,5	<0,5	<0,2	mesotroph (→ eutroph)
7	Langener See	<2 / 5	<20 / ≦50	<2 / 10	<2 / <5	<2 / <4	80 / 240	20 / 50	<0,5 / 0,9	<0,2 / 0,6	<0,2	mesotroph
8	Walldorfer See	<2 / 5	<40 / ≦50	<4 / 14	<5	<4 / 4	70 / 430	<50 / 100	<0,5 / 1,0	<0,5	<0,2	mesotroph (→ eutroph)

* Probenahmetiefe: ≦ 0,5 m (Uferbereich)

5.6 Niedersachsen

Nach einer inzwischen 20 Jahre alten Aufstellung gibt es in Niedersachsen 211 natürliche stehende Gewässer, 40 davon mit einer Wasserfläche von weniger als 1 ha. Mindestens weitere 54 sind innerhalb der vergangenen 100–120 Jahre erloschen. Ursachen dafür sind natürliche Verlandung, sowie gezielte Trockenlegungen oder indirektes Austrocknen als Folge großräumiger Entwässerungsmaßnahmen in der Vergangenheit. Die Zahl der künstlichen stehenden Gewässer – Stauhaltungen, Talsperren, Baggerseen, Teichanlagen – ist nicht bekannt.

Die Gesamtfläche aller noch bestehenden natürlichen Seen beträgt nur wenig mehr als 70 km^2 oder rd. 0,15 % der Landesfläche Niedersachsens. Zwei Drittel davon werden von den drei größten Seen des Landes – Steinhuder Meer, Dümmer, Zwischenahner Meer – eingenommen.

Insgesamt gibt es nur 12 natürliche Seen mit einer Wasserfläche von mehr als 0,5 km^2. Dabei handelt es sich ausschließlich um Flachseen, die im Sommer nicht oder nur ausnahmsweise thermisch geschichtet sind.

Amtliche Seeuntersuchungen unter limnologischen Gesichtspunkten begannen in Niedersachsen vor gut 20 Jahren. Anlaß war der (u. a. aufgrund der Untersuchungsergebnisse nicht realisierte) Plan, das Steinhuder Meer als Hochwasserrückhaltebecken für die nicht zum natürlichen Einzugsgebiet gehörende Leine zu nutzen. Einzelne oder zeitlich begrenzte Untersuchungen am Dümmer (ab 1964) und am Zwischenahner Meer (1972/73) folgten. Regelmäßige limnologische Untersuchungsprogramme begannen ab 1972 schwerpunktmäßig an den zwei größten Seen. Durch Einbeziehung weiterer Gewässer in die staatliche Seenüberwachung wurde eine möglichst breit angelegte Datensammlung über Flachseen begonnen, einen Gewässertyp, der bisher von der wissenschaftlichen Limnologie stark vernachlässigt wurde.

Das Schwergewicht der vom Niedersächsischen Landesamt für Wasserwirtschaft NLW (früher Nds. Wasseruntersuchungsamt, NWA) im Bereich Limnologie durchgeführten Arbeiten liegt auf chemischen und physikalischen Untersuchungen des Wasserkörpers und der Sedimente und auf Planktonuntersuchungen. Eine wertvolle Ergänzung dazu bilden die limnogeologischen Untersuchungen des Niedersächsischen Landesamtes für Bodenforschung, die die Entstehungs- und Entwick-

1. Bederkesaer See
2. Dümmer
3. Seeburger See
4. Steinhuder Meer
5. Zwischenahner Meer

lungsgeschichte zahlreicher Seen Niedersachsens aufklären konnten. Weitere Informationen geben die von verschiedenen Universitäts- und Forschungsinstituten durchgeführten limnologischen Arbeiten an niedersächsischen Seen.

Eine systematische und umfassende limnologische Bestandsaufnahme der Seen in Niedersachsen konnte bisher nicht durchgeführt werden. Etwa ein Dutzend der natürlichen Seen mit über 70 % der Gesamtwasserfläche können als limnologisch einigermaßen gut untersucht gelten.

Literatur

H.-O. GRAHLE, U. STAESCHE (1964): Die natürlichen Seen Niedersachsens (Geologische Untersuchungen an niedersächsischen Binnengewässern I). – Geol. Jb. 81, 809–838.

Bederkesaer See

Lage: R 34 91, H 59 44
Topographische Karte: L 2318 Bederkesa
Entstehung/Seetyp: Der Bederkesaer See ist ein als Grundwasserblänke entstandener Flachsee, der während seiner Entwicklungsgeschichte bereits einmal völlig verlandet war und vor etwa 4000–4500 Jahren durch eine große Meeresingression neu entstanden ist. Er ist ein Flachsee mit zeitweilig starker Trübung infolge interner Sedimentverlagerungen
Mischungsverhalten: polymiktisch
Höhe: 0,6 m unter NN
Oberfläche: 2,18 km² eingedeichte, z. T. verlandete Fläche, davon 1,71 km² offene Wasserfläche
Volumen: $1,62 \cdot 10^6$ m³
Tiefe max.: etwa 1,2 m, mittl.: 0,95 m
Einzugsgebiet: 27,0 km²
Umgebungsfaktor: 14,5
Erneuerungszeit: im Mittel etwa 50 Tage im Winter und 130 Tage im Sommer
Ufer: Länge 6,25 km, Entwicklung 1,2

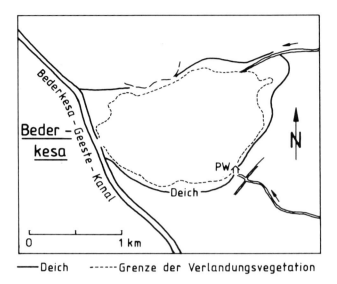

—— Deich ------ Grenze der Verlandungsvegetation

Hydrologische Besonderheiten

Der Bederkesaer See entwässert über eine offene Verbindung in den Bederkesa-Geeste-Kanal. Die Wasserstände im gesamten Gebiet sind stark abhängig von den Außenwasserständen in Elbe und Nordsee, so daß zeitweilig Wasser aus dem Kanal „rückwärts" in den See einströmt.

Einzugsgebiet

Das sehr flache Einzugsgebiet des Bederkesaer Sees wird geprägt durch leichte Sandböden mit Ackerwirtschaft und überwiegend kultivierte Moorböden mit z. T. intensiver Grünlandbewirtschaftung. Kleinere brachliegende Moorflächen sind infolge Entwässerung verbuscht. Der Waldanteil liegt bei etwa 12 %. Im Einzugsgebiet liegen eine dörfliche Siedlung und mehrere Einzelgehöfte, die an keine öffentliche Abwasserentsorgung angeschlossen sind.

Der See ist eingedeicht. Teile der umliegenden Flächen liegen unter NN und entwässern über ein Schöpfwerk in den See.

Ufer

Das dem Deich vorgelagerte Seeufer ist überwiegend natürlich oder naturnah. Eine Pfahlverbauung am erosionsgefährdeten Südostufer dient dem Schutz des Deichfußes. Mit Ausnahme des sandigen Nordufers wird fast der gesamte See von einem Riedgürtel (*Phragmites, Thypha, Glyceria, Schoenoplectus*) eingefaßt. Ausgedehnte Schilfzonen finden sich in den Verlandungsbereichen am Nordwest- und Nordostufer. Einige schüttere Binsenhorste (*Schoenoplectus*) im Bereich der offenen Wasserfläche finden sich im Ostteil des Sees.

Wasserchemismus und Trophiegrad

Der Bederkesaer See ist ein nährstoffreicher Braunwassersee mit wahrscheinlich anthropogen verursachtem erhöhten Kalkgehalt (40–45 mg/l Ca^{++}). Die geringe Sichttiefe – im Mittel 30 cm, maximal 60 cm – ist vor allem zurückzuführen auf die braune Eigenfärbung des Wassers und zeitweilig hohe Trübstoffmengen durch aufgewirbelte Sedimente (bis über 300 mg/l Trockengewicht).

Die Phosphatbelastung ist sehr hoch. Sie wird auf mindestens 2 300 kg P/a geschätzt entsprechend einer spezifischen Flächenbelastung von über 1 gP/m² · a. Frei gelöstes ortho-Phosphat ist im See praktisch immer analytisch nachweisbar. Demnach ist der See als polytroph einzustufen. Dem entsprechen große Schwankungen der Sauerstoffkonzentrationen (70–210 % der Sättigung) und des pH-Wertes (6,8–9,85) sowie die bisher nur aus wenigen Einzelproben gemessenen hohen Chlorophyllkonzentrationen (z. B. 174 µg/l im April 1984).

Flora und Fauna

Das Phytoplankton wird im Frühjahr und Herbst beherrscht von meist centrischen Kieselalgen (*Melosira, Cyclotella, Stephanodiscus*). Regelmäßig, allerdings in geringer Dichte tritt die für Moorgewässer typische Kieselalge *Tabellaria flocculosa* auf. Im Sommer kommen regelmäßig Zieralgen (*Closterium*) und Grünalgen (*Pediastrum, Scenedesmus*) vor, letztere zeitweilig häufig. Sommerliche Massenentwicklungen etwa in der Zeit zwischen Juni und September wurden nur bei Blaualgen beobachtet (*Aphanizomenon*, untergeordnet *Anabaena* und *Coelosphaerium*). Das Zooplankton ist relativ arten- und individuenarm.

Eine Unterwasservegetation fehlt. Sie ist nach Aussagen Einheimischer vor etwa 25–30 Jahren verschwunden.

NIEDERSACHSEN — Bederkesaer See

Bederkesaer See

Über die tierische Besiedlung des Seegrundes liegen keine Untersuchungen vor. Nach dem Ernährungszustand bodentierfressender Fische (Aal, Brassen) ist allerdings anzunehmen, daß das Zoobenthon wie in anderen Flachseen Niedersachsens nur schwach entwickelt ist.

Sediment

Das rezente Sediment ist infolge seeinterner Verlagerungen sehr ungleichmäßig im Seebecken verteilt. Die Hauptsedimentationsgebiete liegen in den (meist) windgeschützten Buchten im Nordwesten und im Nordosten. Die obersten Sedimentlagen von etwa 5–10 cm Mächtigkeit sind reich an organischer Substanz (um 50 % des Trockengewichtes), sehr wasserreich und von flüssiger Konsistenz. Sie werden durch Wellen häufig umgelagert („Treibmudde"). Über konsolidierten, braunen, torfartigen Sedimenten mit geringem Nährstoffgehalt wird seit 100–150 Jahren ein schwarzer, zunehmend nährstoffreicher Schlamm abgelagert. Der Phosphatgehalt der obersten Schichten ist mit etwa 2–3 g P/kg Trockengewicht zehnfach höher als in den braunen Sedimenten.

Nutzung und Bedeutung

Der Bederkesaer See wird von einem Berufsfischer bewirtschaftet. Wasserwirtschaftlich dient der See als Hochwasserspeicherraum. Von den Erholungsnutzungen ist vor allem Bootfahren zu nennen. Die Benutzung von Motorbooten ist allerdings verboten (Ausnahmen: Berufsfischer und ein Ausflugsboot).

Der See liegt in einem Landschaftsschutzgebiet. Die östliche Hälfte des Nordufers, das Verlandungsgebiet im Nordosten und das Ostufer sollen unter Naturschutz gestellt werden. Das entsprechende rechtliche Verfahren steht vor dem Abschluß.

Literatur

J. MERKT (1976): Bericht über die Untersuchungen zur Verlandung des Bederkesaer Sees. – Gutachten des Nds. Landesamtes für Bodenforschung, Hannover, 28 Seiten.

J. POLTZ (1977): Bericht über die limnologische Untersuchung des Bederkesaer Sees. – Mitt. aus d. Nds. Wasseruntersuchungsamt Hildesheim 2, 81–156

Dümmer

Lage: R 34 57, H 58 20
Topographische Karte: L 3514 Damme,
L 3516 Rahden
Entstehung/Seetyp: Der Dümmer ist ein durch Thermokarst entstandener Flachsee. Er ist ständig stark getrübt durch interne Sedimentumlagerungen und durch Phytoplankton.
Mischungsverhalten: polymiktisch
Höhe: 37,1 m ü NN
Oberfläche: 12,4 km² einschließlich des durchfluteten Schilfgürtels
Volumen: $14 \cdot 10^6$ m³
Tiefe max.: 1,4 m, mittl.: 1,1 m
Einzugsgebiet: 426 km²
Umgebungsfaktor: 33
Erneuerungszeit: stark schwankend, im Mittel im Winter etwa 35 Tage, im Sommer 65 Tage
Ufer: Länge 16,9 km, Entwicklung 1,35

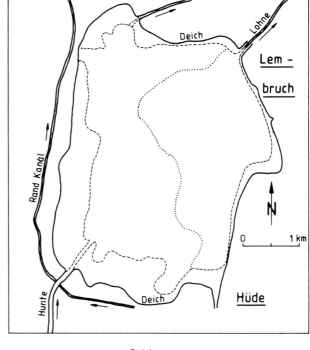

— Deich
---- Grenze der Verlandungsvegetation
.... östliche Verbreitungsgrenze der limnischen Sedimente

Hydrologische Besonderheiten

Der Dümmer wurde 1953 eingedeicht, um die angrenzenden Siedlungen und landwirtschaftlichen Nutzflächen vor Hochwasser zu schützen. Die südlich und westlich direkt an den See angrenzenden Flächen entwässern seitdem in den westlich um den See herumführenden Randkanal.

Der für norddeutsche Verhältnisse extreme Wärmehaushalt des Dümmers gleicht dem des Steinhuder Meeres (s. dort).

Einzugsgebiet

Das Einzugsgebiet des Dümmers wird zu etwa 70 % landwirtschaftlich genutzt. Die den See durchfließende Hunte entspringt im Jura- und Kreidegebiet des Wiehengebirges und ist im Oberlauf entsprechend sehr kalkreich (um 95 mg/l Ca^{++}). Von hervorragender Bedeutung für den See ist das südwestlich gelegene Hoch- und Niedermoorgebiet. Die Flächen sind weitgehend kultiviert und werden intensiv landwirtschaftlich genutzt, teils als Grünland, teils als Maiskulturen (Gülledüngung).

Ufer

Etwa 20 % der gesamten Uferlänge des Dümmers sind durch die fast ausschließlich am Ostufer gelegenen geschlossenen Hafenanlagen (Verwallung, Spundwände) und offene Steganlagen verbaut. Reine Schilfbestände (*Phragmites australis*) mit eingesprengten Binsenhorsten (*Schoenoplectus lacustris*) finden sich fast nur am windexponierten Nord- und Ostufer auf sandigem Untergrund. In den Verlandungszonen am Süd- und Westufer auf autochthonem Sedimentmaterial ist Schilf (*Phragmites*) seit Jahren in starkem Rückgang begriffen und wird großflächig von Wasserschwaden (*Glyceria maxima*) und Rohrkolben (*Typha spp.*) verdrängt. Die noch vor gut 20 Jahren in der gesamten Westhälfte der offenen Wasserfläche verteilten Binseninseln gehen nach Anzahl und Ausdehnung ebenfalls stark zurück.

Wasserchemismus und Trophiegrad

Mit etwa 2,5 mmol/l HCO_3^- und 80–90 mg/l Ca^{++} in den Wintermonaten ist der Dümmer als kalkreich zu bezeichnen. Die Nährstoffbelastung des Dümmers ist sehr hoch, was teilweise auf die relativ (zum Seevolumen) hohen Wasserfrachten zurückzuführen ist. Der See ist daher nachweislich ein natürlicherweise eutropher See. Infolge der stark gestiegenen anthropogenen Belastungen muß der Dümmer heute als polytroph bezeichnet werden.

Die jährlich dem See zugeführten Nährstofffrachten liegen bei rd. 30 000 kg P/a und 550 000 kg N/a. Das sind spezifische Flächenbelastungen von 2,4 g P/m² · a bzw. 44 g N/m² · a. Über 50 % des Phosphors bzw. rd. 30 % des Stickstoffs stammen aus dem Teileinzugsgebiet des Bornbaches (19 % der Gesamtfläche). Zusätzlich zur hohen externen Belastung spielt zeitweilig die Nährstoffversorgung aus seeinternen Stoffkreisläufen (Rücklösung aus dem Sediment, Stickstoffbindung durch Blaualgen) eine erhebliche Rolle.

Als Folge der ständigen Überversorgung mit Nährstoffen werden im Dümmer extrem hohe Produktionsleistungen des Planktons erreicht. Der pH-Wert im Seezufluß liegt ganzjährig zwischen 6,9 und 7,8. Im See dagegen sinkt er auch im Winter kaum unter pH 8 ab. Zwischen April und Oktober liegt er fast immer über pH 9 und erreicht regelmäßig in der Zeit zwischen Mitte April und Mitte Juni Spitzenwerte über pH 10. Der bisher höchste gemessene Wert von pH 11,3 liegt im Bereich des aus hydrochemischen Gründen maximal möglichen pH-Wertes im Dümmer (Abb.). Eine der für die Sedimentbildung wichtigen Folgen ist eine starke biogene Kalkfällung, die hauptsächlich im Frühjahr stattfindet: Die Calciumkonzentrationen im Seewasser sinken dann regelmäßig auf etwa 50 mg/l Ca^{++} ab.

Im See werden sehr hohe Sauerstoffkonzentrationen erreicht (bis 300% des Sättigungswertes) bei u. U. extremen tagesperiodischen Schwankungen von mehr als ± 10 mg/l O_2 innerhalb von 24 Stunden (Abb.).

Die Phytoplanktondichte ist ganzjährig sehr hoch. Die Chlorophyll-a-Konzentrationen schwanken zwischen 60 µg/l und 580 µg/l (Jahresmittelwert: 210 µg/l!), so daß von einer ganzjährig andauernden Algenmassenentwicklung gesprochen werden kann.

Flora und Fauna

Das Phytoplankton ist arten- und sehr individuenreich (bis über 1 Million Zellen/ml). Im Winter sind centrische Kieselalgen (*Cyclotella, Stephanodiscus*) vorherrschend. Sie werden im Frühjahr abgelöst von Grünalgen (*Scenedesmus, Pediastrum, Actinastrum, Monoraphidium*), die zwar ganzjährig vertreten sind, zeitweilig aber den gesamten See grasgrün färben. Im Spätsommer gewinnen zunehmend Blaualgen an Bedeutung (*Merismopedia, Anabaena, Lyngbya, Aphanocapsa*). Sie werden im Herbst von Kieselalgen (*Synedra, Diatoma, Nitzschia*) und Grünalgen (*Scenedesmus*) verdrängt.

Im Zooplankton des Dümmers finden sich – wie auch in anderen Flachseen – oft semiplanktische, kriechende oder sessile Arten, die durch Wellenbewegungen fortgerissen und in den Wasserkörper verfrachtet werden. – Die artenreichste Gruppe bilden die Rädertiere (Rotatorien) mit bisher insgesamt fast 100 nachgewiesenen, davon etwa 25–30 planktische Arten.

Unter den Blattfuchskrebsen sind nur *Bosmina longirostris* und *Chydorus sphaericus* nahezu ganzjährig und zeitweilig häufig vertreten. Größere filtrierende Arten (Daphnien) sind relativ selten. Bei den Ruderfußkrebsen sind vor allem die räuberischen Arten *Acanthocyclops* und *Cyclops vicinus* vorherrschend.

Die sonst weit verbreiteten und häufigen Arten der Schwebekrebse (Diaptomiden) fehlen im Dümmer fast vollständig.

In geschützten Bereichen am West- und Südufer finden sich der Verlandungsvegetation vorgelagert auf autochthonem Schlamm z. T. größere See- und Teichrosenbestände (*Nymphea alba, Nuphar lutea*).

Eine Unterwasservegetation existiert nicht mehr. Ehemals ausgedehnte „Unterwasserwiesen" sind spätestens vor 20 Jahren vollständig verschwunden. Im Zusammenhang mit dem Rückgang der submersen Pflanzen verarmte die am Seegrund lebende Tierwelt (was nur für Muscheln dokumentiert ist). Das heutige Zoobenthon ist arten- und individuenarm. Im Bereich der offenen Wasserfläche sind sowohl die Schlämme im Westteil als auch der sandige Grund im Ostteil des Sees nur schwach besiedelt. Schnecken und Muscheln sind kaum noch vorhanden.

Für den Dümmer wird das Vorkommen von 20 Fischarten gemeldet, davon zwei faunenfremde: Graskarpfen (*Ctenophoryngodon idella*) und Silberkarpfen (*Hypophthalmichtys molitrix*). Auffallend ist der hohe Bestand kleiner Weißfische (Cyprinidae). Für bodentierfressende Arten, wie z. B. Brassen (*Abramis brama*) und Plötze

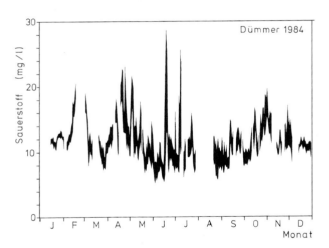

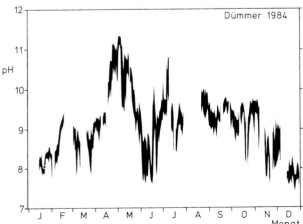

Jahresganglinien von Sauerstoff und pH-Wert nach kontinuierlichen Messungen am Dümmer 1984. – Die Bandbreite in vertikaler Richtung bezeichnet den Bereich der täglichen Schwankungen.

(*Rutilus rutilus*) werden hohe Wachstumsraten beobachtet, solange die Jungfische sich von Zooplankton ernähren. Mit der Umstellung der älteren Fische auf Bodennahrung tritt eine klare Wachstumsstagnation ein (vgl. Steinhuder Meer).

Sedimente

Die auchtochthonen Sedimente sind sehr kalkreich (bis etwa 30 % Kalk im Trockengewicht) und reich an organischen Substanzen (um 20 %).

Der Phosphatgehalt ist hoch (2–6 g P/kg). – Die obersten Lagen sind wasserreich (90–95 % Wassergehalt) und sehr mobil; sie werden durch Wellen leicht erodiert und suspendiert und in großen Mengen verfrachtet („Treibmudde"). Bevorzugte Sedimentationsgebiete sind – bei vorherrschend westlichen Winden – die meist wind- und wellengeschützten Bereiche vor dem Nordwest-, West- und Südufer. Der östliche Seeteil ist weitgehend frei von limnischen Sedimenten (s. Karte): Auf sandigem Untergrund lagert allenfalls vorübergehend eine dünne Lage Treibmudde.

Nutzung, Entwicklung und Schutzmaßnahmen

Das Dümmergebiet ist gemäß Abkommen von Ramsar „Feuchtgebiet von internationaler Bedeutung". Das Verlandungsgebiet am West- und Südufer sowie ein Teil des Ostufers einschließlich eines Teiles der offenen Wasserfläche stehen unter Naturschutz. Der See dient seit seiner Eindeichung als Hochwasserrückhaltebecken mit einer Speicherkapazität von $16 \cdot 10^6$ m^3. In den vergangenen Jahren haben die Erholungsnutzungen, die durch die Eindeichung erst ermöglicht wurden, zunehmend an Bedeutung gewonnen. Die Zahl der Gästeübernachtungen in den Seerandgemeinden wird auf jährlich über 500 000 geschätzt. 24 Segelclubs haben ihren Sitz am Dümmer. Auf dem See sind ca. 2 500 Boote registriert. Der Gebrauch von Verbrennungsmotoren auf dem Wasser ist verboten (Ausnahmen: Polizei, Rettungsfahrzeuge, Berufsfischerei, Jagd- und Naturschutzaufsicht). Im Winter wird Eissegelsport betrieben.

Der Dümmer hat in den vergangenen drei Jahrzehnten eine dramatische Entwicklung durchlaufen, die seinen Wert für den Naturschutz mindert und verschiedene Nutzungen beeinträchtigt. Diese Entwicklung ist gekennzeichnet durch

– eine rasante Eutrophierung bis an die Grenze einer maximal möglichen Algenentwicklung,

– das Verschwinden der ehemals reichen Unterwasserflora,

– die zunehmende Verschlammung infolge höherer Mobilität des Schlammes (Treibmudde) und infolge gestiegener Sedimentproduktion (Eutrophierung),

– die Verarmung der Bodenfauna,

– den Rückgang wirtschaftlich wichtiger Fischarten und den Rückgang der Fangerträge auf unter 10 kg/ha·a,

– den Rückgang der Bestände von Schilf (*Phragmites*) und Binsen (*Schoenoplectus*),

– die Verarmung des Zooplanktons,

– die Verarmung der Avifauna.

Der Beginn dieser Entwicklung fällt zeitlich etwa zusammen mit der Eindeichung im Jahr 1953, die daher oft ursächlich und allein dafür verantwortlich gemacht wird. Übersehen wird dabei die Bedeutung der rasanten Eutrophierung, die diese Veränderungen am Dümmer wesentlich mitverursacht hat.

Angesichts dieser Situation sind am Dümmer bereits eine Reihe von Sanierungs- und Schutzmaßnahmen durchgeführt worden. Die wichtigsten sind:

– Bau des Abwassersammlers Dümmer Ost, der die südöstlich und östlich gelegenen Gemeinden entsorgt und deren Abwässer vom See fernhält,

– Neubau und Verlegung der Kläranlage Damme aus dem Einzugsgebiet,

– Erweiterung der größten Kläranlage im Einzugsgebiet um eine Phosphatfällung,

– großflächige Entschlammung, die noch fortgeführt wird.

Die bisherigen Maßnahmen haben jedoch Entwicklung und Zustand des Dümmers nicht wesentlich beeinflussen können. Ein 1983 vorgelegter umfassender Sanierungsplan schlägt im wesentlichen vor:

– Verlegung des hochbelasteten Bornbaches aus dem Einzugsgebiet,

– Vorreinigung des Hauptzuflusses in einem 200 ha großen Schilfpoldersystem zur Festlegung von Nährstoffen,

– vorläufige Fortführung der Entschlammung,

– gezielte Fischbewirtschaftung zur Verringerung des Zooplankton fressenden Fischbestandes.

Eine Entscheidung über die Durchführung dieses Sanierungskonzeptes ist noch nicht getroffen.

Literatur

E. DAHMS (1972): Limnogeologische Untersuchungen im Dümmer-Becken im Hinblick auf seine Bedeutung als Natur- und Landschaftsschutzgebiet (Geologische Untersuchungen an niedersächsischen Binnenseen XXIX). – Nds. Landesamt für Bodenforschung, Hannover, 231 Seiten

J. POLTZ, W. WILLE (1977): Limnologische Untersuchung des Dümmers 1964–1974. – Mitt. aus d. Nds. Wasseruntersuchungsamt Hildesheim 2, 1–80

J. POLTZ (1982): Der Dümmer – Nutzungsansprüche, Probleme, Sanierungsmaßnahmen. – Mitt. aus d. Nds. Wasseruntersuchungsamt Hildesheim 8, 100–159.

W. RIPL (1983): Limnologisches Gutachten Dümmersanierung. – Institut für Ökologie/Limnololgie der TU Berlin, 154 Seiten.

In den genannten Arbeiten finden sich Hinweise auf zahlreiche weitere Veröffentlichungen über den Dümmer.

Seeburger See

Lage: R 35 81, H 57 15
Topographische Karte: L 4526 Duderstadt
Entstehung/Seetyp: Der Seeburger See ist ein durch Subrosion (Salzauslaugung im Untergrund) entstandener Flachsee.
Mischungsverhalten: polymiktisch
Höhe: 156,5 m ü NN
Oberfläche: 0,91 km²
Volumen: $2 \cdot 10^6$ m³
Tiefe max.: 4,2 m, mittl.: 2,2 m
Einzugsgebiet: 31,5 km²
Umgebungsfaktor: 34,6
Erneuerungszeit: ca. 100–120 Tage (Jahresmittelwert)
Ufer: Länge 3,6 km, Entwicklung 1,06

Einzugsgebiet

Das Einzugsgebiet des Seeburger Sees liegt im größtenteils lößbedeckten Buntsandsteingebiet des Untereichsfeldes. Wald ist in Bereichen mit oberflächlich anstehenden Buntsandstein und Muschelkalk anzutreffen. Die landwirtschaftlichen Flächen werden nur zum geringen Teil als Grünland, überwiegend ackerbaulich genutzt. Letztere sind z. T. stark erosionsgefährdet. Der intensive Ackerbau (Hackfrüchte, Getreide) führt vor allem im unmittelbaren Umland des Sees bei Hangneigungen bis zu 8–10 % zu starken Bodenabschwemmungen.

Die den See in west-östlicher Richtung durchfließende Aue bildet ein ständig wachsendes Delta aus überwiegend feinem, mineralischem Material. Die rezenten Sedimente sind infolge hoher allochthoner Anteile relativ mineralreich.

Der erhöhte mineralische Anteil dieser Sedimente läßt sich zurückführen auf die weitgehende Zerstörung der natürlichen Vegetationsdecke und dem daraus folgenden Bodenabtrag im Einzugsgebiet. Sie läßt sich zurückverfolgen bis zum Beginn der Besiedlung und die zunehmende landwirtschaftliche Nutzung des Eichsfeldes in historischer Zeit.

Ufer

Das Seeufer hat überwiegend natürlichen Charakter. Der fast den ganzen See umgebende Schilfgürtel (*Phragmites australis*) nimmt etwa 12 % der gesamten Seefläche ein. Er erreicht allerdings nur im Verlandungsgebiet des flacheren Westufers eine größere Ausdehnung. Dort finden sich auch seeseitig vorgelagerte Zonen mit Binsen (*Schoenoplectus lacustris*) und Rohrkolben (*Typha*).

Wasserchemismus und Trophiegrad

Der Seeburger See ist sehr kalkreich (80–120 mg/l Ca^{++}) und relativ sulfatreich (140–160 mg/l SO_4^{--}). Das Wasser ist somit gut gepuffert, so daß die Schwankungen des pH-Wertes relativ gering sind (7,5–8,7). Die Konzentrationen gelöster Phosphate schwanken im Jahresgang zwischen 90 und 250 µg/l P. Die Größe der Phosphat-

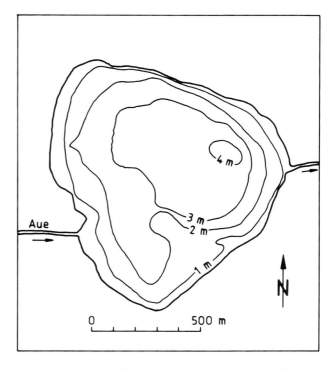

belastung aus dem Umland ist nicht bekannt und dürfte schwierig zu bestimmen sein, da sie wesentlich von Stoßbelastungen (Bodenabschwemmung von Ackerflächen) abhängt. So können nach Starkregenereignissen in den Zuflüssen Gesamt-Phosphatkonzentrationen von 500 µg/l P auftreten. Bei mittlerer Wasserführung sind jedoch die Konzentrationen in den Zuflüssen stets geringer als im See.

Allein schon der sehr große Umgebungsfaktor mit entsprechend hohen Wasserfrachten (sehr kurze Retentionszeit) garantieren eine ständige Verfügbarkeit von Phosphat. Der Seeburger See ist als eutroph bis polytroph zu bezeichnen. Hohe Produktionsleistungen des Planktons drücken sich aus in starken Schwankungen der Sauerstoffkonzentrationen (60–300 % des Sättigungswertes) und der Sichttiefe (1,0–2,5 m); letztere wird allerdings zeitweilig stark durch allochthone Einschwemmung beeinflußt.

Flora und Fauna

Im Phytoplankton dominieren im Frühjahr centrische Kieselalgen. Im Sommer sind Cryptomonaden (*Rhodomonas*, *Cryptomonas*) vorherrschend. Auffälligerweise fehlten Blaualgen in den Jahren 1980 und 1981.

Anläßlich der Fischuntersuchungen durch das Zoologische Institut der TU Braunschweig 1980/81 wurden 13 Fischarten festgestellt. Zahlenmäßig weitaus überwiegt der Brasse (*Abramis brama*). Im Vergleich zu anderen Gewässern existiert im Seeburger See ein sehr hoher Hechtbestand (*Esox lucius*). Auffälligerweise wurde bei

Seeburger See

diesen Untersuchungsfängen kein Zander (*Stizostedion lucioperca*) gefangen, obwohl der Seeburger See früher ein gutes Zandergewässer gewesen sein soll und obwohl 1979 und 1980 ein Besatz mit Jungzandern vorgenommen wurde.

Der Ufervegetation in der westlichen Verlandungszone ist ein Schwimmblattpflanzengürtel vorgelagert (*Nuphar lutea*). Bis zu Tiefen von maximal 2,5 m kommen submerse Wasserpflanzen vor (*Myriophyllum,* sowie überwiegend kammförmiges Laichkraut, *Potamogeton pectinatus*). Typisch für diesen Bereich ist das Vorkommen von Malermuscheln (*Unio*), Teichmuscheln (*Anodonta*), sowie der Wandermuschel (*Dreissena polymorpha*), die stellenweise Muschelbänke bildet.

Der Tiefenbereich ist von Wasserpflanzen und Muscheln unbesiedelt. Hier treten trotz zeitweiliger Sauerstoffmangelsituationen die größten Siedlungsdichten der sonstigen artenarmen Bodenfauna auf. Dominant sind unempfindliche Arten wie Zuckmückenlarven (*Chironomus plumosus*) und Schlammröhrenwürmer (*Tubifex tubifex*).

Sedimente

Weiche, z. T. sehr wasserreiche Sedimente sind im gesamten Seebecken unterhalb von etwa 2 m Wassertiefe, sowie im Bereich des Südwest- und Westufers verbreitet. Eine bevorzugte Sedimentation findet am Westufer statt (allochthone Einschwemmungen, seeinterne Verlagerung von autochthonem Material).

Bedeutung und Nutzungen

Der gesamte Seeburger See einschließlich eines Uferstreifens wurde 1976 zum Naturschutzgebiet erklärt. Seitdem wird keine Berufsfischerei mehr betrieben. In der Naturschutzverordnung werden auch die Nutzungen geregelt: Ein Angelverein übt die Fischereirechte aus, am Westufer liegt eine öffentliche Badestelle. Auf dem See sind insgesamt 60 Boote zugelassen. Außerhalb von Sperrzonen ist vom 1. Mai bis 15. Oktober Segeln gestattet.

Literatur

G. RÜPPEL u. Mitarbeiter (1981, 1982): Ökologische Bewertung des Naturschutzgebietes Seeburger See im Hinblick auf anthropogene Nutzungen (Wasser- und Ufernutzung). – Gutachten d. Zool. Institutes d. TU Braunschweig, 1. Teil (1981): 287 Seiten, 2. Teil (1982): 379 Seiten.

H.-J. STREIF (1970): Limnogeologische Untersuchung des Seeburger Sees (Geologische Untersuchungen an niedersächsischen Binnengewässern VII). – Beih. Geol. Jb. 83, 1–106

Steinhuder Meer

Lage: R 35 23, H 58 16
Topographische Karte: L 3520 Rehburg-Loccum, L 3522 Wunstorf
Entstehung/Seetyp: Das Steinhuder Meer ist ein durch Thermokarst entstandener Flachsee. Er ist fast ständig stark getrübt durch interne Sedimentumlagerungen und durch zeitweilig hohe Phytoplanktondichten
Mischungsverhalten: polymiktisch
Höhe: 37,9 m ü NN
Oberfläche: 29,1 km^2
Volumen: $40 \cdot 10^6$ m^3
Tiefe max.: 2,80 m, mittl.: 1,35 m
Einzugsgebiet: oberirdisch 80 km^2, unterirdisch unbekannt
Umgebungsfaktor: 1,8
Erneuerungszeit: 2,3 Jahre
Ufer: Länge 21,7 km, Entwicklung 1,13

Hydrologische Besonderheiten

Das Steinhuder Meer wird überwiegend aus dem Grundwasser gespeist. Die Größe des unterirdischen Einzugsgebietes und die Zutrittsstellen sind – von wenigen Ausnahmen abgesehen – nicht genau bekannt. Das zufließende Grundwasser ist daher nicht untersucht, so daß für den See bisher keine Nährstoffbilanz aufgestellt werden konnte.

Die im Verhältnis zum Volumen sehr große Wasseroberfläche ermöglicht einen intensiven Energieaustausch. Die Temperaturschwankungen im Wassr sind daher sowohl im Tages- als auch im Jahresgang sehr groß. Für norddeutsche Verhältnisse ungewöhnlich hohe Wassertemperaturen im Sommer von 25 °C werden regelmäßig erreicht, maximal über 28 °C. Temperaturschwankungen von mehr als 5 °C innerhalb eines Tages sind möglich. Die rasche Abkühlung im Herbst und im Winter ermöglicht – ebenfalls für Nordwestdeutschland ungewöhnlich – lange Eisperioden: Das Steinhuder Meer ist im langjährigen Mittel etwa 40 Tage im Jahr vollständig zugefroren. Die Eisbedeckung kann in milden Wintern ausfallen, sie kann im Extremfall drei Monate andauern.

Für die internen Sedimentverlagerungen und damit für die Verlandungsgeschichte des Sees sind die windinduzierten Strömungssysteme von entscheidender Bedeutung. Sie werden wesentlich beeinflußt durch das Relief des Seegrundes. Der Untergrund ist „tischeben" mit Ausnahme einer parallel zum Nordwestufer verlaufenden Rinne, die bis zu knapp 3 m tief ist. Sie hat die volkstümliche Bezeichnung „die Deipen".

Bei Wind – überwiegend aus südwestlicher und westlicher Richtung – wird das Wasser großflächig in Richtung des Windes bewegt. Die ausgleichende Rückströmung läuft wegen der Flachheit des Sees nicht in der Tiefe, sondern in den Deipen. In dieser Rinne läuft die Strömung

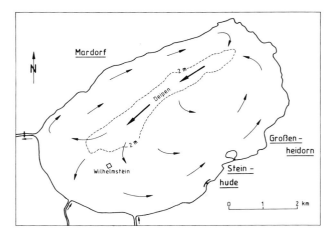

immer gegen den Wind; sie erreicht hier die höchsten im See auftretenden Strömungsgeschwindigkeiten (s. Karte). Die Deipen sind daher im Gegensatz zu anderen (z. T. künstlich geschaffenen) Vertiefungen im mineralischen Untergrund meistens frei von autochthonen Sedimenten.

Einzugsgebiet

Die Landfläche des oberirdischen Einzugsgebietes wurde im Lauf dieses Jahrhunderts durch wasserbauliche Maßnahmen mehrfach um insgesamt etwa ein Drittel verkleinert auf heute 51 km^2. Nur für das ehemalige Einzugsgebiet liegen Flächenangaben über die verschiedenen Nutzungen vor. Danach und nach Kartenunterlagen ergibt sich für das heutige Einzugsgebiet grob geschätzt folgende Flächenverteilung: Etwa 50–55% des Gebietes werden landwirtschaftlich genutzt, überwiegend als Ackerland. Rund 20% entfallen auf Wald, der am Nordufer durch Wochenendhausbebauung, Campingeinrichtungen und Gastronomiebetriebe z. T. stark zersiedelt ist. 15% sind ungenutztes Moor- und Bruchwaldgebiet. Der Anteil der Siedlungsflächen ist mit 10–12% relativ hoch.

Ufer

Auf rund 40% der gesamten Länge ist das natürliche Ufer zerstört durch Verbauung und Steganlagen (Ortsanlagen Steinhude, Großenheidorn), durch einen Deich („Uferpromenade" Südufer), durch künstliche Anlage und Aufspülen von Badestränden, intensive Erholungsnutzungen und Steganlagen (Nordwestufer). Am Nordostufer (Naturschutzgebiet Ostenmeer) existiert ein natürlicher, z. T. ausgedehnter Röhrichtgürtel auf sandigem Untergrund. Er besteht landseitig überwiegend aus Schilf (*Phragmites australis*), dem wasserseitig kleinere und größere Binsenhorste (*Schoenoplectus lacustris*) vorgelagert sind. Die südlich anschließenden größeren Schilfflächen (*Phragmites*) sind vor allem vor Großenheidorn z. T. vielfach zerteilt durch künstliche Schneisen, Fahrrinnen und Hafenanlagen. Am Nordufer gibt es nur noch schmale Reste einer natürlichen Ufervegetation mit Schilf (*Phragmites*), Binsen (*Schoenoplectus*) und Wasserschwaden (*Glyceria maxima*). Am Westufer findet sich eine ungestörte, z. T. üppige Verlandungsvegetation auf autochthonen Sedimenten. Die Bestände aus Schilf (Phragmites), Rohrkolben (Typha spp.), durchsetzt von zahlreichen Verlandungspionieren, schwimmen teilweise auf dünnflüssigem Schlamm. Sie gehen landseitig über in einen schmalen Bruchwaldstreifen mit Erlen (Alnus) und Weiden (Salix). Im westlichen Teil des Südufers im Bereich des Naturschutzgebietes „Hagenburger Moor" reicht Bruchwald mit überwiegend Erlen bis an die Wasserlinie.

Wasserchemismus und Trophiegrad

Das Steinhuder Meer ist ein mäßig kalkreiches Gewässer. Im Winter liegen die Hydrogenkarbonat-Konzentrationen bei 1,4–1,8 mmol/l, die Calciumwerte bei 45–50 mg/l Ca^{++}. Mit Beginn der Vegetationsperiode etwa ab März sinken die Calciumkonzentrationen infolge biogener Kalkfällung auf 35–40 mg/l Ca^{++}. Dieser gefällte Kalk wird allerdings offenbar nicht endgültig im Sediment deponiert, sondern weitgehend rückgelöst: Die Sedimente sind mit 0,5–1 % Calcium in der Trockensubstanz relativ kalkarm (s. u.).

Die Gesamtphosphat-Konzentrationen schwanken sehr stark in Abhängigkeit von der Menge suspendierter Sedimente. Unbekannt ist, welcher Anteil des in Sedimentpartikeln gebundenen Phosphates mobilisiert werden kann und damit für den Trophiestatus überhaupt relevant ist. Bei Windstille gemessene Konzentrationen von Gesamtphosphat (= frei gelöste plus im Plankton inkorporierte Phosphate) schwanken im Jahresgang zwischen etwa 90 und 250 µg/l P. Die Konzentration der gelösten Gesamtphosphate liegt im Jahresmittel bei 45 µg/l P und sinkt auch im Sommer nur selten unter 20 µg/l P ab. Dieser offenbar ausreichenden Phosphatversorgung entsprechen im Jahresgang die Schwankungen des pH-Wertes von 7,3–10,2 und der Sauerstoffkonzentrationen von 65–210 % des Sättigungswertes. Selbst bei Eisbedeckung wurden bis zu pH 8,9 (Januar 1980) und bis zu 160 % der Sauerstoffsättigung (Februar 1979) gemessen. Die Sichttiefe liegt im Mittel bei etwa 30 cm. Sie wird allein schon durch zeitweilig hohe Phytoplanktondichten oft auf weniger als 20–25 cm begrenzt und erreicht selbst bei Eisbedeckung nur selten Werte von mehr als 1 m. Dem entsprechen hohe Chlorophyllkonzentrationen von durchschnittlich 135 µg/l (35–250 µg/l). 1975/76 durchgeführte Produktionsmessungen ergaben eine mittlere Jahresproduktion von etwa 350 g $C/m^2 \cdot a$. Das Steinhuder Meer ist demnach als eutroph bis polytroph einzuordnen.

Flora und Fauna

Das Phytoplankton ist sehr artenreich, wobei die jahreszeitliche Abfolge dominierender Gruppen nicht der gewohnten Sukzession Kieselalgen-Grünalgen-Blaualgen-Kieselalgen entspricht. Einzelne Arten oder Gattungen aller genannten Gruppen kommen zu allen Jahreszeiten häufig vor. Ganzjährig dominierend sind Blaualgen, vor allem Oscillatoria redekei, sowie untergeordnet die Gattung Aphanizomenon. Beide können auch unter Eis zur Massenentwicklung kommen, wobei die auftreibenden Algen teilweise in der Eisdecke einfrieren. Die Algendichte kann dabei (Januar 1980) erstaunliche Werte erreichen von 6 500 Fäden/ml bei Aphanizomenon oder 20 000 Fäden/ml bei Oscillatoria. Zu den häufigsten Kieselalgen mit Entwicklungsschwerpunkt im Winter zählen Vertreter der Gattungen Diatoma, Synedra, Melosira, Asterionella und Stephanodiscus. Melosira und Synedra können aber zeitweilig auch im Sommer hohe Dichten erreichen. Von den zu allen Jahreszeiten sehr häufigen Grünalgen sind vor allem die Gattungen Scenedesmus, Pediastrum, Tetraedron und Oocystis zu nennen.

Alljährlich kommt es im Sommer mehrfach zu Massenentwicklungen planktischer Algen. Dem meist witterungsbedingten Zusammenbruch folgt regelmäßig eine starke, als „Gewässerverunreinigung" mißverstandene Schaumbildung auf dem See, vor allem aber am windexponierten Ufer.

Das Zooplankton ist ebenfalls sehr artenreich. Wie in anderen extrem flachen Seen erscheinen auch im Steinhuder Meer bei Wind oft am Boden lebende Organismen als passiv verfrachtete „Fremdlinge" im Plankton.

Eine Unterwasservegetation fehlt völlig. Ehemals – vor allem im Westteil des Sees – reiche Vorkommen sind vor etwa 25–30 Jahren verschwunden. Die Bodenfauna ist sowohl zeitlich als auch räumlich sehr ungleichmäßig verteilt. Muscheln – bisher acht nachgewiesene Arten – besiedeln nur den sandigen Untergrund im Ostteil des Sees. Etwa 20 Arten von Wasserschnecken wurden bisher gefunden. Sie fehlen fast vollständig im Bereich der offenen Wasserfläche und finden sich vor allem in geschützten Zonen im Uferbereich. Ebenso meiden Würmer und Insektenlarven den Bereich der offenen Wasserfläche. Die Siedlungsdichten können aus bisher unbekannten Gründen von Jahr zu Jahr außerordentlich großen Schwankungen unterliegen, was sich unmittelbar auf den Ernährungszustand und die Fangerträge z. B. beim Aal (Anguilla anguilla) auswirkt. Insgesamt muß das Zoobenthon als arm bezeichnet werden, was sich auch am Bestand bodentierfressender Fischarten zeigt (s. u.).

Seit 1977 treten regelmäßig im Sommer Massenentwicklungen des sessilen Moostierchens Plumatella fungosa auf. Die schwammartigen Kolonien können innerhalb von einigen Tagen bis wenigen Wochen vollständig die Netzreusen überwuchern und behindern somit die Fischerei. Die Kolonien sind ihrerseits dicht besiedelt von Zuckmückenlarven (Chironomiden). Die Kolonien sterben u. U. mehrfach im Jahr ab, wenn die Wassertemperatur etwa 15 °C unterschreitet.

Für das Steinhuder Meer wird das Vorkommen von 19 Fischarten gemeldet. Zwei davon sind eingebürgert: Zander (Stizostedion lucioperca) vor etwa 80 Jahren und Stint (Osmerus esperlanus) vor 40 Jahren. Der Bestand kleiner Weißfische (Cyprinidae) ist sehr hoch. Die Menge der bodentierfressenden Arten ist in so schlechtem Ernährungszustand, daß sie wirtschaftlich nicht genutzt werden kann. Hungerformen der Brassen (Abramis brama) werden seit alters her mit dem ortsüblichen Namen „Dünnchen" bezeichnet. Wirtschaftlich die wichtigsten Fische sind Aal, Zander und Hecht. Mehr als die Hälfte der Fänge sind unverkäufliche kleine „Weißfische".

Fischereilich gilt das Steinhuder Meer als gering bis allenfalls mäßig ertragreiches Gewässer.

Sediment

Das autochthone Sediment ist sehr reich an organischen Substanzen (um 45% des Trockengewichtes). Es ist auffallend kalkarm und nährstoffarm (0,1–0,2% P/Trockengewicht). Die obersten, mehrere Zentimeter mächtigen Lagen haben einen Wassergehalt von durchschnittlich 94% und sind dünnflüssig. Sie werden sehr leicht und oft aufgewirbelt und mit den oben beschriebenen Strömungen verfrachtet. Dabei wurden im Wasserkörper Trübstoffmengen bis zu 450 mg Trockensubstanz im Liter gemessen. Diese „Treibmudde" wird bevorzugt in wellen- und strömungsgeschützten Bereichen abgelagert. Das sind bei den vorherrschenden Windrichtungen natürlicherweise die Zonen vor dem West- und Südwestufer, wo auch die mächtigsten Sedimentablagerungen zu finden sind. Das Meer verlandet fortschreitend von West nach Ost. Der zentrale und der östliche Teil des Sees sowie die Deipen (s. o.) sind mit Ausnahme einer Schlammbank im Osten weitgehend frei von autochthonen Sedimenten. Zu bevorzugter Sedimentation kommt es auch in künstlich geschaffenen geschützten Bereichen: in Baggerlöchern und Fahrrinnen, in Schilfdurchstichen, an Hafen- und Steganlagen. Die Aufschlammung kann mehrere Zentimeter bis Dezimeter pro Jahr betragen und zu erheblichen Behinderungen des Wassersportes führen.

Nutzung und Schutzmaßnahmen

Die Fischereinutzung ist aufgeteilt unter drei Pächtern mit unterschiedlichen Rechten. Ein Haupterwerbsbetrieb mit mehreren Beschäftigten darf im gesamten See mit Netzen und Reusen fischen. Die etwa 20 im „Fischerverein" zusammengeschlossenen „Korbfischer" fangen nur mit Reusen an festgelegten Stellen. Der Landessportfischereiverband besitzt die Angelrechte, die nur vom Ufer aus oder in einer festgelegten ufernahen Zone ausgeübt werden dürfen. Freizeit und Erholungsnutzungen sind für die umliegenden Gemeinden von großer wirtschaftlicher Bedeutung. Der Besucherandrang führt an schönen Wochenenden regelmäßig zum Verkehrschaos in den Seerandgemeinden. Mehr als 20 Segelvereine haben ihren Sitz am Steinhuder Meer. Auf dem See sind etwa 7 500 Sportboote (überwiegend Segelboote) zugelassen. Der Gebrauch von Verbrennungsmotoren ist generell untersagt. Ausgenommen von diesem Verbot sind Fahrzeuge der Wasserschutzpolizei, des Rettungsdienstes, der Berufsfischer, eines gewerbsmäßigen Ausflugsverkehrs, der teilweise auf planmäßigen Linien betrieben wird, sowie der Bewohner der künstlichen Insel Wilhelmstein. Im Winter ist das Steinhuder Meer beliebtes Eissegelrevier. Das gesamte Ostufer einschließlich einer wasserseitigen Schutzzone stehen unter Naturschutz. An das Westufer grenzen die Naturschutzgebiete „Hagenburger Moor" und „Meerbruchwiesen".

Bisher durchgeführte Schutzmaßnahmen für das Steinhuder Meer beschränken sich weitgehend auf die Beseitigung von Abwassereinleitungen, z.B. der Gemeinschaftskläranlage des Abwasserverbandes Steinhuder Meer-Süd (1972) und der Kläranlage Bad Rehburg (1976). Die derzeitig bedeutendsten Belastungsquellen sind die Oberflächenentwässerungen der Ortslagen Steinhude und Großenheidorn. Bemerkenswert ist der freiwillige Verzicht der organisierten Segler auf jegliche Art von Reinigungsmitteln zur Pflege ihrer Boote.

Literatur

Die mitgeteilten Informationen über das Steinhuder Meer beruhen auf einer Vielzahl einzelner Publikationen, auf z. T. unveröffentlichten Berichten und neueren Untersuchungen, auf persönlichen Mitteilungen und Erfahrungen. Stellvertretend sei daher nur die Literatursammlung aus dem Jahre 1975 genannt:

W. MEYER (1975): Geo- und biowissenschaftliche Bibliographie zum Steinhuder Meer und seiner Umgebung. – Naturschutz und Landschaftspfl. Nieders. 2, 99 Seiten.

Zwischenahner Meer

Lage: R 34 34, H 58 97
Topographische Karte: L 2712 Westerstede,
L 2714 Varel, L 2912 Friesoythe, L 2914 Oldenburg
Entstehung/Seetyp: Das Zwischenahner Meer ist ein Flachsee vom Braunwassertyp. Die flache Seewanne mit relativ steilen Rändern ist vermutlich durch Salzablaugung im tieferen Untergrund entstanden.
Mischungsverhalten: polymiktisch
Höhe: 5,30 m ü NN,
Oberfläche: 5,5 km^2
Volumen: 13,5 · 10^6 m^3
Tiefe max.: 5,5 m, mittl.: 2,45 m
Einzugsgebiet: 96,4 km^2
Umgebungsfaktor: 16,5
Erneuerungszeit: stark schwankend zwischen 130 und 300 Tagen, im Mittel etwa 180 Tage
Ufer: Länge 9,3 km, Entwicklung 1,12

Einzugsgebiet

Das Einzugsgebiet des Zwischenahner Meeres liegt in der oldenburg-ostfriesischen Geest mit wenig ausgeprägtem Oberflächenrelief und geringem, nach Südwesten gerichtetem Gefälle. Feuchte bis nasse und organogene Böden sind vorherrschend (ca. 23 % Hoch- und Niedermoor). 70 % des Gebietes werden landwirtschaftlich genutzt, davon zwei Fünftel als Acker- und Baumschulflächen, der Rest als Grünland. Der Waldanteil liegt bei etwa 15 %. Im Einzugsgebiet liegt eine kommunale, mechanisch-biologische Kläranlage mit etwa 5 000 angeschlossenen Einwohnern bzw. Einwohnergleichwerten. Sie wird z. Zt. um eine weitergehende Reinigungsstufe zur Phosphatfällung erweitert.

Ufer

Das Ufer des Sees ist überwiegend natürlich oder naturnah. Fast der gesamte See ist umgeben von einem Röhrichtgürtel, der wegen der steilen Ränder des Seebeckens eine nur geringe Ausdehnung hat. Er besteht überwiegend aus Schilf (*Phragmites australis*) und nur zu geringen Anteilen aus Binsen (*Schoenoplectus lacustris*) und Rohrkolben (*Typha angustifolia*).

Wasserchemismus und Trophiegrad

Das Zwischenahner Meer ist ein mäßig kalkreiches, stark humoses Gewässer. Der Hydrogenkarbonatgehalt liegt im Winter bei etwa 2 mmol/l HCO_3^-, die Calciumkonzentrationen schwanken im Bereich 40–45 mg/l Ca^{++}. Die Sichttiefe ist allein schon wegen der braunen Eigenfärbung des Wassers gering; sie erreicht maximal nur 1,40 m.

Die Nährstoffbelastungen sind sehr hoch, was vor allem auf Auswaschungen aus den organogenen Böden im Einzugsgebiet zurückzuführen ist. Die Nährstoffkonzentrationen in den drei wichtigsten Zuflüssen steigen linear mit den Abflußmengen, die Frachten entsprechend exponentiell (Abb.). Das gilt für mineralische Stickstoff-

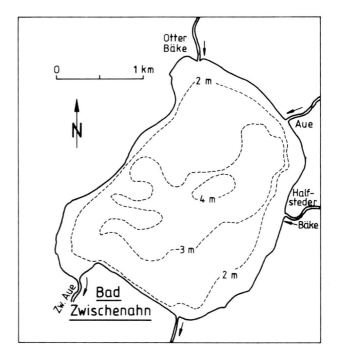

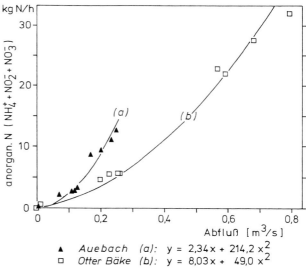

Abhängigkeit der Frachten anorganischer Stickstoffverbindungen vom Abfluß in Auebach und Otter Bäke.

verbindungen (Ammonium und Nitrat) ebenso, wie für Phosphate. Diese Beziehung wird in der Halfsteder Bäke z. Zt. noch überlagert durch die aus der o. g. Kläranlage stammende konstante Belastung. Die Funktion Nährstoffkonzentration in Abhängigkeit von der Abflußmenge entspricht hier bei geringen Wasserführungen einer Verdünnungskurve (Abb.).

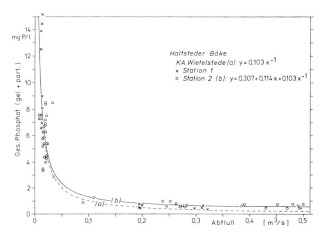

Abhängigkeit der Konzentration des Gesamt-Phosphates vom Abfluß in der Halfsteder Bäke.
Station 1: Mittellauf; Station 2: Unterlauf

Aufgrund der beschriebenen Beziehungen unterliegen die dem See zugeführten Nährstoffmengen in Abhängigkeit vom Abflußgeschehen außerordentlich großen Schwankungen. So lagen z. B. die Phosphatfrachten aller Zuflüsse (ohne den Anteil aus der Kläranlage) im Zeitraum April–Oktober des extrem trockenen Jahres 1976 bei 600 kg P, im abflußreichen Sommer 1979 bei rd. 6 400 kg P. Die Frachten mineralischer Stickstoffverbindungen für den gleichen Zeitraum April–Oktober betrugen 1976   14,9 t N, 1979 dagegen 194 t N.

Die höchsten Nährstoffbelastungen erreichen den See in den abflußreichen Wintermonaten. Er tritt daher mit einem hohen Nährstoffvorrat in die Vegetationsperiode ein mit Phosphatkonzentrationen von 300–400 μg/l P und Nitratkonzentrationen bis zu 6 000 μg/l N. Hinzu kommt im Sommer die interne Düngung aus dem Sediment, die offenbar über das Nitrat gesteuert wird: Sobald die Konzentration des (an der Sedimentoberfläche oxidierend wirkenden) Nitrates im Seewasser unter etwa 500–1 000 μg/l N absinkt, setzt eine Rücklösung von Phosphat und wahrscheinlich auch Ammonium aus dem Sediment ein. Das ist normalerweise spätestens etwa Ende Juni der Fall.

Aufgrund der reichlichen Nährstoffversorgung ist das Zwischenahner Meer polytroph. Im Jahresgang treten sehr große Schwankungen des pH-Wertes (6,3–10,65) und der Sauerstoffkonzentrationen (70–300 % des Sättigungswertes) auf.

Flora und Fauna

Im Phytoplankton dominieren im Frühjahr und Herbst die Kieselalgen (*Melosira, Asterionella*). Vor allem *Melosira* kann zeitweilig zur Massenentwicklung kommen. Sie ist gelegentlich (bei geringer Dichte der Blaualgen) auch im Sommer häufig. Grünalgen spielen nach Artenzahl und Dichte eine geringe Rolle. Alljährlich im Sommer – in der Regel etwa ab Juni/Juli, in trockenen, sonnenreichen Jahren schon ab Mai – kommt es zur Massenentwicklung von Blaualgen, wobei entweder *Microcystis* oder *Aphanizomenon* dominiert. Der Massenwechsel zwischen beiden Gattungen läßt sich mit dem Stickstoffhaushalt und der Bedeutung der Sedimente als interne Nährstoffquelle in Zusammenhang bringen: In Jahren, in denen Stickstoff zeitweilig zum limitierenden Faktor wird, weil das Sediment nicht ausreichend Ammonium liefert, übernimmt die stickstoffixierende Gattung *Aphanizomenon* die dominierende Rolle. In Sommern mit reichlicher interner Ammoniumversorgung aus dem Sediment überwiegt *Microcystis*.

Blaualgen neigen zum Auftreiben an die Wasseroberfläche. Sie können unter bestimmten Witterungsbedingungen lokal massenhaft zusammengetrieben werden und absterben. Dadurch verursachte Geruchsbelästigungen und lokale Fischsterben sind am Zwischenahner Meer aufgetreten.

Im Zooplankton kommen vor allem Arten vor, die entweder keine besonderen Ansprüche an ihren Lebensraum stellen oder solche, die eutrophe Gewässer bevorzugen. Massenentwicklungen wurden bisher nicht beobachtet. Als Charakterart des Zwischenahner Meeres kann das Kugelkrebschen (*Chydorus sphaericus*) gelten, das regelmäßig und teilweise häufig zu fast alle Jahreszeiten vorkommt. Die Art lebt in der Regel vorwiegend zwischen Pflanzen und am Boden des Uferbereiches von Gewässern. Sie tritt aber auch im echten Plankton auf, insbesondere – wie im Zwischenahner Meer – zu Zeiten sommerlicher Massenentwicklungen von Blaualgen. Regelmäßig und ebenfalls zeitweilig häufig sind die als typische Bewohner eutropher Gewässer bekannten Blattfußkrebse *Daphnia cucullata* und *Bosmina longirostris*. Als Anzeiger für Eutrophie gelten ferner die Rädertiere *Brachionus angularis* (regelmäßig April bis Juni, gelegentlich bis zum Herbst) und *Filinia longiseta* (etwa ab Juni bis Oktober).

Über Vorkommen und Verbreitung einer Unterwasserflora liegen keine neueren Angaben vor. Nach bisher nur stichprobenartigen Untersuchungen des Zoobenthons sind die Siedlungsdichten auf den weichen autochthonen Sedimenten im Bereich der offenen Wasserfläche höher als im Steinhuder Meer und im Dümmer. Von Insektenlarven deutlich bevorzugt werden ufernahe Bereiche mit Grobdetritus (z. B. Halmreste von Schilf). Muscheln wurden nur auf festem Substrat gefunden.

Sedimente

Die recht gleichmäßig im Seebecken verteilten autochthonen Sedimente sind feindetritisch und dunkel gefärbt (grauschwarz bis schwarz-oliv). Die obersten Lagen von etwa 4–5 cm Mächtigkeit sind von flüssiger Konsistenz bei einem Wassergehalt um 92 %. Sie sind reich an organischen Substanzen (30–35 % des Trockengewichtes) und ausgesprochen kalkarm. Der Phosphatgehalt ist mit 4,2–5 g P/kg Trockensubstanz hoch.

Im Sommer setzt eine starke Rückführung von Nährstoffen aus dem Sediment ein, die fast regelmäßig zu einem meßbaren Anstieg der Phosphatkonzentrationen im Seewasser führt. Die verstärkte Rücklösung beginnt in der Regel, wenn die Nitratvorräte im Wasserkörper erschöpft sind. Sie wird begünstigt durch warme, windarme Hochdruckwetterlagen, wenn kurzzeitige Schichtungen des Wasserkörpers auftreten mit Sauerstoffmangel im Bereich der Sedimentoberfläche. Die Sedimente übernehmen dann zeitweilig die dominierende Rolle bei der Nährstoffversorgung.

Nutzung, Entwicklung und Maßnahmen

Das Zwischenahner Meer wird wasserwirtschaftlich als Hochwasserrückhaltebecken genutzt. Es wird von einem Berufsfischer bewirtschaftet. Von herausragender Bedeutung sind die Erholungsnutzungen (Wassersport, Baden, Angeln). Der private Gebrauch von Bootsmotoren ist verboten. An der Nordbucht grenzt ein Naturschutzgebiet an den See, das über das Ufer hinaus in den See reicht. Das Befahren des gesamten Schilfgürtels einschließlich einer wasserseitigen Schutzzone ist untersagt.

Die Entwicklung des Zwischenahner Meeres seit der Jahrhundertwende wird durch mehrere ältere Planktonuntersuchungen recht gut belegt. Danach hat es bereits vor 85 Jahren im Frühjahr eine starke Entwicklung von Kieselalgen (*Melosira*) gegeben sowie Massenentwicklungen von Blaualgen im Sommer. Seitdem haben diese Massenentwicklungen an Dauer und Intensität zugenommen. Die Bedeutung der Grünalgen ist offenbar zurückgegangen und bei den Blaualgen haben nicht-stickstofffixierende Gattungen (*Microcystis, Oscillatoria*) gegenüber N-fixierenden Formen (*Anabaena, Aphanizomenon*) an Häufigkeit und Stetigkeit zugenommen. Damit wird eine zunehmende Eutrophierung indiziert, die sich auch in einer veränderten Sedimentqualität zeigt: Innerhalb der oberen 15 cm des Sediments nehmen von unten nach oben der Gehalt an organischen Substanzen von durchschnittlich 29 % auf 33 % des Trockengewichtes zu, der Phosphatgehalt von 3 auf 4,5 g P/kg Trockensubstanz.

Die wichtigste bisher durchgeführten Schutzmaßnahme war der Bau einer Abwasserringleitung (Fertigstellung 1973), die die Abwässer der Seeanrainer sammelt und der unterhalb des Meeres gelegenen Kläranlage Bad Zwischenahn zuführt. Um das erklärte Sanierungsziel – ein Zustand, der dem vor 80 Jahren entspricht – zu erreichen, sind weitere Maßnahmen erforderlich: Die im Einzugsgebiet etwa 10 km oberhalb des Zwischenahner Meeres liegende kommunale Kläranlage wird mit einer Phosphatfällung ausgerüstet. In einem Modellversuch werden die Möglichkeiten einer Phosphatfällung in den Seezuflüssen geprüft, um die Belastungen wenigstens während der relativ abflußarmen Zeit der Vegetationsperiode zu minimieren.

Literatur

H. O. GRAHLE, H. MÜLLER (1976): Das Zwischenahner Meer (Geologische Untersuchungen an niedersächsischen Binnengewässern V). – Oldenburger Jb. 66, 83–121.

H. NEUMANN (1973): Beiträge zur Limnologie des Zwischenahner Meeres. – Jb. vom Wasser 41, 163–186.

J. POLTZ (1983): Modellrechnungen zur Frage der Nährstoffbelastungen des Zwischenahner Meeres. – Mitt. aus d. Nds. Wasseruntersuchungsamt Hildesheim 9, 75–103.

J. POLTZ, E. JOB (1981): Limnologische Untersuchungen am Zwischenahner Meer und seinen Zuflüssen. – Mitt. aus d. Nds. Wasseruntersuchungsamt Hildesheim 6, 1–156.

5.7 Nordrhein-Westfalen

Das Land Nordrhein-Westfalen besitzt nur wenige stehende Gewässer natürlichen Ursprungs: Heideweiher und Altrheinarme im Niederrheingebiet. Durch Austorfung in historischer Zeit entstandene Flachseen liegen am Niederrhein und im westfälischen Flachland.

Um so größer ist die Zahl der Seen, die durch Abgrabung von Sanden und Kiesen in diesem Jahrhundert, vor allem nach dem 2. Weltkrieg entstanden sind. Mehrere Hundert große und kleine Baggerseen liegen vor allem in den Talauen der großen Flüsse. Zwei Dutzend Seen sind im Zuge der Rekultivierung der Restlöcher des rheinischen Braunkohletagebaues zwischen Köln und Aachen hergerichtet worden. Außerdem besitzt Nordrhein-Westfalen mehr als 70 Talsperren, von denen etwa die Hälfte der Trinkwasserversorgung dient.

Sehr viele Seen liegen in der Nähe von Ballungsgebieten und sind für die Naherholung wichtig.

Die Seen sind bisher nicht nach einheitlich festgelegten Programmen untersucht worden. Trinkwasser- und Badeseen unterliegen der regelmäßigen Kontrolle gemäß den EG-Richtlinien, die anderen werden nur aus besonderem Anlaß untersucht, z. B. wenn bestehende Nutzungen durch Eutrophierung gestört und Sanierungen erforderlich werden oder wenn Maßnahmen zur Verbesserung der ökologischen Verhältnisse vorbereitet werden. Schwerpunkte bisheriger Seenuntersuchung des Landesamtes für Wasser und Abfall und der Staatlichen Ämter für Wasser- und Abfallwirtschaft bilden Braunkohlerestseen in der Ville, Baggerseen im Münsterländer Kiessandzug und im Rheintal.

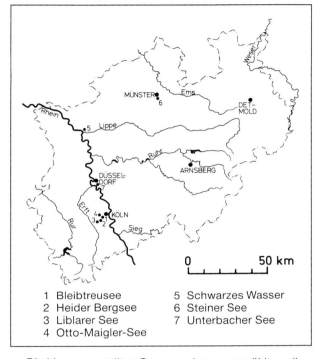

1 Bleibtreusee
2 Heider Bergsee
3 Liblarer See
4 Otto-Maigler-See
5 Schwarzes Wasser
6 Steiner See
7 Unterbacher See

Die hier vorgestellten Seen wurden ausgewählt, weil sie aufgrund ihrer Nutzung und Problematik über den Rahmen des Landes hinaus von Interesse sein können.

Heider Bergsee (Vordergrund) und Bleibtreusee (Hintergrund) im Rekultivierungsgebiet des rheinischen Braunkohletagebaus
Freigegeben durch:
Regierungspräsident Düsseldorf
Nr. 18 G 741

Bleibtreusee

Lage: R 25 60 62, H 56 34 12
Topographische Karte: L 5106
Entstehung/Seetyp: Braunkohle-Rekultivierungssee.
Der Bleibtreusee wurde 1975–77 im Zuge der Rekultivierung des ehemaligen Braunkohlentagebaugebietes „Ville" angelegt. Schon vorher befanden sich innerhalb der noch nicht völlig abgebauten Braunkohlenlagerstätte – im Bereich des heute vorhandenen Seebeckens – zwei kleinere Gewässer, die den nahegelegenen Brikettfabriken als Klärteiche dienten.
Bis 1980 bestand der See aus einem großen und einem kleinen Becken. Im Zuge von Sanierungsmaßnahmen wurde die beide Gewässer trennende Braunkohlewand abgetragen, so daß heute nur noch ein großes Seebecken vorhanden ist.
Mischungsverhalten: mono- bis dimiktisch, holomiktisch
Höhe: 95 m ü NN
Oberfläche: 0,709 km²
Volumen: $3,40 \cdot 10^6$ m³
Maximale Tiefe: 15,2 m
Mittlere Tiefe: 4,8 m
Umgebungsfaktor: 0,30
Erneuerungszeit: 1984 ca. 4 Jahre
Einzugsgebiet: 0,21 km²
Ufer: Länge: 3,65 km, Entwicklung: 1,22

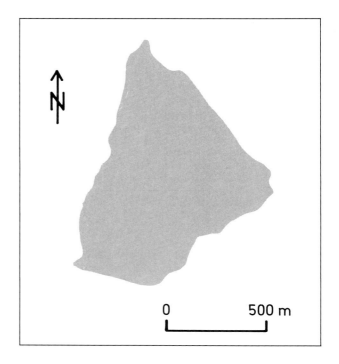

Einzugsgebiet
Der Bleibtreusee liegt im Braunkohlen-Rekultivierungsgebiet „Ville" unweit der Städte Brühl und Hürth bei Köln.

Das kleine, oberirdische Einzugsgebiet wird im wesentlichen durch die den See umgebenden Hänge begrenzt. Es wurde überwiegend mit Pappeln aufgeforstet, die z. T. mit anderen Laubgehölzen (Erlen, Birken) vergesellschaftet sind. Das Gelände ist bis auf ein kleines Sägewerk, einen Kiosk am Badestrand und Parkplätze unbebaut.

Nur 100 m vom See entfernt verläuft die Bundesstraße 265 (Köln-Erftstadt), die die Einzugsgebiete vom Bleibtreusee und Heiderbergsee voneinander trennt.

Das Gewässer wird über einen kleinen Zufluß vom Nordfeldweiher, von einer Grundwasserdrainage am Ostufer und mehreren Grundwasserquellen gespeist. Der See hat einen Abfluß, der in den nahegelegenen Heider Bergsee mündet.

Ufer
Abgesehen von einigen Abschnitten am West- und Südufer fallen alle Böschungen zum Wasser hin flach ab. Auch unter Wasser sind sie größtenteils nur schwach geneigt. Eine ausgedehnte Flachwasserzone bildet am Nordufer den Badestrand. Hier wurde Feinsand aufgeschüttet, während an den anderen Ufern kiesiges Substrat vorherrscht.

Der See wird von einem mehrfach unterbrochenen, dichten Gürtel von Erlen- und Weidengebüsch umgeben, an dessen Stelle am Nord- und Ostufer ebenfalls angepflanzte Sanddornsträucher treten. Im Bereich des Badestrandes wurden Rasenflächen angelegt.

Röhrichtzonen, die in früheren Jahren in der Südbucht vorkamen, konnten sich nach dem neuen Aufstau des Sees (s. u.) noch nicht neu entwickeln. Ebenso fehlen bisher auch Schwimmblatt- und Höhere Unterwasserpflanzen.

Wasserchemismus und Trophiegrad
Schon wenige Jahre nach seiner Erstfüllung zeigte der Bleibtreusee starke Eutrophierungserscheinungen, die Maßnahmen zur Verbesserung seiner Gewässergüte erforderlich machten. Bereits im Stadium der Entstehung hatte der See durch die ehemaligen Klärteiche eine hohe Vorbelastung an Nährstoffen, die noch durch von Abraumhalden beeinflußtes Grund- und Sickerwasser sowie von Staub und Niederschlägen verstärkt wurde. Nachdem das Seebecken im Rahmen eines umfangreichen Sanierungsprogrammes (s. u.) weitgehend entleert und mit Grundwasser einer nahegelegenen Wassergewinnung wieder aufgefüllt worden war, hat sich die Wasserbeschaffenheit zumindest vorübergehend deutlich gebessert. Wie aus der Tabelle hervorgeht, ist das Wasser

des Bleibtreusees nach der Sanierung deutlich ärmer an Nährstoffen und Sulfaten als vorher.

Parameter	Vor der Sanierung		nach der Sanierung	
	Mittelwert (n = 5)	Schwankungsbreite min max	Mittelwert (n = 12)	Schwankungsbreite min max
elektrische Leitfähigkeit (μS_{20}/cm)	1 050	986–1 164	611	595–626
Gesamt-P (μg/l)	197	100– 300	27	11– 54
Gesamt-N (μg/l)	1 480	1 100–1 900	634	
Chlorid (mg/l)	62	53– 70	35	
Sulfat (mg/l)	455	416– 502	141	130–156

Bleibtreusee: Physikalische und chemische Meßwerte ausgewählter Parameter vor der Sanierung (1980) und nach der Sanierung (1984).

Derzeit kann der Bleibtreusee als mesotroph klassifiziert werden, jedoch sind bereits erste Anzeichen einer neuen Eutrophierung unverkennbar.

Gegen Ende der Sommerstagnation sind über dem Seegrund wieder Sauerstoffmangelzonen aufgetreten und 1984 war erstmals die Entwicklung von Schwefelwasserstoff festzustellen. Der pH-Wert liegt im Epilimnion fast durchweg über 8 (max. 8,5) und geht im Tiefenwasser bis auf 7,4 zurück.

Die Konzentration von Gesamt-Phosphor betrug 1984 (Jahresmittel aller Tiefen) 45 μg/l; reaktiver Phosphor (im Mittel 14 μg/l) sank während stärkerer Algenentwicklung zeitweise bis unter die analytische Nachweisgrenze ab.

Der Calciumgehalt schwankte zwischen 92 und 104 mg/l, die HCO_3-Konzentration betrug 1984 während der Frühjahrszirkulation 3,44 mmol/l.

Der Chlorophyll a-Gehalt lag zwischen 1980 und 1984 jeweils bei 6,5 μg/l im Jahresmittel.

Seit der Sanierung ist das Wasser infolge schwacher Algenentwicklung meist klar; 1984 schwankte die Sichttiefe zwischen 2,3 und 4,2 m.

Im Bleibtreusee ist, ebenso wie in den anderen hier beschriebenen Seen des Braunkohletagebaugebietes, Phosphor produktionslimitierender Faktor.

Nach überschlägigen Berechnungen beträgt die P-Flächenbelastung etwa 250 mg/m^2 · a. Davon entfallen

auf den Eintrag durch oberirdische Zuflüsse	2 %
Grundwasser und Sickerwasser	20 %
Depositionen	78 %

Bemerkenswert ist der hohe Anteil von Staub und Niederschlag, der nach Messungen der Landesanstalt für Immissionsschutz NW im Mittel 194 mg/m^2 · a ausmacht und auf Emissionen des nahegelegenen Industriegebietes zurückzuführen ist. Bisher ist jedoch unbekannt, inwieweit der durch Niederschläge eingetragene Phosphor algenverfügbar ist und sich auf den Trophiegrad auswirkt.

Ein weiteres Gefährdungspotential stellt möglicherweise ein Massenrastplatz von Möwen in Seemitte dar. Außerhalb der Brutzeit versammeln sich dort oft über 1 000 Vögel, die ihre Nahrung auf der nahegelegenen Mülldeponie der Stadt Köln suchen. Ihr Einfluß auf die Eutrophierung kann derzeit noch nicht quantifiziert werden.

Flora und Fauna

Nach der Neufüllung des Sees hat sich die Artenzusammensetzung des Planktons verändert. Herrschten früher Grün- und Blaualgen vor, die im See oft Wasserblüten bildeten, so kommt es heute nur gelegentlich zur Massenentwicklung einzelner Algenarten, z. B. von *Dinobryon, Asterionella* und *Cyclotella*. Im Sommer 1983 trat allerdings die eutrophieanzeigende Blaualge *Aphanizomenon flos-aquae* zahlreich auf.

Ferner kommen häufig vor: Cryptomonaden, die Goldalgen *Mallomonas akrokomos* und *Synura* sowie Grünalgen der Gattung *Monoraphidium*.

Im Zooplankton dominieren die Rädertiere *Polyarthra vulgaris* und *Keratella cochlearis* sowie die Kleinkrebse *Bosmina longirostris, Daphnia galeata* und *D. longispina*.

Sediment

Der Seeboden besteht aus Braunkohle, der eine nur wenige Zentimeter starke schwarzbraune Sedimentschicht aufgelagert ist. Der Wassergehalt mehrerer Proben aus der oberen Sedimentschicht betrug im Mittel 63,3 %, der Glühverlust 50,9 % des Trockenrückstandes (TR) bei einem P-Anteil von 0,29 % d. TR.

Nutzung, Bedeutung und Maßnahmen

Der Bleibtreusee wurde mit dem Ziel angelegt, ein Gewässer für die Familienerholung zum Nulltarif zu schaffen. Die Trägerschaft dieses Naherholungsgebietes, in dem neben dem Bleibtreusee auch die in dieser Broschüre beschriebenen Gewässer Liblarer See, Heider Bergsee und Otto-Maigler-See liegen, hat der Zweckverband Naturpark Kottenforst-Ville übernommen.

Der See wurde zum Baden, Weichbootfahren, Surfen und für transportable Kleinsegelboote freigegeben. Im Gegensatz zu anderen Seen im ehemaligen Braunkohlentagebau wurde hier auf die Einrichtung eines landschaftsverbrauchenden Campingplatzes verzichtet. Um störenden Autoverkehr fernzuhalten, wurde der Parkplatz ca. 400 m vom Seeufer entfernt angelegt, so daß Surfbretter und Boote per Hand oder mit Hilfe von Trailern zum Gewässer transportiert werden müssen.

Für die einzelnen Nutzungsarten sind verschiedene Gewässerbereiche vorgesehen. Am Nordufer wurde ein Badestrand mit Flachwasserzone, Liegewiesen, Toilettenhaus und Kiosk hergerichtet. Nach Osten schließt sich ein Abschnitt an, in dem Surfen und Weichbootfahren zugelasen sind. Die übrigen Seeufer, die wohl von einem Rundweg her einsehbar, aber nur teilweise zugänglich sind, sollen der stillen Erholung und als Refugium für störanfällige Pflanzen- und Tierarten dienen.

Da die Eutrophierung des neugeschaffenen Sees schon nach wenigen Jahren zu unerwünschten Störungen wie Wassertrübung und starke Algenentwicklung führte, wurde 1980 ein mehrstufiges Sanierungsprogramm durchgeführt.

Es umfaßte folgende Maßnahmen:

– Ableitung eines nährstoffreichen Zuflusses aus dem Einzugsgebiet

– Abpumpen des Seewassers bis auf ein nicht entfernbares Restvolumen von etwa 150 000 m^3

– Behandlung des Restwassers mit Sachtoklar (vorhydrolisiertes Aluminiumchlorid, Aufwandmenge 100 g/m^3 Wasser) zur Phosphorfällung und Verzögerung der P-Remobilisierung aus dem Sediment

– Neufüllung des Sees mit nährstoffärmerem Grundwasser, das über eine Rohrleitung von einer nahegelegenen Brunnengalerie geliefert wurde.

Die Seetherapie hat sich bisher positiv auf den Zustand des Sees ausgewirkt. Es ist derzeit jedoch noch nicht abzuschätzen, welche Bedeutung der Phosphoreintrag über Depositionen für die erneute Eutrophierung hat.

Heider Bergsee

Lage: R 25 61 15, H 56 33 00
Topographische Karte: L 5106
Entstehung/Seetyp: Braunkohle-Rekultivierungssee
Der Heider Bergsee ist, ebenso wie Bleibtreusee, Liblarer See und Otto-Maigler-See im Anschluß an den Abbau von Braunkohle entstanden.
Nach Verfüllung der ausgedehnten Bodenvertiefungen mit Abraum blieben Restlöcher übrig, die sich mit Grundwasser füllten und heute im Ville-Gebiet bei Köln eine künstliche Seenplatte bilden.
Der Heider Bergsee entstand 1965.
Mischungsverhalten: dimiktisch, die flachen Seitenarme polymiktisch
Höhe: 95 m ü NN
Oberfläche: 0,349 km^2
Volumen: $1,71 \cdot 10^6$ m^3
Tiefe max.: 8,8 m, mittl.: 4,9 m
Wegen der noch ungenügend bekannten hydrologischen Verhältnisse (Zufluß, Grundwasser) können keine exakten Angaben über die Größe des Einzugsgebietes und die Erneuerungszeit gemacht werden.
Ufer: Länge: 4,85 km, Entwicklung: 2,32

Einzugsgebiet

Der Heider Bergsee liegt in der Wald-Seen-Landschaft der Ville westlich von Brühl. Das Seebecken ist windgeschützt und z. T. von dicht bewaldeten Hügeln umgeben, die sich bis zu 25 m über den Seespiegel erheben. Der Wald setzt sich aus verschiedenen Laubhölzern, vor allem Rote Eiche und Buche, zusammen, in die kleinere Bestände von Kiefern und Lärchen eingesprengt sind. Die Ufer werden von Erlen und Weiden gesäumt.

Die unmittelbare Umgebung des Sees ist bis auf einige Freizeiteinrichtungen unbebaut, jedoch reichen die Siedlungen Heide und Roddergrube bis etwa 200 m an den See heran.

Am Nordufer befindet sich ein Segelhafen mit 50 Liegeplätzen und das Clubheim eines Angelsportvereins. Am östlichen Seitenarm des fjordartig auslaufenden Sees wurde ein Freibadgelände eingerichtet, dem ein Campingplatz angegliedert ist.

Der Heider Bergsee erhält Zufluß vom Schluchtsee und vom Bleibtreusee und wird außerdem vom Grundwasser gespeist. Er entwässert über einen Abfluß am Nordufer.

Ufer

Die Ufer fallen unter Wasser überwiegend steil ab, jedoch nur bis zu einer Tiefe von etwa 3–4 m, so daß hier gute Entwicklungsmöglichkeiten für submerse Makrophyten gegeben sind. Während Röhricht- und Schwimmblattpflanzen nur lokal vorkommen, finden sich ausgedehnte Bestände untergetauchter Wasserpflanzen.

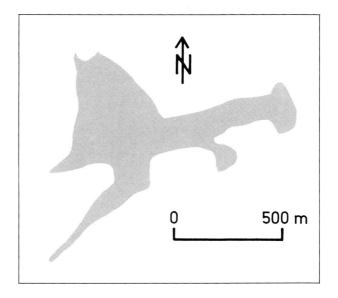

Wasserchemismus und Trophiegrad

Die Wasserbeschaffenheit des Heider Bergsees wird ebenso wie die der anderen Braunkohle-Rekultivierungsseen, maßgeblich von den Bodenarten beeinflußt, mit denen das Seewasser und das zufließende Grundwasser in Berührung steht. Hierbei handelt es sich besonders um Liegendton, Braunkohle und Abraummaterial variabler Zusammensetzung. Kennzeichnend für solche Wässer sind hohe Gehalte an Sulfat, Calcium und eine hohe elektrische Leitfähigkeit.

Der Sauerstoffhaushalt des Heider Bergsees ist gekennzeichnet durch zeitweilige Übersättigung in der trophogenen Zone und niedrige Sauerstoffkonzentrationen im Tiefenwasser während der Sommerstagnation. Bisher traten jedoch keine anaeroben Verhältnisse auf.

Der pH-Wert liegt im neutralen bis leicht alkalischen Bereich. Die Tabelle gibt eine Übersicht über die Schwankungsbreite der physikalisch-chemischen Meßwerte.

Über den Nährstoffhaushalt des Heider Bergsees können derzeit noch keine quantitativen Angaben gemacht werden. Der Nährstoffeintrag erfolgt hauptsächlich über die Zuflüsse und über Niederschlag, während demgegenüber diffuse Quellen von untergeordneter Bedeutung sein dürften. Eine erhebliche Eutrophierungsquelle stellte bis zu Beginn der 80er Jahre der Abfluß des Bleibtreusees dar. Inzwischen ist durch die Sanierung dieses Gewässers auch der Nährstoffgehalt im Abfluß stark zurückgegangen.

Zur Bestimmung des Trophiegrades lassen sich hier nicht alle der üblicherweise verwendeten Parameter heranziehen. Da sich die Eutrophierung bisher nicht in der Zunahme des Phytoplanktongehalts, sondern in starker Verkrautung der Uferzone äußerte, eignet sich die Sichttiefe, die zwischen 3,80 m und 6,20 m schwankt, ebensowenig wie der Chlorophyllgehalt (1–4 µg/l) als Beurteilungskriterium. Aufgrund der mittleren Gesamt-P-Konzentration von 23 µg/l und des niedrigen Sauerstoffgehalts über dem Seegrund am Ende der Sommerstagnation kann der Heider Bergsee als mesotroph klassifiziert werden, doch deutet die starke Makrophytenentwicklung und die Zunahme von fädigen Grünalgen in der Uferzone den Übergang zu eutrophen Verhältnissen an.

Parameter		Minimum	Maximum	Zahl der Messungen
reaktives Phosphat-P	(µg/l)	< 3	15	22
Gesamt-P	(µg/l)	10	46	22
Ammonium-N	(µg/l)	10	140	22
Nitrat	(µg/l)	25	226	22
Kieselsäure, gel.	(mg/l)	0,7	2,9	12
Sulfat	(mg/l)	418	511	22
Chlorid	(mg/l)	28	34	22
Calcium	(mg/l)	169	193	19
Magnesium	(mg/l)	32	38	14
TOC, filtr.	(mg/l)	9,3	10,0	5
pH		7,1	8,2	28
HCO_3^-	(mmol/l)	2,8	3,44	5
elektrische Leitfähigkeit	($µS_{20}$/cm)	1 015	1 313	28

Heider Bergsee: Physikalische und chemische Meßwerte (1980–83).

Flora und Fauna

Das Phytoplankton ist artenreich, aber durchweg individuenarm. Es dominieren die Kieselalgen (*Diatoma elongatum, Asterionella formosa* und *Cyclotella*-Arten sowie die Chrysophyceen *Dinobryon sociale, Chrysococcus* sp. div. u. a.

Im Zooplankton herrschen Rädertiere vor, insbesondere *Asplanchna priodonta, Keratella cochlearis, Polyarthra vulgaris*). In der reich entwickelten Zone der Unterwasser-Makrophyten dominiert eine aus Nordamerika eingeschleppte Tausendblattart: *Myriophyllum heterophyllum*. Sie besiedelt nahezu die gesamte Uferzone bis in Tiefen von 6 m. Armleuchteralgen (Characeen) und Hornblatt *(Ceratophyllum demersum)* sind ebenfalls in der Verlandungszone zu finden, aber mit geringerer Häufigkeit.

Fädige Grünlagen *(Oedogonium, Cladophora)* breiten sich zunehmend aus und überwuchern bereits die Höheren Wasserpflanzen. Bei ihrer weiteren Zunahme ist zu erwarten, daß sich die Lichtbedingungen für die submersen Makrophyten verschlechtern, so daß diese allmählich zurückgedrängt werden und sich stattdessen Phytoplankter stärker entwickeln werden.

Das Zoobenthon wurde bisher noch nicht untersucht.

Sediment

Das Sediment ist dunkelbraun gefärbt, geruchlos und enthält nur einen geringen Anteil organischer Stoffe.

Zwei im März 1981 und August 1983 in Seemitte genommene Mischproben hatten einen Wassergehalt von 69 bzw. 73 %, einen Glühverlust (550 °C) von 2,1 bzw. 8,1 % des Trockenrückstandes und einen Phosphorgehalt von 127 bzw. 159 mg/kg. Bisher wurde keine Faulschlammbildung festgestellt, jedoch war das Sediment besonders in Ufernähe reich an Pflanzenteilen abgestorbener Makrophyten.

Nutzung, Bedeutung und Maßnahmen

Der Heider Bergsee gehört zum Erholungsgebiet der Ville und wird vor allem wassersportlich genutzt (Segeln, Kanufahren, Rudern, Weichbootfahren). Motorboote und Surfen sind nicht zugelassen. Baden, Freizeitfischerei, Tauchen und Wandern werden als weitere Freizeitaktivitäten ausgeübt.

Die starke Verkrautung der Uferzone hat das Segeln zeitweise erheblich behindert. Aus diesem Grunde wurde ein mobiles Unterwasser-Mähboot („Seekuh") angeschafft, mit dem während der Segelsaison die starke *Myriophyllum*-Entwicklung bekämpft wird. Das Mähgut wird auf Container geladen und aus dem Einzugsgebiet des Gewässers entfernt.

Literatur:

Höhere Forstbehörde & Regierungspräsident Köln (Hrsg.) (1978): Das Wald-Seen-Gebiet der Ville im Naturpark Kottenforst-Ville.

Liblarer See

Lage: R 25 58 70, H 56 31 50
Topographische Karte: L 5106
Entstehung/Seetyp: Braunkohle-Rekultivierungssee, 1950 entstanden
Mischungsverhalten: dimiktisch, holomiktisch
Höhe: 98,4 m u NN
Oberfläche: 0,533 km^2
Volumen: 2,7 · 10^6 m^3
Tiefe max.: 12,3 m, mittl.: 5,1 m
Wegen der noch ungenügend bekannten hydrologischen Verhältnisse in dieser anthropogenen Landschaft können keine exakten Angaben über die Größe des Einzugsgebietes und die Erneuerungszeit gemacht werden.
Ufer: Länge: 2,9 km, Entwicklung: 1,12

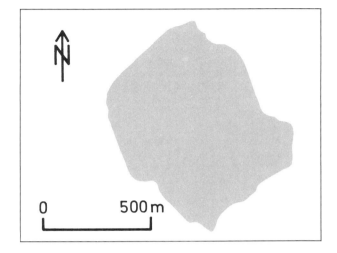

Einzugsgebiet
Der Liblarer See wird durch Niederschlags- und Grundwasser gespeist, oberirdische Zu- und Abflüsse sind nicht vorhanden.

Das oberirdische Einzugsgebiet des Gewässers ist klein.

Da die Grundwasserverhältnisse in der Umgebung des Sees noch ungenügend untersucht sind, können über die Höhe des Grundwasserzuflusses und den Nährstoffeintrag durch Grundwasser keine Angaben gemacht werden.

Obwohl von ausgedehnten, vorwiegend aus Pappeln und Birken zusammengesetzten Baumbeständen umgeben, liegt der See ziemlich windexponiert, da die Uferböschungen nur schwach geneigt sind. Das Gewässer liegt unweit der Ortschaft Liblar unmittelbar an der stark befahrenen Bundesstraße 265. Abgesehen von einigen eingezäunten Freizeiteinrichtungen sind die Seeufer unbebaut und von einem dicht am Wasser vorbeiführenden Rundweg aus erreichbar.

Ufer
Die Uferböschungen sind befestigt und teilweise naturnah ausgebaut. Die Verlandungszone ist nur schwach entwickelt. Zwar säumt ein mit Weidengebüsch *(Salix sp.)* Seggen, vor allem *Carex gracilis*, Ästiger Igelkolben *(Sparganium erectum)* und Flatterbinse *(Juncus effusus)* bepflanzter Makrophytengürtel fast den ganzen Uferbereich, doch dehnen sich diese Bestände nicht nennenswert zur Wasserseite aus. Schilf *(Phragmites australis)* tritt nur sporadisch auf. Schwimmblattpflanzen fehlen weitgehend. Submers haben sich Armleuchteralgen (Characeen) ausgebreitet, die teilweise von Fadenalgen überwuchert werden. Bemerkenswert ist ein kleiner Bestand des nur noch selten vorkommenden Nadel-Sumpfrieds *(Eleocharis acicularis)* am Südufer.

Wasserchemismus und Trophiegrad
Der Liblarer See hat einen niedrigeren Sulfatgehalt als der benachbarte Heider Bergsee. Die Konzentrationen schwankten im Untersuchungszeitraum 1980–83 von 362 bis 484 mg/l.

Der pH-Wert liegt meist im schwach alkalischen Bereich über pH 7, steigt aber bei stärkerer Algenentwicklung bis 8,4 an.

Das Hyplimnion ist noch ganzjährig aerob, jedoch geht der Sauerstoffgehalt am Ende der Sommerstagnation stark zurück. Im Liblarer See wirkt Phosphor produktionslimitierend. Der Phosphorgehalt betrug 1980–83 im Mittel 7 µg/l für reaktives Phosphat-P und 27 µg/l für Gesamt-P. Während der Vegetationsperiode war reaktives Phosphat in der tropogenen Zone zeitweise nicht nachweisbar.

Die Tabelle informiert über die Ergebnisse hydrochemischer Messungen.

Parameter		Minimum	Maximum
Reaktives PO$_4$-P	(µg/l)	< 3	36
Gesamt-P	(µg/l)	6	160
Ammonium-N	(µg/l)	78	760
Nitrit-N	(µg/l)	3	18
Nitrat-N	(µg/l)	108	927
Kieselsäure gel.	(mg/l)	0,7	4,9
Sulfat	(mg/l)	362	484
Chlorid	(mg/l)	32	35
Calcium	(mg/l)	136	149
Magnesium	(mg/l)	30	33
TOC, filtr.	(mg/l)	13	15
pH		6,7	8,4
HCO$_3^-$	(mmol/l)	1,75	2,16
elektrische Leitfähigkeit		811	882

Liblarer See: Physikalisch und chemische Meßwerte (1980–83, 10 Messungen).

Die Phytoplanktonproduktion war meist gering. Die Chlorophyll a-Werte lagen im Mittel unter 5 µg/l. Lediglich im Litoral wurden gelegentlich höhere Konzentrationen gemessen (max. 16 µg/l). Die geringe planktische Primärproduktion äußert sich auch in relativ hoher Wassertransparenz. So betrug die Sichttiefe im Mittel 2,8 (1,1–5,7 m). Derzeit kann der Liblarer See als mesotroph eingestuft werden.

Flora und Fauna

Das Phytoplankton war artenreich, oft jedoch individuenarm. In größerer Dichte traten zeitweilig *Peridinium willei*, verschiedene *Dinobryon*-Arten und centrische Kieselalgen (*Cyclotella*) auf. Im artenarmen Zooplankton dominierten die Rädertiere *Polyarthra vulgaris* und *Keratella cochlearis* sowie die Kleinkrebse *Ceriodaphnia pulchella* und *Bosmina longirostris*. Das Zoobenthon ist bisher noch nicht untersucht worden.

Sediment

Der Seeboden besteht größtenteils aus anstehender Braunkohle, die auf einer wasserundurchlässigen Tonschicht liegt. Die nur wenige Millimeter mächtige, autochthone Sedimentschicht ist arm an organischen Stoffen (Glühverlust 2,7 % d. Trockenrückstands).

In Ufernähe enthält der Boden einen hohen Kies- und Sandanteil.

Nutzung, Bedeutung und Maßnahmen

Der Liblarer See ist, ebenso wie die anderen größeren Seen des Ville-Gebietes, für die Naherholung der Bevölkerung im Ballungsraum Köln sehr wichtig.

Am Nordufer besteht ein Freibad, dem ein Campingplatz angeschlossen ist. Der am Ostufer gelegene Segelhafen hat 100 Liegeplätze. Weitere Nutzungsarten sind Kanu- und Rudersport (60 Boote) sowie Freizeitfischerei. Alle Nutzungen obliegen der Aufsicht der Landesforstverwaltung.

Da das Gewässer bisher eine befriedigende Beschaffenheit aufweist und noch keine Nutzungsbeeinträchtigungen durch Eutrophierung aufgetreten sind, sind vorläufig keine Restaurierungsmaßnahmen erforderlich.

Literatur:

Höhere Forstbehörde & Regierungspräsident Köln (Hrsg.) (1978): Das Wald-Seen-Gebiet der Ville im Naturpark Kottenforst-Ville. – Eine Dokumentation. Bonn und Köln

Otto-Maigler-See

Lage: R 25 58 75, H 56 38 00
Topographische Karte: L 5106
Entstehung/Seetyp: Braunkohle-Rekultivierungssee, 1977 durch den Abbau von Braunkohle entstanden und eines der jüngsten stehenden Gewässer der Ville.
Mischungsverhalten: holomiktisch, polymiktisch, im Bereich der größten Seetiefe meist dimiktisch.
Höhe: 88,5 m ü NN
Oberfläche: 0,505 km^2
Volumen: 1,77 · 10^6 m^3
Tiefe max.: 7,4 m, mittl.: 3,5 m
Wegen der ungenügend bekannten hydrologischen Verhältnisse in dieser anthropogenen Landschaft können keine exakten Angaben über die Größe des Einzugsgebietes und die Erneuerungszeit gemacht werden.
Ufer: Länge: 4,9 km, Entwicklung: 1,95

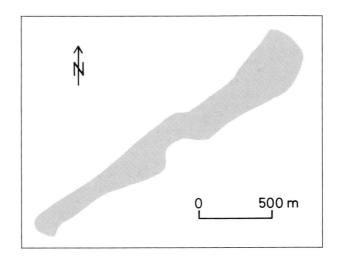

Einzugsgebiet

Das Gewässer liegt nördlich des Industriegebietes von Knapsack und wird von den Hürther Ortsteilen Gleuel, Berrenrath und Burbach umgeben.

Das langgestreckte, windexponierte Seebecken verläuft von Südwest nach Nordost. Das oberirdische Einzugsgebiet ist relativ klein und umfaßt im wesentlichen die mit verschiedenen Laubgehölzen bepflanzten Uferböschungen und im Nordwesten ein neu aufgeforstetes Waldgebiet, das durch einen Bach, der an der Nordspitze in den See mündet, entwässert wird. Dieser Zulauf weist eine im Jahresverlauf stark schwankende Wasserführung auf, im Sommer fällt er meist trocken.

Mehrere kleinere Zuläufe, Grundwasserdrainagen, die teilweise durch Abraumkippen beeinflußt werden, münden am Südufer. Am Ortsrand von Gleuel, am Nordufer, befindet sich ein Freibad mit angeschüttetem Sandstrand, Liegewiesen und kleinen Bauten (Kiosk, Umkleidekabinen etc.). Das übrige Einzugsgebiet ist unbebaut.

Nur 500 m vom Seeufer entfernt liegt eine Brikettfabrik, deren Emissionen nicht selten den Seespiegel mit einer dünnen Kohlenstaubschicht bedecken.

Ufer

Um den See führt ein Rundweg, von dem aus alle Uferpartien bequem erreichbar sind. Die Böschungen fallen bis zum Wasser nur leicht ab und sind auch unter Wasser überwiegend schwach geneigt. Ausgedehnte Röhrichtzonen haben sich bisher noch nicht entwickelt. Kleinere Bestände von Schilfrohr *(Phragmites australis)*, Rohrkolben *(Typha latifolia* und *T. angustifolia)* und Flatterbinsen *(Juncus effusus)* wachsen besonders am Ostufer. An der Nordspitze des Sees, nahe der Einmündung des Zuflusses hat sich eine dicht mit verschiedenen Binsenarten bewachsene Feuchtfläche entwickelt. Die Uferböschungen sind überwiegend mit Gräsern bewachsen, werden aber nach und nach mit Rosensträuchern, Sanddorn und Binsen bepflanzt.

Wasserchemismus und Trophiegrad

Infolge der häufigen Zirkulation sind die Inhaltsstoffe überwiegend gleichmäßig im Wasserkörper verteilt. Nur in tieferen Seeteilen, wo sich meist eine stabile thermische Schichtung einstellt, treten bei einigen Parametern (N, P, Leitfähigkeit u. a.) Konzentrationsmaxima über dem Seegrund auf.

Bis 1983 war das Pelagial ganzjährig aerob. Erst 1984 wurden an tiefen Stellen Sauerstoffmangelzonen festgestellt, die im Zusammenhang mit dem weiträumigen Absterben submerser Makrophyten stehen. Während in früheren Jahren das Epilimnion wiederholt sauerstoffübersättigt war (maximal 212 % im August 1981), blieb der Sauerstoffgehalt 1984 unter dem theoretischen Sättigungswert. Der Gesamt-P-Gehalt ist im Vergleich zu anderen Seen der Ville als relativ hoch anzusehen: er betrug 1984 im Mittel 56 µg/l, wobei der Anteil von reaktivem Phosphat-P mit durchschnittlich 6 µg/l gering war. Letzterer war mehrmals während der Vegetationsperiode im Epilimnion nicht nachweisbar.

Nach überschlägigen Berechnungen beträgt die Flächenbelastung an Gesamtphosphor durch die Zuflüsse etwa 25 mg/m^2 · a, der Eintrag durch Staub und Niederschlag dürfte um ein Vielfaches höher sein.

Die Tabelle informiert über die physikalischen und chemischen Meßergebnisse von 1984.

Parameter		arithm. Mittel	Minimum	Maximum
reaktives PO$_4$-P	(µg/l)	7	3	12
Gesamt-P	(µg/l)	46	25	96
Ammonium-N	(µg/l)	103	40	170
Nitrit-N	(µg/l)	14	10	30
Nitrat-N	(µg/l)	96	40	180
org.geb. N	(mg/l)	0,68	0,4	0,9
Kieselsäure, gel.	(mg/l)	1,7	0,5	3,1
Calcium	(mg/l)	117	112	122
Magnesium	(mg/l)	20	18	21
Hydrogenkarbonat	(mg/l)	171	159	189
TOC filtr.	(mg/l)	9,5	8,7	11
Sulfat	(mg/l)	202	174	218
Chlorid	(mg/l)	68	62	76
pH		8,05	7,8	8,3
elektrische Leitfähigkeit	(µS$_{20}$/cm)	794	761	825

Otto-Maigler-See: Physikalische und chemische Meßwerte (1984, 12 Messungen in 1 m Tiefe).

Flora und Fauna

Infolge zunehmender Eutrophierung ist die Biozönose derzeit einer grundlegenden Veränderung unterworfen. Bis 1982 dominierten im Phytobenthon Armleuchteralgen (Characeen), die zusammen mit Hornblatt *(Ceratophyllum demersum)* weite Teile des Seebodens besiedelten. Im südlichen Seeteil kamen außerdem verschiedene Laichkrautarten *(Potamogeton natans, P. pectinatus, P. crispus)* vor. Stellenweise bildeten diese Pflanzen so dichte Bestände, daß sie die Surfer behinderten und deshalb gemäht werden mußten. Phytoplankton spielte zu dieser Zeit nur eine untergeordnete Rolle. Die Sichttiefe betrug im Mittel 3 m, der Chlorophyll a-Gehalt im Pelagial nur 5 µg/l.

Seit 1983 ist im See eine verstärkte Trübung zu beobachten, die durch Zunahme des Phytoplanktons hervorgerufen wird. Die Chlorophyll-Konzentration in der Freiwasserzone lag 1984 im Mittel bei 18 µg/l, und die Sichttiefe ging bis auf durchschnittlich 1,4 m zurück. Infolge der schlechten Lichtbedingungen starben viele submerse Makrophyten ab.

Im Phytoplankton dominieren centrische Kieselalgen *(Cyclotella*-Arten), die zeitweise in großer Zahl auftreten, ferner *Asterionella formosa,* Cryptomonaden, *Ceratium hirundinella* und Grünalgen der Gattung *Monoraphidium.* Vorherrschende Formen im Zooplankton sind die Rädertiere *Keratella cochlearis, Pedalia mira, Polyarthra vulgaris* und die Kleinkrebse *Diaphanosoma brachyurum* und *Eudiaptomus graciloides.* Im Uferbereich breiten sich Fadenalgen *(Oedogonium, Cladophora)* aus.

Sediment

Das Sediment besteht überwiegend aus schluffigem Material, das örtlich – besonders dort, wo abgestorbene Makrophyten abgelagert sind – Faulschlammspuren enthält. Lokal treten graugefärbte Tonbänke auf. Der Wassergehalt von 5 Sedimentmischproben betrug 52–80%, der Glühverlust (550 °C) 7–19% und der Gesamt-P-Gehalt 85–208 mg/kg.

Nutzung, Bedeutung und Maßnahmen

Der Otto-Maigler-See ist ein beliebtes Wassersportgebiet. An heißen Tagen suchen mehrere Tausend Badegäste das Freibad auf. Weiterhin wird der See zum Surfen, Rudern, Kanusport und Angeln genutzt.

Die starke Verkrautung, vor allem des südlichen Bereichs, erforderte in den letzten Jahren den Einsatz eines Mähboots. Durch den inzwischen eingesetzten Rückgang der Makrophytenvegetation dürfte diese Maßnahme in Zukunft entfallen.

Literatur:

Höhere Forstbehörde Rheinland & Regierungspräsident Köln (1978): Das Wald-Seen-Gebiet der Ville im Naturpark Kottenforst-Ville. Eine Dokumentation. Bonn und Köln

Schwarzes Wasser

Lage: R 25 40 12, H 57 29 15
Topographische Karte: L 4304
Entstehung/Seetyp: Heideweiher
Im Zuge holozäner Dünenanwehung entstandene, abflußlose Ausblasungswanne, bei der die Wasserhaltung durch eine verdichtete Schicht älterer Hochflutlehme hervorgerufen wird.
Mischungsverhalten: polymiktisch, holomiktisch
Höhe: 23 m ü NN
Oberfläche: 0,0274 km^2
Volumen: 20 300 m^3
Tiefe max.: 1,40 m, mittl.: 0,74 m
Erneuerungszeit: ca. 1 Jahr
Ufer: Länge: 1,0 km, Entwicklung: 1,7

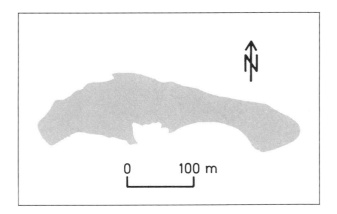

Einzugsgebiet

Das Naturschutzgebiet „Schwarzes Wasser" liegt in der Flürener Heide unweit von Wesel inmitten einer Dünenlandschaft der Rheinniederterrasse. Es ist der letzte größere Heideweiher am Niederrhein, an dem sich der ursprüngliche Zustand zumindest noch teilweise erkennen läßt. Das Einzugsgebiet ist unbebaut und größtenteils von einem lichten Mischwald bedeckt, in dem Kiefern vorherrschen.

Der Heideweiher wird ausschließlich von Niederschlägen gespeist; zum Grundwasser besteht keine Verbindung. Ein Überlauf, der in ein benachbartes Feuchtgebiet mündet, begrenzt die maximale Gewässertiefe auf 1,40 m.

Ufer

Die durchweg schwach geneigte Uferböschung erhebt sich nur wenige Dezimeter über die Wasseroberfläche. Bei Niedrigwasser, wenn der Wasserspiegel bis zu 75 cm absinkt, fallen insbesondere am sehr flachen Ostufer weite Flächen trocken. Hier herrschen Pflanzengesellschaften vor, in denen Torfmoose *(Sphagnum fallax, Sp. cuspidatum)* und Schmalblättriges Wollgras *(Eriophorum angustifolium)* bestandsbildend sind. Am Westufer kommt die Flatterbinse *(Juncus effusus)*, die erst mit zunehmender Eutrophierung eingewandert ist, in großen Beständen vor. Im freien Wasser, an flachen Stellen, dominiert der Fieberklee *(Menyanthes trifoliata)*.

Wasserchemismus und Trophiegrad

Das Gewässer ist dem Typus „Braunwassersee" zuzuordnen. Die Wasserbeschaffenheit ist charakterisiert durch

- Braunfärbung durch Huminstoffe
- niedrigen pH-Wert
- Elektrolytarmut
- niedrige Nitratkonzentration.

Die Tabelle gibt einen Überblick der physikalischen und chemischen Meßwerte.

Parameter		Minimum	Maximum
pH-Wert		3,90	6,26
elektrische Leitfähigkeit	(μS_{20}/cm)	59	187
reaktives PO$_4$-P	(μg/l)	5	150
Gesamt-P	(μg/l)	26	250
Ammonium-N	(μg/l)	54	993
Nitrat-N	(μg/l)	23	271
Chlorid	(mg/l)	11	17
Sulfat	(mg/l)	< 10	16
Calcium	(mg/l)	0,5	5,6
Magnesium	(mg/l)	0,5	1,8
Eisen (ges.)	(mg/l)	1,2	3,3

Schwarzes Wasser (1979–1982) Physikalische und chemische Meßwerte (10 Messungen in 1 m Tiefe)

Der ursprünglich nährstoffarme Heideweiher muß heute als eutrophiert charakterisiert werden.

Der pH-Wert zeigt vom West- zum Ostufer ein deutliches Gefälle, das wohl hauptsächlich in der unterschiedlich starken Entwicklung von Torfmoosen begründet ist. Diese Pflanzen tauschen die im Wasser enthaltenen Kationen gegen H$^+$-Ionen aus und verursachen dadurch das Absinken des pH-Wertes.

Der Nitrat-Gehalt unterliegt stärkeren Schwankungen, kann aber im Mittel als niedrig angesehen werden. Im Gegensatz dazu liegt der Mittelwert der Konzentrationen von Gesamt-P mit 77 μg/l bereits recht hoch. Dem angehobenen Trophieniveau entspricht auch der relativ hohe Chlorophyll a-Gehalt (im Mittel 12 μg/l), jedoch ist das Gewässer bisher überwiegend klar, so daß man bis zum Grund sehen kann.

Die Eutrophierung des Heideweihers erfolgte in der Vergangenheit vor allem durch Badende und Reitpferde, die das Gewässer durchqueren. Auch das Einbringen von lehmigem Material, mit dem die Ufer zum Baden unattraktiv gemacht werden sollten, hatte ungünstige Auswirkungen, denn seitdem entwickeln sich in diesem

Bereich fädige Blaualgen *(Oscillatoria)*. Nachdem in den letzten Jahren Baden und Reiten durch Verbote stark eingeschränkt werden konnte, scheint heute vor allem die P-Zufuhr über Niederschlag und Staub bedeutsam zu sein.

Flora und Fauna

Das Phytoplankton enthält neben einigen weit verbreiteten Formen (Kieselalgen, Dinophyceen, Euglenophyceen) auch Arten, die bevorzugt in Braunwasserseen vorkommen. Hierzu zählen vor allem Vertreter der Zieralgen. Die meisten Arten dieser Algengruppe kommen nur in geringer Dichte vor, lediglich *Bambusina brebessonii*, *Mougeotia* und *Closterium striolatum* sind zeitweise häufig. Unter den Chlorophyceen treten *Binuclearia* und *Oedogonium* in größerer Zahl auf.

Im gesamten Naturschutzgebiet sind seit 1874 62 höhere Pflanzenarten verschwunden, von denen 37 typische Vertreter der Flora oligotropher Gewässer und Moore sind, darunter die Wasser-Lobelie *(Lobelia dortmanna)* und der Lungenenzian *(Gentiana pneumonanthe)*. Neu aufgetaucht sind einige nährstoffliebende Arten, die heute große Bestände bilden wie die Flatterbinse *(Juncus effusus)* und der Fieberklee *(Menyanthes trifoliata)*. Mäßig bis stark nährstoffliebende Pflanzengesellschaften treten vor allem in der südöstlichen Bucht und am nördlichen Ufer auf, an Stellen, die früher stark durch Besucher beeinträchtigt wurden.

Im Zooplankton und Zoobenthon sind die Rädertiere *Keratella tecta*, *Synchaeta pectinata* sowie die Kleinkrebse *Chydorus sphaericus* und *Acanthocyclops robustus* aspektbildend.

Im Schwarzen Wasser wurden folgende Zooplanktonarten gefunden, die bevorzugt in Moorgewässern auftreten: die Rädertiere *Keratella serrulata*, *Lecane signifera*, *L. strictae*, *Monommata arndti*, *Trichotria tetractes* und die Kleinkrebse *Acantholeberis curvirostris*, *Alonella excisa* und *Iliocypris agilis*. Die bei früheren Untersuchungen festgestellten Kleinkrebsarten *Diacyclops languidoides* und *Alonopsis elongata* konnten 1979–82 nicht mehr nachgewiesen werden.

Von den Insekten wurden die Wanzen-, Libellen- und Wasserkäfervorkommen untersucht. Verschiedene Arten sind an stehenden Gewässern jeder Art häufig, es sind jedoch auch typische Arten saurer Gewässer vertreten, z. B. die Libellen *Leucorrhinia dubia*, *L. pectoralis*, die Wanzen *Corixa dentipes*, *Cymatia coleoptrata*, *Gerris gibifer* und die Käfer *Laccophilus variegatus*, *Hydroporus striola* und *Helophorus minutus*. Fische können im Schwarzen Wasser aufgrund des niedrigen pH-Wertes nicht existieren.

Sediment

Der größte Teil des Gewässergrundes wird von Torfschlamm bedeckt, der reich an unzersetzten Pflanzenteilen ist. Der ursprünglich vorherrschende, reine Sandboden ist nur noch stellenweise in Seemitte vorhanden. Die Torfschlammauflage über dem Sandboden beträgt im mittleren Teil des Heideweihers nur wenige Zentimeter, erreicht aber vor dem Süd- und Nordufer, wo sich Fieberklee und Flatterbinse ausbreiten, eine Mächtigkeit bis zu 40 cm.

In Ufernähe ist der Boden dicht mit Fallaub bedeckt. Vor dem Nordufer, in Nähe der ehemaligen Bade- und Lagerplätze, liegen nicht wenige Flaschen, Büchsen und andere Abfälle umher.

Nutzung, Bedeutung und Maßnahmen

Das Naturschutzgebiet hat als Lebensraum für die stark bedrohte Pflanzengesellschaften und -arten von Heideweihern sowie die davon abhängigen Tierarten große Bedeutung. Es ist jedoch zugleich ein vielbesuchtes Wandergebiet und zunehmendem Erholungsdruck ausgesetzt. Das Schwarze Wasser wird von einem Wanderweg umgeben, der nur an wenigen Stellen den Blick auf das Gewässer freigibt. Daher führen an mehreren Stellen Trampelpfade bis zum Wasser, wodurch die natürliche Vegetation erheblich in Mitleidenschaft gezogen worden ist.

Die ursprünglich sehr reichhaltige Naturausstattung des Gewässers ist durch Eutrophierung, Aufforstung (Beschattung!) und undiszipliniertes Verhalten von Besuchern stark in Mitleidenschaft gezogen worden.

Derzeit werden auf der Grundlage eines Biotopmanagementplanes Maßnahmen durchgeführt, durch die das Naturschutzgebiet nachhaltig gesichert wird und auch die Interessen der erholungssuchenden Besucher berücksichtigt werden.

Literatur:

HELMIG, W., M. WOIKE, & K.H. CHRISTMANN (1984): Naturschutzgebiet „Schwarzes Wasser" bei Wesel – Zustand, Gefährdung und Sanierung. Niederrheinisches Jahrbuch Bd. 15, 37–72.

Steiner See

Lage: R 34 07 58, H 57 51 15
Topographische Karte: L 4110
Seetyp: Baggersee, Flachsee
Entstehung: Durch den um 1920 begonnenen Kiesabbau entstanden zwei Becken, die anfangs ein schmaler Wall voneinander trennte. Nachdem dieser 1972 durchbrochen wurde, stehen beide Seen miteinander in Verbindung. Sie werden im folgenden mit „Nordbecken" und „Südbecken" bezeichnet.
Mischungsverhalten: polymiktisch, holomiktisch
Höhe: 59 m ü NN
Oberfläche (Nordbecken): 0,085 km^2
Oberfläche (Südbecken): 0,073 km^2
Volumen (Nordbecken): 0,21 · 10^6 m^3
Volumen (Südbecken): 0,11 · 10^6 m^3
Tiefe max. (Nordbecken): 4,5 m
Tiefe max. (Südbecken): 3,5 m
Tiefe mittl. (Nordbecken): 2,5 m
Tiefe mittl. (Südbecken): 1,5 m
Uferlänge (Nordbecken): 1,3 km
Uferlänge (Südbecken): 1,0 km
Entwicklung (Nordbecken): 1,3
Entwicklung (Südbecken): 1,04

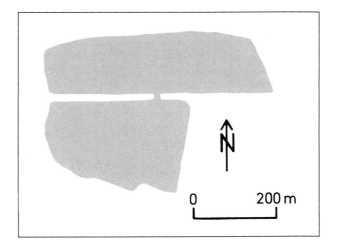

Einzugsgebiet

Der Steiner See liegt im Süden des Münsterländer Kiessandzuges unweit von Münster-Hiltrup.

Das oberirdische Einzugsgebiet ist sehr klein. Der Flachsee wird ausschließlich von Grundwasser und Niederschlag gespeist. Er liegt in einer Trinkwasserschutzzone III und grenzt unmittelbar an die Schutzzone II an.

In unmittelbarer Nähe des Gewässers befindet sich ein Hotel mit mehreren Sport- und Parkplätzen, ein Segelhafen und ein Schwimmbad.

Südlich vom Gewässer erstreckt sich ein ausgedehntes Mischwaldgebiet. Ein Wanderweg führt rund um den See und erlaubt fast überall freien Zutritt zu den Ufern.

Ufer

Abgesehen vom Südrand des Südbeckens fallen die Uferböschungen steil zum Wasser ab. Sie sind überwiegend mit Birken und Weiden bepflanzt und enthalten eine schwach ausgeprägte Krautschicht.

Nur am Flachufer des Südbeckens hat sich stellenweise eine Verlandungszone gebildet. Das Röhricht ist sehr schwach entwickelt und besteht aus Breitblättrigem Rohrkolben *(Typha latifolia)* und Wasser-Schwaden *(Glyceria maxima)*, zwischen denen Wolfstrapp *(Lycopus europaeus)*, Froschlöffel *(Alisma plantago-aquatica)* und Flatterbinse *(Juncus effusus)* wachsen. Wasser-Hahnenfuß *(Ranunculus aquatilis)* bildet vor dem Süd- und Ostufer des Südbeckens ausgedehnte Bestände; nur stellenweise kommt als weitere Schwimmblattpflanze der Wasserknöterich *(Polygonum amphibium natans)* vor. Submerse Makrophyten sind durch kleine Bestände von Laichkraut *(Potamogeton berchtholdii)* und Wasserstern *(Callitriche sp.)* vertreten.

Wasserchemismus und Trophiegrad

Die häufige Zirkulation des Steiner Sees bewirkt dauerhaft eine nahezu gleichmäßige Verteilung der Inhaltsstoffe in den beiden Wasserkörpern. Das Pelagial ist ganzjährig aerob und während der Vegetationsperiode meist sauerstoffübersättigt.

Der pH-Wert liegt stets im leicht alkalischen Bereich, er stieg bisher auch bei starker Algenentwicklung nicht über 7,9 an. Im Südbecken, das 1977 und 1978 limnologisch intensiver untersucht worden ist, betrug der mittlere Gehalt an reaktivem Phosphat-P 25 bzw. 28 µg/l, der Gesamt-P-Gehalt 50 bzw. 75 µg/l. Nach stürmischen Wetterlagen, wenn der Seegrund durch die Wasserbewegung aufgewirbelt wurde, lag die Gesamt-P-Konzentration erheblich höher.

Der Steiner See ist eutroph. Unter den Pflanzennährstoffen kommt auch in diesem Falle dem Phosphor die Rolle des produktionslimitierenden Minimumstoffs zu. Die Phosphorbelastung erfolgt hauptsächlich durch das weiträumig von der Landwirtschaft beeinflußte Grundwasser, über Depositionen und die Entenfütterung. Sie liegt in der Größenordnung von 170 mg/Ges.-P/m^2 · a und übertrifft die mit Hilfe von Modellrechnungen ermittelte, für Eutrophierung kritische Flächenbelastung von 56 mgP/m^2 · a um das dreifache.

Zeitweise, besonders nach Schlechtwetterlagen, wenn der See durch aufgewirbelte Sedimentpartikeln getrübt ist, begrenzt auch Licht die Algenentwicklung. Die Sichttiefe, die 1977 im Mittel bei 1,6 m lag, ging bei solchen Situationen bis auf 75 cm zurück. Im windgeschützteren Nordbecken schwankte sie im gleichen Jahr zwischen 1,1 und 1,9 m. Der Chlorophyll a-Gehalt betrug

1977 im Südbecken im Mittel 12 µg/l (Maximum: 15 µg/l), während im windgeschützteren und schwebstoffärmeren Nordbecken durchschnittlich 40 µg/l (maximal 61 µg/l) gemessen wurden.

Die Tabelle gibt einen Überblick über die hydrochemischen Untersuchungsergebnisse des Südbeckens.

		arithm. Mittel	Minimum	Maximum
Sauerstoff	(mg/l)	11,6	9,1 –	13,6
Sauerstoffsättigung	(%)	106	88	– 126
NH_4-N	(µg/l)	188	70	– 341
NO_2-N	(µg/l)	3	1	– 9
NO_3-N	(µg/l)	108	23	– 904
reaktives PO_4-P	(µg/l)	25	3	– 78
Gesamt-P	(µg/l)	75	13	– 313
SiO_2, gelöst	(mg/l)	0,8	0,3 –	1,9
SO_4	(mg/l)	125	96	– 211
Cl	(mg/l)	36	32	– 41
pH		7,6	7,4 –	7,8
elektrische Leitfähigkeit	(μS_{20}/cm)	437	422	– 546
Ca	(mg/l)	70	60,5 –	76

Steiner See, Südbecken 1978: Physikalische und chemische Meßwerte (12 Messungen 1978).

Flora und Fauna

Das Plankton des Steiner Sees ist artenreich. Im Phytoplankton dominieren Grünalgen der Gattungen *Crucigenia, Scenedesmus, Selenastrum* und *Tetrastrum*, die alle als typische Bewohner eutropher Seen anzusprechen sind, ferner Chrysophyceen *(Chrysococcus, Kephyrion)* und verschiedene, centrische Diatomeen *(Cyclotella comta, C. kützingiana, Stephanodiscus hantzschii)*. Letztere riefen im Oktober 1978 eine Wasserblüte hervor, waren aber auch in anderen Monaten häufig.

Auch das Zooplankton zeichnet sich durch relativ große Artenvielfalt aus. Die artenreichste Gruppe bilden die Rädertiere, unter denen 19 planktische Formen festgestellt wurden. Die Cladoceren präsentierten sich mit 8 Arten, die Copepoden waren nur mit 3 Arten vertreten.

1978 traten im Südbecken aspektbildend auf: die Rädertiere *Conochilus unicornis*, Arten der Gattung *Keratella* und *Polyarthra dolichoptera-vulgaris*-Gruppe sowie die Kleinkrebse *Daphnia cucullata, Eudiaptomus gracilis* und *Thermocyclops oithonoides*. Im Benthon überwiegen Oligochaeten *(Dero,* Tubificiden); in Ufernähe kommen die Kleinkrebse *Ceriodaphnia pulchella* und *Diaphanosoma brachyurum*, Larven der Kleinlibelle *Ischura elegans* sowie Dipterenlarven aus den Familien Ceratopogonidae und Chironomidae häufig vor.

Sediment

Das Sediment besteht überwiegend aus autochthonem Schluff, stellenweise treten schlammgefüllte Vertiefungen auf, die reich an Pflanzenresten sind. In den Untersuchungsjahren 1977/78 konnte keine Faulschlammbildung festgestellt werden, da die häufige Wasserzirkulation den Seegrund bisher ausreichend mit Sauerstoff versorgte.

Nutzung, Bedeutung und Maßnahmen

Der Steiner See ist ein beliebtes Ausflugsziel. Auf dem Gewässer werden folgende Freizeitaktivitäten ausgeübt: Segeln, Surfen, Eislauf und – trotz Verbots – auch Baden.

Der Steiner See wird auch intensiv als Angelgewässer genutzt. 1977 wurden 30 000 Aale, ein Jahr später 5 000 Regenbogenforellen eingesetzt. Vom Besatz von 200 Graskarpfen im Jahr 1970 wurde kein Fisch wiedergefangen.

Außerdem werden auf beiden Seeteilen Enten gehalten, die von den Spaziergängern regelmäßig gefüttert werden.

Da der See unmittelbar an eine Trinkwasser-Schutzzone II angrenzt, sind bei Zunahme der Eutrophierung qualitative Beeinträchtigungen der Grundwasserförderung nicht auszuschließen. Für diesen Fall werden Restaurierungsmaßnahmen erwogen.

Literatur:

BAUER, H.-J. (1979): Der Münsterländer Kiessandzug. Geologie, Hydrologie, Hydrochemie und Wasserwirtschaft. Berliner Geowissenschaftliche Abhandlungen 10, 1–136.

CHRISTMANN, K.-H. (1984): Limnologische Untersuchungen von vier Baggerseen des Münsterländer Kiessandzuges. Wasser und Abfall 39, 1–149.
(Schriftenreihe des Landesamtes für Wasser und Abfall Nordrhein-Westfalen).

Unterbacher See

Lage: R 25 62 42, H 56 73 67
Topographische Karte: L 4906
Entstehung/Seetyp: Baggersee, Flachsee
Mischungsverhalten: holomiktisch, polymiktisch
Höhe: 39,85 m ü NN
Oberfläche: 878 000 m²
Volumen: $3,6 \cdot 10^6$ m³
Tiefe max.: 11 m, mittl.: 4 m
Der See wird durch Grundwasser und Niederschläge gespeist. Das genaue Einzugsgebiet und die Erneuerungszeit sind nicht exakt zu ermitteln.
Ufer: Länge: 6 km, Entwicklung: ca. 2,0

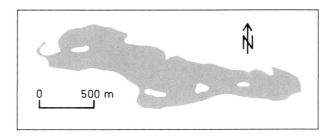

Einzugsgebiet

Der Unterbacher See liegt in der rechtsrheinischen Niederterrasse, in der der Rhein im ausgehenden Pleistozän Sand und Kies in einer Mächtigkeit bis zu 30 m abgelagert hat. Unter dieser Schicht liegen tertiäre marine Quarzsande. Der See entstand bei Auskiesungsarbeiten in den Jahren 1926 bis 1973 und ist ein reiner Grundwassersee. Der Eselsbach, der vor der Auskiesung hier entlang floß, wurde in ein neues Bett südlich des Sees verlegt.

1976 gab es eine weitere Auskiesung, die der Beseitigung von Untiefen und der Aufschüttung von zwei Strandbädern diente. Der See besitzt vier kleine, bewaldete Inseln, ist ca. 2 km lang und im Durchschnitt 500 m breit.

Er liegt quer zur Fließrichtung des Grundwassers, dessen Fließgeschwindigkeit mit 1,3 m/d ermittelt worden ist. Der Unterbacher See stellt den Hauptteil eines Naherholungsgebietes mit Wald und Freiflächen dar, das insgesamt 200 ha umfaßt. Die nächstgelegene Siedlung ist der Ort Unterbach, unmittelbar nördlich gelegen.

Ufer

Durch den meist steilen Abfall des gesamten Ufers gibt es kaum eine Ausbildung von Schilf- bzw. Röhrichtzonen. Das Gebüsch am Ostufer und auf den Inseln besteht hauptsächlich aus Weiden und Erlen, im Westteil auch Birken, Weiden und Pappeln. Etwa die Hälfte der Uferlinie wird von Strandbädern, Campingplätzen und für den Wassersport belegt, der Rest ist frei zugänglich und wird u. a. für den Angelsport benutzt. Landwirtschaftlich genutzte Flächen gibt es in direkter Nachbarschaft zum See seit einigen Jahren nicht mehr.

Wasserchemismus und Trophiegrad

Die letzte größere Untersuchung der Wasserqualität des Unterbacher Sees wurde 1982 durch die Chemischbiologischen Laboratorien der Landeshauptstadt Düsseldorf vorgenommen.

Die maximale Sichttiefe (Secchi-Scheibe) betrug 7,50 m im Oktober. Die geringsten Sichttiefen wurden im April gemessen; die kleinste lag bei 2,50 m. Es konnte eine positive Korrelation zum Chlorophyll-Gehalt errechnet werden.

Der Sauerstoff-Gehalt ist durchweg hoch und liegt in den kälteren Jahreszeiten um den Sättigungspunkt. Im Sommer steigt er deutlich an und erreicht Werte von über 150 % Sättigung.

Eindeutige Temperatur-Unterschiede gibt es nur im Sommer zwischen Oberflächen- und Tiefenwasser. Anhand der Messungen von Temperatur, pH-Wert, Leitfähigkeit und Sauerstoff ließ auch die Beobachtung vergangener Jahre bestätigen, daß der See aufgrund seiner geringen Tiefe während der meisten Zeit des Jahres vollständig durchmischt wird, und daß sich während der Sommermonate unterhalb 5 m Tiefe eine Sprungschicht ausbildet, die bis auf den Gewässergrund hinunterreicht.

Im Winter bildet sich relativ leicht eine Eisdecke, die aber nur selten begehbar ist.

Der pH-Wert liegt im Bereich von 7,4 bis 8,5, die höchsten Werte werden im Sommer gemessen. KIRCHHOFF (1978) konnte eine Korrelation zum CO_2-Gehalt errechnen und fand einen leichten pH-Anstieg von West nach Ost, den er mit der Zunahme der Makrophyten erklärt.

Die Leitfähigkeit ist seit 1975 (über 600 µS/cm) über 1977/78 (um 600 µS/cm) auf unter 600 µS/cm im Jahre 1982 gesunken. Diese Abnahme zeigt sich auch

in der Gesamthärte (1975: 15–16 °dH; 1982 12–14,5 °dH)
und im Calcium-Gehalt (1975/76: 84–112 mg/l; 1982: 42–87 mg/l).

Der Eisen-Gehalt liegt im Bereich 0,2–0,4 mg/l. Er ist im Norden und Osten etwas höher als im übrigen See und im Tiefenwasser höher als an der Oberfläche, was durch den Einfluß des von Nordosten eintretenden Grundwassers erklärt werden kann.

Der Gehalt an Ammonium schwankt in der oberflächennahen Wasserschicht den größten Teil des Jahres über um 0,2 mg/l und steigt ab Oktober an bis auf 0,7 mg/l. Im Frühjahr und im Sommer treten im Tiefenwasser Schwankungen zwischen 0,2 und 1,2 mg/l auf.

Nitrat zeigt im Verlauf des Jahres in der oberen Wasserschicht eine abnehmende Tendenz von 3–4 mg/l im Winter bis auf weniger als 1 mg/l zum Ende der Vegetationsperiode.

Der Gehalt an Gesamt-Phosphat schwankt im Bereich 0,1–0,3 mg/l mit zeitweisem Anstieg auf ca. 1 mg/l.

Die Beurteilung des Trophiegrades bereitet Schwierigkeiten, weil der See klares Wasser besitzt, aber starke submerse Makrophytenbestände aufweist. Insgesamt ist er als mesotropher Flachsee zu bezeichnen, solange durch die Hemmwirkung der Makrophyten die Phytoplanktonentwicklung schwach bleibt.

Flora und Fauna

Auf das starke Wachstum von Unterwasserpflanzen wurde bereits hingewiesen. Es handelt sich um dichte Bestände von *Myriophyllum verticillatum* und vor allem *M. spicatum*, die alle anderen submersen Makrophyten (es werden in der Literatur außerdem *Polygonum amphibium, Potamogeton crispus, P. pectinatus* und *Elodea canadensis* genannt) unterdrücken.

Diese Bestände wachsen bis in 5,50 m Wassertiefe mit einer durchschnittlichen Länge von 2 m. Damit sind die Pflanzen besonders in den flacheren Ostbereichen zu finden, wo sie oft die Wasseroberfläche erreichen. Zur Freihaltung der Wasserfläche für den Segelsport wird eine Mähmaschine eingesetzt. Jährlich werden an gemähtem oder treibendem Kraut 200 bis 300 t dem See entnommen. Im Westteil wurden früher Characeen-Rasen beschrieben, was aber später nicht bestätigt werden konnte. Der Seegrund ist von *Chironomus*- und *Corethra*-Larven und Tubificiden besiedelt. Besonders in den *Myriophyllum*-Beständen kommt *Dreissena polymorpha* in größeren Mengen vor.

KIRCHHOFF hat 1977/78 die Wandermuschel des Periphytons untersucht und eine Abnahme der Mikrophyten-Biomasse von West nach Ost festgestellt, die parallel zur Zunahme der Makrophyten verläuft. Das Frühjahrsmaximum wird v. a. von Kieselalgen gebildet, das Sommermaximum von *Spirogyra*-Fäden und das Herbstmaximum wiederum von Kieselalgen.

Besonders häufig sind *Achananthes minutissima, Cocconeis placentula* und *Synedra ulna*. Von den Grünalgen werden *Mougeotia* sp., *Protoderma*-Arten und *Chaetopeltis orbicularis* als fast ganzjährig vorkommend genannt. Blaualgen gibt es mit wenigen Arten das ganze Jahr über; die häufigsten Vertreter sind *Cyanophanon mirabile* und *Pseudanabaena*-Arten. Chrysophyceen kommen ganzjährig aber nur vereinzelt vor.

Auch im Phytoplankton fand KIRCHHOFF eine — wenn auch weniger ausgeprägte — Abnahme von West nach Ost. Eine starke Entwicklung gab es im Frühjahr und im Sommer; ein Herbstmaximum war nicht zu verzeichnen. Ein Maximum im Mai wurde von *Uroglena americana* erzeugt, außerdem sind regelmäßig anzutreffen: *Chroococcus sp., Merismopedia glauca* und *Ceratium hirundinella* (oft in Massenentwicklung während der Badesaison), *Rhodomonas minuta*, verschiedene Kieselalgen und Grünalgen wie *Pediastrum, Scenedesmus, Closterium, Cosmarium* sowie *Staurastrum*.

Das Zooplankton wird als art- und individuenreich bezeichnet. Als häufigste Arten nennen WOIKE und BAATZ *Daphnia cucullata, Diaphanosoma brachyurum, Ceriodaphnia pulchella, Eudiaptomus gracilis* und *Dreissena*-Larven.

Sediment

Der Seeboden ist im wesentlichen sandiger Natur und besitzt eine für Baggerseen charakteristische unruhige Oberfläche. In einigen Mulden hat sich Feinsediment bis zu 60 cm Stärke abgelagert.

Nutzung, Bedeutung und Maßnahmen

Der Unterbacher See liegt in einem dichtbesiedelten Gebiet unweit der Landeshauptstadt Düsseldorf und hat einen hohen Freizeitwert. Dies wird schon aus den Besucherzahlen deutlich: 1983 zählte man allein an den beiden Badestränden rund 780 000 Besucher. Zu den weiterhin angebotenen Freizeitaktivitäten gehören Campen, Segeln, Surfen, Tretboot-Fahren, Angeln. Um den See und im angrenzenden Eller Forst sind Spazierwege angelegt.

Unter Anglern gilt der Unterbacher See als besonders gutes Hecht-Gewässer. Es werden nach Besatzplänen der Landesanstalt für Fischerei NW regelmäßig eingesetzt: Forelle, Zander, Hecht, Karpfen, Schleie und beim letzten Besatz auch Aale, womit eine Jahres-Fangmenge von ca. 25 kg/ha erzielt werden soll.

Als Vogel-Brutgebiet ist der Unterbacher See und seine Umgebung des hohen Erholungsverkehrs wegen wenig geeignet. Er ist aber ein wichtiger Winter-Rastplatz für wenig störanfällige Vögel, z. B. Stockenten und Bläßhühner.

Literatur:

KIRCHHOFF, N., 1978: Hydrobotanische Untersuchungen an einem Baggersee. Diplomarbeit Univ. Düsseldorf.

Landeshauptstadt Düsseldorf, Chemische-biologische Laboratorien, 1975/76: Gutachten über den Unterbacher See im Zug der Ausbaggerung. (Gutachter: SCHMIDT-RIES, LÜSSEM).

– – – – – –, 1982: Gutachten über den Unterbacher See. (Gutachter: KELLE-EMDEN).

NIEMEYER, R., 1978: Hydrologische Untersuchungen an Baggerseen und Alternativen der Folgenutzung. Mitteilungen Lehrstuhl für landwirtsch. Wasserbau und Kulturtechnik, Inst. f. Städtebau, Bodenordnung und Kulturtechnik, Univ. Bonn, Heft 3.

WOIKE, M., K. W. BAATZ, 1978: Der Unterbacher See und die benachbarten Düsseldorfer Stadtwälder. Schriftenreihe für Naturschutz und Landschaftspflege „Rheinische Landschaften", Heft 7, 2. Auflage.

5.8 Rheinland-Pfalz

Die stehenden Gewässer von Rheinland-Pfalz konzentrieren sich in bestimmten Regionen des Landes. In der Rheinniederung südlich von Mainz gibt es vornehmlich Altrheine und Baggerseen. Nordöstlich von Koblenz befindet sich die „Westerwälder Seenplatte". Im streng limnologischen Sinne sind es Teiche, die durch Überstau flacher Täler entstanden sind. Aus fischereilichen Gründen werden sie im Herbst abgelassen. Im Hunsrück und im rheinland-pfälzischen Teil des Taunus gibt es keine natürlichen Seen. Dort wurden einige Speicherbecken gebaut. In der Eifel liegen die durch die Untersuchungen von THIENEMANN limnologisch bekannt gewordenen Maare. Der Laacher See ist nicht nur das größte Maar, sondern auch der größte natürliche See der deutschen Mittelgebirge.

Insgesamt befinden sich in Rheinland-Pfalz rd. 150 stehende Gewässer, die größer als 3 ha sind. In dieser Zahl sind auch einige kleinere Stillgewässer mit aufgenommen, die z. B. als Naturdenkmäler eine besondere

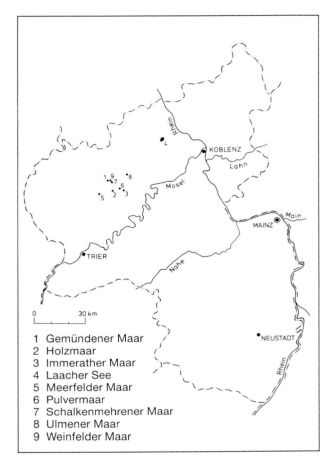

1 Gemündener Maar
2 Holzmaar
3 Immerather Maar
4 Laacher See
5 Meerfelder Maar
6 Pulvermaar
7 Schalkenmehrener Maar
8 Ulmener Maar
9 Weinfelder Maar

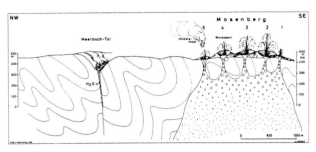

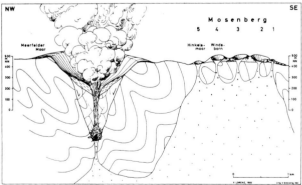

Der Bildung des Meerfelder Maares ging die Entstehung der Schlackenkegel in der Mosenberg-Gruppe voraus (oberes Bild). Nach Abschluß der Vulkantätigkeit der Mosenberg-Gruppe stieg erneut Magma aus der Tiefe auf, jedoch etwa 2 km weiter nordwestlich im Tal des Meerbaches (unteres Bild). Durch den Kontakt des heißen Magmas mit dem Grundwasser kam es zu Wasserdampfexplosionen und ein Förderschlot entstand. Die Bildung des Maarkessels durch Absacken des durch die Explosionen erschütterten und zerklüfteten Randgesteins ist durch zwei Pfeile angedeutet (aus LORENZ 1984).

Bedeutung aufweisen. Es sind 75 Baggerseen, 39 Speicherbecken, 21 Altrheine, 9 Maare und 7 Talsperren.

Die Überwachung der stehenden Gewässer in Rheinland-Pfalz erfolgt durch das Landesamt für Wasserwirtschaft Rheinland-Pfalz. Mit der gegebenen personellen Ausstattung ist eine Überwachung von 15 repräsentativen Gewässern möglich, die regelmäßig physikalisch und chemisch untersucht werden. Es werden auch größere Einzelvorhaben, wie die Voruntersuchung, Planung und Erfolgskontrolle der Seesanierungen und -restaurierungen, durchgeführt.

Für das vorliegende Buch wurden in dem gesteckten Rahmen die Maare in der Eifel ausgewählt. Sie sind charkteristisch für diesen Landschaftsteil von Rheinland-Pfalz. Sie stellen in Deutschland einmalige Naturdenkmäler dar und stehen alle unter Naturschutz. Einige dienen als Speicherbecken zur Trinkwassergewinnung. Alle werden, wenn auch unterschiedlich stark, für die Naherholung und den Ferntourismus genutzt. An den Maaren wurden einige Seesanierungen und -restaurierungen durchgeführt.

Neben diesem wasserwirtschaftlichen Bezug wurden die Maarseen auch deshalb ausgewählt, weil von diesen Gewässern die meisten limnologischen Untersuchungen innerhalb von Rheinland-Pfalz vorliegen. Besonders reizvoll ist dabei der Vergleich der heutigen mit den von THIENEMANN zu Beginn dieses Jahrhunderts erarbeiteten Daten. Die Untersuchungen von THIENEMANN gehören mit zu den ältesten limnologischen Forschungen, die es überhaupt auf der Erde gibt. Aufgrund seiner Eifelmaaruntersuchungen entwickelte THIENEMANN eine Seentypenlehre, die noch heute in ihren Grundzügen gültig ist.

Über die Entstehung der Maare gibt es mehrere Theorien. Alle gehen von einem Vulkanismus aus. Die Bildung der Maare durch phreatomagmatische Eruptionen wird derzeit am häufigsten angeführt. Sie ist auf Seite 129 schematisch dargestellt.

In dem gesteckten Rahmen kann nur auf eine Auswahl von Literatur hingewiesen werden. In dem 1980 erschienenen Band 68 der „Mitteilungen der Pollichia", der überwiegend den Maaren der Eifel gewidmet ist, ist in den Originalbeiträgen zur Geologie, Limnologie, Floristik und Faunistik die meiste der bis dahin über die Maare der Eifel erschienene Literatur zusammengefaßt und angeführt. In Heft 10 der „Wasserwirtschaft" mit dem Titel „Limnologie und wasserwirtschaftliche Verbesserung von Eifelmaaren", das in Kürze gedruckt wird, herausgegeben vom Ministerium für Landwirtschaft, Weinbau und Forsten Rheinland-Pfalz, wird abermals eine möglichst umfassende Literaturzusammenstellung erscheinen. An dieser Stelle sei deshalb nur auf die folgenden Literaturstellen verwiesen:

Literatur

BÜCHEL, G. (1984): Die Maare im Vulkanfeld der Westeifel, ihr geophysikalischer Nachweis, ihr Alter und ihre Beziehung zur Tektonik der Erdkruste. – Diss. Geol. Inst. Univ Mainz. 385 S.

LORENZ, V. (1984): Zur Geologie des Meerfelder Maares. – Cour. Forsch. Inst. Senckenberg 65, 5–12. Frankfurt am Main

MELZER, A., HELD, K., HARLACHER, R., VOGT, E. (1985): Die qualitative und quantitative Verbreitung makrophytischer Wasserpflanzen in fünf Maaren der Eifel. – Beiträge Landespflege Rheinland-Pfalz 10, Oppenheim

MÖLLER, W. (1985): Der Chlorophyll-Gehalt im Sediment verschiedener Eifelmaare als Eutrophierungsanzeiger. – Dipl.-Arbeit, FH Bad Kreuznach

SCHARF, B. W. (1983): Hydrographie und Morphometrie einiger Eifelmaare. – Beiträge Landespflege Rheinland-Pfalz 9, 54–65. Oppenheim

SCHMIDT-LÜTTMANN, M., SCHARF, B. W. (1985): Untersuchungen und Maßnahmen zur Erhaltung des oligotrophen Zustands in einigen Eifelmaaren. – Beiträge Landespflege Rheinland-Pfalz 10, Oppenheim

WENDLING, K., SCHARF, B. W. (in Vorber.): Das Makrozoobenthon der Eifelmaare. – Arch. Hydrobiol.

Gemündener Maar

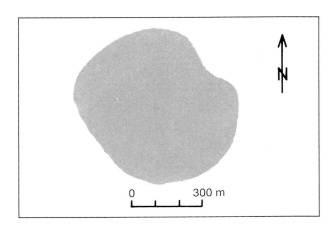

Lage: R 25 59, H 55 60
Topographische Karte: L 5906 Daun
Seetyp: Das Gemündener Maar ist durch vulkanische Tätigkeit vor etwa 20 000–30 000 Jahren entstanden. Der im Vergleich zur Größe der Oberfläche sehr tiefe See liegt windgeschützt im Maarkessel. Er ist dimiktisch und seit rund 30 Jahren meromiktisch.
Höhe: 406,6 m ü NN, Oberfläche: 75 000 m²
Volumen: 1,33 · 10⁶ m³
Tiefe max.: 39 m, mittl.: 17,7 m
Einzugsgebiet: 0,51 km²
Umgebungsfaktor: 5,7
Erneuerungszeit: ca. 8 Jahre
Ufer: Länge 1,0 km, Entwicklung 1,0

Hydrologische Besonderheiten
Als oberirdischen Zufluß hat der See nur eine Quelle aus dem Tälchen im Nordosten. Das Maar weist keinen oberirdischen Abfluß auf. Aus Niederschlag und Verdunstung über Land und See ließ sich der unterirdische Abfluß auf 125 000 m³/a bzw. 5,2 l/s abschätzen.

Einzugsgebiet
Das Gemündener Maar ist im Vordergrund des Luftbildes abgebildet, das auf dem vorderen Umschlag dieser Broschüre wiedergegeben ist. Der See liegt tief im Krater. Der größte Teil der inneren Kraterwand ist seit vielen Jahrzehnten überwiegend mit Laubbäumen bewaldet. Eine 1982 umgebaute und erweiterte Badeanstalt, eine Straße sowie einige kleinere Wiesen befinden sich im Einzugsgebiet.

Ufer
Der Wald reicht außerhalb der Badeanstalt bis an das Wasser heran. Die Ufer fallen steil ab. Eine Uferbank fehlt. Eine Röhrichtzone ist nicht vorhanden.

Wasserchemismus und Trophiegrad
Aufgrund seiner windgeschützten Lage tief unten im Krater und seiner im Vergleich zur Oberfläche sehr großen Tiefe neigt der See dazu, unvollständig zu durchmischen. Im Vergleich zum Weinfelder Maar oder zum Pulvermaar ist auch der Umgebungsfaktor erheblich größer. Außerdem befanden sich früher um das Gemündener Maar Äcker und ein Campingplatz. In das kleine Gemündener Maar wurden bis vor kurzem jährlich 5 bis 10 t(!) Futter zum Anlocken der Friedfische geworfen. Deshalb verwundert es nicht, daß das von THIENEMANN noch als oligotroph und holomiktisch beschriebene Gemündener Maar aufgrund eines erhöhten Nährstoffeintrags und einer gesteigerten Bioproduktion meromiktisch wurde. Der See dürfte gegen Ende des 2. Weltkrieges oder kurz danach seine Fähigkeit zur Vollzirkulation verloren haben. Eine genaue Jahreszahl kann wegen fehlender Untersuchungen nicht angegeben werden. Das damals entstandene Monimolimnion hat sich seitdem stabilisiert und ausgeweitet. Während es 1952 rd. 4 m mächtig war und etwa 50 000 m³ beinhaltete, war 1977 die monimolimnische Schicht bereits 9 m hoch und umfaßte ein Volumen von 125 000 m³.

Während das Sediment des ursprünglich oligotrophen Sees als Nährstoffalle fungierte, liegen nun im anaeroben Monimolimnion die Pflanzennährstoffe in gelöster Form in z. T. hohen Konzentrationen vor. Während der Durchmischungsphasen vermischt sich der oberste Bereich des Monimolimnions mit dem zirkulierenden Wasserkörper. Hierdurch wird der See intern gedüngt.

Der Chemismus des Wassers vom Gemündener Maar unterlag in den letzten Jahren deutlichen Schwankungen. Dieses dürfte von klimatischen Faktoren und dementsprechend einer mehr oder minder starken touristischen Nutzung und Belastung des Sees abhängen. In der folgenden Tabelle sind einige Werte zusammengestellt, die das epilimnische Wasser zu zwei Jahreszeiten kennzeichnen.

Durch das Vorhandensein eines Monimolimnions waren die Unterschiede bei einigen physikalischen und chemischen Parametern in vertikaler Richtung beträchtlich, wie die Werte vom 23. 11. 1982 zeigen (s. Abb.). Das Monimolimnion begann in ca. 30 m Tiefe. Die Abb. kennzeichnet den Zustand des Sees kurz vor der Seenrestaurierung, mit der im Januar 1983 begonnen wurde.

Das Gemündener Maar ist in einem mesotrophen Zustand, die Sichttiefe schwankte bei fast täglichen Messungen in den Jahren von 1981 bis 1984 zwischen 1,5 und 5,0 m bei einem Mittelwert von 3,7 m. 1984 trat erstmalig wieder ein Klarwasserstadium mit ca. 11 m Sichttiefe auf.

Flora und Fauna
Die submerse Makrophytenflora findet aufgrund der steilen Ufer nur eine geringe Entfaltungsmöglichkeit. Zusätzlich ist sie durch Badende und Freizeitfischer stark dezimiert. Das Plankton des Gemündener Maares ist noch weitgehend unbekannt. Das Gemündener Maar nimmt mit 37 im Jahre 1982 nachgewiesenen makrozoobenthischen Arten eine Mittelstellung zwischen dem oligotrophen und dem eutrophen See ein, was die Artenzahl betrifft. Die Larven der Zuckmücke *Lauterbornia cora-*

Analysenergebnis einiger kennzeichnender Parameter in Epilimnion vom Gemündener Maar, ausgewählter Zeitraum: 1982–1984 bei z. T. monatlicher Untersuchung

	pH	HCO_3^- mmol/l	NO_3^--N µg/l	NH_4^+-N µg/l	Ges.-P µg/l	Chlorophyll a µg/l
Frühjahrs-Zirkulation	7,0–7,3	0,5–0,7	100–200	0–100	10–17	2– 4
Sommer-Stagnation	8,0–9,7	0,4–0,6	20–100	0– 30	15–23	8–16

cina, die einen hohen Sauerstoffgehalt im Wasser beanspruchen, besiedeln natürlich nicht mehr den tiefsten Bereich des Sees, wie dies zu THIENEMANN's Zeiten gegeben war. Daneben kamen 1982 aber auch Larven aus der *Chironomus anthracinus*-Gruppe vor, die in bezug auf Sauerstoff nicht anspruchsvoll sind.

Sediment

Zur Planung der Restaurierung des Gemündener Maares gehörte auch eine Sedimentuntersuchung. Es galt, die Tragfähigkeit des Sediments im Hinblick auf vorgesehene Installationen zu prüfen. Die oberen 5 cm bestehen aus weichem, schwarzem Faulschlamm, darunter folgt ein fester werdendes, tonartiges Sediment. – Die Eutrophierung des Sees spiegelt sich in einem in den jüngeren Sedimenten ansteigenden Chlorophyll-Gehalt wider.

Nutzung, Bedeutung und Maßnahmen

Das Gemündener Maar liegt von den drei Dauner Maaren der Stadt Daun am nächsten und weist ein Freibad auf. Deshalb konzentrieren sich hier die erholungssuchenden Menschen dieses Raumes.

Um einer weiteren Eutrophierung vorzubeugen, wurde das Anfüttern der Fische verboten und am 5. 11. 1982 auf Vorschlag des Landesamtes für Wasserwirtschaft Rheinland-Pfalz eine Tiefenwasserableitung für das Monimolimnion installiert. Seit Januar 1983 werden 2 l/s Wasser abgepumpt und einer Kläranlage zugeführt. 1983 und 1984 mußte mehrfach die Pumpe abgeschaltet werden, um den Wasserspiegel im See nicht zu stark abzusenken. Inzwischen sind rd. 60 000 m³ Wasser abgepumpt. Die Mächtigkeit des Monimolimnions hat nicht abgenommen, es hat sich aber auch nicht in dem warmen Jahr 1983 ausgebreitet. Die Konzentration vieler Parameter hat sich seit Januar 1983 im unteren Bereich des Monimolimnions etwa halbiert. Es bleibt abzuwarten, ob das Abpumpen alleine ausreichen wird, damit der See wieder vollständig durchmischt, oder ob hier eine weitere Maßnahme, etwa eine Belüftung wie am Pulvermaar, erforderlich sein wird.

Mit den hohen Konzentrationen von reduzierend wirkenden Stoffen, wie sie 1982 im Monimolimnion vorlagen, wäre eine direkte Vermischung, etwa mit einer Belüftung, nicht zu verantworten gewesen.

Sichttiefe im Gemündener Maar in den Jahren 1982 bis 1984. Der Schwankungsbereich der Sichttiefe innerhalb eines Monats ist schraffiert. Die Sichttiefen wurden freundlicherweise von dem Bademeister Herrn Theo Jungen fast täglich gemessen. Im Sommer 1984 bildete sich ein Klarwasserstadium aus (vergl. Laacher See).

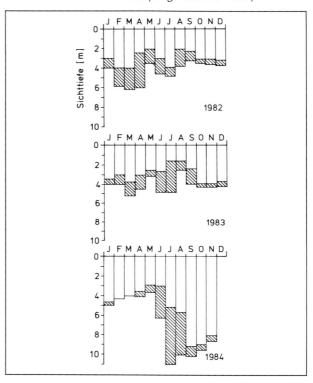

Abhängigkeit einiger physikalischer und chemischer Parameter von der Tiefe im Gemündener Maar am 23. 11. 1982.

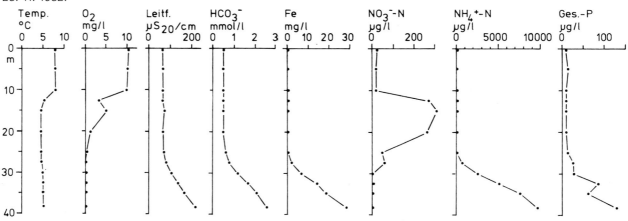

Holzmaar

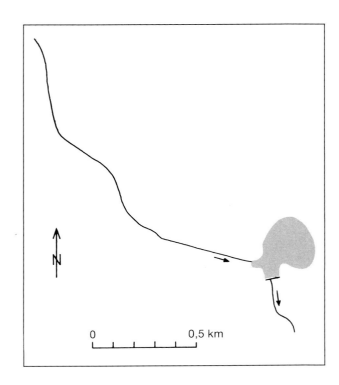

Lage: R 25 62, H 55 54
Topographische Karte: L 5906 Daun
Entstehung/Seetyp: Das Holzmaar ist durch vulkanische Tätigkeit vor etwa 40 000–70 000 Jahren entstanden. Der kleine See ist dimiktisch.
Höhe: 425,1 m ü NN, Oberfläche: 58 000 m²
Volumen: 640 000 m³
Tiefe max.: 20 m, mittl.: 11,0 m
Einzugsgebiet: 2,06 km²
Umgebungsfaktor: 34,5 (s. hydrologische Besonderheiten)
Erneuerungszeit: nicht bekannt
Ufer: Länge 1,1 km, Entwicklung 1,3

Hydrologische Besonderheiten

Der Sammetbach als der einzige Zufluß mündet nicht weit von dem Auslauf des Sees. Dadurch ist der Einfluß des Baches auf das Geschehen im See schlecht abschätzbar und die Angabe zum Umgebungsfaktor unsicher, da mit Kurzschlußströmungen zwischen dem Bach und dem Auslauf gerechnet werden muß. Der Umgebungsfaktor wurde unter der Annahme berechnet, als ob solche Kurzschlußströmungen nicht vorliegen würden. – Die Höhe des Wasserstandes im See wird durch ein Wehr weitgehend konstant gehalten.

Einzugsgebiet

Der eigentliche Maarkrater mit 0,43 km² (incl. Seeoberfläche) ist klein. Der Kraterwall ist bewaldet. Das Gelände des einstigen Campingplatzes am westlichen Ufer ist inzwischen weitgehend aufgeforstet. – Das Einzugsgebiet des Sammetbaches wird überwiegend landwirtschaftlich genutzt.

Ufer

Die Röhrichtzone ist am Holzmaar nur als ganz schmaler Bereich ausgebildet. Die Schüttung eines Fahrweges rund um das Maar hat wesentlich zur Verkleinerung dieses Pflanzengürtels beigetragen. Außerdem haben die Freizeitfischer einen Teil der verbleibenden Vegetation durch Vertritt zerstört.

Wasserchemismus und Trophiegrad

Das Holzmaar war 1914 und 1954 nach seinem Salzgehalt mit einer Leitfähigkeit von rund 230 μs_{20}/cm während der Frühjahrszirkulation zwischen die elektrolytarmen, oligotrophen und die elektrolytreichen, eutrophen Seen einzuordnen. Die Leitfähigkeit hat sich bis heute nicht wesentlich geändert. Das Holzmaar weist zeitweilig für Eifelmaare mit >5 mg/l NO_3^--N ungewöhnlich hohe Nitratwerte auf (s. Tab.). Diese erklären sich aus der Düngung der Wiesen und Äcker im Einzugsgebiet. – Nicht jedes Jahr ist das Hypolimnion des Holzmaares in dem Zeitraum von 1979 bis 1983 gegen Ende der Sommerstagnation sauerstofffrei gewesen. – Das Holzmaar ist als mesotroph bis eutroph einzustufen. Die Sichttiefe schwankte von 1979 bis 1983 zwischen 1,9 und 4,5 m. Da insgesamt nur 6 Sichttiefenmessungen vorliegen, kann der Schwankungsbereich größer als hier angegeben sein.

Flora und Fauna

Das Phyto- und Zooplankton des Holzmaares sind noch weitgehend unbekannt. In diesem Maar existiert ein mehrere Meter breiter Gürtel von submersen Makrophyten, wobei eine Hahnenfußart (*Ranunculus spec.*) 1984 dominierte. – Im Jahre 1982 wurden insgesamt 53 makrozoobenthische Arten oder höhere Taxa im Holzmaar nachgewiesen. Bemerkenswert ist die überaus große Dichte von Larven der Büschelmücke *Chaoborus flavicans*. In einer Greiferprobe aus 20 m Tiefe befanden sich 327 Exemplare, was einer Dichte von rd. 13 000 /m² entspricht.

Sediment

1984 wurde ein fast 30 m langer Sedimentkern aus dem Holzmaar gezogen. Es werden dieselben Untersuchungen wie an dem 1980 gewonnenen Kern vom Meerfelder Maar durchgeführt (siehe Meerfelder Maar).

Nutzung, Bedeutung und Maßnahmen

Das Holzmaar liegt in einem landschaftlich reizvollen Wandergebiet. Im See wird intensiv die Freizeitfischerei ausgeübt. – Bis 1973 existierte am Holzmaar ein Campingplatz. Er wurde zum Schutz der Landschaft geschlossen. 1979 wurde zusätzlich ein Badeverbot erlassen. Derzeit wird erwogen, den Wasserspiegel zu variieren, um die Reste einer seltenen amphibischen Pflanzengesellschaft zu erhalten. – Die Entwicklung des Sees wird beobachtet.

Analysenergebnis einiger kennzeichnender Parameter in Epilimnion vom Holzmaar. Beobachtungszeitraum: 1979–1983; Ergebnis von 6 Untersuchungen

	pH	HCO_3^- mmol/l	NO_3^--N µg/l	NH_4^+-N µg/l	Ges.-P µg/l	Chlorophyll a µg/l
Frühjahrs-Zirkulation	7,4–8,0	0,9–1,1	1 200–5 300	5–10	18–41	11
Sommer-Stagnation	8,8–9,3	0,9–1,5	3 500–6 000	10–30	8–16	4–14

Immerather Maar

Lage: R 25 68, H 55 54
Topographische Karte: L 5906 Daun
Seetyp: Dieses Maar ist durch vulkanische Tätigkeit vor ca. 40000–70000 Jahren entstanden. Um das Jahr 1750 wurde das Maar durch den Maarbach abgelassen und trockengelegt. Zwischen 1914 und 1918 verwilderte der Bach. Es kam zu einem Aufstau und ein Flachsee entstand. Die Höhe des Wasserspiegels hat sich seitdem nicht wesentlich verändert. Der See weist keine stabile Temperaturschichtung auf. Er ist polymiktisch. Schon bei geringen Windstärken wird die oberste Schlammschicht aufgewirbelt und in den Schwebezustand überführt.
Höhe: 364,1 m ü NN, Oberfläche: 40000 m²
Volumen: 60000 m³
Tiefe max.: 2,5 m, mittl.: 1,5 m
Einzugsgebiet: 640000 m²
Umgebungsfaktor: 15,0
Erneuerungszeit: ca. 0,3 Jahre
Ufer: Länge 0,8 km, Entwicklung 1,2

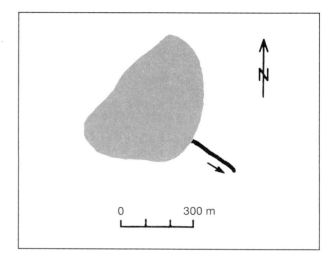

Hydrologische Besonderheiten

Auf die besondere Entwicklung des Sees ist oben unter „Seetyp" bereits hingewiesen. Es sei noch erwähnt, daß der Maarsee keinen oberirdischen Zufluß hat.

Einzugsgebiet

Der Maarkrater stellt den größten Teil des Einzugsgebietes, in dem sich Wälder, Wiesen und Äcker befinden. Die Wälder nehmen etwa ⅔ der Fläche ein. Für die Nährstoffsituation im See ist es nachteilig, daß die intensiv bewirtschafteten Äcker am Hang liegen und nur durch einen schmalen Wiesengürtel vom See getrennt sind.

Ufer

Im Süden und Westen reicht der Wald bis unmittelbar an den See. Das übrige Ufer ist als Wiese angelegt, auf der einzelne Gebüsche stehen. Die Röhrichtzone ist sehr schmal bzw. fehlt in weiten Bereichen.

Wasserchemismus und Trophiegrad

Die Landfläche des Einzugsgebietes ist groß im Vergleich zur Seeoberfläche. Zudem sind das Seevolumen und die Verweildauer des Wassers im See sehr klein. Insofern hängt der hydrochemische Grundcharakter in einem besonderen Maße vom Einzugsgebiet ab. Der See ist heute in einem polytrophen Zustand (s. Tab.). Im Vergleich zu den anderen Maaren wies das Immerather Maar am 11. 5. 1979 die höchste Leitfähigkeit mit 258 μS_{20}/cm und den höchsten Gehalt an Gesamtphosphor mit 220 µg/l, an Chlorid mit 66 mg/l, an Sulfat mit 40,6 mg/l und an Natrium mit 123 mg/l auf. Die Sichttiefe schwankte in den Jahren von 1979 bis 1983 zwischen 0,25 und 0,6 m mit einem Mittelwert von 0,4 bei fünf Messungen.

Flora und Fauna

Auf einem Luftbild des Immerather Maares von 1969 sind noch sehr gut große Bestände von submersen Makrophyten zu erkennen. Diese sind mittlerweile vollständig verschwunden. Wasserblüten von Blaualgen haben sie verdrängt. Am 1. 7. 1983 z. B. war der See durch Blaualgen der Gattung *Microcystis* vegetationstrüb. – Die 1979 vorgefundenen planktischen Kleinkrebse und Rädertiere sind typisch für Flachgewässer. Unter den Muschelkrebsen wurde 1979 nur noch eine Art lebend angetroffen. Allerdings wurden die leeren Schalen von etlichen weiteren Arten gefunden. Diese Muschelkrebse dürften im Maar gelebt haben, als es noch submerse Makrophyten im See gab. Im Immerather Maar wurden 1982 41 makrozoobenthische Arten, darunter auch die Büschelmücke *Chaoborus flavicans,* nachgewiesen. Das Auftreten von *Chaoborus* im Immerather Maar ist insofern erstaunlich, weil die Art sonst nur in den Maaren vorkommt, die ein zumindest teilweise sauerstofffreies Hypolimnion aufweisen. Es ist zu vermuten, daß sich die Larven von *Chaoborus* tagsüber im weichen Sediment des Immerather Maares vergraben, um sich so dem Fraß durch Fische zu entziehen.

Analysenergebnis einiger kennzeichnender Parameter vom Immerather Maar. Beobachtungszeitraum 1979 bis 1983; Ergebnis von fünf Untersuchungen.

	pH	HCO_3^- mmol/l	NO_3^--N µg/l	NH_4^+-N µg/l	Ges.-P µg/l	Chlorophyll a µg/l
Frühjahrs-Zirkulation	9,1–9,4	4,8–5,0	5–15	0–30	150–240	100
Sommer-Stagnation	8,8–9,3	4,8–6,3	10–50	0–70	140–260	40–150

Sediment

Sedimentkerne aus 2,5 m Wassertiefe zeigen in 40 cm Tiefe unter der Sedimentoberfläche innerhalb weniger Zentimeter einen deutlichen Wechsel von Ablagerung, die für oligotrophe Seen charakteristisch sind zu solchen von polytrophen. Der Wechsel ist schon an dem Farbunterschied von hellgrau nach tiefschwarz zu erkennen. Weitere Parameter, wie Glühverlust und Chlorophyllgehalt, belegen diese Aussage. Im Sediment konnten keine Anzeichen für die immerhin rund 160 Jahre lange „Trokkenphase" erkannt werden.

Nutzung, Bedeutung und Maßnahmen

Das Immerather Maar dient als Erholungsgebiet, vor allem für die umliegenden Gemeinden. Es ist ein Naturschutzgebiet und wird durch Freizeitfischer genutzt. Obwohl der polytrophe Zustand unerwünscht ist, lassen sich z.Zt. keine Restaurierungsmaßnahmen durchführen, die längerfristig von Erfolg sind, weil der Nährstoffeintrag, besonders von den Äckern, sehr groß ist. – Es sind limnologische Untersuchungen vorgesehen, um die Entwicklung des Sees zu beobachten.

Laacher See

Lage: R 25 90, H 55 87
Topographische Karte: L 5508 Neuenahr-Ahrweiler
Seetyp: Der Laacher See ist durch vulkanische Tätigkeit vor rd. 11 000 Jahren entstanden. Bei dem Ausbruch des Maares sind riesige Mengen von Bims ausgeworfen worden, die sich von der Schweiz bis nach Skandinavien nachweisen lassen. Nach dem Ausblasen des Bimses ist das Gewölbe der nur zum Teil geleerten Magmakammer eingestürzt, wodurch sich das Becken für den späteren See erheblich vergrößerte. Der Bims stellt in anderen Seeablagerungen eine hervorragende Zeitmarke zur Datierung der Sedimente dar. – Der See ist holomiktisch. Aufgrund seines großen Wasservolumens gefriert der See nur alle paar Jahre zu und ist damit überwiegend monomiktisch.
Höhe: 274,7 m ü NN, Oberfläche: 3,315 km²
Volumen: 106,3 · 10⁶ m³
Tiefe max.: 53 m, mittl.: 32,1 m
Einzugsgebiet: 12,22 km²
Umgebungsfaktor: 2,7
Erneuerungszeit: ca. 68 Jahre
Ufer: Länge 7,1 km, Entwicklung 1,1

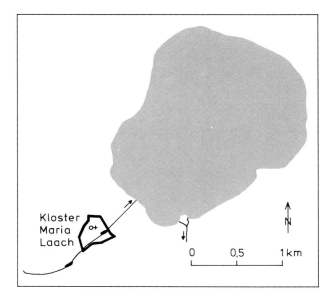

Hydrologische Besonderheiten

Der Laacher See war bis 1164 ohne einen oberirdischen Abfluß. 1164 ließ der 2. Abt des Klosters Maria Laach den See durch den Bau eines Stollens um ca. 10 m absenken, um die Klosterkirche vor Hochwasser zu schützen. 1844 stürzte der Stollen streckenweise ein. Im selben Jahr wurde ein neuer Stollen gegraben, der den Seewasserspiegel um weitere 5 m absenkte. Durch die Verkleinerung der Seeoberfläche um rd. 31 % ist der Umgebungsfaktor von 1,5 auf 2,7 angestiegen. Die Absenkungen eutrophierten den See, wie sich anhand der Sedimente deutlich nachweisen läßt. Die Eutrophierung nach einer Seespiegelabsenkung erklärt sich durch die verstärkte Abschwemmung und Auswaschung von Nährstoffen aus den trockengefallenen und noch nicht durch eine Vegetation geschützten Seebodenabschnitte. – Der kleine Bellerbach ist der einzige dauerhafte Zufluß.

Einzugsgebiet

Der Laacher See ist von etlichen direkt um den See herum befindlichen, mittlerweile erloschenen Vulkanen umgeben. Etwa ⅔ der Landfläche des Einzugsgebietes sind von Wald bestanden. Der Rest wird landwirtschaftlich genutzt. Außerdem befindet sich am See das Kloster Maria Laach und ein Campingplatz.

Ufer

Durch die im geologischen Sinne erst kurz zurückliegende letzte Absenkung des Seewasserspiegels baut sich der See derzeit noch eine neue Seeterrasse auf. Dieser Vorgang läßt sich besonders gut am Nordostufer beobachten. Hier stürzen immer wieder unterspülte Bäume ins Wasser. Übrigens ist gerade an diesem Uferstreifen die ehemalige Seeterrasse sehr gut zu erkennen. – Der größte Teil des Sees ist von einem Erlenbruchwald umgeben. Das Ufer selber besteht z. T. aus nacktem Lavagestein. Vor allem in dem südlichen Bereich des Sees befinden sich größere Bestände von Schilf und weiteren emersen und sumersen Makrophyten.

Wasserchemismus und Trophiegrad

Der Laacher See ist im Vergleich zu den anderen Eifelmaaren durch einen hohen Gehalt an Natrium, Kalium, Magnesium und Kalzium gekennzeichnet. Am 16. 3. 1979 wurden folgende Konzentrationen gemessen:

Na mg/l	K mg/l	Mg mg/l	Ca mg/l
41,4	24,4	29,2	41,8

Dementsprechend sind auch die Leitfähigkeit mit rd. 510 µS_{20}/cm erhöht und das Wasser ist gut gepuffert. – Infolge einer intensiven Durchmischung erreicht am Ende eines jeden Winters das Wasser in allen Tiefen fast die Sauerstoffsättigung. Nach der Abwasserfernhaltung im Jahre 1976 haben sich die N- und P-Konzentrationen im Seewasser deutlich verringert. Zur Zeit der Sommerstagnation traten in den letzten Jahren stets nur in den untersten 2 bis 3 m reduzierende Verhältnisse auf. In den letzten Jahren war Stickstoff der Minimumfaktor. Die derzeitige Nährstoffbelastung ist nicht bekannt. Der Laacher See ist in einem meso- bis eutrophen Zustand (s. Tab.). Die Sichttiefen schwankten zwischen 2,2 und 9,2 m mit einem Mittelwert von 4,8 für den Zeitraum von 1981 – 1984. Derzeit scheint sich eine Verschlechterung der Sichttiefenenwicklung anzudeuten.

Analysenergebnisse einiger kennzeichnender Parameter im Epilimnion des Laacher Sees.
Ausgewählter Zeitraum 1982−1984.

	pH	HCO_3^- mmol/l	NO_3^--N µg/l	NH_4^+-N µg/l	Ges.-P µg/l	Chlorophyll a µg/l
Frühjahrs-Zirkulation	7,7−7,8	6,5−7,1	25−30	0−10	34−51	15−22
Sommer-Stagnation	8,3−8,4	6,4−6,6	5−20	0−30	16−27	4−16

Flora und Fauna

Über das Phyto- und Zooplankton des Laacher Sees gibt es nur vereinzelte Angaben in der Literatur. Phyto- und Zooplankton sowie der Mageninhalt von Fischen sollen in Kürze untersucht werden. − Die Massenentwicklung von Fadenalgen, die zum Rückgang verschiedener emerser Makrophyten geführt hatte, ist seit der Abwasserfernhaltung im Jahre 1976 nicht mehr aufgetreten. − Die benthische Flora ist außerordentlich artenreich und enthält z. T. seltene Pflanzen. Die für oligotrophe Seen charakteristische tierische Besiedlung ist an bestimmten Stellen im See noch vorhanden. Weitere Bereiche im See sind jedoch verarmt. Insgesamt wurden 75 Arten bzw. höhere Taxa nachgewiesen. Das ist die höchste Artenvielfalt von allen Eifelmaarseen. Der Laacher See weist auch das artenreichste Mollusken- und Ostracodenvorkommen aller Eifelmaare auf. − Unter den Fischen sind die Felchen im Laacher See nicht nur wegen ihres schmackhaften Fleisches erwähnenswert. Sie boten Anlaß zur Überlegung zur Artenentwicklung. Felchen sind seit 1864 mehrfach aus verschiedenen Gewässern Europas in den Laacher See eingesetzt worden. Seit 1939 erfolgt eine intensive Felchenhege und -befischung. Es wurde eine Erbrütungsanlage gebaut. Den Erträgen nach ist der Laacher See ein außerordentlich guter Felchensee.

Sediment

Die rezenten Seesedimente lassen einen horizontalen Zonenaufbau mit einem klastischen Ufergürtel, einen Kalkgürtel und ein zentrales Gyttja- bzw. Diatomeengyttja-Gebiet erkennen. Bildung und Auflösung epilimnisch gefällter Calcite stellen die wichtigsten Prozesse im Kalkgürtel dar, der sich auf eine Tiefe von 20 bis 30 m beschränkt. − Die Wasserspiegelschwankung und die Eutrophierung des Sees konnten für die Nacheiszeit rekonstruiert werden. Der stärkste Eutrophierungsschub trat als Folge der künstlichen Seespiegelabsenkung im Jahre 1164 ein.

Nutzung, Bedeutung und Maßnahmen

Der Laacher See ist der größte natürliche See im deutschen Mittelgebirge. Seine besondere Entstehungsart und seine pflanzliche und tierische Besiedlung machen ihn zu einem einmaligen Naturdenkmal. Der Laacher See ist ein bedeutender Rastplatz für Zugvögel im Winter.

Der See ist Eigentum des Benediktinerklosters Maria Laach. Rund 2 Millionen Besucher kommen jährlich zum Kloster und zum See, um sich zu bilden und zu erholen. Die Abwassereinleitungen vom Kloster und vom Campingplatz haben den See bis 1976 belastet. Seitdem werden die Abwässer durch Ringleitungen vom See ferngehalten. − Die limnologische Überwachung des Sees wird fortgesetzt.

Literatur

BAHRIG, B. (1984): Sedimentation und Diagenese im Laacher Seebecken. · Diss. Abt. Geowissenschaften, Univ. Bochum. − 236 S.

Meerfelder Maar

Lage: R 25 54, H 55 51
Topographische Karte: L 5906 Daun
Seetyp: Das Meerfelder Maar ist vor rd. 29000 Jahren durch vulkanische Tätigkeit entstanden. Die Bildung dieses Maares ist in Abb. 1 (im Vorspann zu Rheinland-Pfalz) schematisch dargestellt. – Der See ist dimiktisch und holomiktisch.
Höhe: 336,5 m ü NN
Oberfläche: 248000 m^2
Volumen: 2,27 · 10^6 m^3
Tiefe max.: 18 m, mittl.: 9,2 m
Einzugsgebiet: 5,76 km^2 (seit 1950: 1,52 km^2)
Umgebungsfaktor: 22,2 (seit 1950: 5,1)
Erneuerungszeit: ca. 1,1 Jahre (seit 1950: ca. 4,5 Jahre)
Ufer: Länge 2,0 km, Entwicklung 1,1

Hydrologische Besonderheiten

Bis um das Jahr 1950 floß der Meerbach als der einzige Zufluß in den Maarsee. Um 1950 wurde er umgeleitet und mündet nun in den Auslauf des Sees ein. Hierdurch hat sich das Einzugsgebiet von 5,76 auf 1,52 km^2 verkleinert.

Zwischen 1877 und 1880 wurde der Maarwasserspiegel zur Gewinnung von Wiesen um ca. 2 m künstlich abgesenkt. Die Gemeinde Meerfeld hat Kaiser Wilhelm I. dafür ein Denkmal gesetzt. 1981, also fast genau 100 Jahre später, wurde diese Maßnahme, wiederum mit finanzieller Unterstützung des Staates, im Rahmen der Maarrestaurierung teilweise rückgängig gemacht.

Ufer

Im Süden, auf dem ehemaligen großen Delta, das der Meerbach im See gebildet hat (siehe Luftbild), befindet sich zwischen dem Land und dem See eine breite Schilfzone. Sie soll durch den Aufstau im Rahmen der Maar-

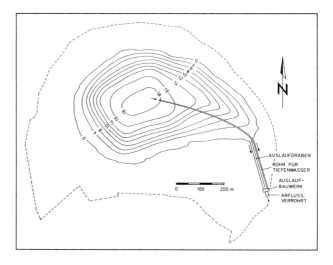

Tiefenkarte des Meerfelder Maares mit Lage des Rohres für die Tiefenwasserableitung und Grenze (– – –) der Pufferzone zwischen den landschaftlich genutzten Flächen und dem See.

Luftbild des Meerfelder Maares. Aufnahme am 22. 04. 1975. Die Ortschaft Meerfeld liegt im Süden des Maares. Größte Länge des Maares: 760 m. Das Maar hatte bis etwa zum Jahr 1950 einen oberirdischen Zufluß durch die beiden Bäche, die vor der Ortschaft Meerfeld zusammenfließen. Dieser Zufluß hat das große Delta gebildet, das sich nördlich der Ortschaft befindet. Zum Teil kann man auf dem Luftbild des Deltas an dem Verlauf der Wege und Entwässerungsgräben erkennen. Um 1950 wurde der den See natürlicherweise speisende Bach in der Ortschaft Meerfeld umgeleitet und fließt seitdem ostwärts neben der Straße in das nach Osten hin entwässernde Tal. In dieses Tal mündet der künstliche Auslaufgraben des Maares, der im Jahr 1880 zur Wasserspiegelabsenkung im Maar angelegt wurde. Das Luftbild ist „freigegeben durch das Landesvermessungsamt Rheinland-Pfalz unter Nr. 4/75; vervielfältigt mit Genehmigung des Landesvermessungsamtes Rheinland-Pfalz vom 7. März 1985 – Az.: 2.3465/85".

sanierung noch gefördert werden. An den übrigen Ufern ist die Röhrichtzone sehr schmal. Nur im Norden des Sees stehen vereinzelt Bäume direkt am Wasser.

Wasserchemismus und Trophiegrad

Das Meerfelder Maar wird jeden Herbst und jedes Frühjahr aufgrund seiner Größe und vergleichsweise geringen Tiefe gut durchmischt. – Das Wasser des Maarsees ist bei einer Leitfähigkeit von rd. 290 μS_{20}/cm mit 2,6 mmol/l Hydrogencarbonat wesentlich besser gepuffert als das der oligotrophen Maare. Trotzdem sind pH-Werte über 9,0 nicht selten. Sie sind durch Massenentwicklung von Blaualgen bedingt. Stickstoff ist neben dem Licht fast das ganze Jahr über Minimumfaktor. Vor der Seenrestaurierung war bereits im Frühsommer das Hypo- und Metalimnion sauerstofffrei, obwohl während des Frühjahres in allen Tiefen nahezu Sauerstoffsättigung, z. T. auch Übersättigung, vorlag.

Der See wurde als polytroph eingestuft (s. Tab.). Er drohte vollständig sauerstofffrei zu werden. In all den letzten Jahren ging die Sichttiefe im Juni als Folge der Massenentwicklung von Blaualgen auf Werte um oder unter 20 cm zurück.

Die Nährstoffbelastung rührte in der frühen Nacheiszeit von dem im Vergleich zur Seeoberfläche großen Einzugsgebiet her. Beim Meerfelder Maar liegt mit 22,2 der größte natürliche Umgebungsfaktor aller jetzigen Maarseen vor. Später kamen anthropogene Belastungen hinzu: Abwässer, Auswaschung und Abschwemmung des Bodens während und nach der Rodung des Gebietes, Düngung der landwirtschaftlich genutzten Flächen, freizeitfischereiliche Nutzung des Sees mit Anfüttern und hohem Besatz, Abschwemmung der trockengefallenen Flächen nach dem Absenken des Maarwasserspiegels im Jahre 1880 und Auswaschung der rd. 100 Jahre später wieder überstauten Flächen. – Die interne Düngung, also die Nährstofffreisetzung aus dem Sediment unter sauerstofffreien Bedingungen, spielt heute beim Meerfelder Maar eine besondere Rolle.

Analysenergebnis einiger kennzeichnender Parameter im Epilimnion des Meerfelder Maares. Ausgewählter Zeitraum 1982–1984 mit z. T. 14tägigen Untersuchungen.

	pH	HCO_3^- mmol/l	NO_3^+-N μg/l	NH_4^+-N μg/l	Ges.-P μg/l	Chlorophyll a μg/l
Frühjahrs-Zirkulation	8,2–8,7	2,6	230–260	10–20	80–85	20– 60
Sommer-Stagnation	9,3–9,7	2,6–2,7	0– 10	0–10	30–40	20–120

Flora und Fauna

In den letzten Jahren dominierte die Blaualge *Oscillatoria agardhii*. Sie bildete ganzjährige Wasserblüten. Stets gegen Ende Juni starb ein großer Teil der Population ab, schwebte auf und bildete, vom Winde zusammengeschoben, am Ufer einen meterbreiten, dicken Schaumstreifen. Wenn dieser nicht vom Winde in den Auslauf des Sees befördert wurde, ging der Schaum noch im See in Verwesung über. Ein Bericht des Fischereiaufsehers Dr. Bürger aus dem Jahre 1932 belegt, daß sich auch damals schon Wasserblüten bildeten und zu dem oben beschriebenen Erscheinungsbild führten. Um welche Planktonorganismen es sich damals handelte, ist nicht bekannt. – 1984 traten seit vielen Jahren erstmalig im Spätsommer die Feueralge *Ceratium hirundinella* und einige Wochen später die Kieselalge *Diatoma elongatum* jeweils massenhaft auf. Diese Veränderung kann als erstes Anzeichen für den Erfolg der Seesanierung und -restaurierung gewertet werden.

Im Jahre 1982 wurden im Meerfelder Maar 31 mit dem bloßen Auge sichtbare tierische Arten oder höhere Taxa festgestellt. Es ist auffällig, daß im Meerfelder Maar von allen Eifelmaaren die geringste Anzahl von zoobenthischen Arten gefunden wurde. Allgemein war zu beobachten, daß die Artenzahl in den oligotrophen und den polytrophen Seen geringer ist als in den eutrophen. Diese Feststellung gilt auch für die Anzahl der mikroskopisch kleinen Muschelkrebsarten, unter denen im Meerfelder Maar eine Art entdeckt wurde, die bisher nur in diesem See gefunden wurde. Der Anstieg der Artenzahl zum eutrophen See hin dürfte mit dem nur im eutrophen See massenhaft vorkommenden höheren Wasserpflanzen zusammenhängen, die zusätzliche Lebensmöglichkeiten für viele Tiere bieten. – Bei einer Probebefischung im Jahre 1984 wurden vor allem Schleie, Barsche, Aale und Brachsen angetroffen.

Sediment

Das Meerfelder Maar ist das erste Maar der Eifel, in dem im See eine Bohrung von 20 m Länge niedergebracht wurde. Das Probematerial wurde auf die folgenden Faktoren hin untersucht: Tonminerale, Schwermetalle, Paläomagnetismus, Alter der Sedimente und verschiedene Mikrofossilien. Die Ergebnisse sind im Band 65 des „Courier Forschungsinstitut Senckenberg" zusammengefaßt. 1984 wurde ein weiterer Kern von fast 30 m Länge gezogen, um noch offene Fragen zu klären. Aus den vielen Ergebnissen soll nur eines angeführt werden. Der See hatte bereits kurz nach der Eiszeit einen eutrophen, jedoch noch nicht polytrophen Zustand erreicht, zu einer Zeit also, als der Mensch noch nicht entscheidend in das Landschaftsgefüge eingegriffen hatte.

Nutzung, Bedeutung und Maßnahmen

Das Meerfelder Maar wurde früher fast nur als Erholungsgebiet für die Menschen der umliegenden Gemeinden genutzt. In der letzten Zeit nimmt der Tourismus auch aus anderen Teilen Deutschlands und Europas ständig zu. Das führt zu Zielkonflikten insbesondere mit dem Naturschutz.

Früher gelangten über den Meerbach auch aus den Ortschaften Bettenfeld und Meerfeld Abwässer in den See. Mit der Umleitung des Meerbaches ist diese Eutrophierungsquelle des Sees weitgehend beseitigt. Inzwischen hat die Ortschaft Bettenfeld eine Kanalisation erhalten. Die gereinigten Abwässer werden einem anderen Bachsystem zugeführt. An der Kanalisation der Ortschaft Meerfeld wird gearbeitet. Trotz dieser Maßnahmen besserte sich die Wasserbeschaffenheit nicht. Deshalb wurden weitere Maßnahmen im Einzugsgebiet und im See selber durchgeführt. Das Umland rund um das Maar wurde von der Gemeinde Meerfeld angekauft (siehe Tiefenkarte des Meerfelder Maares). Es soll als Pufferzone zwischen den landwirtschaftlich genutzten Flächen und dem See dienen. In der Pufferzone besteht Düngeverbot. Im See wurde auf Vorschlag des Landesamtes für Wasserwirtschaft Rheinland-Pfalz eine Tiefenwasserableitung im November 1981 installiert. Die Erfolge der Tiefenwasserableitung zeigten sich bereits 1982. Nur noch ein kleiner Teil des Hypolimnions war sauerstofffrei. Die Konzentrationen von Stickstoff und Phosphor haben sich im unteren Teil des Hypolimnions gegenüber früher deutlich verringert. Die Tendenz zur Oligotrophierung hat sich in den beiden folgenden Jahren fortgesetzt. Der Landkauf hat 450 000,– DM gekostet, die Tiefenwasserableitung 260 000,– DM. Beide Maßnahmen wurden vom Bundesministerium für Ernährung, Landwirtschaft und Forsten entscheidend gefördert. – Die weitere Entwicklung des Maares wird limnologisch beobachtet.

Literatur

IRION, G., NEGENDANK, J.F.W. (1984): Das Meerfelder Maar. Untersuchungen zur Entwicklungsgeschichte eines Eifelmaares. – Cour. Forsch.-Inst. Senckenberg 65, 1–101. Frankfurt am Main.

SCHARF, B.W. (1983): Bemerkenswerte Muschelkrebse (Crustacea, Ostracoda) aus den Eifelmaaren. – Mitt. Pollichia 69, 262–272. Bad-Dürkheim/Pfalz.

SCHARF, B.W. (1984): Errichtung und Sicherung schutzwürdiger Teile von Natur und Landschaft mit gesamtstaatlich repräsentativer Bedeutung. Beispiel: Meerfelder Maar. Teil 2 – Sanierung und Restaurierung des Maares. – Natur und Landschaft 59, 21–27. Stuttgart.

SCHMIDT-LÜTTMANN, M. (1984): Errichtung und Sicherung schutzwürdiger Teile von Natur und Landschaft mit gesamtstaatlich repräsentativer Bedeutung. Beispiel: Meerfelder Maar. Teil 1 – Gebietsbeschreibung, Problematik und Sicherung. – Natur und Landschaft 59, 18–20. Stuttgart.

Pulvermaar

Lage: R 25 66, H 55 57
Topographische Karte: L 59 06 Daun
Seetyp: Das Pulvermaar ist vor 15–20 000 Jahren durch vulkanische Tätigkeit entstanden. In seiner fast kreisrunden Form ist es ein Musterbeispiel für ein Maar und einen tiefen Maarsee. Dieser dimiktische See wurde 1982 meromiktisch. 1984 wurde mit Hilfe einer Belüftung eine Zwangszirkulation durchgeführt.
Höhe: 411,2 m ü NN
Oberfläche: 335 000 m^2
Volumen: 12,76 · 10^6 m^3
Tiefe max.: 70 m, mittl.: 38,1 m
Einzugsgebiet: 0,81 km^2
Umgebungsfaktor: 1,4
Erneuerungszeit: ca. 69 Jahre
Ufer: Länge: 2,1 km, Entwicklung: 1,0

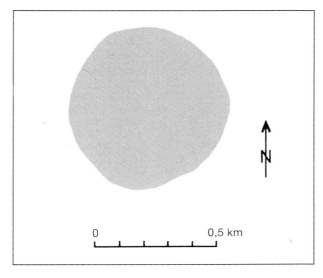

Hydrologische Besonderheiten

Das Pulvermaar hat weder einen dauerhaften oberirdischen Zufluß noch einen oberirdischen Abfluß. Der Niederschlag überwiegt die Verdunstung des Einzugsgebietes. Deshalb muß der See einen unterseeischen Abfluß haben. Er ist klein im Vergleich zum Seevolumen. Daraus ergibt sich die sehr lange theoretische Wassererneuerungszeit von rund 70 Jahren.

1942 wurde die Wirkung von Unterwasserminen im Pulvermaar getestet. Wahrscheinlich hat sich dadurch die Wasserwegsamkeit durch die Kraterwand geändert, denn nach den Sprengungen ist der Wasserspiegel um etwa 5 m abgesunken. Der alte Wasserstand läßt sich an der Lage der Wege und an der Vegetation erkennen.

Am Ufer des Sees befinden sich Brunnen eines Wasserwerkes. In den letzten Jahren wurde zeitweilig mehr uferfiltriertes Wasser (> 200 000 m^3/a) entnommen, als durch den Niederschlag ergänzt wurde. Dadurch kam es zu einer Wasserspiegelabsenkung. Seit 1980 förderte das Wasserwerk deutlich weniger Wasser, so daß der Wasserstand um knapp 2 m angestiegen ist und die Erlen im Uferbereich im Wasser stehen.

Einzugsgebiet

Die Landfläche des Einzugsgebietes vom Pulvermaar besteht fast nur aus der Innenseite des Kraterwalls. Dementsprechend gering ist auch der Umgebungsfaktor. Im Norden und Nordwesten befinden sich zwei kleine kurze Tälchen. Das eine wird landwirtschaftlich genutzt. Im anderen wurde ein Campingplatz und eine Schuhfabrik angelegt. Am Ostufer des Sees befindet sich eine Badeanstalt, die 1983 umgebaut und erweitert wurde. Das restliche Einzugsgebiet ist bewaldet.

Ufer

Seit den Seespiegelabsenkungen hat sich noch keine neue Uferbank gebildet. Rund um den See fallen die Ufer steil ab. Aufgrund dieser geomorphologischen Gegebenheiten ist die Röhrichtzone schmal. Streckenweise fehlt sie sogar, was seine Ursache in der Beschattung dieser Zone durch die im Wasser stehenden Schwarzerlen und in der starken touristischen Nutzung des Maares hat.

Wasserchemismus und Trophiegrad

Das Pulvermaar hat wie das Weinfelder und das Gemündener Maar ein weiches Wasser. – Dem großen Volumen des Sees ist es zu verdanken, daß sich das Pulvermaar trotz einer erheblichen Belastung gute Sauerstoffwerte in allen Tiefen und ein scheinbar oligotrophes Aussehen bewahrt hat. Der See ist heute aufgrund der biologischen Indikation als mesotroph einzustufen, auch wenn die chemischen Parameter noch eher auf einen oligotrophen Zustand hinweisen (s. Tab.). Die Sichttiefe schwankte in dem Zeitraum von 1975 bis 1984 zwischen 3,5 und 11 m mit einem Mittelwert von 5,9 m. Die Sichttiefenmessung erfolgte allermeist mehrfach wöchentlich.

Analysenergebnisse einiger kennzeichnender Parameter im Epilimnion des Pulvermaares.
Ausgewählter Zeitraum 1982–1983 bei z. T. monatlicher Untersuchung.

	pH	HCO_3^- mmol/l	NO_3^--N µg/l	NH_4^+-N µg/l	Ges.-P. µg/l	Chlorophyll a µg/l
Frühjahrs-Zirkulation	7,3–7,7	0,7	70	0–10	4– 6	< 1–5
Sommer-Stagnation	8,3–9,3	0,8–0,9	0–20	5–10	10–14	< 1–5

Aufgrund der großen Tiefe und der im Vergleich kleinen Oberfläche vermag der Wind nach einer Berechnung während der Homothermie nur die oberen 24 m zu durchmischen. Deshalb neigt das Pulvermaar zur Meromixie.

1982 wurde der See meromiktisch. Bereits im Spätsommer 1982 umfaßte das schon rd. 10 m mächtige Monimolimnion ein Volumen von etwa 1 Mill. m^3. Im Winter 1982/83 wurde dieser Wasserkörper zwar verkleinert, aber nicht beseitigt. – Beim Pulvermaar handelt es sich wie beim Gemündener und vielleicht auch beim Ulmener Maar um eine biogene Meromixie. Diese erklärt sich aus dem nachstehenden Zusammenhang: Durch einen erhöhten Nährstoffeintrag ergibt sich eine gesteigerte Bioproduktion, ein vermehrtes Absinken toter organischer Substanz in die Tiefe des Sees, eine verstärkte Zersetzung der Pflanzen- und Tierreste an der Sedimentoberfläche, eine erhöhte Freisetzung von Salzen über dem Grund und daraus folgt eine Erhöhung der Dichte des Wassers in der größten Tiefe. Die größere Dichte über dem Grund setzt dem aufgrund der Beckengestalt ohnehin erschwerten Wasseraustausch einen Widerstand entgegen und verhindert ihn schließlich. Das entstandene Monimolimnion reichert sich im Laufe der Zeit mit weiteren Salzen an und stabilisiert sich. Der Sauerstoff wird aufgezehrt und nicht mehr ergänzt. Es bildet sich Schwefelwasserstoff im Monimolimnion.

Flora und Fauna

Die submersen Makrophyten haben in den letzten 10 Jahren quantitativ zugenommen. Während 1975 noch große Bereiche des Ufers nur aus sandig-kiesigem, devonischem Trümmergestein ohne einen Pflanzenbewuchs und ohne eine Schlammauflage bestanden, sind jetzt längs des ganzen Ufers Unterwasserpflanzen anzutreffen. Zwischen den Pflanzen befindet sich auf dem Boden eine Schicht von feinem organischen Detritus. – Im Flachwasserbereich ist das Tausendblatt *Myriophyllum alterniflorum,* eine seltene Weichwasserart, am häufigsten anzutreffen. Sie wird von anderen, für eutrophe Gewässer charakteristischen Pflanzen in ihrem Bestand bedrängt. Die Armleuchteralge *Nitella flexilis* kommt bis in 26 m Tiefe vor. – Über das Phytoplankton ist wenig bekannt. Die Besiedlung mit Zieralgen, den Desmediaceen, ist artenreich, aber individuenarm. Die wenigen vorhandenen Daten deuten auf eine Eutrophierung hin. – Das Crustaceen- und Rotatorienplankton ist artenarm, jedoch nicht für einen oligotrophen See charakteristisch. – Bei der Untersuchung des Makrozoobenthons im Jahre 1982 konnten insgesamt 56 Arten oder höhere Taxa nachgewiesen werden. Im Monimolimnion gab es kein Makrozoobenthon. An den Seehängen oberhalb des Monimolimnions ließen sich noch Zuckmückenlarven nachweisen, die nur bei einem hohen Sauerstoffgehalt des Wassers vorkommen. Das Pulvermaar ist mit 5 Arten arm an Mollusken. – Die Fischfauna ist 1942 während der Unterwassersprengung sicherlich vollständig vernichtet worden. Es erfolgte ein ständiger Neubesatz, bedauerlicherweise auch mit Fischen, die dem Lebensraum nicht angepaßt sind.

Sediment

1983 und 1984 wurden mehrere, etwa 0,5 m lange Sedimentkerne aus dem Bereich der größten Tiefe gezogen. Die Untersuchung auf ihren Gehalt an Chlorophyll a und dessen Abbauprodukten, den Phaeopigmenten, zeigt mehrere Wechsel zwischen einem erhöhten und wieder erniedrigten Gehalt. Ein drastischer Anstieg erfolgt jedoch erst in den oberen Zentimetern.

Nutzung, Bedeutung und Maßnahmen

Das Pulvermaar wird trotz seiner Unterschutzstellung als Naturschutzgebiet intensiv touristisch genutzt. Feriendörfer, ein Campingplatz und eine erweiterte Badeanstalt deuten sofort auf diese Nutzung hin (siehe Farbbild).

Das Pulvermaar ist noch ein Lebensraum seltener Pflanzen und Tiere. Zur Wiederherstellung des oligotrophen Zustands wurde auf Vorschlag des Landesamtes für Wasserwirtschaft Rheinland-Pfalz 1984 eine Belüftung zur Beseitigung des Monimolimnions und zur Unterstützung der natürlichen Zirkulation installiert. Sie wurde am 30. Oktober 1984 in Betrieb genommen. Bereits 10 Tage später war das Monimolimnion nicht mehr nachzuweisen. Am 26. November wurden in allen Tiefen gute Sauerstoffverhältnisse angetroffen. Damit sind die Voraussetzungen geschaffen, daß das Sediment wieder als Nährstoffalle fungieren kann. Die Auswirkungen der Belüftung werden auch weiterhin beobachtet werden.

Literatur:

SCHARF, Burkhard W. (1980): Zur Morphometrie und Hydrodynamik der Eifelmaare. – Mitt. Pollichia 68, 101–110. Bad Dürkheim/Pfalz.

SCHARF, Wilfried (1982): Limnologische Exkursion. 1. Der oligotrophe See am Beispiel des Pulvermaares. – Mikrokosmos 71, 8–12. Stuttgart.

Schalkenmehrener Maar

Lage: R 25 61, H 55 59
Topographische Karte: L 5906 Daun
Seetyp: Das Schalkenmehrener Maar ist durch vulkanische Tätigkeit vor etwa 20–30000 Jahren entstanden. Es ist ein Doppelmaar und enthält 2 Krater. Der Auswurf des jüngeren Kraters, in dem sich der jetzige Maarsee befindet, hat den älteren weitgehend zugeschüttet. In der Mitte des älteren befindet sich heute ein Moor, das auf der nebenstehenden Skizze angedeutet ist. Das eutrophe Schalkenmehrener Maar ist holomiktisch und dimiktisch.
Höhe: 420,5 m ü NN
Oberfläche: 219000 m^2
Volumen: $2,46 \cdot 10^6$ m^3
Tiefe max.: 21 m, mittl.: 11,2 m
Einzugsgebiet: 1,30 km^2
Umgebungsfaktor: 4,9
Erneuerungszeit: ca. 5,9 Jahre
Ufer: Länge 1,7 km, Entwicklung 1,0

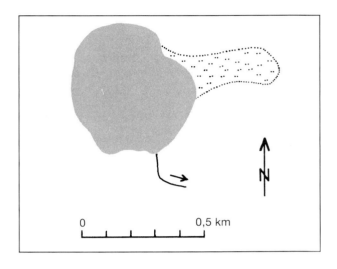

Hydrologische Besonderheiten

Das Schalkenmehrener Maar hat zwar keinen oberirdischen Zufluß, wohl aber einen Überlauf, der durch die Ortschaft Schalkenmehren fließt.

Einzugsgebiet

Das Schalkenmehrener Maar ist nur etwa 410 m vom Weinfelder Maar entfernt. Nach THIENEMANN ist das Schalkenmehrener Maar das Musterbeispiel eines eutrophen Sees, das Weinfelder das eines oligotrophen Sees. Die Unterschiede zwischen den Gewässern zeigen sich in den physikalischen und chemischen Eigenschaften sowie in der Besiedlung. Sie sind wesentlich durch die Beschaffenheit des Einzugsgebietes und der Morphometrie der Seebecken beeinflußt, die im Folgenden gegenübergestellt sind.

Schalkenmehrener Maar	Weinfelder Maar
großes Einzugsgebiet	kleines Einzugsgebiet
landwirtschaftlich genutzte Hänge	kahle Hänge
flache Seeufer	steile Seeufer
flacher See	tiefer See
kleines Seevolumen	großes Seevolumen
gelb-grünes Wasser	blaues Wasser

Man muß nicht unbedingt auf dem Kraterrand zwischen den beiden Maaren stehen, um einige der genannten Unterschiede zu erkennen. Sie sind auch auf dem Farbbild auf der vorderen Umschlagseite der Broschüre zu sehen. Im Vordergrund dieser Fotografie befindet sich das Gemündener Maar, im Mittelgrund das Weinfelder Maar und rechts im Hintergrund das Schalkenmehrener Maar. Die Aufforstung des Kraters vom Weinfelder Maar ist im wesentlichen erst nach dem 2. Weltkrieg erfolgt. Das Einzugsgebiet des Weinfelder Maares beschränkt sich auf die Innenseite des kleinen Kraters. Beim Schalkenmehrener Maar kommt auch das Einzugsgebiet des vermoorten Maares hinzu (siehe Seetyp), das sich auf dem Farbbild vom See aus nach links hinten erstreckt. Deutlich sind das Moor mit einzelnen Büschen und konzentrentisch herum angeordneten Äckern und Wiesen zu erkennen.

Ufer

Die Ufer des Schalkenmehrener Maares sind größtenteils vom Menschen stark beeinflußt. Die Röhrichtzone fehlt im Süden vollständig. Das Ufer vor der Ortschaft Schalkenmehren und vor dem Campingplatz war 1984 durch Mengen von Unrat derart denaturiert, daß die die Unterwasserpflanzen kartierenden Taucher kaum natürliches Substrat vorfanden. Im Nordwesten und Norden des Sees bestanden noch Reste von der Röhrichtzone. Freizeitfischer haben die Bestände dezimiert. Außerdem befand sich auch hier vor den Angelplätzen reichlich Müll im See.

Wasserchemismus und Trophiegrad

Das Schalkenmehrener Maar ist ein eutrophes Gewässer (s. Tab.). Es ist elektrolyt- und nährstoffreich und weist eine hohe Produktivität auf. Die Sichttiefe schwankte in den Jahren von 1975 bis 1983 zwischen 1,2 und 3,8 m mit einem Mittelwert von 2,3 m.

Die Tiefe, bis zu der der Wind den See theoretisch zu durchmischen vermag, entspricht beim Schalkenmehrener Maar genau der größten Tiefe. Was daraus theoretisch zu fordern wäre, trifft in natura auch zu: Der See wird in jedem Herbst und Frühjahr sehr gut durchmischt.

Flora und Fauna

Das Phyto- und Zooplankton des Schalkenmehrener Maares ist artenreicher als das des Weinfelder Maares. Die größere Produktivität des Schalkenmehrener Maares gegenüber dem Weinfelder drückt sich z. B. bei dem Hüpferling *Eudiaptomus graciloides* in einer größeren Körperlänge und einer höheren Eizahl pro Eisack aus. Wohl

wegen der geringen Sichttiefe ist der Bereich unterhalb von 3 Metern Tiefe, mit Ausnahme von der Weißen Seerose *(Nymphaea alba)*, nicht mit Makrophyten besiedelt.
– Im Jahre 1982 konnten 60 makrozoobenthische Arten oder höhere Taxa nachgewiesen werden. Die von THIENEMANN für eutrophe Gewässer charakteristische Zuckmückenart *Chironomus anthracinus* besiedelte 1982 noch den See, allerdings nicht mehr den Bereich der größten Tiefe. Dort wurden nur noch Larven der Büschelmücke *Chaoborus flavicans* mit einer Dichte bis zu 3000/m² vorgefunden.

Sediment

Nach dem Gehalt an Chlorophyll a und dessen Abbauprodukten im Sediment hat die Primärproduktion im See in den letzten Jahrzehnten zugenommen. Das Sediment der oberen 20 cm Tiefe unter der Sedimentoberfläche hat einen etwa 10fach höheren Chlorophyllgehalt als die tiefer liegenden, älteren Ablagerungen. Laufende Untersuchungen an einem 15 m langen Sedimentkern sind noch nicht abgeschlossen.

Nutzung, Bedeutung und Maßnahmen

Das Schalkenmehrener Maar ist ein beliebtes Touristenziel. Die vielen Freizeitaktivitäten beeinträchtigen den Wert dieses Naturschutzgebietes. Die Existenz des Moores ist durch die umliegenden Äcker und Wiesen bedroht. Derzeit werden landwirtschaftlich genutzte Flächen im Einzugsgebiet mit der Auflage gekauft, sie extensiv zu nutzen. Hierdurch soll der Nährstoffeintrag in den See und das Moor gemindert werden. – Der See wird auch weiterhin limnologisch überwacht.

Analysenergebnisse einiger kennzeichnender Parameter im Epilimnion des Schalkenmehrener Maares. Ausgewählter Zeitraum: 1975–1983, beim Chlorophyll von 1982 – 1983.

	pH	HCO_3^- mmol/l	NO_3^--N µg/l	NH_4^+-N µg/l	Ges.-P. µg/l	Chlorophyll a µg/l
Frühjahrs-Zirkulation	7,3–8,0	3,5–4,0	0–300	0–350	36–44	9–12
Sommer-Stagnation	8,6–9,8	2,1–3,6	10– 30	0–260	22–45	4–10

Ulmener Maar

Lage: R 25 70, H 55 64
Topographische Karte: L 5706 Adenau
Seetyp: Das Ulmener Maar ist das jüngste der Eifelmaare. Es ist vor rund 10 000 Jahren entstanden. Die hydrologischen Verhältnisse haben sich im Laufe der Zeit mehrfach geändert (s. hydrologische Besonderheiten). Dieses kleine, tiefe, eutrophe, dimiktische Maar ist meromiktisch.
Höhe: 419,7 m ü NN
Oberfläche: 55 000 m^2
Volumen: 1,27 · 10^6 m^3
Tiefe max.: 35 m, mittl.: 22,3 m
Einzugsgebiet: 4,01 km^2
(s. hydrologische Besonderheiten)
Umgebungsfaktor: 71,7
(s. hydrologische Besonderheiten)
Erneuerungszeit: 1,1 Jahre
(s. hydrologische Besonderheiten)
Ufer: Länge 0,9 km, Entwicklung: 1,1

Hydrologische Besonderheiten
Im Mittelalter wurde durch den südlichen Kraterwall des Ulmener Maares unter der Burg hindurch ein Stollen (Burgstollen) gegraben, siehe Farbtafel. Dadurch wurde der Wasserspiegel im Maar abgesenkt und die Ortschaft vor Hochwasser geschützt. Am Ende des Burgstollens errichtete man eine Wassermühle. Um diese besser bewirtschaften zu können, wurde 1875 durch den nördlichen Kraterwall ein Stollen angelegt und der früher am Maar vorbeifließende Ulmener Bach in den See eingeleitet. Hierdurch hat sich der Umgebungsfaktor von 1,9 auf 71,7 vergrößert. 1927 wurde am Ulmener Maar ein Trinkwasserwerk errichtet, das uferfiltriertes Wasser entnimmt. 1942 wurde der Ulmener Bach zum oberhalb des Maares liegenden Jungferweiher aufgestaut.

Einzugsgebiet
Innerhalb des Kraters vom Ulmener Maar liegt ein Teil der Ortschaft Ulmen. Der größte Teil des Kraterwalls ist bewaldet. Der Rest wird als Wiese genutzt. Um den Jungferweiher herum befindet sich Wiesengelände. In den Randbereichen steht Wald. In den letzten Jahren wurde das Einzugsgebiet des Jungferweihers teilweise zersiedelt.

Ufer
Durch die Schwankungen des Wasserstandes im Ulmener Maar, bedingt durch die Trinkwasserentnahme, sind die Ufer des Ulmener Maares frei von einer höheren Vegetation. An einigen Stellen steht der Fels an. – Zwischen dem Jungferweiher und dem Land befindet sich ein breites Sumpfgelände.

Wasserchemismus und Trophiegrad
Im Ulmener Maar befindet sich ein Monimolimnion, das nach den Untersuchungen von THIENEMANN aus dem Jahre 1911 in 21 m Tiefe begann (s. Abb.). Es wies

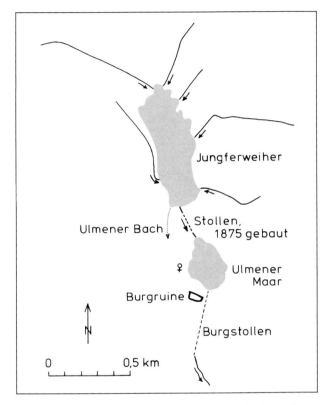

damals eine Temperatur von 7,2 °C auf. Inzwischen ist es kleiner geworden und umfaßte 1982 nur noch den Bereich von etwa 30 m bis zum Grund. Mit der Verkleinerung ist auch die Temperatur gesunken. Trotzdem liegen noch beachtlich hohe Konzentrationen, z. B. bei Eisen, Ammonium und Phosphor in dem unteren Bereich des Monimolimnions vor (s. Abb.).

Das Ulmener Maar enthält ein weiches Wasser, das durch einen hohen Huminstoffgehalt gelbbraun aussieht.

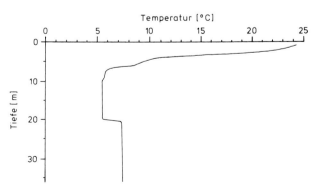

Ulmener Maar: Abhängigkeit der Temperatur von der Tiefe am 8. 8. 1911 (nach THIENEMANN 1914/15).

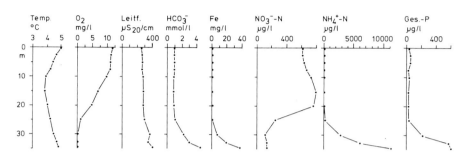

Ulmener Maar: Abhängigkeit einiger physikalischer und chemischer Parameter von der Tiefe am 26. 3. 1982.

Die Huminstoffe stammen aus dem Jungferweiher, dessen Ablauf den Hauptzufluß des Maares bildet. Der Jungferweiher überstaut z. T. ein ehemaliges Moor und bringt auch die größte Nährstoffbelastung für das Maar. Die Gesamt-Phosphorkonzentration im Auslauf des Jungferweihers schwankte 1982 verhältnismäßig wenig und lag im Mittel bei 90 µg/l. Das Ulmener Maar ist nach dem Gehalt an Phosphor und Chlorophyll a als meso- bis

ten Tiefe entnommen. Auf dem Sediment lag eine etwa 1 cm dicke Schicht von planktischen Algen. Das Sediment bestand aus Faulschlamm. Der Gehalt an Chlorophyll a und dessen Abbauprodukten verachtfachten sich von den älteren zu den jüngeren Sedimenten. Dabei wiesen die älteren mit etwa 30 µg/g TS bereits einen gegenüber den oligotrophen Maaren deutlich höheren Gehalt an Chlorophyll a und Phaeopigmenten auf.

Analysenergebnisse einiger kennzeichnender Parameter im Epilimnion des Ulmener Maares. Die Untersuchungen des Jahres 1982 sind hier zugrundegelegt.

	pH	HCO_3^- mmol/l	NO_3^--N µg/l	NH_4^+-N µg/l	Ges.-P. µg/l	Chlorophyll a µg/l
Frühjahrs-Zirkulation	7,1–7,3	1,0	600–800	0–20	15–55	15–25
Sommer-Stagnation	8,9	1,1	20–40	0–10	3–30	5–10

eutroph einzustufen (Tab.). Berücksichtigt man jedoch auch die Sichttiefe, die im Zeitraum von 1982 bis 1984 zwischen 0,95 und 2,7 m mit einem Mittelwert von 1,7 m schwankte, befand sich der Maarsee eindeutig in einem eutrophen Zustand.

Flora und Fauna

Die Zusammensetzung des Phytoplanktons im Ulmener Maar wird durch die Algenpopulation im Jungferweiher bestimmt. Im Jahre 1982 herrschten im Frühjahr kleine Grünalgen, z. B. der Gattung *Chlorella* vor. Zu dieser Zeit war Phosphor der Minimumfaktor. Im Hochsommer mit Stickstoff als limitierendem Faktor dominierten kleine Blaualgen, z. B. der Gattung *Aphanothece*. Das Zooplankton bestand 1982 hauptsächlich aus Rotatorien. Das weitgehende Fehlen von großen Cladoceren könnte im Zusammenhang mit dem hohen Weißfischbestand stehen.

Submerse Makrophyten fehlen aufgrund der Wasserstandsschwankungen. 1982 wurden 49 makrozoobenthische Arten über höhere Taxa festgestellt. Die Büschelmücke *Chaoborus flavicans* ist regelmäßig im Ulmener Maar anzutreffen. Libellen fehlen vollständig.

Sediment

Das Ulmener Maar hat im Gegensatz zu den anderen Maaren keine ebene Gewässersohle. In der Mitte des Sees befindet sich eine deutlich abgesetzte Erhebung von ca. 3 m Höhe (s. Abb.).

Am 13. 09. 1984 wurde ein 44 cm langer Sedimentkern aus dem Ulmener Maar aus dem Bereich der größ-

Nutzung, Bedeutung und Maßnahmen

Das Ulmener Maar wird zur Trinkwassergewinnung und zur Erholung des Menschen genutzt. Hierfür ist es erforderlich, den Maarsee in einen zumindest mesotrophen Zustand zurückzuführen. Zur Zeit wird eine neuartige Phosphoreliminierungsanlage geplant, die das Wasser aus dem Jungferweiher aufbereiten soll.

Literatur:

SCHARF, B.W. (1980): Zur Morphometrie und Hydrodynamik der Eifelmaare. – Mitt. Pollichia 68, 101–110. Bad Dürkheim/Pfalz.

THIENEMANN, A. (1914/15): Physikalische und chemische Untersuchungen an den Maaren der Eifel. – Verh. Naturhist. Ver. preuß. Rheinl. Westf., 70, 249–302 und 71, 273–389. Bonn.

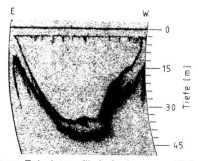

Ulmener Maar: Echolotprofil, Aufnahme am 17.5.1979, Länge des Profils 240 m (aus SCHARF 1980).

Weinfelder Maar

Lage: R 25 60, H 55 60
Topographische Karte: L 59 06 Daun
Seetyp: Das Weinfelder Maar, oft auch als „Totenmaar" bezeichnet, ist durch vulkanische Tätigkeit etwa zeitgleich mit dem Gemündener und dem Schalkenmehrener Maar vor rund 20 bis 30 000 Jahren entstanden. Es ist dimiktisch und war bis 1984 holomiktisch.
Höhe: 484,0 m ü NN
Oberfläche: 159 000 m^2
Volumen: 4,31 · 10^6 m^3
Tiefe max.: 52 m, mittl.: 27,1 m
Einzugsgebiet: 0,35 km^2
Umgebungsfaktor: 1,2
Erneuerungszeit: ca. 48 Jahre
Ufer Länge: 1,5 km, Entwicklung: 1,1

Hydrologische Besonderheiten

Der Kraterrand stellt beim Weinfelder Maar die Wasserscheide und damit die Grenze des Einzugsgebietes dar. Das Weinfelder Maar weist von allen Maaren den kleinsten Umgebungsfaktor auf. – Das Maar hat weder einen oberirdischen Zufluß noch einen Abfluß. Die oben angegebene theoretische Wassererneuerungszeit errechnet sich aus dem geschätzten Niederschlag, der geschätzten Verdunstung über Land und über Wasser sowie dem Seevolumen.

Einzugsgebiet

Früher prägten Trockenrasen und Ginsterbüsche das Bild des Weinfelder Maares. Nach 1945 wurden Bäume und Sträucher auf einem großen Teil des Kraterwalls angepflanzt (siehe Farbbild auf der Vorderseite des Buches). – Das Weinfelder Maar ist ein beliebtes Touristenziel. Zwei Wanderwege wurden um den See angelegt.

Ufer

Die meist schmale Uferbank besteht aus sandig-kiesigem, devonischem Trümmergestein, allermeist ohne höheren Pflanzenbewuchs. Eine Röhrichtzone fehlt fast vollständig. Trockenrasen, Büsche und Bäume reichen bis an die Wassergrenze.

Wasserchemismus und Trophiegrad

Das Weinfelder Maar weist von allen Maaren das weicheste und mit 37 µS$_{20}$/cm das elektrolytärmste Wasser auf. Die folgenden Analysenergebnisse wurden während der Frühjahrsvollzirkulation 1979 ermittelt.

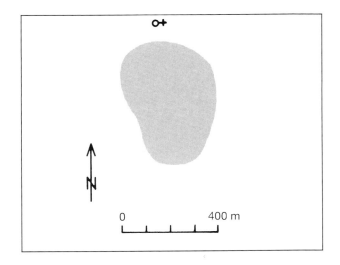

Cl$^-$ mg/l	SO$_4^{2-}$ mg/l	Na mg/l	K mg/l	Mg mg/l	Ca mg/l
6	6,9	1,8	2,1	1,5	2,4

Die in der Tab. zusammengestellten Daten belegen, daß das Weinfelder Maar zwischen dem oligotrophen und dem mesotrophen Zustand einzustufen ist. Die Sichttiefe schwankte in den Jahren von 1975 bis 1984 zwischen 4,2 und 9,5 m mit einem Mittelwert von 6,3 m. 1984 blieb im Gegensatz zum Pulvermaar und zum Gemündener Maar ein deutlich ausgeprägtes Klarwasserstadium aus. Dieses könnte mit dem Mißbrauch des Gewässers als Fischhälterungsbecken durch Freizeitfischer zusammenhängen.

Im Sommer der letzten Jahre wurde das Wasser über dem Sediment sauerstofffrei. 1984 war die sauerstoflose Zone bereits mehr als einen Meter mächtig, H$_2$S ließ sich nachweisen. Der Gehalt an Mangan als Anzeichen für reduzierende Verhältnisse betrug am 12. 12. 1984 in 50 m Tiefe 2,3 mg/l. Er lag damit höher als zur selben Zeit im Meerfelder Maar! Im Herbst 1984 stieg die Temperatur in der Tiefe von 47 bis 50 m um 0,2 °C an gegenüber dem hypolimnischen Wasser aus geringeren Tiefen. Damit deutet sich an, daß das Weinfelder Maar wohl zukünftig, wie bereits das Gemündener Maar und das Pulvermaar, meromiktisch werden wird, wenn nicht Abhilfemaßnahmen erfolgen. Am 12. 12. 1984, der letzten Untersuchung vor der Eislegung, war noch keine Vollzirkulation eingetreten.

Analysenergebnisse einiger kennzeichnender Parameter im Epilimnion des Weinfelder Maares.
Ausgewählter Zeitraum 1979–1983

	pH	HCO$_3^-$ mmol/l	NO$_3^-$-N µg/l	NH$_4^+$-N µg/l	Ges.-P. µg/l	Chlorophyll a µg/l
Frühjahrs-Zirkulation	7,1–7,3	0,2	20–70	0–20	6–14	1–3
Sommer-Stagnation	9,1–9,3	0,2–0,3	0–20	0– 5	5– 9	2–7

Die Nährstoffbelastung erfolgt im wesentlichen durch die Freizeitfischer (Anfüttern trotz Verbot, hoher und falscher Fischbesatz), durch Bodenabschwemmung von den Touristenwegen bei Starkregen und durch Laub von den Bäumen und Sträuchern. Die Phosphorbelastung durch Staub und Regen wird ab 1985 untersucht.

Am Ende des nassen Frühjahrs 1983 ist der pH-Wert bis auf 6 abgesunken. Das Weinfelder Maar ist aufgrund seines geringen Hydrogencarbonatgehaltes und damit seines geringen Puffervermögens sehr versauerungsgefährdet.

Flora und Fauna

Das Weinfelder Maar ist nur spärlich mit submersen Makrophyten besiedelt, allerdings sind darunter einige seltene und für oligotrophe Gewässer charakteristische Arten. Kleinere Rohrkolbenbestände wurden von Freizeitfischern angepflanzt, um Laichplätze für nicht standortsgerechte Fische, wie den Karpfen, zu schaffen. – 1977 lagen die Zellzahlen gleicher Arten beim Phytoplankton im Weinfelder Maar um mindestens dem Faktor 10 unter denen des Schalkenmehrener Maares. 1984 konnten die meisten 1977 angetroffenen Arten im Weinfelder Maar wiedergefunden werden. – Der Artenbestand an Copepoden und Cladoceren ist in dem oligotrophen Maar geringer als in dem eutrophen. Es gab weder unter den Crustaceen noch unter den Rotatorien „Oligotrophie-Indikatoren". Die Abundanzen der Crustaceen und Rotatorien sind in den oligotrophen Maaren sehr gering. *Eudiaptomus graciloides* ist im Weinfelder Maar signifikant kleiner als im Schalkenmehrener oder gar im Immerather Maar.

Das Makrozoobenthon war mit 21 im Jahre 1982 festgestellten Arten oder höheren Taxa artenarm. Die Beobachtung hatte schon THIENEMANN gemacht. Die sehr sauerstoffbedürftige und für oligotrophe Seen charakteristische Zuckmücke *Lauternbornia coracina* war 1982 zwar noch im Weinfelder Maar an den Hängen des Seebeckens anzutreffen, besiedelte aber nicht mehr den zentralen, tiefsten Bereich des Sees.

Im Jahre 1984 wurde im Weinfelder Maar eine Probebefischung durchgeführt. In den Reusen wurden 35 Aale mit einem Gewicht zwischen 60 und 1 500 g und 72 Barsche von etwa 12 cm Länge gefangen. In die Stellnetze gingen 15 Karpfen zu je etwa 1 500 g, ein männlicher Brachsen, 38 Rotaugen von etwa 15 cm, 1 kleine Güster, 1 Hecht von 30 und einer von 40 cm Länge, ein kleiner Zander, eine Regenbogenforelle und zwei Barsche zu je etwa 1 000 g. Vom Boot aus wurde ein weiterer Hecht von ca. 4 kg und ganze Schwärme von Karpfen mit dem oben angeführten Gewicht gesehen. Die Probebefischung zeigte einen an das oligotrophe, relativ kühle und steilwandige Weinfelder Maar unangepaßten Fischbestand.

Sediment

Der Gehalt an Chlorophyll a und dessen Abbauprodukten steigt in den obersten Zentimetern drastisch an. Dasselbe gilt für den Glühverlust. Das ist ein eindeutiges Zeichen für eine Eutrophierung in der letzten Zeit.

Nutzung, Bedeutung und Maßnahmen

Am Weinfelder Maar hatte THIENEMANN als Mitbegründer der Seentypenlehre die charakteristischen Eigenschaften eines oligotrophen Sees erkannt. Das Weinfelder Maar ist das letzte der tiefen, einst oligotrophen Maare der Eifel, das bis 1984 noch regelmäßig auf natürliche Weise vollständig durchmischt wurde. Im Spätsommer 1984 zeigten sich allerdings deutliche Hinweise, daß auch das Weinfelder Maar aufgrund einer Eutrophierung bald zu den meromiktischen Gewässern gehören wird.

Die Erhaltung des nährstoffarmen Zustands ist ausdrücklich als ein Zweck der Unterschutzstellung in der Naturschutzverordnung für das Weinfelder Maar genannt. Es sollte alles getan werden, die Eutrophierung im Weinfelder Maar zu stoppen und rückgängig zu machen. Als Maßnahmen hat das Landesamt für Wasserwirtschaft vorgeschlagen,

– den Pachtvertrag des Angelsportvereins nicht zu verlängern, die artliche Zusammensetzung des Fischbestandes zu korrigieren und die Größe des Fischbestandes auf ein für oligotrophe Gewässer normales Maß zu reduzieren,

– den Laubeintrag durch Entfernen des Waldes und der Sträucher zu unterbinden. Anstelle des Waldes sind wieder Magerrasen anzulegen und zu pflegen,

– die Wege für die Touristenströme so zu befestigen, daß auch bei Starkregen keine nennenswerte Erosion von diesen Flächen her erfolgt und

– eine Belüftungsanlage wie am Pulvermaar zu installieren, um eine Meromixie zu verhindern und den Prozeß der Oligotrophierung zu beschleunigen.

5.9 Schleswig-Holstein

In Schleswig-Holstein gibt es ca. 300 Seen, die eine Gesamtoberfläche von 250 km^2 umfassen, das sind rund 1,6 % der Landesfläche. Von diesen Seen sind allerdings 96 kleiner als 10 ha, 147 Seen größer als 10 ha aber kleiner als 100 ha und 46 Seen größer als 100 ha.

Die räumliche Verteilung der Seen spiegelt die erdgeschichtliche Entwicklung des Landes wider. Die meisten Seen liegen im östlichen Hügelland, dem eiszeitlich geformten Gebiet der Jungmoränen. Die der Jungmoränenlandschaft vorgelagerten Sanderflächen werden durch ausgedehnte Flachlandseen geprägt.

Im Vergleich zu den eiszeitlichen Seen sind die unmittelbar an der Ostsee gelegenen Strandseen jüngeren Ursprungs. Hierbei handelt es sich um abgeschottete Einbrüche von salinem Ostseewasser, die aus gewässerökologischer Sicht Übergangsformen zwischen Küsten- und Binnengewässern darstellen.

Die schleswig-holsteinischen Binnenseen sind bis auf wenige Ausnahmen aufgrund ihrer erdgeschichtlichen Entwicklung von Natur aus nährstoffreich. Geringe Wassertiefen und natürliche geogenbedingte Nährstoffzufuhren aus dem Einzugsgebiet begünstigen von jeher das Algenwachstum und die Verlandung. Diese Entwicklung wurde durch Siedlungs- und vielfältige Nutzungsaktivitäten in den vergangenen Jahrzehnten erheblich beschleunigt, so daß die schleswig-holsteinischen Binnenseen heute zum großen Teil sehr nährstoffreich (eutroph bis polytroph) sind.

Um dieser Entwicklung entgegenzusteuern, werden seit 1974 Kläranlagen, die ihr Abwasser direkt oder indirekt in Seen einleiten, mit dritten Reinigungsstufen zur Phosphor-Eliminierung versehen.

Mit der Auswahl der dargestellten Seen wurde versucht, einen Querschnitt hinsichtlich der Lage als auch der Größe, dem Grad der anthropogenen Beeinflussung und der ökologischen Besonderheiten der Binnenseen des Landes zu geben.

1 Dieksee
2 Dobersdorfer See
3 Garrensee
4 Hemmelsdorfer See
5 Kellersee
6 Langsee
7 Neversdorfer See
8 Nortorfer Seenkette
9 Großer Plöner See
10 Ratzeburger See
11 Selenter See
12 Westensee
13 Wittensee

In Schleswig-Holstein existiert seit 1973 ein Programm, in dessen Verlauf bisher 54 Seen untersucht wurden. Die gewonnenen Daten über Morphologie, Wassermengenhaushalt und Wassergüte ermöglichen eine Aussage über den Zustand der Seen, ihre ökologische Funktion in der Landschaft und die durch menschliche Einflüsse hervorgerufenen Auswirkungen auf die Gewässer.

Dieksee

Lage: R 44 03, H 60 04
Topographische Karte: L 19 28 Plön
Entstehung/Seetyp: Grundwasser-Moränensee
Der Dieksee wurde durch die Plön-Preetzer und die Eutiner Eiszunge gestaltet. Bei den verschiedenen Vorstoß- und Rückzugsphasen wurde das Zungenbecken des Dieksees durch Toteis konserviert. Nach dem postglazialen Tieftauen blieb eine Hohlform, die sich mit Wasser füllte.
Mischungsverhalten: dimiktisch
Höhenlage: 22,4 m ü NN
Oberfläche: 3,9 km²
Volumen: 54·10⁶ m³
Tiefe max.: 38,1 m, mittl.: 14,0 m
Einzugsgebiet: 167,5 km²
Umgebungsfaktor: 42,4
Ufer: Länge 11,5 km, Entwicklung: 1,7

Einzugsgebiet

Der See liegt im ostholsteinischen Jungmoränengebiet zwischen einem Endmoränenwall im Norden und einem aufgestauchten Binnensander im Süden, der vom Ufer steil bis zu einer Höhe von 60 m ansteigt.

Auf dem Geschiebesand und -lehm hat sich hauptsächlich mesotrophe Braunerde entwickelt. Nur im Norden des Sees, im Bereich der Malenter Au, kommt auch Lessive vor.

Die Böden des Einzugsgebietes werden zu 75 % landwirtschaftlich genutzt, davon sind 65 % Ackerfläche und nur 10 % Grünland.

Weitere 20 % der Fläche sind bewaldet und der Rest von 5 % ist bebaut. Dabei handelt es sich um die Gemeinden Malente-Gremsmühlen, Niederkleveez und Timmdorf.

Der Hauptzufluß in den Dieksee erfolgt über die Schwentine, die von Osten in den See mündet. Dadurch besteht eine enge hydrologische Verbindung zu den beiden Eutiner Seen und dem Kellersee, die ebenfalls von der Schwentine durchflossen werden.

Der Abfluß des Sees erfolgt über ein kurzes kanalisiertes Teilstück der Schwentine in den Behler See.

Ufer

Der Dieksee wird von Hügelketten umrahmt, die besonders im Süden bis zu 60 m über den See aufragen, so daß der Uferabfall dort recht steil ist und sich schon aufgrund der natürlichen Verhältnisse kein breiter Schilfgürtel bilden kann. Die Schilfbestände (Phragmites australis) sind hier unzusammenhängend und schmal. Die Laubbäume des Staatsforstes Eutin reichen direkt bis zur Uferlinie heran, zum Teil sogar bis ins Wasser hinein.

Das nördliche und vor allem das westliche Ufer haben einen ausgedehnten Schilfgürtel, dem seewärts kleine Bestände der Teichbinse (Schoenoplectus lacustris), des

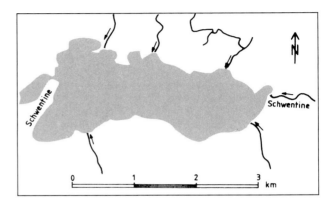

Schmalblättrigen Rohrkolbens (Typha angustifolia) und des Breitblättrigen Rohrkolbens (T. latifolia) vorgelagert sind. Bei der Unterwasserkartierung wurde deutlich, daß der Schilfgürtel in den letzten Jahren durch die anthropogene Belastung stark zurückgegangen ist.

Im Norden werden die ufernahen Bereiche landeinwärts landwirtschaftlich genutzt.

Die Weiße Seerose (Nymphaea alba) und die Gelbe Teichrose (Nuphar lutea) als Schwimmblattpflanzen haben sich in kleinen Buchten im Westen und Süden ausgebildet.

Bei Malente-Gremsmühlen ist das Ufer zum größten Teil befestigt und trägt keinen Makrophytenbewuchs, und bei Niederkleveez und Timmdorf reichen Privatgrundstücke bis ans Ufer heran.

Wasserchemismus und Trophiegrad

Mit einer durchschnittlichen Leitfähigkeit von 398 µs/cm im Untersuchungszeitraum Mai '78 bis Juli '79 gehört der Dieksee zu den kalkreichen Gewässern Schleswig-Holsteins. Der pH-Wert erreicht während der Phytoplanktonproduktion im Frühjahr an der Oberfläche Maxima von 8,7 bis 8,8. In der Tiefe des Sees kommt es dagegen durch den Abbau sedimentierter organischer Substanzen zu pH-Minima von 7,0 bis 7,1, die nach der Herbstzirkulation wieder ansteigen.

Der mittlere Gesamt-Phosphor-Gehalt des Sees im Oberflächenbereich beläuft sich auf eine Konzentration von 410 µg/l, während Tiefenmaxima im Juni und Juli von 1300 bis 1390 µg/l Phosphor gemessen werden. Der Jahresdurchschnitt an Phosphat-Phosphor beträgt 280 µg/l, wobei für die Ausgangssituation der Pflanzenproduktion im Frühjahr ein Gehalt von 390 bzw. 470 mg/l PO_4-P zur Verfügung steht.

Der Gehalt an Gesamt-Stickstoff beträgt im Mittel an der Oberfläche 2100 µg/l und von Nitratstickstoff 500 µg/l.

Der Tiefenwert von Nitrat liegt im Juni 1978 bei 1000 µg/l und sinkt im Folgemonat auf 500 µg/l NO_3-N, um im Oktober ein Minimum von 100 µg/l zu erreichen.

Dieser Entwicklung parallel läuft die sich ausbildende Sauerstoffzehrung in der Tiefe, die dazu führt, daß der chemisch gebundene Sauerstoff des Nitrats durch heterotrophe Mikroorganismen aufgebraucht wird. Nach erfolgter Durchmischung steigt parallel zum Sauerstoffgehalt der Nitratgehalt wieder an.

Deutlich läßt sich während der Verringerung des Nitrat-Gehalts auch ein Anstieg des Ammoniums in der Tiefe von 700 auf 2000 µg/l NH_4-N beobachten.

Alle Stickstoff- und Phosphorkomponenten sind während des gesamten Jahres frei verfügbar, so daß die Primärproduktion nicht von den mineralischen Nährstoffen begrenzt wird.

Der Jahresgang der Sauerstoffsättigungswerte zeigt wie die Nährstoffe – vor allem Phosphor – für den Dieksee polytrophe Verhältnisse an. Während nach vollzogener Herbstzirkulation im Winterhalbjahr die Sauerstoffwerte sowohl an der Oberfläche als auch in der Tiefe im Sättigungsbereich liegen, kommt es im Frühjahr zu Übersättigungen zwischen 200 und 350% Sauerstoff an der Oberfläche und ab August zur vollständigen Zehrung in der Tiefe.

Die mittlere Chlorophyll a-Konzentration als Maß des vorhandenen Phytoplanktons erreicht einen Wert von 29 µg/l mit einem Maximum von über 60 µg/l Chl.a im Mai bis Juni.

Die Konzentration von Chl.a bei einer Kontrollmessung im September 1981 lag mit 37 µg/l fast doppelt so hoch wie im Vergleichsjahr 1978. Erstaunlich ist, daß sich die Sichttiefen von jeweils 2,5 m in den Vergleichsmonaten nicht unterscheiden.

Die mittlere Sichttiefe lag im Untersuchungszeitraum bei 2,7 m und erreichte im Juni beider Jahre ein Minimum von 1 m und im November bis Dezember ein Maximum von 6 m.

Die minimale Sichttiefe sank im Frühsommer 1980 allerdings auf 20 cm ab. Dieser wie alle anderen ermittelten Werte der Kontrollmessung 1981 zeigen deutlich zunehmende Eutrophierung.

Flora und Fauna

Phytoplankton
Die sich verstärkende Eutrophierung zeichnet sich auch in der Zusammensetzung des Planktons in den beiden aufeinander folgenden Jahren der Untersuchung ab.

Im Mai dominieren die Kieselalgen (Diatomeen) der Art *Fragilaria crotonensis* und die Grünalgen *Eudorina elegans* und *Pandorina morum*, die im folgenden Monat ihr Maximum erreichen. Im Juli schließen sich verschiedene Diatomeen-Arten (*Navicula radiosa, N. spec.* und *Synedra ulna*) an. Der Herbst ist durch große Individuendichte einer Blaualge (*Oscillatoria spec.*), der Kieselalgen *Melosira granulata* und *Asterionella formosa* und der Grünalge *Closterium spec.* gekennzeichnet.

Im Frühjahr 1979 traten die Diatomeen *Asterionella formosa* und *Melosira varians* neben der Blaualge *Oscillatoria redeckei* in Massenvorkommen auf. Im Sommer 1980 kam es gar zu einer Blüte der gefürchteten Blaualge *Microcystis aeruginosa*, die in der Lage ist, Kolonien zu bilden und sich an die Wasseroberfläche auftreiben zu lassen.

Zooplankton

Das Zooplankton setzt sich in der Hauptsache aus verschiedenen Rädertieren zusammen, vor allem *Keratella cochlearis* ist ganzjährig vertreten und verdrängte im Frühjahr '79 vollständig die Art *Polyarthra vulgaris*, die im Vorjahr dominierte.

Bei den Crustaceen ist der Rüsselkrebs *Bosmina longirostris* zu erwähnen, der in geringer Individuendichte ganzjährig anzutreffen ist. Im Litoralbereich findet sich darüber hinaus regelmäßig der Wasserfloh *Eurycercus lamellatus*.

Benthische Flora und Fauna

Der Bewuchs an Unterwasserpflanzen reicht bis in eine Tiefe von 3 m und setzt sich hauptsächlich aus Kamm-Laichkraut (*Potamogeton pectinatus*), Durchwachsenem Laichkraut (*P. perfoliatus*), Kanadischer Wasserpest (*Elodea canadensis*) und Spreizender Hahnenfuß (*Ranunculus circinatus*) zusammen. Die beiden letztgenannten Arten können sich an größere Schwankungen ihrer Umweltfaktoren anpassen und sind somit typisch für belastete Gewässer. Weitere Arten finden sich nur unregelmäßig in einzelnen Beständen, so das Ährige Tausendblatt (*Myriophyllum spicatum*), das Glänzende (*P. lucens*) und das Langblättrige Laichkraut (*P. praelongus*).

Außerdem kommt die Armleuchteralge *Chara foetida* und die Unterwasserform der Teichbinse (*Schoenoplectus lacustris* forma *fluitans*), die aber nicht zu den Submersen gehört, im Dieksee vor.

Die Lebensgemeinschaft der Bodentiere ist gekennzeichnet von einem Massenauftreten der Wandermuschel *Dreissena polymorpha*, die stellenweise so dicht siedelt, daß sie das Wurzeln von Wasserpflanzen verhindert. Auch die Teichmuschel (*Anodonta anatina*) und die Blasige Flußmuschel (*Unio tumidus*) sind zahlreich vertreten.

Das Erscheinungsbild der benthischen Fauna ist erstaunlich artenreich, darunter auch Arten, die sauerstoffreiches, klares Wasser bevorzugen. Massenvorkommen einer bestimmten Art wie bei den Muscheln, die mit insgesamt sechs Arten vertreten sind, kommt bei den anderen Tiergruppen sehr selten vor.

Bei den Schnecken sind ebenfalls sechs Arten nachgewiesen worden, die alle in der Individuendichte vergleichbar sind.

Die Ringelwürmer weisen vier Arten von Egeln, von denen *Helobdella stagnalis* besonders häufig ist, und ebensoviele Wenigborster mit Dominanz von *Stylaria lacustris* auf.

Die Zahl der gefundenen Insekten ist ebenfalls recht groß: fünf Libellenlarven, davon vor allem *Coenagrion puella*, vier Wanzenarten mit starkem Gewicht von *Corixa punctata*, mehr als sechs Käferspecies und Larven, weiterhin *Sialis*-Larven, 4 Köcherfliegenlarven und 4 verschiedene Dipteren-Larven, von denen *Chironomus plumosus* am häufigsten ist.

Sediment

Der Untergrund des Dieksees besteht überwiegend aus Gyttja, einem grauschwarzem Sediment, das sich im wesentlichen aus organischer Substanz zusammensetzt. Stellenweise bildete sich auch Faulschlamm. Am Nordwestufer und an der Schwentineeinmündung an der Ostseite des Sees finden sich auch sandige Anteile. Das Litoral des Gremswarders und des Nordufers ist übersät von Geröll und Geschiebeblöcken, teilweise erheblicher Größe.

Nutzung, Bedeutung, Maßnahmen

Die zunehmend polytrophe Tendenz des Dieksees ist vor allem durch die Nährstoffbelastung der Schwentine, die 90% des Seeneinzugsgebietes entwässert, bedingt. Der mittlere Phosphorgehalt betrug im Untersuchungszeitraum 0,43 mg/l und liegt damit im Vergleich mit entsprechenden Gewässerabschnitten anderer Seenketten hoch. Dazu kommen noch die Nährstofffrachten kleinerer Zuflüsse vom nördlichen Einzugsgebiet.

Seit 1979 sind im See-Einzugsgebiet abwassertechnische Maßnahmen in erheblichem Umfang durchgeführt worden. So wurde die Käranlage Malente ausgebaut und wird heute mit einer dritten Reinigungsstufe zur Phosphor-Elimination betrieben.

Durch den Bau von Abwasserkanalisationen leiten inzwischen zwei weitere Gemeinden und die Badeanstalt am Dieksee ihre Abwässer der Käranlage Malente zu. Der Anschluß weiterer Haushalte ist für 1986 vorgesehen.

Literatur

LANDESAMT FÜR WASSERHAUSHALT UND KÜSTEN SCHLESWIG-HOLSTEIN:
Seenbericht Dieksee (1984)

GRIPP (1964):
Erdgeschichte Schleswig-Holstein
Neumünster, Wachholtz, 411 S.

Dobersdorfer See

Lage: R 35 84, H 60 22
Topographische Karte: L 17 26 Kiel
Entstehung/Seetyp: Grundwassermoränensee
Das Seebecken wurde von Eiszungen, die aus nördlicher Richtung vordrangen, vertieft und die Hohlform durch Toteis konserviert.
Mischungsverhalten: dimiktisch
Höhenlage: 19,0 m ü NN
Oberfläche: 3,1 km^2
Volumen: 17·10^6 m^3
Tiefe max.: 18,8 m, mittl.: 5,4 m
Erneuerungszeit: 2,2 Jahre
Einzugsgebiet: 24,2 km^2
Umgebungsfaktor: 6,8
Ufer: Länge 10,1 km, Entwicklung: 1,6

Einzugsgebiet:
Der Dobersdorfer See liegt im ostholsteinischen Jungmoränengebiet der Probstei zwischen den Gemeinden Dobersdorf und Schlesen in einer kuppigen Landschaft mit Höhen zwischen 20 und maximal 35 m über NN. Die Selenter Eisrandlage umgibt den Südteil des Sees in weitem Bogen.

Über die Jarbek-Niederung stand der Dobersdorfer See ursprünglich mit dem Passader See in Verbindung. Heute werden die Wasserstände beider Seen durch ein Wehr am Passader See reguliert. Der Wasserstand ist nach Angaben der Preußischen Landesaufnahme 1877 um etwa 1,9 m gesenkt worden, so daß sich 1–1,5 m über dem aktuellen Wasserspiegel Terrassen gebildet haben.

Der See gliedert sich in ein westliches Becken mit maximal 6,4 m und ein östliches Becken mit maximal 18,8 m Wassertiefe. Beide sind durch die Möweninsel getrennt.

Im Verhältnis zu seiner Wasseroberfläche hat der Dobersdorfer See ein sehr kleines Niederschlagsgebiet und damit die Voraussetzungen eines relativ geringen Nährstoffeintrages.

Der mengenmäßig bedeutendste Zufluß ist die Selkau bei Schlesen. Die Entwässerung des Sees erfolgt über die Jarbek in den Passader See. Im gesamten Einzugsgebiet findet sich Geschiebelehm, auf dem sich durch Auswaschung Parabraunerde gebildet hat. Etwa 18% der Fläche des Einzugsgebietes ist bewaldet. 1% ist bebaut und der Rest wird landwirtschaftlich genutzt, wobei der Grünlandanteil mit 16% recht niedrig liegt.

Ufer
Die Seeterrasse in 1–1,5 m über dem Seespiegelniveau bestimmt mit ihrem Mischsediment aus Mineralien und Torf die Seeufer.

37% der Flächen, die der Uferlinie benachbart sind, werden holz- und forstwirtschaftlich genutzt und sind mit erheblichen Anteilen an Schwarzerlen und Eschen naturnah.

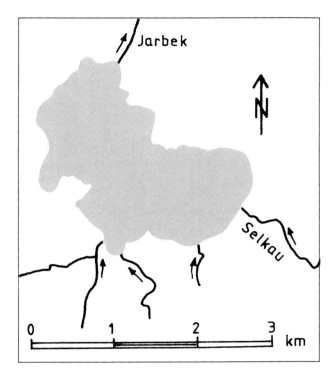

Ackerflächen sind zu 15% und Weideland ist zu 16% der Uferlinie benachbart.

Im Norden liegt der Campingplatz Tökendorf mit Badestelle und Bootssteg, im Westen grenzt das Gut Dobersdorf und im Osten die Ortschaft Schlesen an den See.

Das Ostufer kann als typisches Brandungsufer bezeichnet werden. Bruchwald und Viehkoppeln reichen hier ans Ufer, das in diesem Bereich nur stellenweise Bewuchs aufweist.

Nordwestlich von Jasdorf liegt ein Verlandungsgebiet im Mündungsbereich von Bächen und Entwässerungsgräben. Das Südufer weist hier Elemente einer typischen Zonierung auf. Ein breiter Schilfgürtel enthält neben dem Schilfrohr (Phragmites australis) das Rohrglanzgras (Typhoides arundinacea), den Schmalblättrigen Rohrkolben (Typha angustifolia), die Gelbe Schwertlilie (Iris pseudacorus) und eine ganze Reihe weiterer Arten. Eine Schwimmblattzone mit Gelber Teichrose (Nuphar lutea) und Weißer Seerose (Nymphaea alba) verläuft entlang des gesamten Westufers. Südlich Schlesens liegen zwischen Wanderweg und Seeufer extensiv beweidete, artenreiche Feuchtwiesen, zu deren Bestand die „Rote Liste-Arten" Sumpfherzblatt (Parnassia palustris), Sumpfdreizack (Triglochin palustre), die Quellbinse (Blysmus compressus) und das Breitblättrige Knabenkraut (Dactylorhiza majalis) gehören.

Größere Schilfbestände gibt es außerhalb des Verlandungsgebietes bei Jasdorf auch südlich des Jarbekabflusses mit breitem, wasserseitigem Teichbinsenvorkommen (*Schoenoplectus lacustris*).

Der gesamte nördliche Uferbereich wird von verschiedenen Großstauden, insbesondere Seggen (*Carex spec.*) und dem Rohrglanzgras, gesäumt. Dieser Streifen wird von verschiedenen Arten von Wasserpflanzen stark durchsetzt: Zottiges Weidenröschen (*Epilobium hirsutum*), Wasserhanf (*Eupatorium cannabinum*), Teichampfer (*Rumex hydrolapathum*), Wasser-Sumpfkresse (*Rorippa amphibia*), Wasserminze (*Mentha aquatica*), Wolfstrapp (*Lycopus europaeus*), Blut-Weiderich (*Lythrum salicaria*), Graugrüne Binse (*Juncus inflexus*) und Mädesüß (*Filipendula ulmaria*).

Wasserchemismus und Trophiegrad:

Mit einer durchschnittlichen elektrischen Leitfähigkeit von 401 µS/cm im Untersuchungszeitraum April 1980 bis Mai 1981 gehört der Dobersdorfer See zu den kalkreichen Seen Schleswig-Holsteins. Der pH-Wert erreicht im Frühjahr ein Maximum von 8,2 an der Oberfläche, während in der Tiefe Minimalwerte von 6,8 durch den Abbau sedimentierender Substanzen auftreten. Die mittlere Konzentration an Gesamt-Phosphat beträgt an der Oberfläche 180 µg/l. Die Ausgangsverhältnisse für die Primärproduktion nach der Frühjahrs-Vollzirkulation werden von einem Phosphatgehalt von 100 µg/l geprägt. Im Verlauf des Sommers werden über dem Sediment Maximalwerte von weit über 300 µg/l PO_4-P gemessen. Der durchschnittliche Wert des Nitratstickstoffs liegt bei 600 µg/l an der Oberfläche und bleibt ebenso wie das Phosphat das ganze Jahr über verfügbar. Im Februar tritt ein Maximum von 2000 µg/l NO_3-N auf. Dem Überangebot an Nährstoffen entsprechend kommt es im Sommer an der Oberfläche zu Sauerstoffübersättigungen bis über 140% und Sauerstofffreiheit wird in der Tiefe schon im Juni erreicht. Somit ist der Dobersdorfer See aufgrund des Sauerstoffjahresgangs und des Nährstoffangebotes als polytroph einzustufen.

Von den neun einmündenden Gewässern sind fünf, darunter die Selkau als mengenmäßig wichtigster Zufluß, deutlich belastet. Im Bereich um Schlesen münden außerdem drei Abwassereinleitungen und ein außerordentlich stark belasteter Vorfluter, der etwa 44% der Phosphor-Befrachtung des Sees verursacht. Die Selkau selbst erbringt 17% der Phosphor-Frachten und der Vorfluter südlich des Bockhörngeheges weitere 24%, der im Einzugsgebiet der Kläranlage von Dobersdorf Lilienthal liegt. Der Vorfluter in Tökendorf weist sehr starke und der Vorfluter Friedrichshorst starke Belastung auf.

Die Sichttiefen des Dobersdorfer Sees liegen bei maximal 3 m im Februar und erreichten ein Minimum bei 0,5 m im Mai 1980. Die planktische Primärproduktion, gemessen am Chlorophyll a-Gehalt erreichte einen Jahresdurchschnittswert von 29 µg/l Chl. a und einen Spitzenwert von 92 µg/l im Untersuchungszeitraum. Auch diese Werte bestätigen für den Dobersdorfer See die Klassifizierung als polytrophes Gewässer.

Flora und Fauna:

Phytoplankton und Zooplankton

Im zeitigen Frühjahr dominieren innerhalb des Planktons die Kieselalgen mit den Arten *Asterionella formosa* und *Melosira granulata*, während die Blaualgen im ganzen Sommer vorherrschen. *Oscillatoria agardhii* und *Oscillatoria redeckei* zählen zu den häufigsten und *Microcystis aeruginosa* ruft im September eine Wasserblüte hervor. Grünalgenarten treten vor allem im Sommer auf und die Zooplanktonzusammensetzung wird von Rotatorien bestimmt. Da die Blaualgen große Kolonien bilden, verarmt das Zooplankton aufgrund des Mangels an Nahrung geeigneter Größe.

Benthische Flora und Fauna:

Unterwasserpflanzen bedecken fast die gesamte Zone des Flachwasserbereichs. Das Kammlaichkraut (*Potamogeton pectinatus*) ist stark dominierend und stellenweise vergesellschaftet mit dem Durchwachsenen Laichkraut (*P. perfoliatus*). Am Südufer, in der Bucht auf der Höhe der Ortschaft Jasdorf, befindet sich ein dichter Bewuchs der benthischen Grünalge *Enteromorpha intestinalis*. *Chara*-Wiesen, die Jaeckel noch 1964 in 4–8 m Tiefe beschrieb, konnten nicht mehr nachgewiesen werden. Die Besiedlung mit tierischen Organismen ist auf die Region bis zu 4 m Wassertiefe beschränkt. Die Fauna erweist sich hier als arten- und individuenreich, obwohl ein Rückgang der Artendiversität gegenüber früheren Untersuchungen (Jaeckel 1964) zu verzeichnen ist. Betroffen sind vor allem die Bewohner der 6 m tiefen Schalenzone.

Die Muschelarten *Unio tumidus* und *Anodonta* sind durch *Dreissena polymorpha* ersetzt. Oligochaeten wie *Chaetogaster diaphanus*, *Stylaria lacustris* und *Tubifex spec.* sind dagegen im Sediment häufig geworden.

Im folgenden seien nur die häufigsten anderen Vertreter der benthischen Fauna genannt:

Schnecken: *Anisus vortex*, *Hippeutis complanatus*, *Radix peregra*, *Planorbis planorbis*, *Valvata piscinalis*
Egel: *Helobdella stagnalis*, *Herpobdella octoculata*
Flohkrebse: *Gammarus pulex*
Eintagsfliegen-Larven: *Caenis spec*
Libellenlarven: *Platycnemis pennipes*
Wanzen: *Micronecta minutissima*
Zweiflügler: *Bezzia spec.*

Darüber hinaus sind mehrere Käferarten, einige Schlammfliegenlarven (*Sialis spec.*) und Köcherfliegenlarven-Species vorhanden.

Fische

Nach Angaben von Dehus (1983) ist der Dobersdorfer See von einer reichhaltigen Fischfauna besiedelt, die allerdings von Vertretern der Karpfenartigen (*Cyprinidae*) wie Plötze (*Rutilus rutilus*), Aland (*Leuciscus idus*), Rotfeder (*Scardinius erythrophthalmus*), Schleie (*Tinca tinca*), Gründling (*Gobio gobio*), Güster (*Blicca bjoerkna*), Brachsen (*Abramis brama*) und Karausche (*Carassius carassius*) dominiert wird. Aber auch alle in Schleswig-Holstein beheimateten Barsche (*Perca fluviatilis, Gymnocephalus cernua, Stizostedion lucioperca*) kommen vor. Der Bestand von letzterem als Raubfisch wie auch vom Hecht (*Esox lucius*) wird durch Besatzmaßnahmen aufrecht erhalten. In den 70er Jahren sollen sowohl Kleine als auch Große Moräne (*Coregonus albula* und *C. lavaretus*) eingeschleppt worden sein und heute vereinzelt anzutreffen sein. Weiterhin kommen Quappe (*Lota lota*) und Aal (*Anguilla anguilla*) vor, für den ebenfalls Besatzmaßnahmen durchgeführt werden.

Sediment

Sandig bis kiesiger Untergrund bestimmt den Seeboden bis zu einer Tiefe von ca. 6 m. Daran anschließend ist der Sand leicht mit schwefelwasserstoffhaltigem Schlamm vermischt und geht in größeren Tiefen in reinen Faulschlamm über.

Nutzung, Bedeutung, Maßnahmen

Noch beherbergt der Dobersdorfer See eine artenreiche Flora und Fauna, die allerdings einen Artenrückgang im Vergleich zu früheren Untersuchungen zu verzeichnen hat.

Ein Belastungsschwerpunkt liegt im Raume Schlesen, durch die Einleitung von nicht oder nur in Hauskläranlagen unzureichend gereinigten Abwässern der rund 1000 im Einzugsgebiet lebenden Einwohner. Inzwischen ist jedoch der Bau einer Kläranlage mit dritter Reinigungsstufe zur Phosphat-Eliminierung und mit Nachklärteichen vorgesehen.

Im Einzugsgebiet des Dobersdorfer Sees sind ferner schon die Kläranlagen Dobersdorf/Lilienthal und die Kläranlage Tökendorf mit einer dritten Stufe ausgerüstet. Durch diese Maßnahmen, sowie durch das Ableiten von Abwasser konnte die Zufuhr von Nährstoffen in den See verringert werden.

Am Dobersdorfer See sollten die ökologisch wertvollen Uferbereiche, insbesondere die Verlandungszone westlich von Jasdorf, das Feuchtgrünland südwestlich Schlesen und das Ufer des südlichen Seeteils erhalten bleiben. In der langfristigen Entwicklung sollten Bemühungen zur Wiederherstellung der früheren ornithologischen Bedeutung des Sees unternommen werden. Im Herbst und Winter rasten hier Haubentaucher, Gänsesäger, Reiher, Schell-, Schnatter- und Krickenten sowie Graugänse. Weiterhin brüten Rohrdommel, Schnatterente, Kolbenente, Flußseeschwalbe, Rohrweihe und Drosselrohrsänger am Dobersdorfer See. Besondere Bedeutung kommt auch den Inseln für mehrere Wasservogelarten zu.

Eine nicht zu unterschätzende Belastung für die Vögel geht von Anglern aus, die mit Ruderbooten ufernahe Bereiche aufsuchen. Auch dürfte das Umbrechen von Uferwiesen westlich von Schlesen einen negativen Einfluß gehabt haben. Durch geeignete Maßnahmen am Seeufer, so z. B. die Einrichtung eines Grünlandstreifens könnte ein weiterer Nährstoffeintrag durch Bodenabschwemmungen in den See unterbunden werden.

Um diesen Forderungen Rechnung zu tragen ist die Ausweisung eines Naturschutzgebietes für den Südteil des Sees geplant.

Literatur

LANDESAMT FÜR WASSERHAUSHALT UND KÜSTEN SCHLESWIG-HOLSTEIN:
Seenbericht Dobersdorfer See (1982) Kiel

JAECKEL (1964):
Die Molluskenfauna eines Fluß- und Seesystems im Kreise Plön, Ostholstein
Faun. Mitt. aus Norddtschl. Biol.-Ökol.-Abt. d. Naturw. Ver. Schleswig-Holsteins, Bd. II 4 5/6

KÖLMEL, R. (1984):
Seeuferschutz an schleswig-holsteinischen Großseen
Landesamt für Naturschutz u. Landschaftspflege Schleswig-Holstein, unveröffentlicht

KOCH, E. VAHRENHOLT (1983):
Die Lage der Nation. Umwelt-Atlas der BRD. Hrsg. Rolf Wintrer
Geo-Buch Gruner u. Jahr AG, Hamburg

TRETER (1981):
Zum Wasserhaushalt schleswig-holsteinischer Seengebiete; Selbstverlag. Inst. f. Phys. Geographie, TU Berlin; Berliner Geograph. Abhandlungen H 33

Garrensee

Lage: R 44 23, H 59 51
Topographische Karte: L 2330 Ratzeburg
Entstehung/Seetyp: Rinnensee
Der Garrensee ist im Endmoränengebiet des Weichselglazials als Teil einer durch Toteis konservierten, subglazialen Schmelzwasserrinne entstanden. Vom Seetyp handelt es sich um einen kalkarmen Klarwassersee.
Mischungsverhalten: dimiktisch
Höhenlage: 41.5 m ü NN
Es traten Wasserspiegelschwankungen im Untersuchungszeitraum April 1977 bis Mai 1978 von 1,45 m auf.
Oberfläche: 0,2 km²
Tiefe max.: 23 m, mittl.: 15 m
Einzugsgebiet: 0,9 km²
Umgebungsfaktor: 3,9
Ufer: Länge 2,1 km, Entwicklung: 1,6

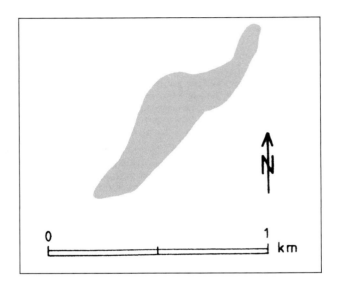

Einzugsgebiet

Der Garrensee liegt in der Ratzeburger Seenplatte südlich des Lankower Sees in der Nähe von Mustin.

Die den See umgebende kuppige Moränenlandschaft mit Höhen zwischen 50 und 70 m fällt zum Ufer hin steil ab, so daß der Seespiegel ca. 10 m unter dem Niveau der unmittelbaren Umgebung liegt.

In direkter Nähe des Sees finden sich Schmelzwasserstände des Weichselglazials. Das Moränengebiet ist vorwiegend aus sandigem Geschiebe aufgebaut, aber mit lehmigen Partien versetzt, so am flachen Nordostende des Sees, wo sich in einer primär abflußlosen Senke ein Moor gebildet hat. Im Untersuchungszeitraum April 1977 bis Mai 1978 zeigten die Seewasserstände eine Schwankungsbreite von 1,45 m. Da der See abflußlos ist und der Wasserhaushalt im wesentlichen durch Niederschlag und Verdunstung bestimmt wird, kann man von geologisch bedingten Grundwassereinflüssen ausgehen. Nach Angaben von Treter (1979) sind 87,7 % des Seen-Einzugsgebietes bewaldet, 1,5 % werden als Grünland genutzt und Bebauung ist nicht vorhanden.

Ufer

Wie schon erwähnt, fällt das Ufer steil zum See ab, der inmitten eines Waldgebietes gelegen ist. Im Gegensatz zu den meisten Seen Schleswig-Holsteins fehlt am Garrensee ein Schilfgürtel fast völlig. Nur im nordöstlichen Teil, wo eine Drainageleitung in den See mündet, hat sich ein Bestand von Schilf und Rohrkolben gebildet.

Das Ufer wird ansonsten nur spärlich von verschiedenen Seggen- oder Binsenarten gesäumt (*Carex elata, Schoenoplectus lacustris*). Nur am Südufer hat sich ein größerer Bestand der Flatterbinse (*Juncus effusus*) ausgebreitet.

Als Charakterpflanze der Uferzone nährstoffarmer Gewässer kommt hier das Sumpfbrachsenkraut (*Isoetes lacustris*) vor, das nur noch in wenigen Gewässern Schleswig-Holsteins beheimatet ist. Die Wasser-Lobelie (*Lobelia dortmanna*), die ebenfalls oligotrophes Gewässer anzeigt und für den Garrensee beschrieben wurde, konnte im Untersuchungszeitraum April 1977 bis Mai 1978 nicht mehr nachgewiesen werden.

Ebenso wurde das seltene Schlangenkraut (*Calla palustris*), das noch Anfang der 70er Jahre am Garrensee beheimatet war, nicht gefunden.

Wasserchemismus und Trophiegrad

Der Garrensee gehört mit seiner Leitfähigkeit von 81 µS/cm zu den kalkarmen Binnengewässern Schleswig-Holsteins und ist der elektrolytärmste in der Reihe der vom Landesamt für Wasserhaushalt und Küsten untersuchten Seen. Der Durchschnittswert lag Anfang der fünfziger Jahre noch bei 46–48 µS/cm (Ohle 1959). Die Höhe der elektrischen Leitfähigkeit eines Gewässers setzt sich aus der Konzentration der im Wasser gelösten Ionen zusammen. Das sind bei den Anionen insbesondere Bikarbonat-Ionen und in geringerem Maße vor allem Sulfat- und Chloridionen.

Die Werte der Leitfähigkeit unterliegen einem deutlichen Jahresrhythmus, der an der Oberfläche im Sommerhalbjahr während der Produktionsphase von einem Rückgang um die Hälfte geprägt ist. Im Tiefenwasser dagegen stellt sich gegen Ende der Produktionsphase im August ein besonderes hoher Wert von 170 µS/cm ein, der durch verstärkte Mineralisation hervorgerufen wird.

Die Erhöhung in den letzten Jahrzehnten ist auf den Eintrag von Nährsalzen aus der Umgebung, insbesondere durch die bis 1980 existente Drainageeinleitung zurückzuführen.

Schon allein ihr erhöhter Calcium-Gehalt von 92,5 mg/l konnte indirekt zur Eutrophierung des Garrensees beitragen, da in einem kalkarmen See die Zersetzung von organischem Material und damit die Freisetzung der gebundenen Nährstoffe stark reduziert ist.

Der steigende Gehalt an Nährsalzen läßt sich auch beim Phosphat verfolgen. Im Untersuchungszeitraum 1977–1978 lag der durchschnittliche Wert von Phosphatphosphor bei 100 µg/l, wobei im April 1978 sogar ein Maximum von 240 µg/l erreicht wurde. Im Juli 1979 wurde vom Geologischen Landesamt ein PO_4-P Gehalt von 245 µg/l im Drainagewasser ermittelt.

Im Jahre 1980 wurde der Zulauf endgültig geschlossen, um einen weiteren Nährstoffeintrag zu verhindern. Die Seekontrollmessungen des Landesamtes für Wasserhaushalt und Küsten in den anschließenden Jahren kommen zu folgenden Ergebnissen:

Juli	1980	80	µg PO_4-P
Mai	1981	60	µg PO_4-P
April	1983	15	µg PO_4-P
Juli	1983	5	µg PO_4-P
Okt.	1983	3	µg PO_4-P

Beim Vergleich der Aprilmessungen 1978 und 1983 von Phosphat zeigt sich, daß der aktuelle Wert deutlich niedriger liegt.

Der Nitratgehalt lag im März 1978 in einer Ausgangskonzentration für die Frühjahrsproduktion von 200 µg/l vor, im darauffolgenden Jahr waren es im gleichen Zeitraum 2 000 µg/l.

Der Gehalt der Drainage an Nitrat lag im Juli 1980 bei 10 900 µg/l und der des Oberflächenwassers im See gleichzeitig bei 50 µg/l.

Der Ammoniumgehalt in der Tiefe stieg bei einer Sauerstoffsättigung von unter 10 % sehr schnell an und erreichte im September 1977 Werte bis 800 µg/l NH_4-N.

Nachdem der gelöste Sauerstoffvorrat des Tiefenwassers weitgehend aufgebraucht ist, wird der im Nitrat gebundene Sauerstoff von heterotrophen Mikroorganismen umgesetzt. Für diese heterotrophe Denitrifikation kann kein festes Redoxpotential angegeben werden. Jedenfalls läuft sie nicht nur unter anaeroben, sondern auch schon unter schwach anaeroben Bedingungen ab. Weiterhin kann aus dem Sediment nach der Reduktion der Grenzschicht durch Diffusion und Methankonvektion Ammonium freigesetzt werden. Auch die Phosphor-Konzentration in der Tiefe steigt innerhalb der gleichen Zeit von einem Minimum bei 20 µg/l auf 380 µg/l. Hier sind Reduktionsvorgänge von Bedeutung, die Phosphat in Gegenwart von Eisen und Sulfat unter Bildung von Eisensulfid freisetzen.

Die Saustoffgehaltskurve zeigt die Verhältnisse eines mesotrophen bis eutrophen Gewässers an. Während der sommerlichen Stagnation, die von Mai bis Oktober dauert, sinkt der Sauerstoffgehalt ab Juli von einem Wert von 60 % rapide bis unter 10 % im September ab, um das Defizit erst mit der herbstlichen Durchmischung im November auszugleichen. Die Übersättigungen an der Oberfläche erreichen im Frühjahr und Sommer Werte bis zu 130 %. Der pH-Wert tendiert vor allem während der Produktionsphase zu raschen Veränderungen, die wiederum eine Folge des geringen Kalkgehaltes und des dadurch schwach ausgeprägten Karbonatpuffers der Wassersäule sind. Die Schwankungsbreite des gemessenen pH-Wertes reicht so von maximal 9,4 bis minimal 6,5 an der Oberfläche.

Der Mittelwert der Chlorophyll a-Konzentration liegt bei 12 µg/l und erreicht ein Frühjahrsmaximum von 37 µg/l Chl. a. Die Sichttiefen mit einem Maximum von 8 m im Dezember und einem Minimum von 2–2,5 m im Frühjahr 1977 und von 1,5 m im Frühjahr 1979 ergeben ein arithmetisches Jahresmittel von 4 m.

Aufgrund der Sauerstoffverhältnisse und der Phosphatgehalte wurde der Garrensee schon 1932 und 1934 von Thienemann bzw. Ohle als eutroph eingestuft. Eine Umkehr dieser Eutrophierungsentwicklung wird durch die Stillegung der Drainageleitung seit 1980, die nährstoffreiches Wasser aus landwirtschaftlich genutzten Flächen in den See brachte, erwartet.

Flora und Fauna

Phytoplankton

Insgesamt setzt sich die Phytoplanktongesellschaft aus einem großen Spektrum verschiedener Arten zusammen. Vorherrschend sind die Kieselalgen mit *Asterionella formosa*, die ganzjährig gefunden wird sowie auch *Synedra ulna*. Als zweite Gruppe mit großer Artenzahl sind die Grünalgen (*Chlorophyta*) zu nennen, bei diesen vor allem *Eudorina elegans*, im Frühjahr und nachfolgend im Sommer und Herbst *Staurastrum spec.* Hohe Individuenzahlen erreicht auch die Feueralge *Peridinium spec.*, die ganzjährig auftritt und ein Maximum im Frühjahr verzeichnet. Ein alarmierendes Zeichen ist das Auftreten der gefürchteten Blaualgen *Oscillatoria* und *Microcystis aeruginosa*, die bei ausreichendem Nährstoffangebot zur Massenentwicklung kommen können. Im Garrensee kommt es jedoch nicht zur Blüte dieser Phytoplankter, sie treten nur in relativ kleinen Individuendichten im Frühjahr auf.

Zooplankton

Das Zooplankton ist durch eine zeitliche Sequenz im Auftreten verschiedener Rädertiere gekennzeichnet. Der Jahreszyklus beginnt im Frühjahr mit *Brachionus quadridentatus* und setzt sich fort mit *Kellicottia longispina* und *Keratella quadrata*, die nur bis Mai nachzuweisen sind. *Keratella cochlearis* tritt mit beiden letztgenannten Arten gleichzeitig auf, kann sich aber bis in den Dezember hinein halten. Lediglich *Polyarthra spec.* ist ganzjährig in der Wassersäule nachzuweisen.

Weiterhin finden sich kleine Populationen von Wasserflöhen, vor allem Rüsselkrebse (*Bosmina coregoni* und *longirostris*). Zu erwähnen ist auch das Auftreten des Wasserflohs *Polyphemus pediculus* in großer Zahl, der kaum verunreinigte Gewässer beansprucht.

Benthische Flora und Fauna

Die stichprobenartige Untersuchung der tierischen Besiedlung im Litoral führt zu einer insgesamt geringen Anzahl gefundener Tierarten, was direkt mit dem geringen Kalkgehalt des Garrensees zusammenhängen dürfte. Besonders auffällig zeigt sich bei der Arten- und Individuenarmut der Mollusken des Sees: Muscheln wurden überhaupt nicht gefunden und bei den Schnecken treten nur die Arten *Radix peregra* und *Valvata cristata* auf.

Neben verschiedenen Eintagsfliegen-, Libellen- und Dipterenlarven kommen mehrere Arten von Wasserkäfern, aber auch anspruchslose Annelida wie der Rollegel (*Erpobdella octoculata*) oder *Stylaria lacustris* vor.

Nutzung, Bedeutung, Maßnahmen:

Die chemischen und biologischen Untersuchungsergebnisse deuten darauf hin, daß der Garrensee einem Wandlungsprozeß von einem nährstoffarmen zu einem nährstoffreichen Gewässer unterliegt.

Zwar zeigen die geringe Leitfähigkeit und die schützenswerte pflanzliche Besiedlung des Sees noch eine besondere Kalk- und Elektrolytarmut an, doch spiegelt der Gehalt an Nährstoffkomponenten keineswegs die oft beschriebene Nährstoffarmut wider.

Dadurch, daß der Garrensee ein abflußloser See ist, und allein schon die Nährstoffbelastung aus der Luft für Phosphor ein beachtliches Maß erreicht, kommt der Fernhaltung jeglichen Nährstoffeintrags besonders große Bedeutung zu. Um den einmaligen Charakter des Garrensees als kalkarmen Waldsee zu wahren, war es unumgänglich, die Drainageeinleitung zu schließen.

Nicht unbedeutend sind auch die Belastungen durch Badebetrieb und Freizeitnutzungen. Dies bewirkt sowohl einen Eintrag zusätzlicher Verunreinigungen als auch eine Zerstörung der Ufervegetation. Um hier regelnd einzugreifen, ist zur Zeit die Einführung eines Badeverbotes für den seit 1971 als Naturschutzgebiet ausgewiesenen Garrensee notwendig.

Literatur

LANDESAMT FÜR WASSERHAUSHALT UND KÜSTEN SCHLESWIG-HOLSTEIN
Seenbericht Garrensee (1981), Kiel

BÄRTLING, R., GAGEL, C. (1907): Erläuterungen zur geologischen Karte von Preußen und benachbarten Bundesstaaten, Blatt Seedorf Königl. Preuß. Geolog. Landesanstalt

BÄRTLING, R. (1922): Die Seen des Kreises Herzogtum Lauenburg mit besonderer Berücksichtigung ihre organogenen Schlammabsätze. Abhand. Preuß. Geol. Landesanstalt, Heft 88

GRIPP (1964): Erdgeschichte von Schl.-Holst. Neumünster, Wachholtz, 411 S.

OHLE, W. (1933): Chemisch-stratigraphische Untersuchungen der Sedimentmetamorphose eines Waldsees. Biochem. Zeitschrift, Bd. 258, H. 5–6

DERS. (1934): Chemische u. physikalische Untersuchungen nordwestdeutscher Seen. Archiv f. Hydrob. Bd. 26, S. 386–464 u. S. 584–658

DERS. (1959): Die Seen Schleswig-Holsteins, ein Überblick nach regionalen, zivilisatorischen und produktionsbiologischen Gesichtspunkten. Vom Wasser. Bd. 26, S. 16–41

TRETER (1979): Zum Wasserhaushalt schleswig-holsteinischer Seengebiete. Habilitation, Berlin

Hemmelsdorfer See

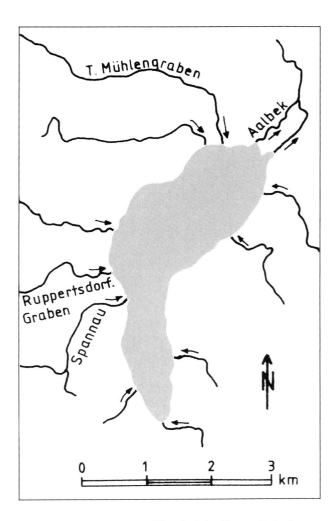

Lage: R 44 19, H 59 80
Topographische Karte: L 2330 Ratzeburg
Entstehung/Seetyp: Strandsee
Der See liegt im Jungmoränengebiet Ostholsteins und ist wie der Große Binnensee und der Schwansener See ein Strandsee. Im Weichsel-Glazial drang Eis aus dem Zungenbecken der Lübecker Bucht bis zum Bereich des heutigen Schwartau-Tales vor. Das Becken des Hemmelsdorfer Sees wurde durch eine Gletscherzunge ausgeschürft und stellt mit 40,5 m unter NN die tiefste Depression Schleswig-Holsteins dar. Die Senke wurde während der Schmelze zeitweilig zur Förde und später wieder durch einen Strandwall abgeriegelt. Dieser hat heute eine Höhe von 2 m über NN und wurde bei Hochseewasserständen der Ostsee immer wieder durchbrochen. 1872 wurde der Hemmelsdorfer See durch eine Sturmflut zu einem Brackwassersee, der innerhalb von 60 Jahren wieder aussüßte (Griesel 1935). Während der südl. Teil seine Zungenbeckenform behielt, wurde der nördl. Teil bei der Wallbildung sehr flach. Beide Seeteile werden durch die Möweninsel (auch Prinzen- oder Warderinsel) getrennt.

Mischungsverhalten: dimiktisch
Höhenlage: $-0,06$ m NN
Oberfläche: 4,1 km^2
Volumen: $22 \cdot 10^6$ m^3
Tiefe max.: 40,5 m, mittl.: 6 m (Halbfaß 1910)
Erneuerungszeit: 2–2,5 Jahre
Einzugsgebiet: 36,2 km^2
Umgebungsfaktor: 6,9
Ufer: Länge 13 km, Entwicklung: 1,7

Einzugsgebiet

Zur Ostsee hin tritt glazigener Mergel an die Oberfläche, auf dem sich eutropher Lessivé entwickelte. Das Geschiebe außerhalb der Eisrandlage wurde von sandig kiesigem Material überdeckt, so daß in tieferen Lagen durch den Staudruck anmoorige und moorige Böden entstanden.

Hinsichtlich der Landnutzung ist der hohe Bebauungsgrad von 10 % der Landfläche erwähnenswert. Der Waldanteil liegt etwas unter 1,5 %. Der Rest wird, abgesehen von den moorigen Flächen nördlich von Ratekau, ackerbaulich genutzt, wobei der Anteil des Getreideanbaus auffallend hoch ist.

Viele Felder reichen an das Seeufer heran. Außerdem sind zahlreiche Entwässerungsgräben und Dränageanlagen vorhanden, deren Kanäle direkt in den See münden.

Der See wird von zahlreichen Vorflutern gespeist, von denen die meisten in den Sommermonaten nur wenig Wasser führen. Mengenmäßig sind der Ruppertsdorfer Graben, die Spannau und der Timmendorfer Mühlengraben am bedeutungsvollsten. Der Abfluß erfolgt ausschließlich über die Aalbek in die Ostsee. Um bei anlandigem Wind das Eindringen von brackigem Ostseewasser in den See zu verhindern, sind an der Mündung der Aalbek zwei Klappschleusen angebracht.

Ufer

Der nördliche Teil des Sees im Niederungsgebiet zwischen Hainholzgraben, Timmendorfer Mühlengraben und Aalbek ist fast lückenlos von einem breiten Röhrichtgürtel umsäumt, der auf fortschreitende Verlandung hinweist. Das Schilf (Phragmites australis) bildet dort Reinbestände.

Die ufernahen Zonen haben moorige oder anmoorige Böden, die nur mäßig entwässert und extensiv beweidet werden, so daß eine seltene Feuchtwiesenvegetation erhalten bleibt.

Es kommen folgende mäßig bis stark gefährdete Arten vor: Breitblättriges Knabenkraut (Dactylorhiza majalis), Sumpflappenfarn (Thelypteris palustris), Zittergras (Briza media), Sumpf-Dreizack (Triglochin palustre), Moor-Reitgras (Calamagrostis neglecta), Sumpfwurz (Epipactis palustris).

Im Westen besteht der Schilfgürtel in großen Teilen aus Beständen des Schmalblättrigen Rohrkolbens (Typha angustifolia) und ist mit Inseln der Sumpf-Binse (Schoenoplectus lacustris) durchsetzt. Eine weitere Verlandungszone liegt an der Mündung der Spannau westlich der Möweninsel. Südlich von Hemmelsdorf hat sich unter der Wirkung von nordöstlichen Winden und starker Brandung ein Abrasionsufer gebildet mit der Tendenz, Abgliederungsinseln zu schaffen.

Das windexponierte Ostufer ist von einem zusammenhängenden, jedoch schmäleren Röhrichtgürtel als das Westufer eingefaßt. Lediglich an der verengten Stelle zum südlichen Teil ist das Ufer unbewachsen. Südlich von Hemmelsdorf und im Südteil des Sees, wo durch den steilen Uferabfall der Schilfgürtel recht schmal ist, existieren ausgedehnte Bestände der Weißen Seerose (*Nymphaea alba*).

Wasserchemismus und Trophiegrad

Durch seinen hohen Chloridgehalt mit Werten von 500–700 mg/l, der um das 10fache über den Werten anderer schleswig-holsteinischer Binnengewässer liegt, nimmt der See eine Sonderstellung ein.

Die elektrische Leitfähigkeit mit einem Mittelwert von 2 003 µS/m wird durch einen Überschuß an Chlorid-Ionen bedingt.

Nach Beobachtungen am Pegel und in Fließrichtung der Aalbek muß davon ausgegangen werden, daß vor allem bei hohen Ostseewasserständen Ostseewasser in den See dringt. So werden Werte der Leitfähigkeit bis zu 9 800 µS/cm gemessen.

Wenn dem See durch die Aalbeck Wasser zufließt, besitzt es durch den erhöhten Chlorid-Gehalt eine größere Dichte, so daß es sich unter das Süßwasser schichtet. Entsprechend nimmt die Leitfähigkeit im Hemmelsdorfer See von Süden nach Norden und mit wachsender Tiefe zu.

Durch das Eindringen von Ostseewasser ist außerdem ein erhöhter Sulfatgehalt zu erwarten, der in der Folge von Reduktionsvorgängen bei O_2-Mangel in der Tiefe durch die Bildung von Eisensulfid zur Freisetzung von Phosphat aus dem Sediment führt und somit einen zusätzlichen indirekten Faktor der Eutrophierung darstellt.

Der Hemmelsdorfer See zeigt in seinem biologischen Zustandsbild im Untersuchungszeitraum 1977–1978 die typischen Verhältnisse eines polytrophen Gewässers. Die ermittelten Konzentrationen an Phosphor- und Stickstoffkomponenten gehören zu den höchsten, die im Seenprogramm des Landesamtes für Wasserhaushalt und Küsten ermittelt wurden.

Die Mittelwerte des Gesamtstickstoffs liegen bei 4 100 µg/l und von Gesamtphosphor bei 870 µg/l.

Die gemessenen Stickstoff- und Phosphor-Konzentrationen sinken im jahreszeitlichen Verlauf an der Oberfläche nie unter 2 000 µg/l bzw. 500 µg/l, während der Tiefenwert der Stickstoffkomponenten kaum unter 4 000 µg/l sinkt und der entsprechende Phosphor-Wert bei etwa 1 000 µg/l liegt.

Bedenklich sind auch die teilweise sehr hohen Ammoniumgehalte (Maximum im Oktober in 39 m Tiefe im südlichen Seeteil 600 µg/l) in Zusammenhang mit hohen pH-Werten. Dabei kommt es zur verstärkten Bildung von Ammoniak, das ein starkes Fischgift ist.

Der pH-Wert steigt im Frühjahr in der Phase der größten Produktivität auf einen Wert von 9,7. Gerade dann wird aber auch im Epilimnion vorhandenes Nitrat durch die Algen über den Enzymkomplex der Nitratreduktase zum Ammonium reduziert, um assimiliert zu werden.

Die Gefahr, daß es in dieser Zeit zu Vergiftungen von Fischen kommt, ist außerordentlich groß.

Der Jahresgang der Sauerstoffkurve zeigt die charakteristischen Verhältnisse eines Gewässers mit Überangebot an Nährstoffen. Große Übersättigungen im Frühjahr und Sommer an der Oberfläche bis zeitweilig über 200% stehen starken Defiziten in der Tiefe (ca. 15% Sättigung) gegenüber.

Am Ende der Sommerstagnation ist das Tiefenwasser jeweils sauerstofffrei, so daß sich Schwefelwasserstoff und Faulschlamm bildet.

Die mittlere Chlorophyll a-Konzentration lag im Untersuchungszeitraum bei 77 µg/l. Im Frühjahr '78 kam es allerdings zu einem Anstieg bis zu 218 µg/l.

Die durchschnittliche Sichttiefe von 1,0 m ist bei dieser erhöhten Produktion erwartet niedrig und erreicht Minimalwerte von 0,2 m. Der maximale Wert liegt bei 2,0 m im Dezember '77.

Übereinstimmend mit Chlorophyll a-Gehalt und Sichttiefen unterstreichen die Planktonbefunde den polytrophen Zustand des Hemmelsdorfer Sees.

Flora und Fauna

Phytoplankton

Im Frühjahr und Spätsommer prägen kräftige Blaualgenblüten das Bild des Hemmelsdorfer Sees, so daß ganze Uferbereiche von zusammengetriebenen Blaualgenmassen gesäumt werden. Besonders die Entwicklung von *Microcystis aeruginosa* führt dazu, daß andere Algen und auch Zooplankton in ihrer Entwicklung stark gehemmt werden. Nur die Grünalge *Scenedesmus*, die als Charakteralge polytropher Gewässer zu bezeichnen ist, erreicht größere Individuendichten. Das Zooplankton ist besonders artenarm, was nicht zuletzt am hohen Chlorid-Gehalt liegt, da dieser immer mit einer Artenverarmung korreliert ist. Es treten vor allem Rotatorien auf (*Keratella quadrata*) und bei der Gruppe der Krebse die Wasserflöhe der Arten *Bosmina longirostris* und *Chydorus globosus*, der im Juni besonders zahlreich war.

Benthische Flora und Fauna

Die Unterwasservegetation im Hemmelsdorfer See fehlt im Gegensatz zum üppigen Uferbewuchs durch die schlechten produktionsbedingten Lichtverhältnisse völlig. Im Untersuchungszeitraum konnte nicht eine submerse Pflanzenart nachgewiesen werden.

Die fehlende Unterwasserflora und der lebensfeindliche Untergrund bedingen auch die sehr spärliche benthische Fauna.

Nur unempfindliche Organismen wie der Schlammröhrenwurm (*Tubifex spec.*) oder die Rote Zuckmückenlarve (*Chironomus plumosus*), die Sauerstoffmangel und H_2S-Anwesenheit ertragen können, finden im Sediment einen Lebensraum.

Im Schilfbereich kommen verschiedene Egelarten *Helobdella stagnalis, Erpobdella octoculata, Pisciola geometra*), die Wasserassel (*Asellus aquaticus*) und die Schlammschnecke (*Radix peregra*) vor. Auch einige Libellenlarven wurden gefunden (*Coenagrion spec., Platycnemis pennipes*).

Fische

Noch in den fünfziger Jahren soll nach Berichten von Anliegern der See ein reiches Fischgewässer gewesen sein, in dem in großen Mengen Barsch, Hecht, Zander und Aal gefangen wurden.

Heute sind diese Arten selten oder gar nicht mehr vorhanden, während unempfindliche Weißfische wie Rotauge (*Rutilus rutilus*) Rotfeder (*Scardinius erytrophthalmus*) und Brachsen (*Abramis brama*) in großer Zahl angelandet werden.

Selbst bei diesen sind Würmer und Hautparasiten nicht selten. Außerdem sind die meisten Fische recht jung und haben ein geringes Gewicht, was zum einen auf eine begrenzte Lebenszeit und zum anderen auf Nahrungsknappheit durch die Verarmung des Zooplanktons bei Blaualgenblüten schließen läßt.

Sediment

Das Sediment besteht bis zu einer Tiefe von 2 m aus Schill, der sich hauptsächlich aus Schalen der Herzmuschel (*Cardium edule*) zusammensetzt, die als Meeresbewohner ehemalige Salzwassereinbrüche belegt. Bis in eine Tiefe von 3,5 m schließt sich sandiger Untergrund an, der in schwefelwasserstoffhaltigen Faulschlamm übergeht.

Nutzung, Bedeutung, Maßnahmen

Wie die Verarmung der gesamten Lebenswelt des Sees zeigt, hat die Belastung mit Nährsalzen und organischen Stoffen bereits eine kritische Grenze überschritten. Von den 18 einmündenden Vorflutern sind 13 stark bis außerordentlich stark belastet, nur vier sind mäßig und einer deutlich belastet. Außerdem gibt es mehrere direkte Abwassereinleitungen in den See. Die starken Belastungsschwankungen lassen über eine häusliche Abwasserbehandlung hinaus Verunreinigungen durch Gülle, Jauche und Silage vermuten.

Entsprechend zeigen die bakteriologischen Ergebnisse, insbesondere die hohen Coliformenzahlen, Verschmutzung fäkaler Natur an. Selbst der Seeauslauf ist noch deutlich belastet.

Die Abwasserbelastungsschwerpunkte liegen in den Uferabschnitten bei den Gemeinden Hemmelsdorf, Offendorf und Warnsdorf. Diese und die Ortschaften Wilmsdorf, Grammersdorf und Kreuzkamp verfügen zum Teil nur über Kleinkläranlagen.

Darüber hinaus gelangt auch gereinigtes Abwasser aus dem Klärwerk Timmendorf über den Timmendorfer Mühlengraben in den See. Auf diesen Vorfluter entfallen 7,8 km^2 des Einzugsgebietes. Seit die Ortslage Hemmelsdorf an die zentrale Entsorgungsanlage des Zweckverbandes Ostholstein angeschlossen wurden, sind die Vorfluter im Einzugsbereich dieser Gemeinde wesentlich entlastet.

Dagegen trägt der Mühlengraben bedingt durch die Einleitung der Kläranlage Timmendorfer Strand erheblich zur Belastung des Hemmelsdorfer Sees bei.

Um nochmals eine drastische Verringerung der Schmutzfracht zu bewirken, ist zum einen ein gewässerbiologischer Ausbau des Mündungsbereiches des Mühlengrabens vorgesehen durch den eine zusätzliche Zurückhaltung von Schmutzstoffen erfolgt. Desweiteren wird ein Teil des Abwassers aus dem Einzugsgebiet des Hemmelsdorfer Sees heraus künftig zur Kläranlage Sereetz-Ratekau gepumpt, um die Ablaufmenge aus der Kläranlage Timmendorfer Strand in die Mühlenau zu reduzieren. Deren Kapazität wird zur Zeit von 20 000 auf 50 000 Einwohnergleichwerte erweitert. Mit Abschluß der Baumaßnahmen ist im Jahr 1985 zu rechnen.

Langfristig soll die Anlage für das gesamte Abwasser des Klärwerkes Timmendorf und darüber hinaus für den Anschluß weiterer Gemeinden in Seenähe ausgebaut werden.

Außerdem ist die Errichtung einer 3. Reinigungsstufe zur chemischen Fällung der Nährstoffe geplant.

Das Klärwerk Timmendorfer Strand soll dann nur zur Abnahme der Spitzenbelastung während der Fremdenverkehrssaison arbeiten.

Weitere Maßnahmen zur Reduzierung der Nährstoffbelastung aus diffusen Quellen und geogen bedingten Abschwemmungen sind erforderlich.

Flächen mit landwirtschaftlicher Nutzung und Fremdenverkehrsbereiche haben sich am Hemmelsdorfer See örtlich streng getrennt entwickelt, so daß eine historisch gewachsene räumliche Trennung der wichtigsten Nutzungsinteressen besteht, die günstige Voraussetzungen für die Erhaltung des ökologischen Potentials in einzelnen Uferbereichen schafft.

Literatur:

LANDESAMT FÜR WASSERHAUSHALT UND KÜSTEN SCHLESWIG-HOLSTEIN:
Seenbericht Hemmelsdorfer See (1981)

GRIESEL (1921): Physikalische u. chemische Eigenschaften des Hemmelsdorfer Sees bei Lübeck. Mitt. Geogr. Ges. u. Nat.-Mus. Lübeck, H. 28, S. 39–61

DERS. (1935): Die Aussüßung des Hemmelsdorfer Sees. Mitt. Geogr. Ges. u. Nat.-Mus. Lübeck, H. 38, S. 75–83

HALBFASS (1910): Der Hemmelsdorfer See bei Lübeck. Mitt. Geogr. Ges. u. Nat.-Mus. Lübeck, H. 24, S. 1–13

KÖLMEL, R. (1984): Seeuferschutz an schleswig-holsteinischen Großseen. Eine Untersuchung zu Zustand, Nutzung, Gefährdung und Schutzkonzept der Uferbereiche an 10 Seen des Hügellandes. Landesamt für Naturschutz und Landschaftspflege Schleswig-Holstein, bislang unveröffentlichte Mitteilung

MAAS, R., GIERCKE, R. (1982): Gewässergüteuntersuchungen am Hemmelsdorfer See. Diplomarbeit, Fachhochschule Lübeck, Angewandte Naturwissenschaften

OHLE (1965): Der Hemmelsdorfer See, ein extremes Beispiel der Überproduktion. Gas und Wasser, Heft 36, S. 997

Kellersee

Lage: R 44 08, H 60 04
Entstehung/Seetyp: Das Becken des Kellersees wurde in der Weichseleiszeit durch die von Osten vordringende Eutiner Gletscherzunge ausgeformt und die Hohlform durch Toteis konserviert.
Mischungsverhalten: dimiktisch
Höhenlage: 24,3 m ü NN
Oberfläche: 5,6 km^2
Volumen: 79 · 10^6 m^3
Tiefe max.: 27,5 m, mittl.: 14,0 m
Einzugsgebiet: 150,4 km^2
Umgebungsfaktor: 25,9
Ufer: Länge 14,2 km, Entwicklung: 1,9

Einzugsgebiet

Die Höhenzüge nördlich des Kellersees und der Moränenzug Groß–Meinsdorf–Neudorf–Malente–Neversfelde im Westen dokumentieren das weiteste Vordringen des Eises und der Eutiner Gletscherzunge.

Die Schwentine mündet im Süden, vom Großen Eutiner See kommend, in den Kellersee und verläßt ihn im Westen.

Der See erhält einen weiteren wesentlichen Zufluß über die Malenter Au im Nordwesten, die ein großes Teileinzugsgebiet von 55 km^2 umfaßt, und steht im Osten in Verbindung zum Uklei-See.

Die umgebende Landschaft wird von Waldbeständen geprägt, die bis ans Wasser reichen, sowie von den Kurorten Malente, Fissau und Sielbek. Insgesamt sind nach TRETER (1981) 20,2 % des Niederschlagsgebietes bewaldet, 11,8 % der Flächen werden von Grünland eingenommen und 4 % sind bebaut.

Die Seefläche selbst umfaßt 3,7 % des Einzugsgebietes.

Ufer

Die Uferlinie ist vielfach geschwungen und bildet eine Reihe von kleineren Buchten. Nahezu auf der Hälfte der Uferstrecke grenzt Wald direkt an den See. Durch die Beschattung der Bäume und den steilen Uferabfall fehlt der Schilfsaum oft gänzlich oder ist sehr schmal ausgebildet.

Breitere Schilfzonen finden sich in den Buchten von Rothensande, Fissau und Uklei. Im See selbst liegen eine Wald- und eine Schilfinsel.

Ein Großteil der Uferstrecke ist bebaut und zum Teil künstlich befestigt, so in den Ortschaften Malente, Fissau und Sielbek.

Die Leitform im Röhrichtgürtel stellt das Schilfrohr (Phragmites australis) dar, welches wasserseitig von der Teich-Binse (Schoenoplectus lacustris) und dem Schmalblättrigen Rohrkolben (Typha angustifolia) begleitet wird. Im Bereich der Zuflüsse wächst am Uferrand auch der Große Schwaden (Glyceria maxima).

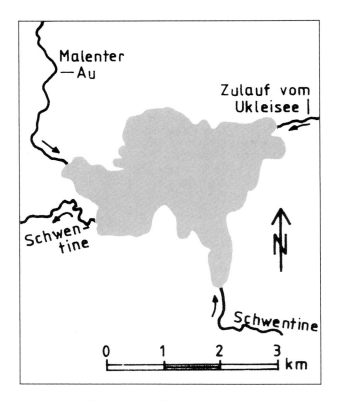

In ruhigen Buchten sind Schwimmblattzonen aus Beständen der Weißen Seerose (Nymphaea alba) und der Gelben Teichrose (Nuphar lutea) angesiedelt. Nur an einer Stelle am Nordufer wurde ein kleiner Bestand vom Spreizenden Hahnenfuß (Ranunculus circinatus) gefunden.

Wasserchemismus und Trophiegrad

Der Mittelwert der elektrischen Leitfähigkeit des Kellersees lag im Untersuchungszeitraum November 1982 bis zum gleichen Monat des folgenden Jahres bei 465 µS/cm und charakterisiert den See somit als kalkreiches Gewässer.

Im Jahresverlauf treten Schwankungen zwischen 510 µS/cm (im Nov. '82) und 341 µS/cm (Okt. '83) auf, die durch die Aufnahme der Elektrolyte bei der Primärproduktion durch die Pflanzen und Ausfällung im Rahmen der biogenen Entkalkung bedingt sind.

Während Zeiten erhöhter Primärproduktion steigt auch der pH-Wert an der Oberfläche bis auf 9,2 (Juli '83). In der Tiefe kommt es dagegen im Herbst aufgrund verstärkter Mineralisation zu Minima von pH = 7,5. Die Sauerstoffverhältnisse spiegeln die Gegebenheiten eines eutrophen Gewässers mit maximaler Sauerstoffübersättigung von 202 % an der Oberfläche während der Hauptproduktionsphase und Defiziten von 4 % Sauerstoffsättigung am Ende der Stagnationsphase in der Tiefe. Die durchschnittlichen Gehalte an pflanzenverfügbaren Nährstoffen, ihre Maximal- und Minimalkonzentrationen im Untersuchungszeitraum können der folgenden Tabelle entnommen werden:

		Mittelwert	Maximum	Minimum
(Nitrat- + Nitrit)-Stickstoff	(µg/l N)	728	4 560	8
Ammonium	(µg/l N)	342	2 510	5
Phosphat-P	(µg/l P)	133	381	4

Allerdings liegen die Gehalte der Stickstoffkomponenten in einer ungewöhnlichen zeitlichen Verteilung vor, d. h. sowohl an der Oberfläche als auch in der Tiefe nehmen im Laufe des Frühjahrs und Sommers ihre Konzentrationen allmählich zu, um im Juli ein Maximum zu erreichen. Das Minimum wird wieder für Oberfläche und Tiefe gleichzeitig im Dezember erreicht, wenn normalerweise eine hohe Mineralisationsrate zu verzeichnen ist. Üblicherweise nehmen die Nährstoffgehalte dagegen im Laufe der sommerlichen Primärproduktion unter Umständen bis zur Nachweisgrenze ab, wobei entweder Phosphat oder Nitrat die Rolle des Minimumfaktors der Primärproduktion einnimmt. Beim Phosphat liegen entsprechende Verhältnisse vor: Im Verlauf des Frühjahrs nimmt der PO_4-Gehalt mit wachsender Primärproduktion ab, um im Juli sein Minimum zu erreichen. In der Tiefe dagegen entsteht ein Phosphat-Maximum im September zum Zeitpunkt der größten Sauerstoffzehrung. Die durchschnittliche Sichttiefe beträgt 3,4 m und erreicht ein Maximum im Mai mit 6,5 m und ein Minimum von 1,5 m im Juli. Der Chlorophyll-a Gehalt als Maß der planktischen Primärproduktion beträgt im Jahresdurchschnitt 13,3 µg/l und erreicht einen Spitzenwert von 55,5 µg/l im August. In Bezug auf die ganzjährige Verfügbarkeit von Nährstoffen, besonders dem hohen Stickstoffanteil ist der Kellersee als polytroph einzustufen, während die Sichttiefe, der Gehalt an Chlorophyll a und die Sauerstoffverhältnisse die Bedingungen eines eutrophen Gewässers widerspiegeln (Vollenweider 1979).

Werden alle Faktoren berücksichtigt, so muß der Kellersee als eutrophes Gewässer mit polytropher Tendenz bezeichnet werden.

Flora und Fauna

Phytoplankton

Im Phytoplankton des Kellersees dominieren die Kieselalgen, aber auch Blaualgen treten auf. *Microcystis spec.* tritt ab Juni bis Januar in geringer Zelldichte auf. *Aphanizomenon spec.*, die ab Mai nachzuweisen ist, verursacht im August eine Massenentwicklung, ist aber schon im nächsten Monat verschwunden – wahrscheinlich, weil die Algen auftreiben und durch Windeinwirkung an den Ufern im Schilf zusammengetrieben wurden.

Auffällig ist in diesem Zusammenhang, daß einige Algen, die sonst gleichmäßig über mehrere Monate verteilt auftreten, nur im August nicht anzutreffen sind. Dazu zählen die Kieselalgen *Cyclotella comta*, die sonst ganzjährig auftritt und *Melosira granulata*, die im September zur Massenentwicklung kommt und sich den ganzen Herbst hindurch mit größerer Zellzahl halten kann. Auch die Goldalge *Tribonema spec.*, die ab Mai auftritt, ist durch einen Ausfall im August und einen Anstieg der Dichte im September gekennzeichnet. Bei den Dinophyceen erreicht die Art *Ceratium hirundinella*, die ab März auftritt, ein Maximum im Juli, welches im August auf eine geringe Zelldichte abfällt.

Nicht in ihrer Verteilung von *Aphanizomenon* beeinflußt scheinen die Kieselalgen *Asterionella formosa* und *Fragilaria crotonensis*, die ganzjährig vorkommen und beide einen Verteilungspeak im Mai und Juni aufweisen.

Zooplankton

Auch bei den Rotatorien, von denen die Art *Keratella cochlearis* das ganze Jahr über dominiert, ist ein starker Rückgang der Individuenzahl im August zu verzeichnen, der schon im nächsten Monat wieder ausgeglichen ist.

Im Juni, Juli und im September wird das Zooplankton bis zu 98 % von Rotatorien bestimmt. Im Herbst und Winter dagegen bilden die Crustaceen den größten Prozentanteil mit den beiden Arten *Eudiaptomus gracilis* und *Cyclops abyssorum*, deren Häufigkeit in ihrer zeitlichen Verteilung gegenläufig ist. Erstere Art ist im Herbst häufig vertreten und wird im Laufe des Frühjahrs bis zum April von *Cylops abyssorum* abgelöst. Danach wird letztere Art vollständig und erste bis auf einen kleinen Rest vom Wasserfloh *Daphnia galeata* verdrängt, der im Laufe des Sommers mit dem Hüpferling *Mesocyclops leuckarti* konkurrieren muß. Im September hat der letztere 90 % der Individuenzahl aller Crustaceen, die wiederum nur noch 16 % des gesamten Zooplanktons umfassen, erreicht.

Benthische Flora und Fauna

Die häufigste Art der submersen Makrophyten im Kellersee ist das Kammförmige Laichkraut *(Potamogeton pectinatus)* welches bis zu einer maximalen Tiefe von 5 m vordringt. Diese Art kommt meist vergesellschaftet mit dem Durchwachsenen Laichkraut *(P. perfoliatus)* vor, welches auch in Einzelbeständen mit teilweise großer Dichte vorkommt.

An einzelnen wenigen Stellen kommen folgende weitere Laichkrautarten vor, die den Gelegegürtel ergänzen: Flachstengeliges Laichkraut *(P. compressus)*, Krauses Laichkraut *(P. crispus)*, Spiegelndes Laichkraut *(P. lucens)*.

Ebenfalls vereinzelt und in den Bestand an submersen Makrophyten eingestreut kommen das Rauhe Hornblatt *(Ceratophyllum demersum)*, die Wasserpest *(Elodea canadensis)*, das Ährige Tausendblatt *(Myriophyllum spicatum)* und der Sumpf-Teichfaden *(Zannichellia palustris)* bis in 2 m Wassertiefe vor. Bemerkenswert ist das regelmäßige Auftreten von Armleuchteralgen *(Chara spec.)*, die allerdings nicht tiefer als 3 m vordringen können und bei andauernden eutrophen Verhältnissen in der Konkurrenz gegenüber den Gefäßpflanzen unterliegen.

Eine ärmere Unterwasservegetation findet sich in Bereichen mit steil abfallendem Ufer wie dies am Eingang der Fissauer Bucht zutrifft. Auch die Malenter Bucht weist

Zonen ohne Bewuchs auf und ist artenärmer als übrige Bereiche, obwohl ihre Hangneigung geringer ist. Allerdings tritt dort schon in geringer Wassertiefe Faulschlamm auf, welcher durch die Belastung der Malenter Au bedingt ist.

Weiterhin sind einige Uferstrecken mit größeren Steinen bedeckt, die sich hinderlich auf die Ausbildung eines geschlossenen Vegetationsgürtels auswirken.

Der Kellersee bietet unterschiedlich angepaßten Bodenbewohnern Substratbereiche wie schlammig-sandige Uferbänke, größere Steine und einen abwechslungsreichen Pflanzenbewuchs als Siedlungsgrundlage.

Die sandigen Benthonbereiche werden vor allem von Muscheln (*Anodonta anatina, A. cygnea* und *A. cygnea cellensis, Dreissena polymorpha, Pisidium henslowanum* und *P. spec., Sphaerium corneum, Unio lacustris*), Egeln und kleinen Muschelkrebsen besiedelt. Auf Hartsubstrat zwischen einzelnen Algenbüscheln leben Flohkrebse (*Gammarus lacustris*), verschiedene Dipterenlarven und vor allem Chironomidenlarven. Außerdem ist dieser Lebensraum auffällig von dem Moostierchen *Plumatella emarginata* bewachsen. Das Phytal, das bis zu einer Tiefe von 3 m stark ausgebildet ist, bietet vor allem vielen Schneckenarten (u. a. *Bithynia tentaculata, Potamophyrgus jenkinsii*) sowie Krebsen (*Daphnia longispina, Leptodora kindtii, Simiocephalus sp.*) und Insekten Lebensraum.

Auch der Schlamm zeigt sich bis in eine Tiefe von 5 m reich belebt. Die Muschel *Dreissena polymorpha*, der Wurm *Nais variabilis*, der Egel *Helobdella stagnalis*, die Assel *Asellus aquaticus* und Chironomidenlarven bestimmen das Besiedlungsbild.

Fische
Der Kellersee wird von einem Berufsfischer bewirtschaftet. Wirtschaftlich bedeutende Fische sind Brachsen (*Abramis brama*), Aal (*Anguilla anguilla*), Plötze (*Rutilus rutilus*) und die Raubfische Zander (*Stizostedion lucioperca*) und Hecht (*Esox lucius*). Auch die kleine Maräne (*Coregonus albula*) gehört zu den Wirtschaftsfischen des Kellersees. Ihr Bestand muß allerdings durch dauernde Besatzmaßnahmen aufrecht erhalten werden.

Sediment
Die Uferbank wird vor allem am Ost- und Südwestufer von sandigem Untergrund, dem in Flachwasserbereichen Mudde beigemischt ist, gebildet, so daß der Sumpf-Teichfaden (*Zannichellia palustris*) gute Ausbreitungsmöglichkeiten findet. Ansonsten steht bis ca. 4 oder 5 m Tiefe detritusreicher Sand an, der von Muscheln besiedelt wird.

Die Schalenzone liegt zwischen 5 und 6 m Tiefe. Unterhalb dieses Bereichs verläuft eine Übergangszone von graubraunem Schlamm zur Faulschlammzone in 9 m Tiefe.

Nutzung, Bedeutung, Maßnahmen
Der Kellersee liegt im oberirdischen Einzugsgebiet der Schwentine und ist Bestandteil dieses Flußsystems.

Der bedeutendste Vorfluter ist die Schwentine, der vor der Einmündung in den Kellersee die Gewässergüteklasse II (mäßig belastet) zugeordnet werden kann. Die Malenter Au ist kritisch belastet, bedingt durch Zuführung von ungenügend gereinigtem Abwasser der zentralen Kläranlage Malente, die bis April 1985 mit neuem Belebungsbecken der zweistufigen Belebung ausgebaut wird.

Weiterhin liegt im Einzugsgebiet des Sees die zentrale Kläranlage Eutin, die seit 1972 mit einer dritten Reinigungsstufe ausgestattet ist. Zur Zeit wird ein Belebungsbecken ausgebaut, welches Nitrifikation und Denitrifikation ermöglicht.

Der Ablauf des Kellersees, die Schwentine, ist kritisch belastet (Gewässergüteklasse II bis III).

Nach einer Untersuchung über Bedarfsentwicklung und Standortmöglichkeiten für Wassersportanlagen (Gondesen, Trüper 1983) sind 6,2 km, d. h. 23 % des gesamten Ufers für entsprechende Einrichtungen geeignet. Insgesamt existieren zur Zeit 62 Bootsliegeplätze an Stegen und 85 Landliegeplätze. Außerdem wird am Kellersee Sportfischerei betrieben. Ein Campingplatz, in dessen Umgebung die Ufer verbaut sind, befindet sich in der Fissauer Bucht und öffentliche Badestellen umfassen 3,2 % der Uferlänge.

Nutzungskonflikte, die zwischen Wassersportbetreibern und Erholungssuchenden zum einen und den Belangen der empfindlichen Ufervegetation, Vogel- und Fischwelt zum anderen entstehen, betreffen hauptsächlich die Bereiche in der Fissauer Bucht, das Rothensander Ufer, die Ufer unterhalb des Ihlsees und Teile des Ufers in Sielbeck. In ornithologischer Hinsicht kommt dem Kellersee vor allem aufgrund des starken Haubentaucherbestandes und wegen seiner Eignung als Rastplatz für Durchzügler und Überwinterungsplatz – der See vereist wegen der großen Tiefe und der ausgedehnten Wasserfläche nur zögernd – regionale Bedeutung zu.

Sperrzonen in schutzwürdigen Bereichen, die Betreten oder Befahren untersagen, umfassen am Kellersee ca. 20 ha, die am Schwentineauslauf und in der Bucht vor Rothensande liegen.

Literatur:

LANDESAMT FÜR WASSERHAUSHALT UND KÜSTEN, Kiel; Gütelängsschnitte im Einzugsgebiet der Schwentine (1984); A 51.

GONDESEN, Ch., TRÜPER, T. (1983): Wassersport Großer Plöner See – Kellersee
Untersuchung der Bedarfsentwicklung und der Standortmöglichkeiten für Sportboothäfen und sonstige Wassersportanlagen am Großen Plöner See und dem Kellersee beispielhaft für die Binnenseen in Schleswig-Holstein im Auftrage des Ministers für Ernährung, Landwirtschaft und Forsten Schleswig-Holstein.

GRIPP, K. (1964): Erdgeschichte von Schleswig-Holstein; Neumünster, Wachholtz 411 S.

TRETER, U. (1981): Zum Wasserhaushalt schleswig-holsteinischer Seengebiete; Berliner Geograph. Abhandlungen, Heft 33, im Selbstverlag des Inst.f. Phys. Geographie, Freie Universität Berlin.

VOLLENWEIDER (1979): Das Nährstoffbelastungskonzept als Grundlage für den externen Eingriff in den Eutrophierungsprozeß stehender Gewässer und Talsperren Z.f. Wasser- und Abwasser-Forschung, Nr. 2, S. 46–56.

Langsee

Lage: R 35 36, H 60 49
Topographische Karte: L 1522 Schleswig
Entstehung/Seetyp: Der Langsee liegt im Jungmoränengebiet Angelns und ist aus einer subglazialen Schmelzwasserrinne entstanden. Diese gabelt sich an ihrem westlichen Ende und durchbricht in zwei Armen den Endmoränenwall. Einer davon mündet bei Lürschau in eine Sanderwurzel, während der andere die vom Idstedter See gefüllte Depression bildet.
Mischungsverhalten: überwiegend dimiktisch
Höhenlage: 16,3 m ü NN
Oberfläche: 1,4 km^2
Volumen: $8,5 \cdot 10^6$ m^3
Tiefe max.: 13,3 m, mittl.: 6,1 m
Einzugsgebiet: 32,8 km^2
Umgebungsfaktor: 22,4
Ufer: Länge 11,5 km, Entwicklung: 2,5

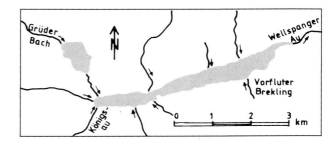

Einzugsgebiet

Die heutige Seeoberfläche liegt 15–25 m unter dem Niveau der kuppigen Grundmoräne, die im Norden und Süden an den See grenzt und relativ steil zum Ufer abfällt.

Westlich wird das Gebiet von Endmoränenwällen mit mesotropher Braunerde begrenzt. Entsprechend der Morphogenese dominieren Geschiebelehm und -sand mit schluffigen Ablagerungen in den Senken, die Staunässe hervorrufen können, so daß sich auch anmoorige Böden finden – so nördlich von und in Süderfahrenstedt und im Entwässerungsgebiet des Vorfluters Brecklingsfeld.

Das Gebiet wird mit Ausnahme des Truppenübungsplatzes Langsee überwiegend land- und forstwirtschaftlich genutzt, wobei der Ackerbau einen besonders hohen Stellenwert einnimmt. Die staunassen Senken werden mit Grünland bewirtschaftet. Die Endmoränen mit 9 % der Gebietsfläche sind überwiegend bewaldet.

Der größte Zufluß neben acht kleineren Vorflutern, die mengenmäßig unbedeutend sind, ist der Grüder Bach, der gleichzeitig Auslauf des Idstedter Sees ist. Der Langsee selbst entwässert in die Wellspanger Au und gehört zum Flußsystem Schlei/Ostsee.

Ufer

Der See wird durch die Enge bei Güldenholm, die dicht mit Schilf und Gelber Teichrose bewachsen ist, in zwei Abschnitte unterteilt. Es bleibt ein Durchgang von nur einem Meter.

Der Westteil, der ein Drittel der Gesamtfläche einnimmt, ist maximal 3 m tief und zeigt zunehmende Verlandungstendenz. Am gesamten Südwestufer und insbesondere an den Mündungen der Vorfluter, die als typische Verlandungszonen ausgebildet sind, ist der Röhrrichtgürtel besonders stark ausgeprägt. Der dichte Bewuchs setzt sich aus verschiedenen röhrichtbildenden Pflanzen zusammen.

Erwähnt seien das Schilfrohr (Phragmites australis), der Breitblättrige Rohrkolben (Typha latifolia), der Schmalblättrige Rohrkolben (Typha angustifolia) und der Ästige Igelkolben (Sparganium ramosum).

Der Ostteil des Langsees weist eine in der Mitte verlaufende ca. 10 m tiefe Rinne auf. Der Uferabfall zu beiden Längsseiten des Sees auf diese Tiefe ist entsprechend steil, so daß es den Pflanzen des Schilfgürtels nicht möglich ist, weiter als 4–5m in die Wasserfläche vorzudringen. Das Schilf wird hier streckenweise auch vom Großen Schwaden (Glyceria maxima) abgelöst, dessen Bestände aber nicht so dicht wachsen.

An der Mündung der Wellspanger Au hat sich aufgrund der geringen Wassertiefe ein bis zu 30 m breiter Schilfgürtel ausgebildet, dem ein breiter, vollständig von der Gelben Teichrose (Nuphar lutea) bedeckter Bereich vorgelagert ist.

Wasserchemismus und Trophiegrad

Im Untersuchungszeitraum April 1975 bis Juni 1976 weisen die gemessenen Nährstoffkonzentrationen den Langsee als Gewässer im Stadium zwischen eutrophen und polytrophen Zustand aus.

Die elektrische Leitfähigkeit beträgt im Jahresdurchschnitt 267 µS/cm, so daß der Langsee in die Reihe der Seen mit mittleren Kalkgehalt einzugruppieren ist. Die pH-Werte steigen während dem Zeitraum hoher Primärproduktion an der Oberfläche auf Werte über 8 (max. pH = 8,7) und liegen in der Tiefe von 10 m im östlichen Seeteil immer bei 7,5.

Die jährlichen Duchschnittswerte von Gesamt-Stickstoff liegen bei 1 800 µg/l und bei 300 µg/l Gesamtphosphor.

Nitratstickstoff mit einem Jahresmittel von 600 µg/l und Phosphatphosphor mit 150 µg/l sind ganzjährig, auch während der Hauptproduktionsphase im Frühjahr und Sommer frei verfügbar.

Zur Ergänzung dieser Daten seien einige Nährstoffe im Vergleich einzelner Monate in aufeinander folgenden Jahren dargestellt, die einen Blick auf die weitere Entwicklung des Sees im Bezug auf die Nährstoffe werfen soll:

SCHLESWIG-HOLSTEIN   Langsee

	Sept. 75	Sept. 77	Okt. 75	Okt. 78	Juni 75	Juni 76	Juni 80
PO_4-P (µg/l)	70	–	280	46	160	90	136
Ges.-P (µg/l)	350	130	290	120	160	180	180
NO_3-N (µg/l)	200	–	600	823	1 000	1 000	950
Ges.-N (µg/l)	400	1 170	1 400	4 110	1 700	3 400	3 650

Während der sommerlichen Stagnation treten zwar die für eutrophe bzw. polytrophe Seen typischen O_2-Übersättigungen in der Zone mit hohem Algenwachstum auf, es kommt allerdings aufgrund der geringen Tiefe nicht zu langfristigen Sauerstoffzehrungen unter 30 %, mit Ausnahme des Zeitraumes Juli bis August 1975 in der tiefen Rinne im östlichen Seeteil zwischen den Einleitungen der Vorfluter Süderfahrenstedt und Brekling.

Die Primärproduktion, gemessen am Chlorophyll-a Gehalt und die entsprechend niedrigen Sichttiefen unterstreichen den eutroph-polytrophen Charakter des Sees.

Die durchschnittliche Chlorophyll a-Konzentration von 37 µg/l erreicht im April bis Juni Spitzenwerte von weit über 100 µg/l Chl. a.

Auffällig ist dabei, daß östlicher und westlicher Seeteil immer zeitlich versetzt zu ihrem Produktionsmaximum gelangen, und zwar in jedem Frühjahr im westlichen Kleinen Langsee beginnend. Diese Erscheinung ist mit höherer Verfügbarkeit von Phosphat-Phosphor im westlichen Seeteil gekoppelt. Hier errechnet sich ein Jahresdurchschnitt von 240 µg/l PO_4-P, während es im östlich anschließenden Großen Langsee 100 µg/l PO_4-P sind.

Die mittlere Sichttiefe liegt bei 1,5 m und erreicht Maximalwerte von 3,5 m im Großen Langsee, während sie im Kleinen Langsee (westl. Seeteil) selbst im Winter nicht unter 2 m fällt. Dort ergibt sich ein Jahresmittel von 0,8 m.

Flora und Fauna

Phytoplankton

Das Planktonbild ist im Sommerhalbjahr von mächtigen Blaualgenblüten geprägt, die hauptsächlich durch das Massenauftreten von *Microcystis aeruginosa* bedingt sind. Aber auch die für nährstoffreiche Gewässer charakteristische Alge *Aphanizomenon flos-aquae* erreicht hohe Zellzahlen. Von den Grünalgen sind aufgrund ihrer Individuendichte nur wenige Arten bedeutungsvoll *(Scenedesmus quadricauda, Pediastrum boryanum)*. *Pandorina morum* erreicht eine kurze Blüte im Juni. Im Winter und im Frühjahr dominieren die Kieselalgen mit den Arten *Melosira granulata* bzw. *Asterionella formosa* und *Nitzschia acicularis*.

Zooplankton

Bei der semiquantitativen Bestandsaufnahme wurden nur wenige Arten gefunden. Dabei handelt es sich im wesentlichen um eine Crustaceenpopulation der Rüsselkrebse *Bosminia longirostris* und der Flohkrebse *Daphnia pulex* und *D. cucullata*.

Bei den Rädertieren erreichen die Arten *Brachionus calyciflorus*, *Keratella cochlearis* und *Polyarthra vulgaris* größere Zellzahlen.

Benthische Flora und Fauna

Die Unterwasservegetation ist trotz der geringen Tiefe nur spärlich entwickelt. Flächendeckende Bestände können sich wegen der geringen Eindringtiefe des Lichtes nicht bilden, so daß nur Einzelexemplare vom Zarten Hornblatt *(Ceratophyllum submersum)*, vom Ährigen Tausendblatt *(Myriophyllum spicatum)* und Zungen-Hahnenfuß *(Ranunculus lingua)* gefunden wurden.

Der Röhrichtgürtel beherbergt zahlreiche Organismen, vor allem Schnecken *(Radix peregra, Bulimus tentaculatus)*, Muscheln *(Dreissena polymorpha, Anodonta cygnea, Pisidium spec.)* und Egel *(Erpobdella octoculata, Piscicola geometra)* in großer Individuenzahl.

Unter den Benthonbewohnern finden sich weiterhin eine große Zahl von Asseln *(Asellus aquaticus)*, Gammariden, drei verschiedene Eintagsfliegenarten *(Baetis spec., Caenis spec., Cloen dipterum)*, zwei Libellenarten *(Aeschna spec., Coenagrion spec.)* und häufig auch die Ruderwanze *(Corixa punctata* und Schlammfliegenlarven *(Sialis spec.)*.

Fische

Der Bestand des Langsees setzt sich fast ausschließlich aus Weißfischen (Cypriniden) zusammen, die relativ unempfindlich gegenüber anthropogen belasteten Gewässern sind. Von diesen sind vor allem die Plötze *(Rutilus rutilus)*, Güster *(Blicca bjoerkna)* und Brachsen *(Abramis brama)* vertreten. Durch Besatzmaßnahmen wird versucht, eine Population der Raubfische Zander *(Stizostedion lucioperca)* und Hecht *(Esox lucius)* zu stabilisieren.

Nutzung, Bedeutung, Maßnahmen

Die neun in den See mündenden Vorfluter sind mit Ausnahme des Grüder Bachs, der mengenmäßig der bedeutendste ist, deutlich bis außerordentlich stark belastet. Allein sechs von diesen münden in den westlichen Seeteil („Kleiner Langsee") und verursachen dort deutlich polytrophe Zustände. Die Sanierung der Abwasserverhältnisse im Einzugsgebiet des Langsees ist deshalb erforderlich.

Literatur:

LANDESAMT FÜR WASSERHAUSHALT UND KÜSTEN SCHLESWIG-HOLSTEIN.
Seenbericht Langsee (1981)

Neversdorfer See

Lage: R 35 82, H 59 72
Topographische Karte: L 2126 Bad Segeberg
Entstehung/Seetyp: Der Neversdorfer See ist in der Weichseleiszeit entstanden und stellt eine mit Wasser gefüllte glaziale Schmelzwasserrinne dar.
Mischungsverhalten: Da der See sehr flach ist, tritt eine thermische Schichtung nur bedingt im Sommer auf.
Höhenlage: 22,2 m ü NN
Die Schwankung des Seespiegels, die durch eine Stauvorrichtung geregelt wird, beträgt 0,7 m. Im Oktober bis November wird um 0,5 m gesenkt und nach dem Frost wieder aufgestaut.
Oberfläche: 0,8 km^2
Volumen: 2,6 · 10^6 m^3
Tiefe max.: 9,2 m, mittl.: 3,2 m
Erneuerungszeit: ½ Jahr, wenn nur das Verhältnis von Seevolumen zu jährlich durchfließender Wassermenge berücksichtigt wird
2 ¼ Jahr, wenn man gleichzeitig berücksichtigt, daß größter Zufluß und Abfluß des Sees dicht nebeneinander liegen
10 Jahre (Ohle 1974)
Einzugsgebiet: 26,3 km^2
Umgebungsfaktor: 31,5
Ufer: Länge 7,7 km, Entwicklung: 2,5

Einzugsgebiet

Der Neversdorfer See liegt am Rande des östlichen Hügellandes in einem Gebiet mit kleinkuppigen Geländeformen und Höhen, die nicht über 50 m über NN hinausgehen.

Die beiden Hauptzuflüsse sind die Groß-Niendorfer Au mit dem größten Entwässerungsgebiet und die Neversdorfer Au. Ablauf ist die Leezener Au, die in den Mözener See mündet. Der Neversdorfer See gehört zum Flußsystem der Trave.

Die Böden bestehen aus Sand, der im Nordostteil des Einzugsgebietes mit Lehm vermischt ist. Die Flächen des Einzugsgebietes werden überwiegend landwirtschaftlich genutzt, davon mehr als die Hälfte für Getreide, 23% für Grünland, 12% für Hackfrüchte und 4% sind bewaldet. Bebaut sind etwa 5% der Gesamtfläche, wobei es sich um die Ortschaften Groß-Niendorf, Neversdorf, teilweise Bebensee und das besiedelte Südufer des Sees handelt.

Der Neversdorfer See wird von einem schmalen, maximal 2 m breiten Schilfgürtel gesäumt. Einige Uferbereiche sind gänzlich unbewachsen. Besonders am Südufer wird der schmale Bewuchsstreifen zusätzlich durch private Bootsstege unterbrochen.

In losen Beständen wechseln Schilf (Phragmites australis), Teich-Binse (Schoenoplectus lacustris), Schmal-

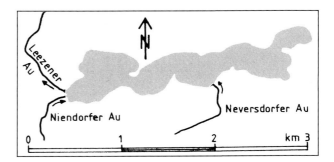

blättriger Rohrkolben (Typha angustifolia), Großer Schwaden (Glyceria maxima) und Rohrglanzgras (Typhoides arundinacea). Ferner findet sich regelmäßig die Wasserschwertlilie (Iris pseudacorus) und in kleineren Buchten als Reinbestand der Ästige Igelkolben (Sparganium erectum), Wasserknöterich (Polygonum amphibium) und Gelbe Teichrose (Nuphar lutea) oder Weiße Seerose (Nymphaea alba).

Vor dem Auslauf des Sees, der Leezener Au, hat sich eine Verlandungszone gebildet, die gänzlich mit der Gelben Teichrose besiedelt ist. Arten, die noch 1971–74 von Ohle nachgewiesen wurden, konnten 1979 nicht mehr gefunden werden, so: Kalmus (Acorus calamus), Wasserschierling (Cicuta virosa), Froschbiß (Hydrocharis morsusranae), Schwimmendes Laichkraut (Potamogeton natans) und Wasserhahnenfuß (Ranunculus aquatilis).

Wasserchemismus und Trophiegrad

Da der Neversdorfer See sehr flach ist, treten charakteristische Schichtungen während der Sommerstagnation nur ansatzweise zwischen 3–5 m auf, eine ausgesprochene Sprungschicht fehlt. Im August '78 und im Juni '79 hat das Wasser in der geamten Säule bis über Grund 17 °C.

In den anderen Monaten nimmt die Temperatur kontinuierlich zur Tiefe hin ab.

Mit dem Mittelwert der elektrischen Leitfähigkeit im Untersuchungszeitraum Mai '78 bis Juli '79 von 372 µS/cm an der Oberfläche und von 400 µS/cm in der Tiefe gehört der Neversdorfer See zu den kalkreichen Seen Schleswig-Holsteins.

Im Jahresverlauf treten große Schwankungen dieser Werte auf, die durch den Verbrauch von Nährsalzen bei der intensiven Planktonproduktion und durch biogene Entkalkung bedingt sind. Im Frühjahr fällt die Leitfähigkeit von 440 µS/cm auf 285 µS/cm, und im Winter wieder einen Maximalwert von 455 µS/cm zu erreichen.

Wie die Leitfähigkeit so zeigen auch die pH-Werte in der Oberflächenschicht eine ausgeprägte Primärproduktion an. Durch den Verbrauch von CO_2 bei der Assimilation steigt der pH-Wert im Juni 1978 auf 9,7 an und geht ab Oktober wieder rasch zurück, um sich im November bei pH = 7,5 einzupendeln.

Die Sauerstoffverhältnisse im Neversdorfer See zeigen im Untersuchungszeitraum die typischen Verhältnisse eines polytrophen Sees. Im Juni 1978 kommt es zu Übersättigungen bis zu 325%, die durch die hohen Temperaturen, die im Sommer auf 22 °C steigen können, und die damit verbundene hohe Stoffwechselaktivität mit bedingt sind.

Trotz der geringen Tiefe liegt die Sauerstoffsättigung über dem Grund überwiegend unter 20%. Im Winter dagegen bewegen sich die Sauerstoffgehalte in der gesamten Wassersäule im Bereich der Sättigung.

Die Abnahme der Mengen an pflanzenverfügbaren Nährstoffen spiegeln den Verlauf der Primärproduktion wider. Im Mai 1978 enthält der Neversdorfer See noch 4 000 µg/l NO_3-N in der Oberflächenschicht, welches allerdings im August völlig aufgebraucht ist. Die Planktonproduktion bricht zusammen und der Nitratgehalt steigt wieder an, um ab Dezember ein Plateau bei 4 200 µg/l zu erreichen.

Die Ganglinien an der Oberfläche und in der Tiefe überdecken sich weitgehend, da der See nicht geschichtet ist. Für Ammonium errechnet sich ein mittlerer Gehalt von 0,6 mg/l.

Beim PO_4-P ergibt sich in der Tendenz das gleiche Bild wie beim Nitrat, mit dem Unterschied, daß die Reserven hier nur bis auf 20 µg/l aufgebraucht werden. Die Maximalkonzentration liegt bei 680 µg/l im Dezember, und im Mittel ergibt sich ein Wert von 210 µg/l PO_4-P. Die Tiefenwerte in 8 m zeigen Peaks von 870 im August bzw. 690 µg/l PO_4-P im November zu den Zeiten der stärksten O_2-Zehrung, die durch die Freisetzung von Phosphat aus dem Sediment hervorgerufen sein können.

Aufgrund seiner Sauerstoffbilanz und den gemessenen Nährstoffkonzentrationen zählt der Neversdorfer See zum polytrophen Seetypus. Auch die Sichttiefen, die von Mai bis August nicht über 0,5 m liegen, bestärken diese Beurteilung. Ein Maximum wird im Dezember mit 1,5 m erreicht. Die Planktonproduktion zeigt einen deutlichen Höhepunkt im August 1978 mit einem Gehalt von 223 µg/l Chl. a.

Besonders dichte Chlorophyll 'a Konzentrationen finden sich vor der Mündung der Neversdorfer Au. Die Minima liegen um 12 µg/l Chl 'a im Dezember. Es ergibt sich ein Mittelwert von 76 µg/l, der die höchste Konzentration darstellt, die im Rahmen des Seenprogramms des Landesamtes für Wasserhaushalt und Küsten Schleswig-Holstein gemessen wurde, womit der Neversdorfer See in Bezug auf diesen Parameter als polytroph, zeitweilig sogar als hypertroph anzusprechen ist.

Flora und Fauna

Phytoplankton

Der Neversdorfer See stellt sich im Frühjahr und Sommer schon rein äußerlich als hochproduktiver See dar. Ausgeprägte Blaualgenblüten, verursacht durch *Microcystis aeruginosa* färben das Wasser grün oder blaugrün.

Sie erreichen ihr Maximum jeweils im Juli bzw. August. Durch die Fähigkeit, sich auftreiben zu lassen und sich an der Oberfläche zu sammeln, führt diese Alge zur Wachstumshemmung anderer Plankter. Nur einige Grünalgen, darunter *Pediastrum boryanum*, *P. duplex* und *Scenedesmus quadricauda*, erreichen noch mäßige Individuendichte.

Zooplankton

Da die Blaualgen Kolonien bilden und dadurch wegen ihrer Größe als Nahrung für Zooplankter ungeeignet sind, verarmt diese Faunengruppe in der Arten- und Individuenzahl. In der Zusammensetzung des Zooplanktons sind verschiedene Rotatorien dominant.

Benthische Flora und Fauna

Ebenfalls infolge der Blaualgenblüte und der damit verbundenen geringen Sichttiefe sind die Unterwasserpflanzen auf zwei Arten mit wenigen Exemplaren reduziert. Es handelt sich um die Wasserpest *(Elodea canadensis)* und das Kammförmige Laichkraut *(Potamogeton pectinatus)*. Seit der Unterwasserkartierung durch Ohle 1974 sind demnach 4 weitere Arten verschwunden, nämlich das Ährige Tausendblatt *(Myriophyllum spicatum)*, das Krause Laichkraut *(Potamogeton crispus)*, das Spiegelnde Laichkraut *(P. lucens)* und das Durchwachsene Laichkraut *(P. perfoliatus)*. Die Unterwasservegetation wird zum einen durch die geringe Sichttiefe gehemmt und zum anderen dadurch, daß große Teile des Grundes mit Faulschlamm bedeckt sind und eine Besiedlung unmöglich machen. Vertreter der benthischen Fauna können nur im Schilfgürtel und in einer schmalen Zone mit kiesig-sandigem Untergrund nachgewiesen werden. Sowohl an Arten als auch an Individuen sind die Egel am reichsten, und zwar vor allem der Kleine Scheckenegel *(Glossiphonia heteroclita)* und der Rollegel *(Erpobdella octoculata)*. Bei den Schnecken entwickeln sich am zahlreichsten die Schlammschnecke *(Radix peregra)* und die Blasenschnecke *(Physa fontinalis)*. Im Sediment selbst entwickeln sich die Asseln *(Asellus aquaticus)*, Schlammröhrenwürmer *(Tubifex spec.)* und Zuckmückenlarven *(Chironomidae spec.)* am stärksten.

Fische

Da der See jahrelang nicht regelmäßig befischt wurde, und aufgrund seiner hohen Produktivität ist er zur Zeit mit Weißfischen *(Cypriniden)*, die im Gegensatz zu anderen Arten relativ unempfindlich sind, übersetzt. Besonders Plötze *(Rutilus rutilus)*, Rotfeder *(Scardinius erythrophthalmus)*, Güster *(Blicca bjoerkna)* und Brachsen *(Abramis brama)* machen den Hauptbestand des Neversdorfer Sees aus. Als Raubfisch kommt der Zander *(Stizostedion lucioperca)* vor, der anders als der Hecht *(Esox lucius)* das Röhricht nicht als Lebensraum benötigt. Für letztere Art als auch für Aal *(A. anguilla)* und Schleie *(T. tina)* werden Besatzmaßnahmen durchgeführt.

Weiterhin werden Barsch *(Perca fluviatilis)* und Kaulbarsch *(Gymnocephalus cernua)* gefangen, während Gründling *(G. gobio)* und Karausche *(C. carassius)* selten geworden sind und Ukelei *(A. alburnus)* und Steinbeißer

(Cobitis taenia) 1930 zuletzt nachgewiesen wurden. Anzufügen ist, daß der gesamte Fischbestand durch die chemisch-physikalischen Bedingungen im See stark gefährdet ist. Durch die hohen Sauerstoffübersättigungen an der Oberfläche ist die Möglichkeit gegeben, daß die sogenannte „Gasblasenkrankheit" ausgelöst wird.

Außerdem steigt der pH-Wert dort zeitweilig in den stark alkalischen Bereich. Dies ist von zweifacher Bedeutung:

1. im stark alkalischen Bereich treten Verätzungen von Schuppen, Augen und Flossen auf
2. bei hohem pH kommt es zur Bildung von Ammoniak aus Ammonium. NH_3 ist ein starkes Oxidationsgift, so daß Verhältnisse mit 1,5 mg/l NH_4-N bei einem pH-Wert von 8,8 wie sie im Oktober 1978 gemessen wurden, eine kritische Situation für verschiedene Fischarten im Untersuchungszeitraum darstellten.

Nutzung, Bedeutung, Maßnahmen

Der polytrophe Zustand des Neversdorfer Sees ist auf den Eintrag von Nährsalzen und organischen Stoffen aus den zeitweilig stark belasteten Vorflutern zurückzuführen. So sind die Niendorfer Au, die über 80 % der Gesamtlast der Nährsalze einträgt und die Neversdorfer Au im Untersuchungszeitraum 1978 bis 1979 deutlich bzw. stark belastet.

Der besorgniserregende Zustand des Sees machte konsequente Maßnahmen zur Fernhaltung anthropogen bedingter Nährstoffe aus den Seezuläufen erforderlich. Deshalb wurde 1979 eine Ringkanalisation im Bereich des Neversdorfer Sees fertiggestellt. Das zentrale Klärwerk in Neversdorf reinigt vollbiologisch Abwässer der Gemeinden Bebensee, Groß-Niendorf, Leezen und Neversdorf, die dann in die Trave eingeleitet werden und somit den Neversdorfer See nicht mehr belasten. Mit dem Ausbau der Ortsentwässerung hat sich der Nährstoffeintrag über die einmündenden Gewässer beträchtlich verringert. So ist vom chemischen Güteindex her die Niendorfer Au 1982 nur noch als kaum und die Neversdorfer Au als mäßig belastet einzustufen. Der verbleibende Restbetrag des Nährstoffeintrags rührt wahrscheinlich von Verschmutzung durch landwirtschaftliche Betriebe und Abschwemmungen aus landwirtschaftlich genutzten Flächen. Die Leezener Au als Seeablauf ist mäßig, und damit stärker als der größte Zulauf, belastet.

Um den Neversdorfer See über die bereits durchgeführten abwassertechnischen Maßnahmen hinaus weiter zu entlasten, werden als Modellvorhaben unmittelbar vor Einmündung der Neversdorfer Au in den See drei hintereinander geschaltete Vorseen eingerichtet. Die beiden letzten Vorseen sind mit Makrophyten bepflanzt, die eine beträchtliche Phosphat-Eliminierung bewirken sollen. Zusätzlich ist später noch der Bau einer Fällungsstufe vorgesehen.

Insgesamt sollen hiermit Verfahren zur weiteren Reduzierung von Restbelastungen in kleineren Fließgewässern erprobt werden.

Von den jetzt durchgeführten Sanierungsmaßnahmen wird eine allmähliche Verbesserung im Zustand des Neversdorfer Sees erwartet. Allerdings wird sich die „interne Düngung" durch Rücklösung von Nährstoffen aus dem Sediment noch über längere Zeiträume bemerkbar machen.

Literatur:

MUUSS, U., PETERSEEN, M., KÖNIG, D. (1973): Die Binnengewässer Schleswig-Holsteins; Karl Wachholtz-Verlag; Neumünster.

OHLE, W. (1959): Die Seen Schleswig-Holsteins ein Überblick nach regionalen, zivilisatorischen und produktionsbiologischen Gesichtspunkten; Jahrbuch vom Wasser; Bd. 26, 16–41

SACH, H. (1979): Der Neversdorfer See, seine biologische Gefährdung und die Bemühungen der Bürgerinitiative „Rettet den Neversdorfer See"; Sonderdruck aus „Heimatkundl. Jahrbuch f. d. Kreis Segeberg".

WEGEMANN (1915): Die Seen Mittelholsteins; Sonderdruck aus den Abhandlungen der Königlich Preußischen Landesanstalt, H. 64; Berlin

Nortorfer Seenkette

Lage: R 35 59, H 60 09
Topographische Karte: L 1724 Rendsburg-Ost, L 1924 Neumünster
Entstehung/Seetyp: Ältere Auffassungen deuten dieses Rinnensystem als subglaziales Entwässerungssystem des Nortorf-Warder-Gletschers; nach neueren Überlegungen handelt es sich jedoch um z. T. subaerisch in Sanderflächen über Toteis angelegte Kastentäler, deren Böden aufgrund unterschiedlicher Nachsackungsbeträge des unterlagernden Toteises ihr durchgehendes Gefälle verloren haben.

Höhenlage:
    Brahmsee, Wardersee 19,0 m ü NN
    Pohlsee, Manhagener See 20,4 m ü NN
    Borgdorfer See 20,8 m ü NN
Oberfläche:
    Brahmsee 1,02 km^2
    Wardersee 0,50 km^2
    Pohlsee 0,46 km^2
    Manhagener See 0,16 km^2
    Kleiner Pohlsee 0,06 km^2
    Borgdorfer See 0,48 km^2
Volumen:
    Brahmsee 5,92 · 10^6 m^3
    Wardersee 2,17 · 10^6 m^3
    Pohlsee 3,74 · 10^6 m^3
    Manhagener See 0,59 · 10^6 m^3
    Borgdorfer See 1,39 · 10^6 m^3
Tiefe:
    Brahmsee max. 10,4 m; mittl. 5,8 m
    Wardersee max. 9,2 m; mittl. 4,3 m
    Pohlsee max. 20,5 m; mittl. 8,2 m
    Manhagener See max. 7,5 m; mittl. 3,8 m
    Kleiner Pohlsee max. ca. 3,0 m
    Borgdorfer See max. 8,0 m; mittl. 2,9 m
Einzugsgebiet: 66,6 km^2
Umgebungsfaktor:
    Wardersee 116,4
    Brahmsee 53,1
    Pohlsee/Manhagener See 19,7
    Borgdorfer See 15,0
Uferlänge:
    Brahmsee 6,0 km
    Wardersee 4,8 km
    Kleiner Pohlsee 1,1 km
    Pohlsee 3,4 km
    Manhagener See 1,8 km
    Borgdorfer See 3,0 km
Entwicklung:
    Brahmsee 1,7
    Wardersee 1,9
    Kleiner Pohlsee 1,3
    Pohlsee 1,4
    Manhagener See 1,3
    Borgdorfer See 1,2

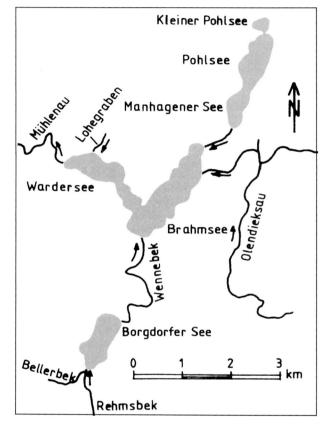

Einzugsgebiet

Die hydrologisch eng miteinander verbundene Nortorfer Seenkette, dazu gehören Brahmsee, Wardersee, Kleiner Pohlsee, Pohlsee und Manhagener See, liegt im Kreis Rendsburg-Eckernförde.

Das Einzugsgebiet der Seen setzt sich aus den Teileinzugsgebieten der Wennebek, der Seebek und der Olendieksau zusammen.

39% der Landfläche des Einzugsgebietes des Brahmsees, Wardersees, und des Borgdorfer Sees werden als Ackerland und Grünland genutzt. Der Waldanteil beträgt 18%, bebaut sind etwa 4%.

Vom Einzugsgebiet des Pohlsees (Manhagener See, Kleiner Pohlsee) werden 45% ackerbaulich genutzt. An zweiter Stelle liegt die Grünlandnutzung mit reichlich 30%. Fast ein Viertel der Landfläche wird von einem nördlich auf einem Höhenrücken liegenden Mischwald, in dem sehr viele Quellen entspringen, eingenommen. Die bebaute Fläche ist kleiner als 1%.

In die Nortorfer Seenkette münden relativ wenige Vorfluter. Der Brahmsee stellt ein großes Sammelbecken dar. Von Norden her wird er gespeist durch die Manhagener Au aus dem Manhagener See (Pohlsee) sowie durch den

Lustsee, der in die Olendieksau entwässert. Am Südufer mündet die Wennebek ein, die aus dem Borgdorfer See abfließt. Der Borgdorfer See wird im Süden von den Gewässern Bellerbek bzw. Rehmsbek gespeist. Dem Pohlsee fließt aus dem nördlich gelegenen Kleinen Pohlsee, der selbst durch den Brüchgraben bewässert wird, Wasser durch einen Verbindungsgraben zu. Ein weiterer Zufluß des Pohlsees ist, von Osten her, der Scheedgraben.

Am Südufer des Manhagener Sees befindet sich eine restaurierte Wassermühle, deren Stauanlage in Verbindung mit dem Gefälle des 800 m langen Verbindungsgrabens dafür sorgt, daß die Pegelhöhen des Brahm- und Wardersees geringer sind.

Der Manhagener See ist vom Pohlsee durch eine Unterwasserschwelle mit lückenlosem Phragmites-Gürtel getrennt, so daß der See fast ausschließlich durch Oberflächenwasser des Pohlsees gespeist wird. Die Verlandungstendenz ist hier so deutlich, daß das Wasser in absehbarer Zeit nicht mehr auf der gesamten Breite zufließen wird.

Die Ufer des Brahmsees sind zum überwiegenden Teil mit Schilf bewachsen. Innerhalb dieses Schilfgürtels herrschen *(Phragmites australis)*, Teich-Binse *(Schoenoplectus lacustris)* und verschiedene Seggen-Arten *(Carex-Arten)* vor. Insbesondere am Nordwestufer wird der Schilfgürtel immer wieder von Bootsstegen zerteilt. Das Ufer ist dicht mit Wochenendhäusern bebaut, deren Grundstücke bis an den See reichen. Eine derart dichte Uferbebauung ist für schleswig-holsteinische Verhältnisse einmalig. Im äußeren Nordosten und Südwesten haben sich Verlandungszonen mit zahlreichen Exemplaren der Weißen Seerose *(Nymphaea alba)* ausgebildet.

Die Ufer des Wardersees werden zum großen Teil von einem Schilfgürtel gesäumt. Im Norden grenzt die Ortschaft Warder mit zahlreichen Privatgrundstücken direkt an den See. In diesem Bereich wird der von Schilfrohr *(Phragmites australis)*, Teich-Binse *(Schoenoplectus lacustris)* und Faltenschwaden *(Glyceria plicata)*, gebildete Schilfgürtel häufig von Bootsliegeplätzen und Stegen zerschnitten. Das Westufer ist bis auf einen schmalen Streifen des Gemeinen Sumpfried *(Eleocharis palustris)*, unbewachsen.

Die Ufer des Kleinen Pohlsees sind nur spärlich bewachsen. Im Westen zeigt er starke Verlandungserscheinungen. Hier bedecken die Blätter der Weißen Seerose *(Nymphaea alba)* große Teile der Wasserfläche. Weite Uferbereiche, vor allem an Nord- und Ostufer, sind nicht zu den anschließenden Weideflächen hin eingezäunt und gewähren den dort weidenden Tieren freien Zugang zum See. Zusätzlich zu der Wasserverschmutzung verursacht das Vieh starke Vertrittschäden, so daß Röhricht- und Erlenzone zerstört sind.

Das Westufer des Pohlsees wird von einem bis zu 50 m breiten Schilfgürtel geprägt, dessen Hauptvertreter Schilfrohr *(Phragmites australis)* ist. Im nordwestlichen Uferbereich hat sich Breitblättriger Rohrkolben *(Typha latifolia)* und eine große Population von Spreizendem Hahnenfuß *(Ranunculus circinatus)* angesiedelt. Eine sehr breite Verlandungszone trennt am südlichen Ende den Pohlsee vom Manhagener See. Der Manhagener See ist abgesehen vom Südufer, an dem sich zwei Gebäude befinden, völlig unberührt. Er wird am Westufer von einem breiten Schilfgürtel aus Gemeinem Schilfrohr *(Phragmites australis)* und Schmalblättrigem Rohrkolben *(Typha angustifolia)* gesäumt. Vor dem breiten Röhricht hat sich eine breite Zone Weißer Seerose *(Nymphaea alba)* ausgebildet. Das steile Ostufer weist nur einen schmalen Streifen Schilfrohr *(Phragmites australis)* auf.

Wasserchemismus und Trophiegrad

Der Brahmsee und der Wardersee weisen jeweils im Sommer die für nährstoffreiche Gewässer typischen hohen Sauerstoffübersättigungen (bis 156 %) im Oberflächenwasser auf. Bei dieser hohen Produktion lagen die pH-Werte um 8,5. Im Tiefenwasser (6 m bzw. 9 m) traten zu dieser Zeit Sauerstoffsättigungen von nur 4–12 % auf. Im Oktober und November 1977 war das Wasser des nördlichen Pohlsees in 20 m Tiefe sauerstofffrei, im Sommer 1982 wies der südliche Seeteil (11 m Tiefe) nur 3–5 % Sättigung auf.

Im Manhagener See trat ein erhebliches Sauerstoffdefizit (7 % Sättigung) im August 1982 auf. Die Wassertiefe betrug nur 5 m. Im Vergleichsmonat 1977 war kein Sauerstoff mehr nachweisbar.

Im Kleinen Pohlsee traten im Gegensatz zu den bisher genannten Seen während der warmen Jahreszeit 1977 wesentlich höhere Übersättigungen (bis 264 %) auf. Aufgrund der geringen Wassertiefe von max. 3 m zeigte das Tiefenwasser jedoch weitgehend eine gute Sauerstoffversorgung.

Eine vergleichende Übersicht der hier behandelten Seen bezüglich ihrer Nährstoffkonzentrationen und des Gehalts an organischen Inhaltsstoffen gibt nachfolgende Tabelle. Dabei ist zu berücksichtigen, daß der 76/77er Wert das arithmetische Mittel aus 12 Messungen darstellt und dem 82er Wert 6 Messungen zugrunde liegen.

Von April bis Juni 1977 unterschritten die Gesamt-Phosphor-Konzentrationen im Brahm- und Wardersee zeitweilig 1 µg/l P. Stickstoff war immer vorhanden und zwar mit Maximalwerten im April von 3 800 µg/l N. Insgesamt wurden die 1977 ermittelten Phosphor- und Stickstoffkonzentrationen 1982 in beiden Seen nur vereinzelt überschritten, weitgehend lagen die Werte wesentlich niedriger.

Der 1982 für den Kleinen Pohlsee festgestellte mittlere Stickstoffgehalt war nur etwa halb so hoch, wie der Wert von 1977. Der Gehalt an Ammonium-Stickstoff blieb jedoch unverändert. Auffallend ist das NO_3-N : NH_4-N Verhältnis kleiner 1 in den oberflächennahen Proben, das unter anderem auf indirekte Einleitungen häuslicher Abwässer zurückzuführen sein dürfte. Im April 1977 waren keine Stickstoffverbindungen im Oberflächenbereich mehr nachweisbar, im darauffolgenden Monat wurde hier eine maximale Konzentration von 9,1 mg/l erreicht. Maxima der Phosphorkonzentration wurden im Kleinen Pohlsee im November 1976 und Juni 1977 beobachtet und lagen bei 550 µg/l P.

Der Borgdorfer See weist den höchsten Phosphor- und Ammonium-Gehalt der hier untersuchten Seen auf. Spitzenwerte des Gesamt-Phosphors traten im Oktober 1982 mit 700 µg/l auf und die des Gesamtstickstoffs im Dezember mit 3 300 µg/l. Im August und September sank die Nitrat-Stickstoff-Konzentration im Oberflächenwasser unter 5 µg/l. Wie beim Kleinen Pohlsee, so ist auch beim Borgdorfer See auffallend, daß der Oberflächengehalt an NH_4-N größer ist, als der NO_3-N Gehalt. Dies dürfte auf lokale Einflüsse zurückzuführen sein.

Insgesamt sind der Kleine Pohlsee und der Borgdorfer See als polytrophe Seen zu bezeichnen. Der Brahmsee und der Wardersee sind als eutrophe Gewässer mit polytropher Tendenz einzugliedern, während der Pohlsee und der Manhagener See als eutrophe Seen anzusehen sind.

Die höchsten Chlorophyll-a-Werte des Brahmsees wurden im April und September mit 35 µg/l und 40 µg/l gemessen. Der des Wardersees lag mit einem Produktionsmaxima von 85 µg/l im August mehr als doppelt so hoch. Die mittleren Jahreskonzentrationen betrugen im Brahmsee 25 bzw. 15 µg/l und im Wardersee 40 bzw. 21 µg/l. Dazu gehören mittl. Sichttiefen zwischen 1,3 und 2,2 m.

Die Situation im Pohlsee und Manhagener See ist annähernd gleich. Im Juli 1977 erreichte die Produktion im Pohlsee einen Chlorophyll-a-Gehalt von 74 µg/l. Demgegenüber betrug der höchste Wert der Meßserie 1982 nur 25 %. Von den untersuchten Seen waren die Sichttiefen hiermit durchschnittlich 3,3 m bzw. 2,8 m 1982 am größten.

Die Chlorophyll- und Eiweißkonzentrationen des Kleinen Pohlsees sind von allen Nortorfer Seen bei weitem die höchsten und zwar lag der Chlorophyll-Gehalt bei einer Sichttiefe von 0,8 m im Sommer 1977 bei 229 µg/l. Einen ähnlichen Zustand weist der Borgdorfer See mit 0,5 m Sichttiefe und 152 µg/l Chlorophyll-a auf.

Tab.: Mittlere Konzentrationen physikalischer und chemischer Parameter der Nortorfer Seen in 1 m Tiefe

Parameter	Einheit	Brahmsee 1976/77	1982	Wardersee 1976/77	1982	Kl. Pohlsee 1976/77	1982	Pohlsee 1976/77	1982	Manhagener See 1976/77	1982	Borgdorfer See 1982
Elektr. Leitfähigkeit	µS/cm	387	441	359	424	434	455	395	455	404	431	406
Gesamtstickstoff	µg/l	3 200	1 900	2 300	1 900	4 100	2 400	2 000	2 300	2 200	1 600	2 300
(Nitrat + Nitrit)-Stickstoff	µg/l	–	1 000	–	900	–	600	–	1 600	–	800	300
Ammonium-Stickstoff	µg/l	300	400	300	400	700	700	400	300	300	300	1 000
Gesamtphosphor	µg/l	190	150	230	160	250	220	140	80	180	80	470
Phosphat-Phosphor	µg/l	–	70	–	90	–	90	–	20	–	10	280
Organischer Kohlenstoff	mg/l	–	9,1	–	9,3	–	13,2	–	5,8	–	6,1	10,1
Kaliumperm.-Verbrauch	mg/l	39	–	37	–	73	–	32	–	34	–	–

Flora und Fauna

Sowohl 1977 als auch 1982 traten im Brahmsee und Wardersee Massenentwicklungen der Blaualge *Microcystis* auf, einer Art, die für Seen mit reichlicher Nährstoffversorgung typisch ist. Aufgrund ihres geringen spezifischen Gewichtes und ihrer voluminösen Kolonien bilden diese Algen häufig nahezu lichtundurchlässige Teppiche auf der Wasseroberfläche. Recht artenreich sind die Kieselalgen vertreten. Unter ihnen erreichen *Asterionella formosa, Fragilaria crotonensis* und Algen der Gattung *Melosira* die größten Zellzahlen.

Im Kleinen Pohlsee ließen sich in beiden Untersuchungsjahren Massenentwicklungen der Blaualge *Oscillatoria agardhii* beobachten, die das Wasser undurchsichtig grün färbte. Auffällig war 1982 das vermehrte Auftreten von *Microcystis* im Kleinen Pohlsee, Pohlsee und Manhagener See. *Oscillatoria redeckei,* die 1977 noch stark vertreten war, fand sich nur noch vereinzelt. Sehr artenreich kamen im Pohlsee und Manhagener See die Kieselalgen vor. Ihre Zahl ging jedoch von 19 Arten (1977) auf die Hälfte zurück (1982). Im Borgdorfer See wurden ebenso wie im Brahm- und Wardersee verhältnismäßig starke Wasserblüten von *Microcystis* beobachtet. An Grünalgen kommen in allen 6 Seen u. a. Algen der Gattung *Pediastrum, Scenedesmus* und *Staurastrum* vor. Innerhalb des Zooplanktons treten überwiegend Rädertiere der Gattung *Keratella* und Kleinkrebse der Gattungen *Bosmina* und *Daphnia* auf. Das Vorkommen von *Daphnia cuculata* (hier in allen Seen) ist typisch für nährstoffreiche Seen mit häufigen Algenblüten.

Der Brahmsee weist eine für eutrophe Gewässer typische Unterwasservegetation auf. Etliche Arten, die 1977

z. T. sogar bestandsbildend waren, wie z. B. *Potamogeton perfoliatus* an der nördlichen Spitze waren 1982 nicht mehr nachzuweisen. Durchgehend waren nur *Elodea canadensis* und *Ranunculus circinatus* anzutreffen. Die beiden Arten sind als euryök zu bezeichnen, d. h., es handelt sich um Organismen, die aufgrund ihrer Reaktionsbreite größere Schwankungen der Umweltfaktoren gut ertragen. Auffallend war die Ausdünnung von Ranunculus im Einmündungsbereich der Olendieksau. Der Wardersee hat mit zwei Inseln in der Mitte ein insgesamt unregelmäßigeres Tiefenprofil als der Brahmsee. Das Südwestufer weist, abgesehen von einer Ausnahme, keine Unterwasservegetation auf. Dies ist in erster Linie auf die dort überwiegenden steilen Abbruchkanten, aus *Phragmites*-Torf zurückzuführen, die ein ungeeignetes Substrat darstellen. Ähnlich wie im Brahmsee waren am Nordostufer des Wardersees überwiegend Bestände von *Elodea canadensis* und *Ranunculus circinatus* vorhanden, die hier allerdings bis in größere Tiefen hinabreichten. Der Zustand ist etwas besser als der des Brahmsees, doch wurde die Cladocere *Sida crystallina*, die auf einen relativ guten Gewässerzustand hinweist und 1977 noch massenhaft vorkam, 1982 nicht mehr gefunden.

Die Untersuchungen des makroskopisch sichtbaren Tierbestandes beider Seen ergaben ein artenreiches Besiedlungsbild, so z. B. Schnecken mit 13 bzw. 22 Arten. Eine starke Entwicklung zeigten auch die Muscheln mit Arten wie Wandermuschel *(Dreissena polymorpha)* und Teichmuscheln *(Anodonta antina* bzw. *A. cygnea)*.

Im Kleinen Pohlsee fand sich keine Unterwasservegetation. Die hauptsächlichsten Faunenelemente bestanden aus Wasserasseln, kleinen Mollusken (Hydrobien) und auf festem Untergrund am Übergang zum Pohlsee Hirudineen. Das Sediment beherbergte ab ca. 0,5 m Tiefe lediglich einige große Chironomiden-Larven.

Sowohl im Pohlsee als auch im Manhagener See kamen Armleuchterlagen *(Characeen)* vor. Im gesamten Westuferbereich des Pohlsees ist aufgrund steiler Schilftorfkanten die Unterwasservegetation gering.

Schnecken und Muscheln waren auch in diesen beiden Seen häufig vertreten. Das auffällig starke Vorkommen des Oligochaeten Lumbriculus variegatus im Manhagener See, der als Indikator für organisch verschmutztes Wasser gilt, ist darauf zurückzuführen, daß dem kiesigsandigem Substrat am Ostufer viel faulendes Laub aufgelagert war, in dem dieser Oligochaet ideale Lebensbedingungen vorfindet.

Im Großen und Kleinen Pohlsee sind Plötzen, Rotfedern, Gründlinge, Güstern und Brachsen vorhanden. Daneben wird Besatz durchgeführt mit Schleie, Aal, Hecht und Zander.

Sediment
Beim Brahmsee überwiegt bis zu einer Tiefe von ca. 2–3 m fester Sand. Danach nimmt der Anteil an schwarzem Schlamm zu. Unterhalb 5 m Wassertiefe bedeckt Faulschlamm den Seegrund.

Das Sediment des Wardersees ist bis zu einer Wassertiefe von 4 m sandig. In 5 m Tiefe folgt die Schalenzone und ab 6 m hat sich schwarzer, mit Detrituspartikeln durchsetzter Schlamm abgelagert, der leicht nach Schwefelwasserstoff riecht.

Auf dem Grund des Kleinen Pohlsees hat sich eine dicke Faulschlammschicht abgelagert.

Beim Pohlsee erstreckte sich bis zu einer Tiefe von 7–8 m eine kiesig-sandige Zone mit zahlreichen leeren Muschelschalen. Ab ca. 9–10 m fand sich grauschwarzer, gut abgebauter Schlamm.

Nutzung, Bedeutung und Maßnahmen
Der Brahm- und Wardersee dienen als Surf- und Segelrevier.

Am Auslauf des Wardersees befindet sich eine große Fischbrutanstalt.

Aufgrund der 1982 durchgeführten Untersuchungen sind die in die Nortorfer Seen einmündenden Vorfluter überwiegend gering belastet (Güteklasse I–II) oder mäßig belastet (Güteklasse II). Der Verbindungsgraben zwischen dem Kleinen Pohlsee und dem Pohlsee sowie der Lohegraben in Warder sind aber noch stark verschmutzt (Güteklasse III). Die Verschmutzung des überwiegend verrohrten Vorfluters Warder wirkt sich im Wardersee (Nordufer) bis hin zur Badestelle aus. Abwassertechnische Maßnahmen im Einzugsgebiet des Lohegrabens sind deshalb dringend erforderlich. Mit entsprechenden Planungen wurde inzwischen begonnen.

Die Wennebek wird im Bereich des Borgdorfer Sees erheblich durch Abwässer des Campingplatzes belastet. Diese Einleitung soll an die Ortsentwässerung der Gemeinde Borgdorf-Seedorf, mit deren Bau 1985 begonnen wird, angeschlossen werden.

Die Kläranlagen der Gemeinde Langwedel wurden mit Phosphatfällungen ausgerüstet.

Literatur:

KOCH, E.R., VAHRENHOLT, F. (1983): Die Lage der Nation; GEO im Verlag, Gruner und Jahr AG & Co., Hamburg.

LANDESAMT FÜR WASSERHAUSHALT UND KÜSTEN SCHLESWIG-HOLSTEIN (1984): Nortorfer Seenkette – Bericht über die Untersuchung des Zustandes und der Benutzung des Brahmsees, Wardersees, Kleinen Pohlsees, Pohlsees und Manhagener Sees von November 1976 bis November 1977 und von Juli 1982 bis November 1982 sowie des Borgdorfer Sees von Juli 1982 bis Dezember 1982, Kiel.

LANDESAMT FÜR WASSERHAUSHALT UND KÜSTEN SCHLESWIG-HOLSTEIN (1983): Gütelängsschnitte im Einzugsgebiet der Nortorfer Seenkette, Olendieksau, Manhagener Au, Wennebek, Scheedgraben, Brüchgraben, Rehmsbek/Bellerbek, Lohegraben, Kiel.

MÜLLER, H.E. (1981): Vergleichende Untersuchungen zur hydrochemischen Dynamik von Seen im schleswig-holsteinischen Jungmoränengebiet; Kieler Geographische Schriften, Band 53.

UNGEMACH, H. (1960): Sedimentchemismus und seine Beziehungen zum Stoffhaushalt in 40 europäischen Seen; Dissertation, Christian-Albrechts-Universität, Kiel.

Großer Plöner See

Lage: R 35 92, H 60 01
Topographische Karte: L 1928 Plön
Entstehung/Seetyp: Zungenbeckensee
Zwei größere Eiszungen haben das Gebiet des Großen Plöner Sees im wesentlichen vorgeformt und zwar eine aus nördlicher Richtung und die Eutiner Gletscherzunge aus östlicher Richtung. Daraus lösten sich dann die Bosauer- und die Ascheberger-Gletscherzunge, die gemeinsam das Becken des Plöner Sees ausschoben, wobei Ausdehnung und Tiefe des Beckens damals wesentlich größer waren als heute.
Mischungsverhalten: monomiktisch
Höhenlage: 21,0 m ü NN
Oberfläche: 29,1 km^2
Volumen: 490 · 10^6 m^3
Tiefe max.: 60,5 m, mittl.: 16 m
Erneuerungszeit: 8–10 Jahre
Einzugsgebiet: 386 km^2
Umgebungsfaktor: 12,1
Ufer: Länge 41,5 km, Entwicklung: 2,2

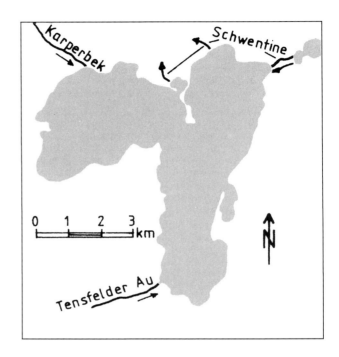

Einzugsgebiet

Die heutigen Seen Ostholsteins sind Reste eines großen Schwentinesees, der das ganze Schwentinetal bedeckte und dessen Spiegel etwa 36 bis 39 m über dem Meeresspiegel lag.

Der Große Plöner See ist der größte Binnensee Schleswig-Holsteins und gehört zur Seenplatte der Holsteinischen Schweiz. Das Niederschlagsgebiet beträgt 386 km^2, davon sind 7,7 % Seenflächen. 11,3 % der Landfläche werden als Grünland genutzt. 15,6 % sind Waldfläche und 2,7 % bebaute Fläche.

Hauptzuflüsse sind im Norden die Karperbeck, im Nordosten, aus dem Behler See kommend, die Schwentine und im Süden des Sees die ein Moorgebiet entwässernde Tensfelder Au. Die Entwässerung erfolgt durch die Schwentine und die Ostsee.

Der Wasserstand des Großen Plöner Sees ist seit 1953 um max. 51 cm über das Mittelwasser gestiegen und 30 cm unter das Mittelwasser gesunken.

Dieser Schwankungsbereich entspricht einem Volumen von 23,6 Mio. m^3 (zum Vergleich: der mittlere Abfluß der Schwentine aus dem See beträgt 0,4 Mio. m^3/Tag).

Im Jahre 1881 senkte man den Wasserspiegel des Großen Plöner Sees um 1,14 m ab um Land zu gewinnen.

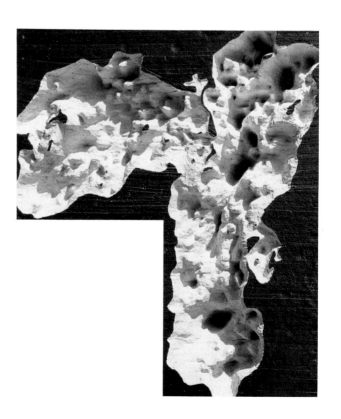

Abb.: Blockmodell des Großen Plöner Sees. – Durch die starke Überhöhung des Vertikalmaßstabes tritt die vielfältige Gliederung des Sees in mehrere Becken deutlich hervor. Foto: KRAMBECK

Das Ergebnis war allerdings eine steinige Fläche, die keine Erträge versprach.

Ufer

Arten des Großseggengürtels am Großen Plöner See sind die Schlanksegge (Carex gracilis), die Scharfe Segge (Carex acutiformis) und die Rispensegge (Carex paniculata).

Ausgedehnte junge Erlenbrücher, deren Baumschicht dahezu ausschließlich von der Schwarzerle gebildet wird, stehen am südwestlichen Ufer sowie am östlichen Ufer bei Bosau und am Seeauslauf. Kennzeichnend für diese Bruchwälder sind ausgedehnte Seggenbestände, das Auftreten der Schwarzen Johannisbeere, Weidenarten und Birken in der Strauchschicht sowie Schwertlilie, Bittersüßer Nachtschatten und Gilbweiderich in der Krautschicht.

Ein großflächiger Erlen-Eschenwald steht auf der Landzunge zwischen dem Großen Plöner See und dem Bischofssee (Ostufer).

Drei Inseln im westlichen Teil des Großen Plöner Sees sind als Naturschutzgebiet ausgewiesen. Die Hauptinsel Ascheberger Warder weist einen artenreichen, urwaldartigen Ulmen-Eschenwald auf. Die Insel Tempel ist baumfrei und beherbergt die größte Flußseeschwalbenkolonie des schleswig-holsteinischen Binnenlandes. Die Kleine Möweninsel ragt nur wenig aus dem Wasser, hat einen natürlichen Baumbestand (Ulmen, Erlen und Birken) und ist von besonderer Bedeutung als Rastgebiet für Kormorane.

Ein altes Recht der Fischer ist es, daß Schilf aus dem See zu schneiden. In den 40- bis 50er Jahren wurden 30 000–50 000 Bund Reet für die Dacheindeckung von Häusern geerntet. Durch den Rückgang des Schilfes und das Ausdünnen der Schilfbestände ist das Reetschneiden heute nicht mehr wirtschaftlich.

Wie die Untersuchungen UTERMÖHL'S am Großen Plöner See ergaben, wurde die Grünalge Cladophora glomerata in den 20er Jahren als Aufwuchs an Phragmites nur an wenigen Stellen gefunden. 1980 wurde ein drastischer Bestandsrückgang des Schilfes am Nordostufer bei Plön und eine gewaltige Vermehrung von Cladophora glomerata infolge Nährstoffanreicherung des Wassers festgestellt. Cladophora hatte lange und dichte Büschel an den Schilfhalmen gebildet und durch starken Wellenschlag an diesem Luv-Ufer kam es regelmäßig zum Halmbruch. So löste sich der ehemals gesunde Reetbestand in dieser Region in Schilfinseln auf, die dann nach und nach verschwanden.

Wasserchemismus und Trophiegrad

Von März 1974 bis April 1975 wurden von MÜLLER Untersuchungen im Großen Plöner See durchgeführt. Dabei schwankte die Leitfähigkeit zwischen 373 und 442 µS/cm. Der niedrigste pH-Wert fand sich mit 7,98 im Dezember, der höchste mit 9,3 im August. Sauerstoff war am Ende der Sommerstagnation am Grunde nicht mehr vorhanden. Der Höchstwert wurde Ende August während einer Microcystis-Wasserblüte mit 131 % Sättigung erreicht. Während des Untersuchungszeitraumes kam es zu keiner Winterstagnation. Die Schichtung begann Ende März, die Ausbildung einer scharfen Sprungschicht setzte jedoch erst Anfang Mai ein. Ab Mitte November herrschte Vollzirkulation, die im April 1975 noch nicht aufgehoben war.

Silizium wirkte limitierend auf das Frühjahrswachstum der Diatomeen. Phosphor und Stickstoff wirkten nie produktionslimitierend. Die Werte lagen in der trophogenen Zone nicht unter 70 µg P/l und 60 µg N/l. Die Ausgangskonzentrationen betrugen vor Einsetzen der Frühjahrsentwicklung über 200 µg/l P und mehr als 700 µg/l NO_3-N. Ammoniumstickstoff kam als Höchstwert von 360 µg NH_4-N/l zum Ende der Stagnation über dem Sediment vor, während der niedrigste (20 µg NH_4-N/l) im Winter und zu Zeiten hoher Produktion gemessen wurde. So kam Anfang Juli im Epilimnion teilweise kein Ammoniumstickstoff vor. Das P/N-Verhältnis des Großen Plöner Sees betrug 1 : 4, d. h. daß ein Überschuß an Phosphor gegenüber dem Gehalt und Bedarf der lebenden Organismen im Verhältnis zum Stickstoff vorhanden ist.

Der Große Plöner See ist eutroph.

Im Großen Plöner See wurden die geringsten Sichttiefen (2–3 m) durch das Diatomeenmaximum im Frühjahr und durch das Cyanophyceaenmaximum im Sommer hervorgerufen. Die maximale Sichttiefe betrug im Juni '74 7 m. Chlorophyll-Spitzenwerte traten jeweils während der Frühjahrsentwicklung auf und zwar mit 230 µg/l 1974 und 164 µg/l 1975.

Flora und Fauna

Im Großen Plöner See kamen 1974/75 19 Blaualgenarten vor (8 Hormogonales und 11 Chroococcales). So z. B. Anabaena flos-aquae, Apanothece sp. Microcystis flos-aquae und M. pulvera. In diesem Gebiet weit verbreitete typische Indikatoren für verschmutze Gewässer – wie Oscillatoria redekei, O. agardhii und Aphanizomenon flos-aquae, die noch um die Jahrhundertwende fehlten, sind neu in der Population. Als regelmäßig auftretende Blaualge galt Gloeotrichia echinulata, die charakteristische Art der Schwentineseen. Sie wurde jedoch über Jahre nicht mehr gefunden und trat im August 1974 nur in für die Gesamt-Biomasse bedeutungslosen Mengen auf.

Neben den Blaualgen waren die Kieselalgen quantitativ und produktionsbiologisch betrachtet die wichtigste Algengruppe. Sie entwickelten ihre Maxima von März bis April und im August/September. Während 1974 Stephanodiscus astraea über 90 % der Biomasse ausmachte, beherrschte 1975 noch zusätzlich Melosira islandica var. helvetica das Plankton.

Ceratium hirundinella wurde seit 1893 regelmäßig gefunden. Von den Dinobryon-Arten ist heute nur noch Dinobryon divergens vorhanden. Arten, die verschmutzte Gewässer meiden, wie Dinobryon bavarcum und D. sociale, sind verschwunden. Die Chlorophyta stellten die größte Artenzahl (39 Arten). Dominierend war hier Pandorina morum. Weiterhin fällt besonders die Zunahme von

Chlorococcalen Grünalgen auf (*Nephrocytium, Ankyra, Kirchneriella, Coelastrum*), einer Algengruppe, die weniger im Plankton großer Seen als in nährstoffreichen Kleingewässern häufig ist. Die durchschnittliche Jahresproduktion betrug im Großen Plöner See 0,683 gC/m^{2}d, wobei das Produktionsmaximum nie unterhalb von 3 Metern lag.

Nach den Tauchpflanzen befindet sich der See auf dem Übergang von Armleuchteralgen – zum Laichkrautsee, nach den Fischen auf dem Übergang vom Maränensee zum Plötzensee.

Vorkommende Arten sind Blaufelchen, Binnenstint, Plötze, Aland, Rotfeder, Schleie, Güster, Brasse, Karausche, Barsch, Kaulbarsch und Quappe. Daneben treten vereinzelt Gründling, Ukelei und Zander auf. Verschwunden sind Bitterling und Steinbeißer. Besatzmaßnahmen werden vorgenommen mit der Kleinen Maräne, Aal und Hecht.

Sediment

Im Nordbecken des Großen Plöner Sees wurden bei 41 m Wassertiefe ungestörte Bohrkerne entnommen, bei denen der eiszeitliche Kiesuntergrund bei 15,1 m Sedimenttiefe erreicht wurde. Die Analysen zeigten, wieviel Frischschlamm (g FS/m^2/Jahr) sich abgelagert hatte; jahrhundertelang war es rund 1 cm/Jahr. In 7,40 m Sedimenttiefe steigt die abgelagerte Menge sprunghaft an, was auf die Errichtung der ersten Stauanlage (2 m für den Betrieb einer Wassermühle)im 13. Jh. zurückgeführt wird. Die Seespiegelsenkung von 1881 zeichnet sich als maximaler Wert in 0,9 m Sedimenttiefe auffällig ab. Es ergab sich in den ehemaligen Flachwasserbereichen eine starke erodive Auswaschung der Sedimente, die sand-, ton- und kalkhaltigen Partikel wurden in den See hinausgeschwemmt, bewirkten vorübergehend eine Phosphatfällung und damit einen Rückgang der Primärproduktion und eine starke Steigerung der gesamten Sedimentation. Die Primärproduktion wurde in der Folgezeit durch die Abwasserbelastungen (Schwemmkanalisation) wieder rasant gesteigert. In den ersten 10 000 Jahren wurde ebenso viel abgelagert wie in den letzten 700 Jahren.

Nutzung, Bedeutung und Maßnahmen

Der See wird von 2 Berufsfischern bewirtschaftet, Der Bosauer Seeteil ist an den Landessportfischerverband verpachtet. Neben der Nutzung für fischereiliche Zwecke wird auf dem Großen Plöner See Wasserjagd betrieben.

Als Wassersportarten werden ausgeübt: Segeln, Kanusport und Surfen. Daneben werden Ruder-, Paddel- und Tretboote verliehen. Es sind ca. 720 Liegeplätze an Stegen und Bojen vorhanden. Weiterhin sind 16 Standort für Landliegeplätze registriert. Es verkehren drei Fahrgastschiffe (300–450 Personen), hauptsächlich in der Zeit von Mai bis September.

Campingplätze beanspruchen 5,5 % der gesamten Uferlänge, öffentliche Freibäder 3,5 %.

Innerhalb des Kreisentwicklungsplanes ist die Anlage weiterer Bootshäfen und einem Strandbad in Ascheberg vorgesehen.

Aufgrund der dichten Besiedlung und der intensiven Freizeit- und Erholungsnutzung sind die Plöner Seen besonders stark durch Eutrophierung gefährdet. Da sich der Wasseraustausch über die Schwentine nur sehr langsam vollzieht und die Schwentine aus den anderen Seen bereits nährstoffhaltiges Wasser heranführt, kann die einmal eingetretene Überdüngung durch natürliche „Spülung" kaum wieder rückgängig gemacht werden.

Bereits seit 1953 wurde zunächst eine Teilkäranlage am Parnaß (am Nordufer des Großen Plöner Sees) betrieben. Bald darauf hat man am Nordost-Ufer des Kleinen Plöner Sees eine zentrale Kläranlage mit dritter Reinigungsstufe geschaffen.

Literatur

GONDESEN, C., TRÜPER, T. (1983): Untersuchung der Bedarfsentwicklung und der Standortmöglichkeiten für Sportboothäfen und sonstige Wassersportanlagen am Großen Plöner See und im Kellersee beispielhaft für die Binnenseen in Schleswig-Holstein, im Auftrage des Ministers für Ernährung, Landwirtschaft und Forsten Schleswig-Holstein.

HICKEL, B. (1975): Changes in phytoplankton species composition since 1894 in two lakes of East-Holstein, Germany; in: Verh. Internat. Verein. Limnol. 19, Stuttgart.

MÜLLER, Ute (1977): Stoffhaushalt, Phytoplankton und Primärproduktion in drei ostholsteinischen Seen unterschiedlichen Trophiegrades; Dissertation, Christian-Alberts-Universität, Kiel

MUUSS, U., PETERSEN, M., KÖNIG, D. (1973): Die Binnengewässer Schleswig-Holsteins; Karl Wachtholz Verlag, Neumünster

OHLE, W. (1959): Bioactivity, Production, and Energy Utrilization Lakes. In: Limnology and Oceanography Volume 1, Number 3

OHLE, W. (1972): Die Sedimente des Großen Plöner Sees als Dokumente der Zivilisation. Jahrbuch für Heimatkunde, Kreis Plön

OHLE, W. (1973): Die rasante Eutrophierung des Großen Plöner Sees in frühgeschichtlicher Zeit. In: Naturwissenschaften 60

TRETER, U. (1981): Zum Wasserhaushalt schleswig-holsteinischer Seengebiete. Berliner Geographische Abhandlungen, Heft 33

UNGEMACH, H. (1960): Sedimentchemismus und seine Beziehungen zum Stoffhaushalt in 40 europäischen Seen. Dissertation, Christian-Albrechts-Universität, Kiel

UTERMÖHL, H. (1982):Die Vernichtung von Phragmites durch Cladophora im Großen Plöner See. In: Archiv für Hydrobiologie 95

Ratzeburger See mit Domsee

Lage: R 44 17, H 59 55
Topographische Karte: L 2330 Ratzeburg
Entstehung/Seetyp: Zungenbeckensee des Lübekker Gletschers
Mischungsverhalten: dimiktisch
Höhenlage: 3,4 m ü NN
Oberfläche: 14,1 km²
Volumen: 168 · 10⁶ m³
Tiefe max.: 24,1 m, mittl.: 15,0 m
Erneuerungszeit: 1 Jahr
Einzugsgebiet: 137,5km²
Umgebungsfaktor: 8,6
Ufer: Länge: 32,7 km, Entwicklung: 2,3

Einzugsgebiet

Der Ratzeburger See, mit dem südlichen Seeteil Domsee, liegt im Herzogtum Lauenburg, südlich Lübeck, unmittelbar an der Grenze zur DDR. Das Einzugsgebiet besteht zu 67 % aus landwirtschaftlichen Flächen, zu 14 % aus Waldflächen und zu 7 % aus bebauter Fläche.

Die Hauptzuflüsse sind außer vielen namenlosen Quellgräben der Utechter Mühlenbach (DDR) und die Bäk (Entwässerung des Schaalsees mit dem dazugehörigen Niederschlagsgebiet über das Schaalseekraftwerk). Der See entwässert über die Wakenitz in die Trave.

Im Gegensatz zu vielen anderen Seen hat der Ratzeburger See in den letzten 100 Jahren keine Absenkung seines Wasserspiegels mehr erfahren.

Der See wird umgeben von einer Uferterrasse wechselnder Breite. Der Anteil der besiedelten und für die Erholung bereitgestellten Flächen beträgt 37 % der Uferlinie. Rund 2/3 der Seeufer am Ratzeburger und Domsee haben eine weitgehend naturnahe und ökologisch wertvolle Ufervegetation mit großen Zonen für Schleswig-Holstein seltener Pflanzengesellschaften.

An den Ufern der Südhälfte des Sees sind dies die bis zu 100 m breiten Erlenbruchquellwälder mit dem Riesenschachtelhalm (*Equisetum maximum*) und am Westufer des nördlichen Seebeckens einige wertvolle Feuchtwiesen. Dort erstreckt sich ein ausgedehntes Verlandungsgebiet, das einer wachsenden anthropogenen Belastung unterliegt. In der Schwimmblattvegetation findet sich neben der Gelben Teichrose (*Nuphar lutea*) das Glänzende Laichkraut (*Potamogeton lucens*). Landseitig schließen sich Schilfgürtel mit dem Schmalblättrigen Rohrkolben (*Typha angustifolia*) und Großseggenrieder mit Sumpf-, Rispen- und Scheinzyperngrasseggen (*Carex acutiformis, C. paniculata, C. pseudocyperus*) an. Große Flächen werden von artenreichen Hochstaudenriedern eingenommen. In ihnen kommen u. a. die Sumpfgänsedistel (*Sonchus palustris*), die Aufrechte Berle (*Berula erecta*), der Wasserschierling (*Cicuta virosa*), und eine Goldrutenart (*Solidago sp.*) vor. Am Nordufer wachsen Binsen-Seggenbestände mit seltenen Arten wie dem Fieberklee (*Menyanthes trifoliata*) und dem Sumpf-Farn (*Thelypteris palustris*).

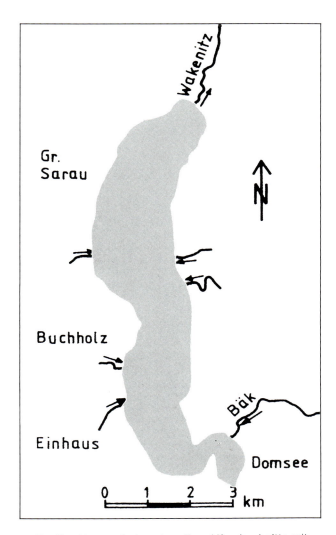

Darüberhinaus sind noch weitere Uferabschnitte mit Pflanzenarten aus der Roten Liste vorhanden.

Wasserchemismus und Trophiegrad

Während der Vollzirkulation traten im Ratzeburger und Domsee Leitfähigkeitswerte von 196 bzw. 297 µS/cm und 249 bzw. 294 µS/cm auf. Die pH-Werte lagen während dieser Zeit zwischen 7,3 und 7,6. Spitzenwerte wurden im Ratzeburger See im Mai und September mit 8,5 und 8,8 gemessen.

Die Sauerstoffkonzentrationen des Ratzeburger Sees lagen während des Untersuchungszeitraumes (Dezember 1973 bis Januar 1975) relativ ausgeglichen im Bereich der Sättigung. In den Wintermonaten 1973/74 ergaben sich in Wassertiefen von 14–18 m als Folge von Abbauprozessen Sauerstoffdefizite bis zu 64 % Sättigung. Ende März bzw. Anfang April kam es aufgrund einer stürmischen Wetterlage zu hohen Sauerstoffeinträgen in allen Tiefen. Im Sommer ergaben sich zeitweilige typische Übersättigungen bis zu 131 % im Oberflächenwasser und dementsprechend Sauerstoffdefizite von nur 65 % im Tiefenwasser.

Ähnlich wie im Ratzeburger See sind im Domsee Sauerstoffübersättigungen des Oberflächenwassers im Frühjahr und Sommer mit Werten bis zu 136 % Sättigung zu beobachten. Wesentlich ausgeprägter ist dagegen die Zehrung im Tiefenwasser mit Sauerstoffdefiziten von 35 % Sättigung. Im Sommer 1980 war das Tiefenwasser (14 m) des Domsees sogar sauerstofffrei.

Durch die steigende Planktonproduktion im Frühjahr und Sommer nahm die Konzentration an gelöstem PO_4-P ab. Im März und Juni bzw. Mai und Juli war im Ratzeburger See bzw. Domsee kein PO_4-P nachweisbar. Die Gesamt-Phosphorkonzentration des Ratzeburger Sees betrug im Untersuchungszeitraum durchschnittlich 355 µg/l P und im Domsee 348 µg/l P. Das Maximum lag im Ratzeburger See im August mit 1200 µg/l P und das Minimum im Mai mit 100 µg/l P. Wie der gelöste Phosphor so war am Ende der Sommerhalbjahre sämtlicher NO_3-N verbraucht und es war bis in den Herbst kein frei verfügbarer NO_3-N mehr nachzuweisen. Mit Beginn der Remineralisationsprozesse stieg die Konzentration wieder an, um im Winter einen Maximalwert von 0,5 mg/l NO_3-N im Oberflächenwasser zu erreichen. Bei der Bestimmung des Gesamt-N werden die stickstoffreichen gebildeten Plankter miterfaßt was zu einem Anstieg der Gesamt-N-Konzentration bis zu einem Maximalwert von 2,7 mg/l N im September führte.

Aus o. g. Hauptuntersuchungszeitraum stehen keine Chlorophyll-Werte und Sichttiefen zur Verfügung. Im September 1977 wurde eine Chlorophyll-Konzentration von 10,2 µg/l zusammen mit 3,0 m Sichttiefe gemessen (Domsee 14,0 µg/l Chl. a, 3,0 m Sichttiefe). Im August 1978 und 1980 betrug die Sichttiefe des Ratzeburger Sees jeweils 2 m mit Chlorophyll-Werten von 29,4 µg/l und 16,9 µg/l.

Der Ratzeburger See mit dem Domsee ist als eutropher See einzustufen. zahlreiche deutlich bzw. stark belastete Gewässer münden vom Westufer her in den See. Für die Kläranlage Ratzeburg wurden Einträge von 174 000 µg/s NO_3-N und 86 000 µg/s PO_4-P in den Ratzeburger See ermittelt. Im Juli 1975 wurde dort eine chemische Nachfällung in Betrieb genommen. Kontrolluntersuchungen (jeweils im August) durch das Landesamt ergaben für 1977 290 µg/l Ges.-P., für 1978 6 900 µg/l Ges.-P. und für 1980 4 300 µg/l Ges.-P. Nach diesen Werten haben sich die P-Einträge in den Ratzeburger See nicht wesentlich verringert.

Flora und Fauna

Während des Zeitraumes Dezember 1973 bis Januar 1975 erfolgten keine Planktonuntersuchungen, es liegen lediglich einmalige Befunde vom September 1977 vor. Danach dominieren Kieselalgen (*Asterionella, Fragilaria, Melosira*). Grünalgen (*Pediastrum, Staurastrum*) traten in geringer Dichte auf. Auffallend ist die Massenentwicklung des Dinoflagellaten *Ceratium hirundinella*. An Zooplankton ist nur *Keratella cochlearis* in relativ geringer Menge in beiden Seeteilen angegeben.

Unterwasserpflanzen wie *Potamogeton*-Arten (*P. perfoliatus, crispus, lucens*) oder *Myriophyllum spicatum* wurden nur z. T. innerhalb der Aufnahme der Ufervegetation erfaßt. Sie kommen in verstärktem Maße an der Nordseite des Domsees vor.

Das Zoobenthon wurde in Ufernähe im Bereich einmündender Gewässer und Abwassereinleitungen untersucht. Dabei war in allen Proben eine hohe Zahl an Würmern (Oligochaeten) wie z. B. *Tubifex* und *Limnodrilus hoffmeisteri* sowie Chironomiden-Larven, die den belasteten Zustand dieser Bereiche unterstreichen.

Der Ratzeburger See wird als Angelgewässer genutzt. Nachdem der Binnenstint (*Osmerus eperlanus* f. *spirinchus*) hier verschwunden war, ist er seit 1920 wieder regelmäßig vorhanden. Weiterhin kommen Plötze (*R. rutilus*), Rotfeder (*S. erythrophthalmus*), Schleie (*T. tinca*), Gründling (*G. gobio*), Ukelei (*A. alburnus*), Güster (*B. bjoerkna*), Brachsen (*A. brama*), Karausche (*C. carassius*), Wels (*S. glanis*), Barsch (*P. fluviatilis*), Kaulbarsch (*G. cernua*), Zwergstichling (*P. pungitius*) und Quappe (*L. lota*) vor. Daneben treten vereinzelt die Bachforelle (*S. trutta* f. *fario*), die Große Maräne (*C. lavaretus*) und der Zander (*S. lucioperca*) auf. Besatzmaßnahmen stützen den Bestand der Kleinen Maräne (*A. anguilla*) und des Hechts (*E. lucius*).

Sediment

Das Sediment ist sandig, an den Einmündungsbereichen einiger Abwassereinleitungen fand sich Faulschlamm.

Nutzung, Bedeutung und Maßnahmen

Der Ratzeburger See gehört zu den Hauptattraktionen des Naturparks „Lauenburger Seen". Die Erholungs- und Freizeitnutzung hat eine hohe Intensität erreicht. Dies drückt sich auch in der rechnerischen Belastung von ca. 1.1 Booten pro ha Wasserfläche aus (Ruder- und Segelboote). Motorboote sind mit wenigen Ausnahmen verboten. Außerdem sind auf dem See über 600 Surfbretter zugelassen. Auf dem Ratzeburger See verkehren im Sommer regelmäßig Ausflugsboote, die bis zu 300 Personen befördern.

Die Fischfauna des Sees wird gewerblich genutzt. Auch Angelscheine werden ausgegeben.

Bläßhuhn und Reiherente sind mit starken Rastbeständen im Herbst und Winter vertreten. Die Arten der Roten Liste, Rohrdommel, Rohrweihe, Rohrschwirl und Drosselrohrsänger brüten hier.

Am Südufer des Ratzeburger Sees und am Domsee leben mehr als 13 000 Einwohner. 1983 wurden über 140 000 Übernachtungen am Südufer registert. Weitere 120 000 Übernachtungsmöglichkeiten bestehen am Westufer und auf den Dauercampingplätzen.

Bereits im Juli 1975 wurde auf der Kläranlage Ratzeburg eine dritte Reinigungsstufe in Betrieb genommen. Für die Abwässer der Westseite des Ratzeburger Sees wurde zwischenzeitlich ein eigenes Klärwerk in Buchholz/Einhaus gebaut, ebenfalls mit 3. Reinigungsstufe, das im Frühjahr 1985 in Betrieb gehen soll. Die auf der Ostseite des Sees anfallenden Abwässer werden nach Ratzeburg gepumpt und gelangen von dort zum Teil zum Klärwerk Buchholz/Einhaus.

Literatur

KASTL, G. (1950): Neue Forschungsergebnisse über den Ratzeburger See. Lauenburger Heimat, Neue Folge: 1/2, S. 19–40

KÖLMEL, R.: Seeuferschutz an schleswig-holsteinischen Großseen – Eine Untersuchung zu Zustand, Nutzung, Gefährdung und Schutzkonzept der Uferbereiche an 10 Seen des Hügellandes. Bisher unveröffentlicher Bericht des Landesamtes für Naturschutz und Landschaftspflege Schleswig-Holstein

LANDESAMT FÜR WASSERHAUSHALT UND KÜSTEN SCHLESWIG-HOLSTEIN (1977): Untersuchung über den Zustand des Ratzeburger Sees, Domsee, Küchensee und Kl. Küchensee. Kiel

Selenter See

Lage: R 35 95, H 60 20
Topographische Karte: L 17 28 Plön
Entstehung/Seetyp: Das wannenförmige Becken des Selenter Sees stellt ein ausgeschürftes Zungenbecken dar. Es wurde durch eine aus Norden kommende, stumpfe Eiszunge geschaffen, die auch die Moräne im Süden des Sees aufstauchte. Auch westlich und östlich des Sees finden sich Moränenwälle der Selenter Eisrandlage. Gripp (1964) deutet den gesamten Komplex als eingedrückte Schlingenkerbe mit Stauchmoräne.
Mischungsverhalten: überwiegend dimiktisch
Höhenlage: 37,2 m ü NN
Oberfläche: 22,4 km^2
Volumen: 294·10^6 m^3
Tiefe max.: 35,8 m, mittl.: 13,2 m
Einzugsgebiet: 62,5 km^2
Umgebungsfaktor: 1,8
Ufer: Länge 32,0 km, Entwicklung: 1,9

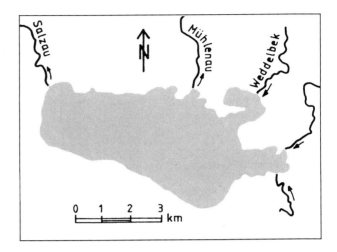

Einzugsgebiet:
Der Selenter See als zweitgrößter See Schleswig-Holsteins hat ein relativ kleines Einzugsgebiet und damit günstige Voraussetzungen für einen verhältnismäßig geringen Nährstoffeintrag. Er liegt im Jungmoränengebiet der Probstei und ist im Süden, Osten und Westen von Höhenrücken bis zu 80 m Höhe begrenzt. Das Gebiet nördlich des Sees stellt eine kuppige Grundmoränenlandschaft dar. Dort liegen auch die beiden Abflüsse des Sees, die Hohenfelder Mühlenau, und die Salzau, die in den Passader See entwässert. Infolge dessen gliedert sich das Gesamteinzugsgebiet in ein östliches und ein kleineres westliches Teileinzugsgebiet. Gespeist wird der See von mehreren Vorflutern, von denen die Weddelbek mit 6,6 km^2 das größte Niederschlagsgebiet besitzt. Die Bodenarten in diesem Gebiet sind kennzeichnend für das östliche Hügelland. Im Bereich der südlichen Stauchmoräne entstand auf fluvioglazialem Sand und lehmigem Sand mesotrophe Braunerde. Im übrigen Bereich dominiert Geschiebelehm und Geschiebesand, auf denen sich Parabraunerde entwickelte. Nach Treter (1981) sind mehr als 1 % des Niederschlagsgebietes bebaut, Wald und Grünland nehmen jeweils 16 % ein, während auf den restlichen Flächen Ackerbau betrieben wird.

Ufer:
Die größte Ausdehnung des Sees erstreckt sich in Ost-West-Richtung. Aufgrund der relativen Häufigkeit von Westwinden ist das Ostufer als Brandungsufer ausgebildet. Der westliche Bereich bei Fargau ist durch einen steilen Uferabfall gekennzeichnet, der keinen Bewuchs zuläßt. Zwischen Nord- und Südufer besteht ein großer Kontrast hinsichtlich der Ausprägung der Vegetation im Uferbereich. Während der südliche Teil durch touristische Einrichtungen beeinflußt ist, ist das Nordufer relativ naturnah.

Das Südufer ist wie der gesamte Uferbereich des Selenter Sees sandig. Bis etwa 50 m seewärts verläuft der Uferabfall äußerst flach, so daß diese Strände für Camping und Badestellen besonders gut geeignet sind. Entsprechende Einrichtungen finden sich in Selent und Bellin. Bei Seekrug, Grabensee und auch bei Fargau im Westen existieren außerdem die Sammelliegeplätze der Segelvereine des Selenter Sees. Eine besondere Beeinträchtigung erfährt der Uferbereich im gesamten Süd-Osten, wo die B 202 direkt am See entlangführt.

Der Pflanzensaum am See ist recht spärlich ausgebildet und besteht ausschließlich aus einem schmalen stellenweise unterbrochenen Röhrichtgürtel, der einen Schilfreinbestand (Phragmites australis) darstellt. Das nördliche Ufer, welches zusammen mit einem Großteil der Wasserfläche unter Naturschutz steht, ist sehr viel artenreicher. Von Burg bis Stauen und ab Pülsen bis zur Giekauer Bucht ist Erlenbruchwald dem Ufer benachbart, der trotz mäßiger Entwässerung das charakteristische Bild dieser Pflanzengemeinschaft vermittelt. Areale in diesem Bereich (bei Pülsen und in der Giekauer Bucht), die früher bewirtschaftet waren, beherbergen sehr artenreiche Großseggenrieder, wobei zu erwähnen ist, daß sich in der Giekauer Bucht schon der Wasserschwaden (*Glyceria maxima*) angesiedelt hat, der schnell andere Arten verdrängen kann.

Bei Pülsen wurde eine neue Badestelle ausgebaut und ein Uferareal mit Sand aufgeschüttet. Der Röhrichtgürtel am Nordufer ist meist breiter als 30 m und wird vom Schilf als Reinbestand gebildet, welches landseitig von vielen Arten begleitet wird: Sumpf-Labkraut, Bittersüßer Nachtschatten, Wasserdost, Weidenröschen, Wasserminze, Lanzettliches Reitgras, Braunwurz, Sumpf-Ziest, Gilbweiderich und viele mehr.

Kleinere Bestände, die das Röhricht erweitern, werden von der Sumpfsegge (*Carex acutiformis*) – vor allem in der Giekauer Bucht –, dem Rohrglanzgras (*Typhoides arundinacea*), dem Ästigen Igelkolben (*Sparganium erec-*

tum) und dem Schmalblättrigen Rohrkolben (*Typha angustifolia*) gebildet.

Aufgrund des Fehlens windgeschützter Buchten und genügend ruhiger Wasserbereiche ist eine Schwimmblattzone nicht ausgebildet. Ausnahmen sind das Innere der Giekauer Bucht mit einem kleinen Teichrosenbestand (*Nuphar lutea*) und eine Stelle auf der Mühlenau.

Wasserchemismus und Trophiegrad:

Die elektrische Leitfähigkeit beträgt im Jahresmittel während des Untersuchungszeitraumes von September 1975 bis Oktober 1976 245 µS/cm, somit gehört der Selenter See zu den Seen mit mittlerem Kalkgehalt. Der pH-Wert erreicht im östlichen Seeteil Maxima von 8,8 bis 8,9 an der Oberfläche. Das Minimum wird mit 7,0 im westlichen Seeteil erreicht. An den fünf Seemeßstellen kommt es im Laufe des Sommers regelmäßig zu Sauerstoffübersättigungen, die im Juli 1976 am stärksten ausgeprägt sind und auf der Höhe Selent einen Wert von 138 % (= 17,4 mg/l O_2) Sättigung erreichen.

In der Tiefe des Sees (22–23 m) dagegen treten Sauerstoffdefizite bis zu 10 % (= 1,0 mg/l O_2) Sättigung im September 1975 auf. Aufgrund dieser Sauerstoffjahresverteilung ist der Selenter See als eutroph einzustufen.

Die Jahresmittelwerte verschiedener Nährstoffe an der Oberfläche zeigen folgende Ergebnisse:

	Mittelwerte (in µg/l)	Minimum (in µg/l)	Maximum (in µg/l)
Gesamtstickstoff:	1100	0	2900
Nitratstickstoff:	100	0	300
Ammoniumstickstoff:	660	0	2300
Gesamtphosphor:	100	0	1410
Phosphat:	80	0	520

Maxima jeweils in der südöstl. Bucht bei Seekrug

Die Werte für das pflanzenverfügbare Nitrat liegen allerdings so niedrig, daß sie schon im Mai im westlichen Seeteil unterhalb der Nachweisgrenze liegen und den ganzen Sommer über bis zum September ins Minimum geraten. Über dem Sediment liegen die Nitratwerte ebenfalls mit Maximalwerten von 400 µg/l NO_3–N sehr niedrig.

Auffällig sind aber die extrem hohen Gehalte an Ammonium an der Oberfläche, welches teilweise (September 1975) die einzig vorliegende Stickstoffkomponente darstellt.

Phosphat, als wesentliches Glied bei der Gewässer-Eutrophierung und Minimumfaktor für das Pflanzenwachstum liegt an den einzelnen Seemeßstellen zwischen Mai und Juni unterhalb der Nachweisgrenze. Dieser Zustand bleibt den ganzen Sommer über (mit einer Unterbrechung im Juli bis zum Oktober) erhalten. Während dieser Zeit erfolgt der Nachschub an Pflanzennährstoffen aus dem sogenannten „kurzgeschlossenen Kreislauf" im Wechselspiel zwischen Phyto- und Zooplankton und der direkten Zufuhr durch die Zuflüsse.

Im Selenter See sind sowohl Phosphor als auch Stickstoff limitierende Faktoren für die Primärproduktion. Während der Mittelwert des Stickstoffgehaltes noch im Bereich des Gehaltes mesotropher Gewässer liegt, ist der Phosphordurchschnittsgehalt typisch für eutrophe Gewässer (Vollenweider 1979). Bei einer weitergehenden Sauerstoffzehrung kann sich dieser Zustand im Sinne der „rasanten Eutrophierung" schlagartig ändern, sobald im Zuge von Reduktionsvorgängen im Sediment Phosphor aus Eisenkomplexen freigesetzt wird.

Die Sichttiefen liegen im Jahresmittel bei 5,5 m Maxima werden im Juni (Klarwasserstadium) mit 9 m und Minima mit 3 m im September erreicht. Der Jahresdurchschnitt des Chlorophyll a-Gehaltes als Maß des vorhandenen Phytoplanktons beträgt 5 µg/l. Sowohl Chlorophyll a-Gehalt als auch die hohe Sichttiefe weisen den Selenter See als mesotrophes Gewässer aus. Berücksichtigt man gleichzeitig die Sauerstoff- und die Nährstoffverbindungen des Selenter Sees, so kann der See im Übergangsstadium von meso- nach eutroph angesiedelt werden.

Flora und Fauna:

Phytoplankton

Das Artenspektrum der pflanzlichen Plankter setzt sich im wesentlichen aus Kieselalgen und Grünalgen zusammen. Aber auch Blaualgen, Goldalgen und Feueralgen treten auf. Bei den Kieselalgen wird *Synedra ulna* ebenso wie *Fragilaria capucina* und *crotonensis* – letztere mit Ausnahme zweier Sommermonate – regelmäßig in geringer Zelldichte während des ganzen Jahres gefunden. Asterionella formosa dagegen erreicht insgesamt höhere Individuendichte und Verteilungsspitzen jeweils im Spätsommer und Herbst. *Melosira granulata* wird nur im Winter gefunden, während *Stephanodiscus spec.* über diese Zeit hinaus im Spätherbst und Frühjahr vorkommt und dann auch größere Zellzahlen erreicht.

Die Grünalgen sind in relativ geringer Zahl vorhanden, aber ihr Vorkommen ist gleichmäßig über alle vorhandenen Arten verteilt. Es handelt sich dabei um: *Eudorina elegans, Pediastrum boryanum, Pediastrum duplex* und *Staurastrum spec.*. Ausschließlich im Winter treten *Coelastrum microporum* und *Cosmarium spec.* auf, während sich *Pandorina morum* und *Cosmarium spec.* auf den Sommer beschränken und *Scenedesmus quadricauda* und *Volvox globator* im späteren Sommer auftreten und bis in den Herbst hinein erhalten bleiben.

Benthische Flora

Die nachfolgende Beschreibung submerser Makrophyten bezieht sich ausschließlich auf den Bereich der Giekauer Bucht mit dem Warder und den Krüzkamp im östlichen Seeteil. Aufgrund der hohen Sichttiefe und der relativ geringen Phytoplanktondichte können die Makrophyten in große Tiefen vordringen

Am Eingang der Bucht treten beidseitig sowohl am Warder als auch am östlichen Ufer in bodendeckenden Beständen die beiden Arten des Durchwachsenen Laichkrautes (*Potamogeton perfoliatus*) und der Armleuchteralge (*Chara foetida*) auf. Besonders auf sandigem Untergrund werden dichtrasige Polster dieser Pflanzen über Flächen von einigen hundert Metern Länge gebildet.

Seewärts schließen sich in Richtung Krüzkamp flächendeckende Bestände einer Laichkrautgesellschaft an, die vom Durchwachsenen Laichkraut (*Potamogeton perfoliatus*) und vom Ährigen Tausendblatt (*Myriophyllum spicatum*) beherrscht werden und folgende Arten umfassen:

Kammförmiges Laichkraut (*P. pectinatus*)
Rauhes Hornblatt (*Ceratophyllum demersum*)
Wasserpest (*Elodea canadensis*)
Spreizender Hahnenfuß (*Ranunculus circinatus*)
Dreifurchige Wasserbinse (*Lemna trisulca*)
Wasserknöterich (*Polygonum amphibium natans*)

In den größeren Tiefen bis 5,6 m setzt sich der Bewuchs als Reinbestand vom Durchwachsenen Laichkraut fort.

Im Bereich der Bucht vor Giekau ab 4 m Wassertiefe ist eine Gesellschaft von Armleuchteralgen (*Tolypellopsis stelligera*) angesiedelt, die in einer Zone leben, die für die Teichrose zu bewegt und für das Schilf zu tief ist.

Die hinterste Zone der Bucht beherbergt eine Schwimmblattgesellschaft, die verlandungsfördernd wirkt.

Charakterarten sind: Krebsschere (*Stratiotes aloides*), Gelbe Teichrose (*Nuphar lutea*) und Rauhes Hornblatt (*Ceratophyllum demersum*).

Den Übergang zum Röhricht mit Schilf (*Phragmites australis*) und Breitblättrigem Rohrkolben (*Typha latifolia*) bildet ausschließlich die Krebsschere.

Fische
Der Selenter See gilt als reiches Fischgewässer und wird von einem Fischpächter bewirtschaftet. Inzwischen hat der See in der zweiten Generation den Status eines geschlossenen Gewässers, d. h. mittels eines Gitters von 2 cm Gitterabstand an den Abläufen des Sees wird der Fischwechsel von laichfähigen Fischen unterbunden. Der wirtschaftlich bedeutendste Fisch des Sees ist der Aal (*Anguilla anguilla*). Für diese Art wie auch für den Hecht (*Esox lucius*) und Kleine Maräne (*Coregonus albula*) werden Besatzmaßnahmen durchgeführt. Die Große Maräne ist zum heutigen Zeitpunkt nicht mehr im See vorhanden. Besatzmaßnahmen wurden auch für den Zander (*Stizostedion lucioperca*) durchgeführt, der sich allerdings nicht einbürgern konnte.

Nutzung, Bedeutung, Maßnahmen

Von den elf untersuchten Vorflutern waren im Untersuchungszeitraum September 1975 bis September 1976 fünf außerordentlich stark belastet, darunter die Weddelbek als mengenmäßig bedeutender Zufluß und die Vorfluter aus dem Bereich der Ortschaften Selent und Fargau. Bis 1978 verfügte im Einzugsbereich des Sees keine der Gemeinden über zentrale Anlagen zur Abwasserbeseitigung. Die Entsorgung erfolgte nur über Hauskläranlagen oder für einige kleinere Baugebiete über Gebietskläranlagen.

Umfangreiche Maßnahmen zur Verbesserung der Abwassersituation wurden ab 1978 unternommen.

Seit 1979 ist die Gemeinde Selent an die Kläranlage von Lütjenburg angeschlossen, wie auch inzwischen die Ortsteile Bellin, Seekrug, Giekau. Die Gemeinde Fargau besitzt seit 1982 eine vollbiologisch arbeitende Kompaktanlage, die in die Salzau einleitet. Die Gemeinde Pülsen mit einer ebenfalls vollbiologischen Kläranlage leitet in den zweiten Seeablauf, den Mühlenbach, ein. Biologische Kläranlagen, die über Vorfluter direkt in den Selenter See einleiten, befinden sich in Grabensee und in Wittenberger Passau.

Im Ortsteil Dransau der Gemeinde Giekau existieren bislang für 150 Einwohner Hauskläranlagen

Die Nutzung des Selenter Sees durch den Freizeit- und Fremdenverkehr, sollte sich auf den schon erschlossenen Südteil beschränken, während der artenreiche naturnahe Charakter des Nordufers möglichst erhalten bleiben sollte.

Hervorzuheben ist auch die Bedeutung, die dem Selenter See in ornithologischer Hinsicht neuerdings als Rastplatz für durchziehende Kormorane zukommt. Die Zahl erhöht sich ständig und mehr und mehr Paare überwintern in Schleswig-Holstein. Offensichtlich beginnt diese verdrängte Art hier wieder heimisch zu werden.

Literatur

GRIPP (1964): Erdgeschichte von Schleswig-Holstein, Neumünster, Wachholtz 411 S.

NEUFELDT, E. (1976) Submerse Makrophyten am Selenter See, Diplomarbeit, CAU Kiel, Botan. Inst.

TRETER (1981) Zum Wasserhaushalt schleswig-holsteinischer Seengebiete, Selbstverlag, Inst. für Phys. Geographie, FU Berlin, Berliner Geograph. Abhandlungen H33

Westensee

Lage: R 35 61, H 60 16
Topographische Karte: L 17 24 Rendsburg-Ost
Entstehung/Seetyp: Der Westensee ist im Weichselglazial entstanden und im Süden vom ausgeprägten Endmoränenzug der „Mittleren Eisrandlage" begrenzt. Toteis und wechselvoller Aushub durch den Gletscher haben die Kammerung des Seebeckens bewirkt. Wegemann (1912) faßt die Westensee-Seenplatte, zu der Ahrensee, Bossee, Flemhuder See, Großer und Kleiner Schierensee sowie der verlandete Torfsee gehören, als Endmoränenstausee auf. Die kleineren Seen haben sich durch Verlandung und strömungsbedingte Sedimentablagerung abgegliedert.
Mischungsverhalten: dimiktisch
Höhenlage: 6,5 m ü NN, eine Absenkung des Seespiegels erfolgte 1877 mit dem Bau des Nord-Ostsee-Kanals von 7,2 m auf den heutigen Stand
Oberfläche: 7,7 km^2
Volumen: 58·10^6 m^3
Tiefe max.: 20,0 m
Erneuerungszeit: 0,56 Jahre
Einzugsgebiet: 252,7 km^2
Umgebungsfaktor: 32,0
Ufer: Länge 22,0 km, Entwicklung: 2,2

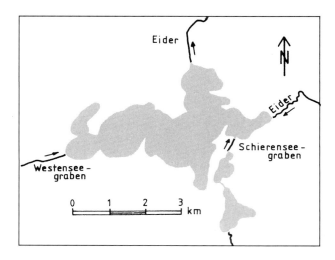

Einzugsgebiet:

Der Westensee liegt im Gebiet der Eiderniederung und hat seinen Ablauf durch die Eider in den Nord-Ostsee-Kanal. Der Wasserstand wird durch ein Stauwehr bei Strohbrück geregelt.

Das Einzugsgebiet ist, wie der Umgebungsfaktor zeigt, im Verhältnis zur Seenfläche relativ groß. Im südöstlichen Bereich bei Marutendorf und Börner erstrecken sich ausgedehnte Waldgebiete, die insgesamt 8,5 % des Gesamteinzugsgebietes ausmachen. Der größte Teil der Fläche, nämlich 79,9 % ist landwirtschaftlich genutzt und 8,6 % der Fläche sind bebaut.

Der mengenmäßig bedeutendste Zufluß des Westensees ist die Eider mit 78 % des Einzugsgebietes. Auf den Auslauf des Schierensees entfallen 5 % und auf den Westenseegraben 4 % des Einzugsgebietes. Die restlichen 13 % des Niederschlagsgebietes werden von kleinen, mengenmäßig unbedeutenden Vorflutern eingenommen. Insgesamt wurden 12 einmündende Gewässer und Einleiter untersucht.

Ufer

Durch die stark gebuchtete Form des Westensees ist die Uferlinie relativ lang. Allerdings zeigt sich bei einem Vergleich mit dem Jahr 1897, daß sich in den letzten 80 Jahren durch natürliche Uferzonenbegradigung der Umfang des Sees um 13 % verkleinert hat. Zwei ausgedehnte Verlandungsgebiete finden sich an der Eidermündung und bei der Hohburg und zwei rudimentäre östlich bei Ekhöft und am Eiderausfluß.

Nordöstlich von Langniß und westlich von Börner wird erodiertes Material in Form weit in den See hinausgreifender Halbinseln angelandet, teilweise werden auch Strandwälle aus Muschelschill aufgeworfen. Die Ausbildung der Ufervegetation hängt von der Wassertiefe als auch Wind- bzw. Welleneinwirkung ab.

Die häufigste Art des Röhrichtgürtels ist das Schilfrohr (*Phragmites australis*) und teilt sich die Standorte mit der Teichbinse (*Schoenoplectus lacustris*) als auch dem Schmalblättrigen Rohrkolben (*Typha angustifolia*). Vor der Eidermündung bei teilweise nur 1 m Wassertiefe dehnen sich Röhrichtbestände auf einer Breite von 10–50 m aus. Seewärts sind hier wie in den anderen windgeschützten Buchten der Verlandungszonen als Schwimmblattpflanzen die Weiße Seerose (*Nymphaea alba*) und die Gelbe Teichrose (*Nuphar lutea*) anzutreffen. Weitere ausgedehnte Standorte liegen im Bossee gegenüber der Lohburg, in der Bucht vor Westensee und bei der Hohburg.

Weitere Sumpfgewächse wie Kalmus (*Acorus calamus*), Froschlöffel (*Alisma plantago-aquatica*), Ästiger Igelkolben (*Sparganium erectum*), Gelbe Schwertlilie (*Iris pseudacorus*), Binse (*Juncus spec.*), Schneide (*Cladium mariscus*), Steife Segge (*Carex elata*) und Wasserknöterich (*Polygonum amphibium*) treten unregelmäßig entlang der Uferlinien auf.

Westlich von Hohenhude und im Norden des Bossees liegt jeweils ein Quellhang mit vorgelagerter quelliger Uferterrasse. Beide zeichnen sich durch dichten Bewuchs von Bitterem Schaumkraut (*Cardamine amara*) und Sumpfdotterblume (*Caltha palustris*) aus. Staunasse bis quellige Uferbereiche sind auch westlich Börner und Ekhöft und zwischen Resenis und Grieshus am Nordufer des Westensees vorhanden.

Größere Feuchtwiesenbestände, die eine Reihe seltener Arten beherbergen, finden sich am Eiderzu- und -abfluß, am Schierenseebach, westlich und östlich Eckhöft, bei Langniß und Westensee, sowie bei Resenis.

In den Wiesen zwischen Eiderausfluß und Ahrensee wachsen der Sumpfdreizack (Triglochin palustre), das Fleischrote (D. incarnata) und das Breitblättrige Knabenkraut (Dacthylorhiza majalis) u. a.

Fast die Hälfte der uferbenachbarten Fläche wird von Wald eingenommen und zu 31 % grenzen Wiesen und Weiden, aber kein Ackerland, direkt an den See. Siedlungen liegen schwerpunktmäßig bei der Ortschaft Westensee und am Nordostufer verteilt zwischen Resenis und dem Eiderausfluß und erreichen 12 % der Uferlinie. Ungefähr 10 % der Uferflächen unterliegen keiner der genannten Nutzungen.

Wasserchemismus und Trophiegrad

Der Westensee gehört mit einer mittleren Leitfähigkeit von 350 µg/cm im Untersuchungszeitraum von Okt. '73 bis Nov. '74 zu den kalkreichen Seen Schleswig-Holsteins. Die pH-Werte liegen im Oberflächenbereich bei 8–8,5 und erhöhen sich zu Zeiten starker Primärproduktion. Im Tiefenwasser liegen die Werte zwischen 7,4 und 7,8, während der Phase der sommerlichen Stagnation und verstärkter Mineralisation auch etwas niedriger.

Grundsätzlich ist der Verlauf der pH-Schwankungen mit dem Jahresgang der O_2-Versorgung korreliert.

Eine Durchmischung und damit Eintrag von atmosphärischem Sauerstoff findet im Westensee im Frühjahr und im Herbst statt. Ab Mai bildet sich eine thermische Schichtung des Wassers aus, die sich im August voll entwickelt hat. An der Oberfläche liegt eine 3 m mächtige Schicht, die zu 160 % mit Sauerstoff übersättigt ist. Im Tiefenwasser kommt es dagegen zu einer Zehrung bis zu 36 %, die bis zum September anhält. Erst nach der Zirkulation im November wird in der Tiefenzone wieder annähernd Sättigung erreicht.

In Bezug auf den Sauerstoffhaushalt ist der Westensee somit als eutroph einzustufen, ebenso auch der angrenzende Bossee und der Ahrensee, dessen biogene Sauerstoffproduktion allerdings um 30 % niedriger liegt. Das Jahresmittel des Gesamtstickstoffgehaltes beträgt 2300 µg/l. Im Untersuchungszeitraum fällt auf, daß im Frühjahr zwischen Februar und März ein Maximum von 4500 µg/l an der Oberfläche auftritt, welches mit dem hohen Nitratgehalt von 3300 µg/l NO_3-N verbunden ist. Dieser Wert ist vermutlich auf Abschwemmungen aus landwirtschaftlich genutzten Flächen zurückzuführen. Im März steigt der Ammoniumgehalt auf 1100 µg/l an. In den folgenden Monaten bis zum August werden die Vorräte an Nitrat vollständig aufgebraucht, erst in den Herbstmonaten nach der Durchmischung ist wieder ein Anstieg an Stickstoffverbindungen zu verzeichnen.

Aufgrund seines Mittelwertes an Gesamtphosphor von 650 µg/l und einem nahezu ganzjährigen Angebot an pflanzenverwertbaren Phosphat-Verbindungen ist der Westensee als mit Phosphor überdüngt zu bezeichnen. Im Bossee liegen die Werte für den Stickstoffgehalt bedingt durch den Vorfluter aus Felde über den Maximalwerten des Westensees, dagegen sind die Phospor-Gehalte um 150 µg/l niedriger als im Westensee. Ein Vergleich der Monate Oktober der Jahre 1974 und 1980 an der Meßstelle Höhe Langniß ergibt deutlich niedrigere Werte für Gesamt-Phosphor und Phosphat bei den jüngeren Messungen in Oberflächennähe:

	Okt. 1974	Okt. 1980
Ges. Phospor (µg/l)	1020	310
Phospat (µg/l)	330	250

Allerdings ist dieser Vergleich nicht allzu aussagekräftig, da im Okt. '74 bereits die gesamte Wassersäule durchmischt war, während im Oktober 1980 noch eine thermische Schichtung vorhanden war.

Aufgrund des Sauerstoffjahresgangs und dem Nährstoffangebot an pflanzenverwertbaren Phosphor- und Stickstoffverbindungen kann der See als typisch eutropher See der schleswig-holsteinischen Landschaft bezeichnet werden.

Maßgeblich an der Eutrophierung des Westensees beteiligt ist die Eider als Hauptzufluß. Diese trägt ca. 90 % der gesamten Nährsalze und organischen Stoffe ein, so daß an dieser Stelle Maßnahmen zur Verbesserung der Wassergüte unternommen werden müssen.

Flora und Fauna

Phytoplankton- und Chlorophyll a Untersuchungen fehlen. Die Vertreter des Zoobenthos wurden stichprobenartig in Ufernähe im Bereich einmündender Gewässer untersucht. An den meisten Stationen werden die Wasserassel (Asellus aquaticus), ein Käfer der Familie der Wassertreter (Haliplus spec.), Chironomidenlarven, Copepoden und Ostracoden gefunden. In einigen Zuläufen, vor allem im Verbindungsgraben Schierensee kommt in relativ großer Zahl die Schnecke Bithynia tentaculata vor. Die Individuenzahlen der genannten Arten sind im Zulauf der Eider besonders hoch. Tubificidenpopulationen kommen an Stellen mit Faulschlamm vor.

Fische

Regelmäßig gefangen werden: Plötze (Rutilus rutilus), Aland (Leuciscus idus), Rotfeder (Scardinius erythrophtamus), Schleie (Tinca tinca), Ukelei (Alburnus alburnus), Güster (Blicca bjoerkna), Brachsen (Abramis brama). Weiterhin werden folgende Arten vereinzelt nachgewiesen: Binnenstint (Osmerus eperlanus f. spirinchus), Gründling (Gobio gobio), Steinbeißer (Cobitis taenia), Quappe (Lota lota), Schlammpeitzger (Misgurnus fossilis), Moderlieschen (Leucaspius delineatus) sowie die Barschartigen Zander (Stizostedion lucioperca), Flußbarsch (Perca fluviatilis) und Kaulbarsch (Gymnocephalus cernua). Besatzmaßnahmen werden regelmäßig für Aal (A. anguilla) und Hecht (Esox lucius) durchgeführt, während der Versuch der Wiedereinbürgerung für die Große Maräne (*Coregonus lavaretus*) erfolglos blieb.

Nutzung, Bedeutung, Maßnahmen

Der Westensee liegt im gleichnamigen Naturpark. Er wird in den Sommermonaten von Erholungssuchenden aus den Städten Kiel, Hamburg, Rendsburg und Neumünster hauptsächlich zu Kurzaufenthalten stark besucht. Am Westensee wohnen mit Schwerpunkten in Felde und Westensee nur ca. 3 000 Einwohner, während die Übernachtungen auf ca. 6 000 geschätzt werden. Bei Wrohe befindet sich ein großer Campingplatz. Die insgesamt ca. 300 Boote am Westensee, zumeist Ruderboote und kleinere Segelboote liegen zum größten Teil bei Resenis und bei Wulfsfelde an Sammelliegeplätzen.

Eine fischereiliche Nutzung wird von 3 Betrieben gewerbemäßig durchgeführt.

Das Seeufer ist nur im Bereich der Badestellen, vor Gut Westensee und in einem Bereich vor der Gemeinde Westensee ausgebaut. In einzelnen Abschnitten wird das Ufer auch durch Viehtritt und Beweidung beeinträchtigt. Am Nordwestufer zwischen Resenis und dem Eiderabfluß ist das Ufer in Großparzellen mit dahinterliegenden Einzelhäusern unterteilt.

Freizeit- und Erholungsnutzung haben am Westensee einen bedeutenden Umfang, sie sind aber auf Uferbereiche im westlichen Seeteil konzentriert, die aus der Sicht des Naturschutzes weniger empfindlich sind. Insgesamt 29% der Seeufer können als naturnah und noch wenig beeinträchtigt gelten und 4% sind ökologisch wertvolles Feuchtgrünland. Der Westensee gehört damit zu den ökologisch sehr wertvollen Großseen Schleswig-Holsteins.

Auch in ornithologischer Hinsicht hat der Westensee nationale Bedeutung. Er ist im Herbst der wichtigste Haubentaucherrastplatz Schleswig-Holsteins, und auch für andere Vogelarten ist der östliche Seeteil ein wichtiger Rast- und Brutplatz. Im Röhricht zwischen Ahrensee und Westensee leben zahlreiche seltene Vogelarten wie Rohrdommel, Drosselrohrsänger, Rohrweihe, Rohrschwirl und Gänsesäger.

Die Abwasser- und Klärschlammentsorgung im Raum Westensee und Felde erfolgt über die Kläranlage Achterwehr/Strohbrück. Es handelt sich hierbei um eine belüftete Teichanlage mit Simultanfällung zur Phosphor-Eliminierung. Die gereinigten Abwässer werden in den Nord-Ostsee-Kanal abgeleitet.

Der z. Z. noch laufende weitere Ausbau der Ortsentwässerung einschließlich des Anschlusses der Gebiete westlich des Westensees wird voraussichtlich 1987 abgeschlossen sein.

Im östlichen Seeteil sind bereits jetzt vollbiologisch arbeitende Gebietskläranlagen vorhanden, dies gilt auch für den Campingplatz Wrohe. Die Abwässer der Gemeinde Schierensee werden zur Kläranlage in Rumohr gepumpt. Weitere Kläranlagen im größeren Umfeld des Westensees befinden sich in Rodenbek und Mielkendorf.

Alle zuletzt genannten Anlagen leiten in die Eider ein, die den Westensee durchfließt und somit diese Restbelastungen dem See wieder zuführt.

Literatur

LANDESAMT FÜR WASSERHAUSHALT UND KÜSTEN SCHL.-HOLST. Untersuchungen über den Zustand des Westensees, Bossees und Ahrensee Kiel 1977

BÖTTGER, K. (1977): Gedanken zum Naturschutz u. wasserbaulichen Maßnahmen am Schierenseebach Die Heimat, Zeitschr. f. Natur- u. Landeskunde Schl.-Holst. Nr. 1, 84 Jg.

BOCK, F. (1975): Pflanzensoziologische Untersuchung am Ahrensee; schriftliche Hausarbeit zur 1. Staatsprüfung f. Lehramt an Grund- u. Hauptschulen in Schl.-Holst., Kiel

KÖLMEL, R. (1984): Seeuferschutz an Schl.-Holst. Großseen Landesamt für Naturschutz und Landschaftspflege Schl.-Holst. bislang unveröffentliche Mitteil.

WEGEMANN (1912): Die Seen des Eidergebietes. Abdruck aus Dr. Petermanns geograph. Mitteil.

Wittensee

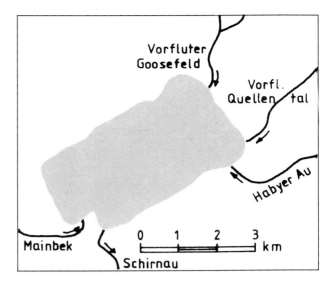

Lage: R 35 47, H 60 28
Topographische Karte: L 17 24 Rendsburg-Ost
Entstehung/Seetyp: Der Wittensee ist ein Zungenbeckensee, der im Zuge mehrerer Gletschervorstöße aus nordöstlicher Richtung in der Spätweichseleiszeit entstanden ist. Gleichzeitig wurden die Duvenstedter Berge im Süden des Sees als Endmoränen bis zu 70 m Höhe aufgestaucht
Mischungsverhalten: dimiktisch
Höhenlage: 3,8 m ü NN
Oberfläche: 10,3 km^2
Volumen: 98·10^6 m^3
Tiefe max.: 20,5 m mittl.: 9,5 m
Einzugsgebiet: 48,7 km$_2$
Umgebungsfaktor: 3,7
Ufer: Länge 14,4 km, Entwicklung: 1,3

Einzugsgebiet:

Das Einzugsgebiet ist im Verhältnis zur Wasserfläche relativ klein. Ein Fünftel des Niederschlagsgebietes wird von der Habyer Au entwässert, in deren Bereich ausgedehnte Niederungen mit ganzjährig hohem Grundwasserstand liegen. Des weiteren treten staunasse Böden mit einer Vielzahl abflußloser Mulden auf, die in den See entwässert werden. So erhält der Wittensee neben dem Vorfluter Goosefeld, dem Vorfluter Quellental, der Habyer Au und dem Mainbek Wasser aus fünf Entwässerungsgräben. Sein Abfluß erfolgt über die Schirnau in den Nord-Ostsee-Kanal.

Als Hauptbodenart tritt Geschiebelehm auf, im Südwesten auch lehmiger Sand. In den Niederungen der Habyer Au und der Schirnau finden sich moorige Böden. Auf dem Lehm und sandigem Lehm hat sich Parabraunerde entwickelt.

Das Gebiet wird überwiegend landwirtschaftlich genutzt, wobei der Ackerbau mit 40 % Getreide, 20 % Hackfrüchten und 12 % Grünland dominiert. Der Waldanteil beträgt 9 %. 13 % sind mit Wasser bedeckt und 6 % entfallen auf Flächen, die bebaut oder nicht genutzt sind.

Ufer

Der ursprünglich durchgängige und einheitliche Schilfgürtel des Wittensees wird durch zahlreiche Wochenendgrundstücke und Ansiedlungen zunehmend zerstört, da zahlreiche Schneisen von den Besitzern geschlagen wurden, um freien Zugang zum Wasser zu bekommen. Der vorhandene Pflanzengürtel ist nicht klar zoniert, stattdessen finden sich kleinere Inseln des Schmalblättrigen Rohrkolbens (*Typha angustifolia*) und der Teichbinse (*Schoenoplectus lacustris*) im Reinbestand des Schilfs (*Phragmites australis*).

An der Mündung der Mainbek und der Habyer Au gibt es Verlandungsgebiete mit unterschiedlichen Vegetationszonen. Der Schilfgürtel ist dort bis zu 40 m breit und landeinwärts schließt sich eine Seggen- und Hochstaudenzone an.

Kleinflächige Quellbereiche sind an den Ufern des Wittensees häufig, haben aber ihren naturnahen Charakter eingebüßt. Die beiden Inseln des Sees sind wichtige Brutbiotope für Wasservögel, von denen am Wittensee 31 Arten beobachtet werden können. Es brüten hier Rohrdommel, Schnatterente, Rohrweihe, Flußseeschwalbe und Drossel sowie Schilfrohrsänger als Arten der Roten Liste.

Zwischen Wentorf und der Mündung der Habyer Au haben sich auf der Länge von 1 km kleine Strandwälle mit dahinterliegenden Strandseen und Nehrungshaken gebildet. Uferabschnitte bei Bünsdorf, östlich Groß Wittensee und bei Klein Wittensee tragen durch intensive Freizeitnutzung oder Beweidung nur noch rudimentäre Vegetation. Auch die für den Wittensee typischen Uferbiotope mit Erlen- Eschen-Mischwald, Quellbereichen und kleinflächigen nassen Erlenbrüchen sind nur noch vereinzelt an kurzen Abschnitten vorhanden.

Wasserchemismus und Trophiegrad

Mit einer mittleren Leitfähigkeit im Untersuchungszeitraum Mai 1975 bis Oktober 1976 von 292 µS/cm, die einem Elektrolytgehalt von 250 mg/l oder 2 mval/l HCO$_3^-$ entspricht, zählt der Wittensee zu den Seen mit mittlerem Kalkgehalt. Der See zeigt die typischen Sauerstoffverhältnisse eines eutrophen Gewässers mit maximaler Sauerstoffübersättigung mit über 190 % an der Oberfläche, sowie mit Defiziten im Tiefwasser nahe am Nullpunkt. Nach der herbstlichen Zirkulation gleichen sich die Verhältnisse im gesamten See aus, so daß die Werte von Oberfläche und Tiefe des Sauerstoffindexes wenig über bzw. unter dem Sättigungsbereich liegen.

Das arithmetische Mittel von Gesamt-Phosphor liegt bei 410 µg/l. Allerdings sind die Werte für das pflanzenverfügbare Nitrat so niedrig, daß sie von Juni bis August unterhalb der Nachweisgrenze liegen. Während der starken O$_2$-Zehrung des Tiefwassers im August fällt dort auch der Nitrat-Wert aufgrund heterotropher Denitrifikation ab, zugunsten eines sprunghaft auf 1300 µg/l ansteigenden Ammoniumgehalts.

Ebenfalls zeitlich mit dem Sauerstoffmangel zusammenfallend werden in der Kontaktzone Sediment-Wasser bakterielle Sulfatreduktionsvorgänge eingeleitet, die an einem steigenden Phosphatgehalt in der Tiefe abzusehen sind. Die interne Düngung durch das Sediment macht sich im August mit einem Maximum von 700 µg/l PO$_4$-P bemerkbar. Außerdem leistet die sedimentierende organische Substanz einen Beitrag zu den Tiefenwerten der Nährstoffe, so daß beide Prozesse – hohe Mineralisation und Rückführung aus dem Sediment – zusammen zu den hohen Tiefenwerten von Nitrat und Phosphat führen, die den Wittensee als eutrophes Gewässer ausweisen.

Die durchschnittliche Sichttiefe liegt im Wittensee, der noch vor wenigen Jahrzehnten als Beispiel eines nährstoffarmen Klarwassersees galt, heute bei 4,5 m. Er zeigt ein Maximum im Winter mit 8,5 m und ein Minimum zur Planktonblüte im Frühjahr bei 2,5 m. Mit diesen Werten liegt der See im Vergleich zu ähnlichen Binnengewässern Schleswig-Holsteins immer noch sehr günstig.

Flora und Fauna

Der Jahresdurchschnitt der Chlorophyll a-Werte beträgt 6 µg/l mit Spitzenproduktion im Mai von 16 µg/l und einem Produktionsplateau von August bis September bei 11 µg/l Chl. a. Die Winterwerte liegen im Bereich von 1 µg/l.

Die dominierende Rolle beim Frühjahrsmaximum spielen die Kieselalgen *Asterionella formosa* und *Melosira granulata*, die recht hohe Individuendichte erreichen.

Es findet eine zeitliche Sukzession verschiedener Phytoplankter statt, dabei treten neben Diatomeen eine ganze Reihe von einzelligen Grünalgen auf, davon in größerer Zahl *Coelastrum microporum* und *Staurastrum spec.*. Regelmäßig über das ganze Jahr hinweg wird *Pediastrum boryanum* nachgewiesen.

Zooplankton

Das Zooplankton setzt sich aus verschiedenen Rotatorienarten und einigen wenigen Crustaceen zusammen. Von den ersten ist das Rädertierchen *Keratella cochlearis* fast ganzjährig vorhanden. Aus der zweiten Gruppe ist nur der Rüsselkrebs *Eubosmina coregoni* relativ regelmäßig, und zwar im Herbst und Winter anzutreffen.

Benthische Flora und Fauna

Die Unterwasserflora des Wittensees ist üppig entwickelt und bedeckt weite Bereiche des Grundes. Der Bewuchs stellt eine typische Laichkrautgesellschaft mit folgenden Charakterpflanzen dar:

Krauses Laichkraut (*Potamogeton crispus*), Schwimmendes Laichkraut (*P. natans*), Durchwachsenes Laichkraut (*P. perfoliatus*). Weiterhin kommen das Gemeine Hornblatt (*Ceratophyllum demersum*), das Ährige Tausendblatt (*Myriophyllum spicatum*), die Wasserpest (*Elodea canadensis*), der Flutende Hahnenfuß (*Ranunculus fluitans*) als auch der Wasser-Hahnenfuß (*R. aquatilis*) vor.

Die Vertreter des Zoobenthons wurden durch Stichprobenuntersuchungen semiquantitativ erfaßt. An allen Stationen wird *Hydra spec.* als Aufwuchs und häufig auch das Moostierchen *Cristatella mucedo* gefunden. Mehrere Strudelwurmarten, von denen *Planaria torva* am häufigsten ist, konnten nachgewiesen werden. Bei den Schnecken ist *Valvata piscinalis* die dominierende Art. Ebenfalls häufig ist *Potamopyrgus jenkinsi*. Die am meisten verbreiteten Muscheln sind *Pisidium* und *Dreissena polymorpha*.

Weiterhin kommen verschiedene Egelarten vor, am häufigsten der Rollegel (*Erpobdella octoculata*). An allen Stationen wird der Bachröhrenwurm (*Tubifex spec.*) gefunden. Bemerkenswert ist auch das universelle Auftreten von Muschelkrebsen (Ostracoda) sowie von Zuckmücken- (Chironomiden) und der Köcherfliegenlarven (Trichoptera).

Fische

Der Wittensee galt in der Vergangenheit als „Coregonensee". Die Kleine Maräne (*Coregonus albula*) konnte sich im Gegensatz zur Großen Maräne (*C. lavaretus*) einbürgern, nachdem sie in der Vergangenheit eingeschleppt worden war. Der Bestand des anspruchsvollen Freiwasserlaichers kann nur durch ständigen Besatz gehalten werden, da die Brut sehr hohe Anforderungen an den Sauerstoffgehalt der Tiefe stellt. Nach Angaben von Dehus (1983) treten Weißfische wie Schleie (*Tinca tinca*) und Güster (*Blicca bjoerkna*) nur vereinzelt auf. Der Zander (*Stizostedion lucioperca*) als Raubfisch ist angeblich ganz verschwunden.

Nutzung, Bedeutung, Maßnahmen

Um zu vermeiden, daß sich im Wittensee nach dem chemischen Wandel von mesotrophen zum eutrophen See eine Verarmung seiner Lebewelt und der noch vorhandenen Artenvielfalt vollzieht, sind Abwasserbeseitungsmaßnahmen zur Verbesserung der Gewässergüte der Vorfluter Groß Wittensee und Klein Wittensee sowie der Habyer Au, die im Untersuchungszeitraum außerordentlich stark bzw. stark verschmutzt waren, durchgeführt worden. 1976 wurde der Bau einer Kläranlage im Raum der Gemeinde Groß Wittensee geplant, die seit 1982 mit Denitrifikationsbecken und Simultanfällung von Phosphat in Betrieb ist.

Hierdurch wird eine beträchtliche Verringerung der Schmutzfracht in den See erreicht.

Die Entwicklung des Nährstoffgehaltes im Wittensee wird weiter beobachtet, da er nicht nur als Landschaftsschutzgebiet bzw. Artenschutzgebiet und Naherholungsgebiet, sondern auch als ertragreiches Fischgewässer eine bedeutende Rolle spielt.

Zur Sicherung der Naturgrundlagen im Uferbereich, muß die Freizeit- und Erholungsnutzung wie Camping, Freizeitwohnen, Bootsliegeplätze, Surfen und Spielflächen mit unmittelbarem Zugang zum Wasser auf speziell ausgewiesene Freizeitzonen beschränkt bleiben. Besonders schutzwürdig ist die Mündung der Mainbek und der Habyer Au mit ihrer Verlandungsvegetation.

Literatur

LANDESAMT FÜR WASSERHAUSHALT UND KÜSTEN SCHLESWIG-HOLSTEIN, Seenbericht Wittensee, Kiel 1981

KÖLMEL, R. (1984):
Seeuferschutz an schleswig-holsteinischen Großseen
Landesamt für Naturschutz und Landschaftspflege Schleswig-Holstein; unveröffentlicht

6 Zusammenfassung und Ausblick

In dieser Schrift sind die bedeutendsten Seen in der Bundesrepublik Deutschland erstmals zusammengefaßt dargestellt. Talsperren und Stauseen bleiben unberücksichtigt und sind einer späteren, gesonderten Veröffentlichung vorbehalten. Daher werden jetzt auch keine Gewässer aus Bremen und dem Saarland vorgestellt. Der vorliegende Bericht will sowohl die breite Öffentlichkeit als auch den fachlich Interessierten über den Zustand der Seen, die Maßnahmen zur Reinhaltung, Sanierung und Restaurierung sowie zur Seenüberwachung in der Bundesrepublik Deutschland informieren. Neben einer allgemeinen Beschreibung der Seen sind anthropogene Belastungen, Nutzungen sowie die jeweilige regionale und überregionale Bedeutung dargelegt. Auf einschlägige, weiterführende Literatur wird ebenfalls hingewiesen.

Die Grundlage der Seenbeschreibungen bilden die in den einzelnen Ländern durchgeführten Überwachungsprogramme, die entsprechend den natürlichen Bedingungen der Gewässer, den Nutzungen und Belastungen sowie weiterer, landesspezifischer Kriterien unterschiedlich gestaltet sind. Von manchen natürlichen Seen liegen aufgrund langjähriger, wissenschaftlicher Forschungen sehr viele Informationen vor. Von anderen, vor allem von Baggerseen, stehen im wesentlichen die Ergebnisse der amtlichen Überwachung und solcher Untersuchungen zur Verfügung, die aus konkretem Anlaß wie z. B. Sanierungsprojekten, vorgenommen worden sind.

Die Bewertung des Zustandes der Seen nach Trophiestufen reicht allein nicht aus, um die vielschichtige Problematik und Dynamik der in den Seen stattfindenden physikalischen, chemischen und biologischen Prozesse und deren Folgen vergleichend darzustellen. Es wurde daher auch auf eine farbliche, kartenmäßige Darstellung der Trophiestufen verzichtet.

Die mit hohen finanziellen Aufwendungen durchgeführten Sanierungsmaßnahmen an vielen Seen, die vorwiegend der Naherholung und dem Fremdenverkehr dienen, haben vielfach eine wesentliche Besserung der Wasserqualität bewirkt. Das stetig zunehmende Freizeit- und Erholungsbedürfnis der heutigen Industriegesellschaft und die damit verbundene, gesteigerte Inanspruchnahme der Seen zwingen zu Nutzungsbeschränkungen z. B. für den Wassersport, um ein geregeltes Nebeneinander der verschiedenen Ansprüche zu gewährleisten. Beschränkungen können auch für die fischereiliche Nutzung erforderlich sein, damit der gewässertypische Fischbestand erhalten wird. Nur so läßt sich eine Überbeanspruchung des Ökosystems See verhindern. Auch zwischen den Erfordernissen des Biotop- und Artenschutzes und den Ansprüchen aus den verschiedenen Nutzungen entstehen immer wieder Konflikte. Sie lassen sich vielfach dadurch lösen, daß miteinander unvereinbare Funktionen räumlich getrennt werden.

Die Entwicklung der letzten Jahre zeigt, daß es durchaus möglich ist, den Schutz des Naturpotentials der Seen mit den Nutzungsbedürfnissen des Menschen in Einklang zu bringen. Es ist jedoch erforderlich, die Seenreinhaltung verstärkt fortzuführen. Dazu gehört in erster Linie die Fernhaltung von Belastungen durch die Nutzung der Seen und die Reduzierung des Eintrags von Stoffen, insbesondere von Nährstoffen, aus dem Einzugsgebiet. In jüngster Zeit gewinnt zudem der Stoffeintrag über die Luft immer mehr an Bedeutung. Außerdem müssen die Seen regelmäßig überwacht werden, damit die notwendigen Pflegemaßnahmen bis hin zur Restaurierung und Sanierung zweckentsprechend und rechtzeitig in Angriff genommen werden können. Bei der langen Verweilzeit des Wassers in den Seen kommt dem vorbeugenden Gewässerschutz ganz besonders große Bedeutung zu.

7 Erläuterung der Fachbegriffe

Ein → verweist auf das ensprechende Stichwort im Verzeichnis

aerob:	bei Anwesenheit von Sauerstoff
allochthon:	von außerhalb (des Gewässers) stammend
anaerob:	unter Ausschluß von Sauerstoff
anthropogen:	durch den Menschen verursacht, vom Menschen stammend
Assimilation:	Umwandlung aufgenommener Nährstoffe in körpereigene Substanz
autochthon:	aus den eigenen, internen Umsetzungsprozessen (des Gewässers) stammend
Benthal:	Lebensraum Gewässergrund
Benthon:	Lebensgemeinschaft der am Gewässergrund lebenden Organismen (früher: Benthos)
biogen:	durch lebende Organismen verursacht oder entstanden
Biozönose:	Gemeinschaft aller Organismen; → Zönose
Chlorophyll-a:	„Blattgrün"; Farbstoff aller grünen Pflanzen zur Aufnahme von Lichtenergie für die → Photosynthese
Destruent:	„Abbauer, Mineralisierer"; Organismus, der tote organische Substanz (gelöst oder ungelöst) aufnimmt, teils für den Aufbau körpereigener Substanz verwertet und teils zu den anorganischen Endprodukten (CO_2, Wasser u. a.) verarbeitet; die meisten Bakterien und Pilze sind Destruenten
Detritus:	„Zerreibsel", im Wasser vorhandene tote organische Substanz; im klassischen Sinne nur die partikuläre, neuerdings zusätzlich auch die gelöste organische Substanz
dimiktisch:	zweimal jährlich zirkulierend
dystroph:	durch gelöste Humusstoffe beeinflußt, gelb bis braun gefärbt; unter natürlichen Bedingungen meistens nährstoffarm und geringproduktiv
Einzugsgebiet:	Gebiet, aus dem das Wasser einem bestimmten Ort zufließt
Epilimnion:	obere, i. a. warme und daher spezifisch leichteste Wasserschicht eines thermisch geschichteten Sees, die teilweise oder ganz durchlichtet ist
Erneuerungszeit:	Verhältnis des Seevolumens zur jährlich durchfließenden Wasserfracht
eutroph:	nährstoffreich und hoch produktiv
Eutrophierung:	Prozeß zunehmender Nährtoffanreicherung und entsprechend steigender → Trophie in einem Gewässer; natürlicherweise im Laufe von Jahrtausenden ablaufend, → anthropogen stark beschleunigt
holomiktisch:	vollständig bis zum Gewässergrund zirkulierend (im Gegensatz zu → meromiktisch); → Vollzirkulation
Hypolimnion:	kalte, spezifisch schwere Tiefenschicht eines thermisch geschichteten Sees, in der Regel nicht oder nur im oberen Bereich durchlichtet
inverse Schichtung:	→ Stagnation
Konsument:	„Verbraucher", Organismus, der lebende Biomasse aufnimmt, teils für den Aufbau körpereigener Substanz, teils für den eigenen lebensnotwendigen Betriebsstoffwechsel; alle Tiere sind Konsumenten
Limnologie:	Wissenschaft von den Binnengewässern
Litoral:	durchlichtete Uferzone eines Gewässers, die von Pflanzen besiedelt werden kann
meromiktisch:	niemals vollständig bis zum Gewässergrund zirkulierend (im Gegensatz zu → holomiktisch); → Monimolimnion
mesotroph:	mäßig produktiv
Metalimnion:	Temperatursprungschicht; Grenzschicht zwischen → Epilimnion und → Hypolimnion mit starkem vertikalen Temperaturgradienten
Minimumfaktor:	derjenige Faktor, der die Stoffwechselleistungen eines Organismus oder eines Systems begrenzt, weil er sich relativ (gemessen am Bedarf) im Mini-

	mum befindet, z. B. Nährstoffe oder Licht für Pflanzen, Sauerstoff für Tiere
Mischungs-verhalten:	→ dimiktisch, → holomiktisch, → meromiktisch, → monomiktisch
Monolimnion:	die nicht an der Zirkulation teilnehmende Tiefenschicht eines → meromiktischen Sees
monomiktisch:	einmal jährlich vollständig zirkulierend; → Vollzirkulation
oligotroph:	nährstoffarm und daher gering produktiv
Photosynthese:	Aufbau energiereicher organischer Substanz aus CO_2 und H_2O mit Hilfe von Lichtenergie
Phytoplankton:	pflanzliches → Plankton, überwiegend bestehend aus mikroskopisch kleinen Algen
Plankton:	Lebensgemeinschaft frei im Wasser schwebender Organismen, deren Eigenbewegung i. a. gering ist gegenüber der Wasserbewegung und die daher passiv verdriftet werden
polymiktisch:	häufig während eines Jahres zirkulierend; → Vollzirkulation
polytroph:	übermäßig nährstoffreich und daher sehr hoch produktiv
Primärproduktion:	Aufbau energiereicher organischer Stoffe aus weniger energiereichen anorganischen Nährstoffen unter Verwendung → allochthoner Energiequellen. Die weitaus wichtigsten Primärproduzenten sind die grünen Pflanzen, die mit Hilfe des →Chlorophylls die Lichtenergie ausnutzen (→ Photosynthese)
produktions-begrenzender Faktor:	→ Minimumfaktor
Restaurierung:	Maßnahmen im See mit dem Ziel, die Gewässerbeschaffenheit zu verbessern (z. B. Tiefenwasserableitung)
Sanierung:	Maßnahmen im Einzugsgebiet eines Sees mit dem Ziel, die Gewässerbeschaffenheit zu verbessern; Ursachenbehandlung (z. B. Abwasserfernhaltung)
Sediment:	am Gewässergrund abgelagertes Material, das sowohl → allochthoner als auch → autochthoner Herkunft sein kann
Selbsterosion:	durch Wellen und Strömungen innerhalb eines Sees verursachte Erosionserscheinungen; eine Folge sind sekundäre, seeinterne Sedimentverlagerungen
Stagnation:	Periode der Schichtung eines Sees, während der nur ein Teil des gesamten Wasserkörpers, das → Epilmnion, umgewälzt werden kann (Sommerstagnation) oder unter Eis überhaupt keine Umwälzung stattfindet (Winterstagnation, sog. „inverse Schichtung", weil das Oberflächenwasser kälter ist als das Tiefenwasser).
submers:	untergetaucht lebend
Trophie:	Intensität der → biogenen, aufbauenden Stoffwechselleistungen in einem Gewässer; → Primärproduktion
Uferentwicklung:	Verhältnis der Uferlänge eines Sees zum Umfang eines flächengleichen Kreises. Die Größe dieses Wertes (stets $\geq$ 1) beschreibt die „Verzahnung" des Gewässers mit der unmittelbar umgebenden Landschaft und gibt damit einen Hinweis auf die Bedeutung der Uferzone für den See
Umgebungsfaktor:	Verhältnis der Landfläche des Einzugsgebietes zur Seeoberfläche. Der Faktor beschreibt summarisch die möglichen → allochthonen Einflüsse auf den See. Die Größe des Verhältnisses steht in Beziehung zum natürlichen Trophiegrad eines Gewässers. Seen mit großem Umgebungsfaktor sind oft natürlicherweise → eutroph.
Vegetationsperiode:	Zeitraum des (Haupt-) Pflanzenwachstums
Vollzirkulation:	vollständige Durchmischung des gesamten Wasserkörpers eines Sees durch Windeinwirkung bei gleichmäßiger Temperatur von der Oberfläche bis zum Grund; tritt in großen, geschichteten Seen einmal jährlich im Winter

	auf (→ monomiktisch), in kleinen geschichteten Seen zweimal jährlich (Herbst und Frühjahr, → dimiktisch), in ungeschichteten Gewässern häufig (→ polymiktisch)
Zönose:	Gemeinschaft von in einem Lebensraum vorkommenden Organismen; häufig gebraucht in den Zusammensetzungen Biozönose (Gemeinschaft aller Organismen), Phytozönose (Gemeinschaft der Pflanzen), Zoozönose (Gemeinschaft der Tiere)
Zoobenthon:	tierisches → Benthon; die mengenmäßig wichtigsten Organismengruppen im Zoobenthon sind Würmer, Muscheln, Schnecken, Insektenlarven, Kleinkrebse
Zooplankton:	tierisches → Plankton; im Süßwasser vor allem einzellige Urtiere, Rädertiere und Kleinkrebse